CORRESPONDANCE GÉNÉRALE

DE

Mme DE MAINTENON

II

ŒUVRES DE Mme DE MAINTENON

Publiées pour la première fois, dans la *Bibliothèque-Charpentier*, d'après les textes originaux ou copies authentiques, avec un commentaire et des notes, par M. Théophile Lavallée.

Ces Œuvres se vendent séparément comme suit :

LETTRES ET ENTRETIENS sur l'Éducation des filles. . . . . . . 2 vol.
LETTRES HISTORIQUES ET ÉDIFIANTES adressées aux Dames de Saint-Cyr. . . . . 2 vol.
CONSEILS AUX DEMOISELLES qui entrent dans le monde. . . . 2 vol.

Sous presse :

MÉMOIRES SUR MADAME DE MAINTENON, contenant : 1° Souvenirs de madame de Caylus ; 2° Mémoires inédits de mademoiselle d'Aumale ; 3° Mémoires des Dames de Saint-Cyr. . . . 2 vol.

Paris. — Imprimerie de P.-A. Bourdier et Cie, rue des Poitevins, 6.

CORRESPONDANCE GÉNÉRALE

DE MADAME

DE MAINTENON

Publiée pour la première fois

SUR LES AUTOGRAPHES ET LES MANUSCRITS AUTHENTIQUES
AVEC DES NOTES ET COMMENTAIRES

PAR

THÉOPHILE LAVALLÉE

PRÉCÉDÉE D'UNE
ÉTUDE SUR LES LETTRES DE Mme DE MAINTENON
PUBLIÉES PAR LA BEAUMELLE

TOME DEUXIÈME

PARIS
CHARPENTIER, LIBRAIRE-ÉDITEUR
28, QUAI DE L'ÉCOLE
—
1865

Réserve de tous droits.

CORRESPONDANCE GÉNÉRALE
DE
Mme DE MAINTENON

DEUXIÈME PARTIE
(1669-1684)
(suite.)

ANNÉE 1678.

On trouve vingt-six lettres authentiques et deux apocryphes de madame de Maintenon pendant l'année 1678. Il n'y en a qu'une à l'abbé Gobelin ; presque toutes sont écrites à M. d'Aubigné et relatives seulement à son mariage. Comme étude du caractère de madame de Maintenon et des mœurs de son temps, elles sont très-intéressantes ; mais on n'y trouve presque point de nouvelles de la cour, et rien des relations de madame de Maintenon avec Louis XIV. De plus, le commentaire que fournit souvent madame de Sévigné nous manque pour cette année, cette dame étant restée vingt-deux mois sans écrire à sa fille.

LETTRE CXLVIII [1]

A M. DE VILLETTE, A PARIS [2].

A onze heures du matin, janvier 1678.

Il n'importe de voir M. Viette si vous faites convenir Gautier. Il faut envoyer chercher ce garçon

---

1. *Autographe* du cabinet de M. le duc de Noailles.
2. M. de Villette se trouvait à Paris, revenant de la Sicile. Il

que vous vîtes ici, qui s'appelle Moran; s'il s'opiniâtre à vouloir autre chose que ce qui est sur mon livre, il faut remettre le tout entre les mains de M. Viette, car je suis résolue à plaider plutôt que d'être encore la dupe de ces gens-là[1].

M. de Louvois est parti pour Châville sans me rendre réponse de M. de Caumont : cette affaire-là est, je crois, immanquable.

Ne redites jamais un mot de nos conversations. Les gens dont je vous parle ne doivent pas être cités dans les moindres bagatelles[2]. Je ne vous parle point par fragilité; mon dessein est de vous marquer ma confiance et de vous divertir : ne me faites pas repentir ni de l'un ni de l'autre.

Mille amitiés à madame de Villette et à Poignette; je leur enverrai quelque chose à proportion de leurs dignités.

Je ne sais ce que le roi feroit pour vous si vous étiez converti, mais il me paroît en avoir envie et a une attention particulière là-dessus dont je n'ai pas osé lui demander la raison. Vous m'avez promis de voir M. de Condom[3]; venez donc ici quand vous vous porterez un peu mieux.

---

avait désarmé, à Toulon, *le Henri*, vaisseau de 84 canons qu'il commandait.

1. « En tout j'aime à savoir mon compte, » disait-elle souvent.
2. Il est évidemment question du roi et de madame de Montespan.
3. M. de Villette vit en effet M. de Condom; mais il ne se convertit qu'en 1686.

LETTRE CXLIX[1]

A M. DE LA GUTTÈRE, MÉDECIN A BAGNÈRES[2].

A Saint-Germain, ce 16 janvier 1678.

Je suis bien fâchée que ni vous ni M. Poque, ni personne de Bagnères, ne vous soyez plus souvenus de nous et que nous n'ayons reçu aucune de vos nouvelles. Je n'en ai pas fait de même : ma première affaire fut de solliciter que vous n'eussiez point de troupes[3] et de rendre compte au roi des marques d'affection que vous lui avez tous données en la personne de M. le duc du Maine. Il a eu, ces jours passés, la fièvre continue; il est guéri présentement. Il a une fistule qui m'afflige au dernier point. J'ai vu l'accomplissement de toutes vos prophéties sur lui. Il a fait vingt pas tout seul avant que d'arriver et a marché tout à fait avant Noël. J'ai fort parlé pour vos eaux, et je vous envoie une lettre de M. le premier médecin qui vous fera voir qu'on en veut prendre soin[4]. Répondez-nous ponctuellement

---

1. *Autographe* appartenant à M. Feuillet de Conches.
2. M. de la Guttère était le médecin de Bagnères qui avait soigné le duc du Maine.
3. Le logement des troupes était alors une lourde charge pour les villes, qui cherchaient des protections à la cour pour l'éviter.
4. Bagnères n'était point alors la charmante ville de nos jours, et c'est la visite de madame de Maintenon qui mit ses eaux en renom. Une allée, aujourd'hui fort abandonnée, jadis très-touffue, porte encore son nom. C'était sa promenade ordinaire : on y jouit d'une vue délicieuse sur la vallée de l'Adour.

et mandez-moi les nouvelles de notre *charité*[1]. Mes compliments à M. de Cobons et à M. Poque, à mademoiselle de la Guttère[2] et à vos filles, et croyez qu'il n'y a rien que je ne fasse avec joie pour vous servir.

D'AUBIGNY MAINTENON.

LETTRE CL

LE DUC DU MAINE A MADAME DE MONTESPAN[3].

A Saint-Germain, le 7 février 1678.

Je suis inconsolable, madame, de vous avoir vue partir aujourd'hui. Le roi m'a fait l'honneur de me regarder quand il est sorti de la chapelle; j'ai été ravi du petit signe de tête qu'il m'a fait, mais affligé de son départ[4], et pour vous, madame, fort mal content de ce que vous ne paroissiez point affligée; vous étiez belle comme un ange. Adieu, ma belle madame.

LE MIGNON.

1. Association de bienfaisance que madame de Maintenon cherchait à établir dans tous les lieux où elle allait.
2. *Mademoiselle* de la Guttère est la femme de M. de la Guttère. On appelait *mademoiselle* les épouses des bourgeois.
3. *OEuvres d'un auteur de sept ans.*
4. Le roi était parti le 7 février avec la reine et une partie de la cour pour la campagne de 1678; le 4 mars, il fit investir Gand. Madame de Montespan était alors enceinte de cinq mois; mais elle tenait très-secrète sa grossesse; elle suivit le roi pendant un mois et revint à Clagny. Madame de Maintenon resta à Saint-Germain avec le duc du Maine.

LETTRE CLI

LE DUC DU MAINE AU ROI [1].

Ce 9 février 1678.

J'ai été fort touché, sire, de vous voir partir si tôt, et je n'oublierai jamais l'honneur que Votre Majesté me fit de me regarder en s'en allant. La cour du château est bien triste, et notre logement encore plus, à cause que vous n'y êtes pas; je souhaite ardemment que Votre Majesté revienne.

LE MIGNON.

LETTRE CLII

LE DUC DU MAINE A MADAME DE MONTESPAN [2].

Février 1678.

Je m'acquitterai fort bien de la commission que vous me donnez d'avoir soin de vos vaches, parce que je suis bien aise de vous obéir sur toutes choses. Vous pouvez bien croire que je serai ravi d'aller à Maintenon; mais je serai encore plus aise de votre retour. Je n'ai que faire de me préparer à vous caresser, car mon cœur me fera agir, et je m'étudierai à faire tout ce qu'il me sera possible pour plaire au roi.

1. Œuvres d'un auteur de sept ans.
2. Œuvres d'un auteur de sept ans.

LETTRE CLIII

LE DUC DU MAINE A MADAME DE MONTESPAN [1].

Ce 12 février 1678.

Si vous saviez, madame, comme je suis affligée de ne plus faire d'*alpiou*[2] avec le roi et vous, vous ne pourriez résister à l'ennui de votre petit mignon; vous feriez une charité de m'envoyer chercher, ma belle madame, car je serois fort aise d'être toujours à la cour. Nous jouons tous les jours à ces petits jeux d'esprit qui sont de votre connoissance; votre grosse toutou en est; elle joue si tristement que l'on diroit qu'elle apprend l'espagnol. Adieu, ma chère enfant; je parie contre madame de Maintenon que vous en userez comme vous fîtes à Baréges sur la pendule de diamants, et que vous aurez la même complaisance en m'envoyant quérir. Je baise tes belles mains de tout mon cœur, ma belle madame.

A mon cher cœur.

LE MIGNON.

LETTRE CLIV

LE DUC DU MAINE A MADAME DE MONTESPAN [3].

Le 17 février 1678.

Je tâcherai de mériter les louanges que le roi me donne en augmentant tous les jours l'estime que vous

---

1. *OEuvres d'un auteur de sept ans.*
2. C'est un terme du jeu de la bassette.
3. *OEuvres d'un auteur de sept ans.*

dites qu'il a pour moi, et quand ce ne seroit que pour vous plaire, je ferois la même chose, vous aimant au superlatif.

LETTRE CLV
LE DUC DU MAINE A MADAME DE MONTESPAN [1].

20 février 1678.

Ma belle madame, je m'ennuie fort de votre absence; l'amitié me la fait trouver bien longue; on nous dit que vous revenez, mais je crois que cette nouvelle est fausse. Saint-Germain seroit fort honoré de votre retour. Il me semble que depuis quelques jours je trouve madame de Maintenon plus triste, je n'en sais pas le sujet; ce n'est pourtant pas son ordinaire de me céler ce qu'elle pense. Adieu, ma bonne madame; je vous prie d'être persuadée que je vous aime de tout mon cœur.

LETTRE CLVI
LE DUC DU MAINE AU ROI [2].

21 février 1678.

Je ferai tout mon possible, sire, pour mériter les louanges que Votre Majesté me donne, et elles m'exciteront de faire de mieux en mieux pour acquérir l'honneur de votre amitié. Je ne trouve rien sur la terre de plus précieux que d'être estimé par le plus grand homme du monde.

1. OEuvres d'un auteur de sept ans.
2. OEuvres d'un auteur de sept ans.

LETTRE CLVII

LE DUC DU MAINE A MADAME DE MONTESPAN [1].

Ce 26 février 1678.

Ma belle madame, ce que vous me mandez sur le voyage me tient fort au cœur; depuis que vous m'en avez écrit, je persécute madame de Maintenon pour obtenir d'aller trouver le roi; je la fais souvenir toujours de marcher, et je crois que je l'obtiendrai d'elle parce que je me flatte d'avoir son amitié. Adieu, ma chère enfant.

LE MIGNON.

LETTRE CLVIII

NOTE PRÉLIMINAIRE

Le projet de mariage avec mademoiselle de Floigny était à peine rompu, que d'Aubigné, à l'insu de sa sœur et par l'entremise de ses amis, en entama un nouveau. Il prit à peine le temps d'avoir des renseignements, arriva subitement à Paris et annonça à madame de Maintenon qu'il était engagé avec Geneviève Piètre, fille de Simon Piètre, médecin et conseiller du roi, et de Marguerite Leclerc de Chateau-du-Bois. Ni la naissance, ni la dot, ni la figure de l'accordée ne plaisaient à madame de Maintenon; mais elle n'eut qu'à approuver, et le mariage se fit le 23 février 1678. D'Aubigné avait alors quarante-quatre ans et sa femme en avait quinze. Aussitôt après le mariage, madame de Maintenon emmena sa belle-sœur passer quelques jours à Saint-Germain, et c'est de là qu'elle envoya à d'Aubigné la première

1. *Œuvres d'un auteur de sept ans.*

des lettres très-curieuses qu'elle devait lui écrire sur sa femme et son mariage.

Les autographes de ces lettres existent encore et appartiennent à M. Feuillet de Conches. Ils renferment de nombreuses lignes raturées et qu'il est impossible de lire. Ces ratures ont été principalement faites sur les passages relatifs à madame d'Aubigné dont madame de Maintenon ne ménageait pas les défauts. Elles sont de madame de Maintenon elle-même, car les soudures faites pour dissimuler ces ratures sont aussi de sa main. Elle les fit probablement lorsqu'elle donna ces lettres aux Dames de Saint-Cyr et pour ne pas blesser la duchesse de Noailles, fille de madame d'Aubigné, qui aurait pu, qui a dû les lire. Heureusement je possède une copie de ces lettres faite par les Dames de Saint-Cyr, où la plupart des passages raturés se trouvent rétablis, soit que ce manuscrit ait été fait avant la rature, soit que le copiste ait pu lire à travers la rature, qui n'était pas probablement aussi complète autrefois qu'elle l'est aujourd'hui. J'ai donc pu, grâce à cette copie, rétablir un grand nombre de passages raturés, et j'ai pris la précaution de les indiquer par cette marque [ ].

La Beaumelle n'a eu connaissance que d'une copie entièrement raturée. On ne trouve donc dans son édition aucuns des passages que je rétablis. Il fait d'ailleurs subir au texte tant de transformations et de falsifications, qu'il devient méconnaissable.

A M. D'AUBIGNÉ [1],

A L'HÔTEL D'ANJOU, RUE BETHISY [2], A PARIS.

A Saint-Germain, ce dimanche (fin février) 1678.

Votre femme auroit besoin d'un plus long séjour

1. *Autographe* appartenant à M. Feuillet de Conches.
2. Cette rue faisait suite à la rue des Fossés-Saint-Germain-l'Auxerrois, entre les rues de la Monnaie et de l'Arbre-Sec ; elle n'existe plus et se trouve aujourd'hui absorbée par la rue de Rivoli.

ici, [car c'est une créature qui a été très-mal nourrie, et si vous ne soutenez les avis que je lui donne, vous vous en repentirez quelque jour, car elle ne sera pas propre aux honnêtes gens][1]; du reste, elle paroît douce, et je ne lui vois point encore de défaut qui ne vienne de [sa naissance et][2] de son éducation. Nous irons mardi à Paris; j'y suis si incommodée quand j'y couche et j'y incommode tant les autres que je reviendrai ici. Nous arriverons à midi à l'hôtel du Maine; trouvez-vous-y, s'il vous plaît, pour mener votre femme où il vous plaira. Je crois que vous ferez bien de la mener chez madame de la Barre et chez ses oncles. Vous la garderez si vous ne savez qu'en faire, sinon je la ramènerai ici pour tout le temps qu'il vous plaira, et je vous la remènerai la veille que vous voudrez partir. Jugez par mon style du peu de loisir que j'ai; il y a dans la chambre vingt personnes, trois enfants et six ou sept chiens.

Adieu jusqu'à mardi; envoyez prier madame de Richelieu de m'envoyer mardi à l'hôtel du Maine, à midi, un carrosse à deux chevaux; avertissez Nanon de se mettre dedans. Nous aurons mangé; ainsi ne vous mettez point en peine de nous.

1 et 2. Raturé dans l'autographe.

LETTRE CLIX

A M. D'AUBIGNÉ, A PARIS [1].

Saint-Germain, ce 2 de mars 1678.

Puisque vous voulez que je vous renvoie madame d'Aubigné samedi, je voudrois bien vous la renvoyer vendredi au soir; nous irons, ce jour-là, lui montrer Versailles, et il me seroit plus commode de vous l'envoyer de là dans le carrosse de M. Bontemps; elle en sera ravie, car elle a des bagatelles à acheter, et elle ne le pourroit pas le dimanche. Songez à ses souliers; c'est à mon cordonnier que l'on en a commandé. Vous voyez par les *heures* que j'ai raison de vous conseiller de lui donner une somme; quand cela sera, elle ne mettra pas vingt écus pour avoir un livre couvert de vaisselle d'argent.

J'ai dit à Deslandes, votre maître d'hôtel, de vous aller trouver.

Adieu, je n'ai rien à vous dire, car je garde tout pour l'ouvrage que je vous ai promis, qui sera quelque chose de bon [2].

1. *Autographe* du cabinet de M. Feuillet de Conches.
2. Voir plus loin la lettre datée du 28 février.

LETTRE CLX

LE DUC DU MAINE A MADAME DE MONTESPAN [1].

Ce 6 mars 1678.

Je voudrois bien savoir, ma belle madame, pourquoi vous m'écrivez des choses que je n'entends point et qu'il faille nécessairement m'expliquer [2]. Je te vais retrouver tout seul, ma belle madame; j'avoue que je serai affligée de quitter madame de Maintenon, mais j'oublierai mon affliction dès que je te verrai.

LETTRE CLXI

A M. D'AUBIGNÉ, A PARIS [3].

Ce samedi à midi, 6 mars 1678.

Je vous envoie mon instruction [4]; si elle n'est bonne, comptez l'intention et ne vous rebutez pas sitôt de votre femme; elle est d'un âge à donner encore de longues espérances sur sa correction. Elle a un dénigrement sur tout ce qu'on lui donne, qui me va être d'une grande épargne, car rien n'est plus triste que de donner ce qui n'est point compté. Je vous ai marqué ce que je crois que vous lui devez donner; je vous aurois conseillé mille francs, si elle n'en avoit pas dépensé quatre mille depuis huit

---

1. *OEuvres d'un auteur de sept ans.*
2. Elle lui avait mandé quelque chose qu'il fallait que madame de Maintenon lui expliquât.
3. *Autographe* du cabinet de M. Feuillet de Conches.
4. Voir la lettre ci-après.

jours. Il lui faut cet été deux ou trois habits de vingt pistoles les trois, et elle a la moitié de ce qui faut pour l'hiver qui vient; ainsi elle peut épargner les deux tiers de ce que vous lui donnerez cette année. Quand je lui parlai de robes de chambre unies pour cet été, elle me répondit : « Quoi ! sans or et sans argent ! » Il n'y a personne qui ne crut qu'elle en a été toujours couverte, et il y a huit jours qu'elle n'en avoit jamais mis. Mettez-la d'abord sur un bon pied, et profitez de l'éloignement où elle va être de ses parents. Si vous me faites savoir ce qui se passera entre vous, je lui donnerai mes conseils; je lui ferai de petits présents quand elle en usera bien; et je la gronderai et paroîtrai l'oublier quand elle fera mal : comme c'est un enfant, il la faut conduire en enfant. Vous devriez trouver bon que ses femmes me mandassent de ses nouvelles, afin que de tous côtés, nous travaillassions à en faire quelque chose; elle n'est pas d'un âge que vous puissiez jamais l'abandonner ni faire bande à part. Il ne faut pas compter de la rendre raisonnable en trois mois. Comme je suis en train d'éducation, je sais ce qu'il en coûte.

Dites, s'il vous plaît, à M. Viette de me faire savoir l'état de cette affaire de M. Truc, car si mon crédit ne suffisoit pas, je ferois agir de plus grosses cordes.

A l'égard du marquisat ou comté[1], je sais par mon expérience que l'on en donne pour faire plaisir; mais je sais aussi que quand on en empêche ses

1. C'est-à-dire du titre de marquis ou de comte.

amis et ses valets, que l'on en vient bientôt à bout.

J'aurai très-grand soin de votre affaire auprès de M. Colbert; j'en connois la justice et la nécessité. Il faut épargner pour pouvoir payer tout doucement les quinze cents livres que vous devez. Ne tranchez pas si vite sur la friponnerie de M. Pellet; il faudroit avoir vu ce qu'il a fourni pour juger de ses parties; mais vous avez une erreur fort grande, et fort ruineuse, qui est de vouloir toujours du plus cher. Comptez que vous avez des points de France plus beaux que ceux du roi, et que jamais les hommes ne les portent fins, à cause du continuel blanchissage. Ces fins-là sont pour les femmes qui mettent un mouchoir six mois sans le faire blanchir. Si vous consultiez quelqu'un sur vos emplettes, vous auriez eu deux douzaines de belles chemises pour la douzaine que vous a faite M. Pellet.

J'ai fait écrire à M. Arnaud par M. de Villette: pour peu que vous en tiriez, ce sera un secours pour payer vos dettes qui en effet ne sont pas exorbitantes pour la dépense que vous avez faite. Je ne puis conseiller à madame de la Chalonnière de vous donner sa fille, [vous la perdriez sûrement[1],] et l'âge de madame d'Aubigné ne la mettroit pas à couvert; je crois notre cousine fort sage, mais elle ne le seroit pas d'aller chez vous sans sa mère[2]...

1. Raturé sur l'autographe.
2. Il y a ici dix-neuf lignes raturées et devenues illisibles. On y distingue seulement : « Si cela est, pourquoi vous cachez-vous de moi sur tout? » — La copie des Dames que j'ai entre les mains ne rétablit pas ces dix-neuf lignes.

Adieu, mon cher frère, ne pensez qu'à vous divertir, à faire votre salut, et à vous régler, Dieu aura soin du reste[1]. Vous devez être sage, et vivre en paix ; je suis bien trompée, ou votre femme seroit jalouse.

Je vous prie d'envoyer ma lettre chez M. de Barillon, et de dire à Nanon de revenir quand vous serez parti, si Hénaut continue à être malade.

L'ouvrage que je vous ai promis est égaré ; si je le retrouve, je vous l'enverrai.

LETTRE CLXII

A M. D'AUBIGNÉ, A PARIS[2].

Ce 28 février 1678.

L'amitié que j'ai pour vous me fait souhaiter que vous ne soyez pas marié simplement pour être marié, et que vous tâchiez de faire de votre femme

---

1. Encore une ligne rayée et illisible.
2. *Autographe* du cabinet de M. Feuillet de Conches. — Cette lettre est l'instruction que madame de Maintenon annonce à son frère dans les deux lettres précédentes. Elle fut commencée le 28 février, c'est-à-dire cinq jours après le mariage ; mais elle fut achevée les jours suivants et ne fut envoyée que le 6 mars. — On voit que la *pédagogie* était le grand penchant de madame de Maintenon ; car elle a à peine une belle-sœur, qui n'est à la vérité qu'une enfant mal élevée, qu'elle se met sur-le-champ à faire son éducation. On verra qu'elle le fait en termes peu mesurés et même fort durs ; mais cela prouve sa sincérité et le désir qu'elle avait de voir son frère heureux. Il faut dire aussi que M. et madame d'Aubigné méritaient bien ce langage, la femme par sa sottise, le mari par sa légèreté, sa prodigalité et ses mauvaises mœurs.

une personne raisonnable ; sa jeunesse me donne courage d'y travailler, et si vous voulez bien ne pas détruire ce que je ferai de près et de loin, j'espère que nous en ferons quelque chose.

Il me paroît que c'est une fille qu'on a gâtée comme fille unique, [et comme bourgeoise qui sont les gens qui élèvent le plus mal leurs enfants [1]]. Pour commencer par le plus essentiel, elle a de la piété, et vous devez la confirmer dans les bonnes impressions qu'elle a là-dessus. Votre intérêt est conforme en cela à celui de Dieu, et quoiqu'elle soit laide, elle trouvera à mal faire, si vous lui ôtez ce qui peut la retenir.

Ne l'empêchez donc par aucune raison d'être réglée : qu'elle ne se lève point tard, qu'elle entende la messe tous les jours, qu'elle ne sorte jamais seule ; mais qu'elle ne fasse point la grande dame, et mettez-la dans un milieu qui ne l'abaisse point, et qui aussi évite le ridicule, où vous tomberez tous deux si vous le prenez sur un ton trop haut.

[Elle est d'une incivilité insupportable : c'est une suite infaillible de la basse naissance, et le séjour de Coignac l'achèvera, si vous ne [2]] tenez la main à la rendre honnête, et à ne pas recevoir à boire d'un laquais, quand ce n'est pas le sien, sans le remercier. A l'égard des femmes de qualité, vous savez bien qu'elle leur doit tout par toutes sortes de raisons.

Je l'ai fort priée de ne se pas attirer la familiarité des hommes ; car elle est très-dangereuse en pro-

---

1 et 2. Raturé dans l'autographe.

vince où ils patinent et se mettent sur le lit d'une femme par grossièreté [1]; il faudroit éviter ces manières-là, et, si vous m'en croyez, vous la laisserez souvent auprès de madame de Miossens, qui pour l'amour de vous et de moi en prendra soin.

Elle est déréglée en tout : elle déjeune à onze heures, elle ne peut dîner; il lui faut des confitures à collation, du beurre à déjeuner. [Enfin c'est l'image de la bourgeoisie, et ce qui s'appelle une caillette de Paris [2].]

Elle parle [comme à la halle [3],] mais c'est le moindre inconvénient, car elle apprendra bien à parler français. Elle me paroît attachée à sa personne, [et ses sots parents sont tous propres à la croire belle; elle en est fort loin et je lui ai déjà dit; il faut lui persuader, afin qu'elle ne se donne aucun ridicule là-dessus [4].] Du reste, elle fait fort bien de s'ajuster; elle est d'un âge à se couvrir de vert et d'incarnat, et seroit très-mal négligée; mais il ne faut pas qu'elle passe tous les matins deux ou trois heures au miroir.

[Elle a été nourrie fort mesquinement : cependant soit enfance, soit ignorance du prix de chaque chose [5],] soit qu'on lui ait donné une grande idée de nous, il me paroît qu'elle ne compte pour rien la dépense et elle envoye tous les matins me demander quelque chose, comme s'il étoit égal de lui donner

---

1. On sait que la langue du dix-septième siècle était moins chaste et moins prude que la nôtre. Les expressions dont se sert ici madame de Maintenon étaient celles de la société la plus polie; on les trouve d'ailleurs dans Molière.

2, 3, 4 et 5. Raturé dans l'autographe.

un habit, ou une douzaine. Je crois que vous feriez bien, en attendant qu'elle se rende capable, de lui donner une somme pour s'entretenir. Elle apprendroit à la ménager, et verroit que, quand elle auroit acheté une jupe trop chère, qu'elle manqueroit de souliers et de rubans. Il nous en arriveroit encore un autre bien : c'est que quand l'envie vous prendroit et à moi de lui donner quelque chose, elle nous en sauroit gré ; ce qu'elle ne fera pas tant qu'elle ne connoîtra pas la dépense et l'état de nos affaires ; au contraire, elle trouvera toujours que nous ne lui en donnons pas assez. Si elle n'était pas habillée de neuf et en fond de toutes choses, je vous conseillerois de lui donner mille francs par an ; mais étant habillée pour six mois, je crois que ce seroit assez de huit cents francs, et vous et moi lui ferons toujours quelque petit présent. Vous ne sauriez croire combien de pareilles précautions évitent de querelles ; elle ne se trouvera jamais assez brave, elle voudra avoir quelque argent, et par ce marché-là, vous aurez le moyen de lui faire valoir tout ce que vous ferez de plus. Elle a des habits qui ne seront pas de saison à Coignac ; il ne lui en faudra que de légers ; je lui enverrai ce qu'elle me demandera, et je l'accoutumerai à me payer régulièrement ce que je ne voudrai pas lui donner, car je ne veux pas qu'elle me croie sa dupe.

Je suis fâchée qu'elle ait deux demoiselles : quand elles serviroient comme des servantes, ce qui n'arrive jamais, c'est un ridicule à cette petite femme d'avoir deux demoiselles. Il est trop tard pour rien changer là-dessus.

J'ai oublié de vous parler d'un homme qui a servi dix ans M. de Montchevreuil; il est très-fidèle, et propre à être votre maître d'hôtel; il est excellent officier et se mêleroit de tout pourvu qu'il eût quelque petit garçon sous lui à l'office; il a appris son métier chez feu madame de Montausier et a servi M. de la Bazinière.

[Si vous croyez pouvoir être heureux avec votre femme, songez à vous ménager et à ne vous en pas lasser; songez à ne pas la dégoûter par des grossièretés qui font leur effet; et empêchez-la aussi d'en avoir devant vous. Je vous conseillerois de ne pas coucher toujours ensemble; vous avez deux chambres bien commodes pour cela à Coignac. Laissez dire tout le monde : rien n'est habile que de se rendre heureux, de quelque manière qu'on s'y prenne[1].]

Madame d'Aubigné me paroît modeste : confirmez-la dans de si bonnes coutumes. Elle me parut embarrassée de voir prendre la chemise à M. du Maine; j'en fus ravie, et je vous prie de ne point souffrir qu'elle s'habille ou se déshabille devant des hommes, [et de ne vous point montrer à elle devant vos valets[2].]

Si elle est assez sage, et votre maison assez réglée pour que l'on pût faire la prière tous les soirs en public, comptez que l'on doit cet exemple à ses domestiques, que tout le monde le fait ici, et que Dieu vous bénira si vous le servez.

Madame de Lalaigne n'a pas grand esprit, mais

1. Raturé dans l'autographe.
2. Raturé dans l'autographe.

c'est une très-bonne femme, et ses filles sont de même âge que ma belle-sœur; vous devriez l'y laisser quelquefois avec une fille pour la servir. Ces petites absences vous fourniroient plus de plaisir à son retour et elle verroit la manière de vivre des autres; elle n'apprendra rien quand elle ne verra que sa maison.

[Madame de Villette est une lendore[1] qui ne lui apprendra pas à être habile; je voudrois que celle-là lui montrât à danser[2];] elle est très-agréable et très-raisonnable, et je ne comprends point que vous ne vous accommodiez pas de nos parents.

Ne souffrez pas, je vous prie, qu'elle voie souvent madame de Fontmort; elle lui feroit tourner la tête, ne lui parleroit que de la cour et la trouveroit malheureuse de n'être pas dame du palais.

M. et madame de Saint-Eugène me paroissent des gens à qui vous pouvez la donner quelquefois; mais quand vous la laisserez avec des femmes raisonnables, recommandez-leur de la traiter comme leur fille, car si vous ajoutez à ce qu'elle a déjà, que l'on la respecte par la considération que l'on a pour vous et pour moi, vous en ferez une très-impertinente femme, et qui ne sera pas supportable parmi les honnêtes gens.

Surtout ne la voyez point trop, de peur de vous en lasser; accoutumez-la à se passer de plaisir et à savoir demeurer dans sa chambre à lire de bons livres ou à travailler.

1. Une personne qui va ou parle lentement.
2. Raturé dans l'autographe.

Vous trouverez peut-être bizarre qu'une femme qui n'a jamais été mariée[1] vous donne tant d'enseignements sur le mariage; mais j'ose vous dire que la confiance que l'on a toujours eue en moi et mon expérience par tout ce que j'ai vu m'ont fait voir que l'on se rend souvent malheureux par des bagatelles qui, revenant tous les jours, font à la fin des grandes aversions. J'ai une extrême envie que vous soyez heureux; et il n'y a rien que je ne fisse pour y contribuer.

A l'égard de la dépense, réglez-la et comptez, mon cher frère, que ce n'est que notre vanité qui nous rend nécessiteux. Si vous ne vouliez qu'un bon lit, qu'autant à manger qu'il vous en faut, qu'être habillé selon votre condition, qu'un équipage pour ne pas aller à pied, vous et tous tant que nous sommes aurions assez de bien. L'état où vous avez été doit vous faire goûter celui ou vous êtes, et doit aussi vous mettre à couvert de la vanité dont je vous parle, car vous attirez déjà assez l'envie [de tout ce qui vous a vu misérable[2],] sans ajouter des dépenses et des airs de grandeur qui vous ont attiré mille ridicules; vous n'avez jamais été plus moqué que par les gens à qui vous donniez des repas magnifiques.

Je vous aiderai en tout quand vous ne mangerez que votre revenu, et votre famille me sera comme la mienne; mais elle me deviendra étrangère, dès que je vous verrai prendre un ton qui vous ruinera et

---

1. Il est impossible de dire plus clairement quelle sorte de mariage mademoiselle d'Aubigné avait fait en épousant Scarron.
2. Raturé dans l'autographe.

qui vous ridiculisera. J'aime encore mieux dépenser mon argent que de vous le voir dépenser mal à propos. Chacun a ses fantaisies, et je ne suis pas plus avare que vous ; mais j'aurois cinquante mille livres de rente que je ne le prendrois pas sur le ton de grande dame, et que je n'aurois pas de valet de chambre comme madame de Coulanges, ni de lit galonné d'or ; le plaisir qu'elle en a ne vaut pas les railleries qu'elle en essuie. M. le chancelier[1] son oncle n'en voudroit pas un pareil et est admiré pour sa modération.

Si vous revenez à Paris cet hiver, je prendrai une maison avec vous et je vous donnerai toutes les aides possibles.

Voyez bien clair dans votre dépense et sachez qui paye les hardes qu'elle a prises de tous les côtés. Madame de Lancosme en a bien fait aussi, et en use surtout bien obligeamment.

Souvenez-vous encore de ne jamais parler ni en bien ni en mal de votre femme ; car on joue toujours un mauvais personnage là-dessus.

[Ne lui parlez jamais ni de vos bonnes fortunes, ni de votre bravoure ; on n'est point sur ses gardes avec une oison comme elle, on aime à lui en faire accroire, et cependant ou elle le redit, ou il lui en échappe quelque chose qui est d'un grand ridicule ; elle ne fut l'autre jour qu'un moment avec nous, et elle nous rapporta que vous iriez combattre les Anglais d'une façon risible[2].]

1. Michel Le Tellier.
2. Raturé dans l'autographe.

Vous ne craignez que moi en ces occasions-là, cependant les autres s'en moquent davantage ; et quand vous ne songez qu'à m'éviter et à vous cacher de moi, vous tombez en des mains assurément plus dangereuses.

Enfin tout ceci est fondé sur l'envie que vous soyez heureux et estimé ; que vous passiez votre vie doucement, et que vous répariez autant que vous le pourrez les injustices que l'on vous a faites ; du reste, si l'intérêt que j'y prends vous importune, comptez que je ne m'en mêlerai qu'autant et si peu que vous le voudrez ; j'en jugerai par la connaissance que vous me donnerez du dedans de votre famille ; mais ne vous contraignez pas, car je serai contente de tout, pourvu que vous le soyez [1].

LETTRE CLXIII

A M. D'AUBIGNÉ, A PARIS [2].

A Saint-Germain, ce 13 mars 1678.

Je vous envoie le bel ouvrage dont je vous ai parlé, et que je vous ai tant fait attendre ; je vous prie de le vouloir lire et d'en profiter, car, comme il est plus aisé de bien discourir que de bien faire, je crois qu'il est raisonnable.

---

1. Cette longue et curieuse lettre est étrangement falsifiée dans La Beaumelle. Il amplifie, retranche, transforme de telle sorte qu'il est impossible de comparer les deux textes. Il ajoute d'ailleurs à cette lettre le fond de quatre autres.
2. *Manuscrits des Dames de Saint-Cyr.*

Nanon m'a dit que vous étiez fort touché de la marque d'amitié que je vous donne sur cet enfant[1]; si vous aviez plus de confiance en moi que vous n'en avez, vous me trouveriez sur tout de la même façon; mais vous me craignez trop, et ne pensez qu'à vous cacher de moi. J'aurois pourtant plus de complaisance que vous ne pensez, et je vous aurois bien épargné de l'argent. Votre confident Des Rolines est l'homme du monde le plus affectionné, et de la plus grande dépense; il faut connoître les gens à qui on a affaire et se servir d'eux, selon leurs talents. Nous verrons et j'en aurai soin. Songez seulement à vous régler sur la dépense et à y retenir votre femme. On dit qu'elle vous résiste fort; mettez-la sur un bon pied; vous ne pouvez la trop aimer, mais il faut que vous ayez dans les choses sérieuses l'autorité que le personnage de mari et la disproportion de l'âge vous doit donner. Je lui écris un mot. Ne l'accoutumez pas à voir toujours vos lettres, afin que je puisse quelquefois vous écrire avec liberté.

Adieu, mon cher frère, je suis toute à vous[2].

1. C'était un enfant naturel de d'Aubigné que madame de Maintenon voulait élever.
2. La Beaumelle a composé avec cette lettre et trois autres une lettre de sa façon qui ne ressemble pas même par le fond à celles qu'on trouve dans les autographes et les copies de Saint-Cyr.

LETTRE CLXIV

LE DUC DU MAINE AU ROI [1].

13 mars 1678.

Sire, si Votre Majesté continue à prendre des villes, il faudra que je sois un ignorant : car M. Le Ragois ne manque jamais à me faire quitter mon étude, quand la nouvelle en arrive ; et je ne quitte la lettre que j'ai l'honneur de vous écrire que pour aller faire un feu de joie.

APPENDICE A LA LETTRE CLXIV.

Cette lettre dans la collection de La Beaumelle (t. 1, p. 142 de l'édit. de Nancy ; t. 1, p. 58 de l'édit. de Glascow) est intercalée dans une lettre à madame de Montespan, datée de *Maintenon*, 13 mars. Cette dernière lettre est *fausse*, dit Louis Racine. La date seule le prouve : le 14 mars, madame de Maintenon n'était pas à Maintenon, comme nous venons de le voir, mais à Saint-Germain ; donc elle n'a pu recevoir à Maintenon son frère et sa belle-sœur.

Madame, vous ne pouviez m'annoncer une plus agréable nouvelle que la reddition de Gand : il y a apparence qu'à l'heure qu'il est la citadelle aura capitulé. Le roi va revenir à vous, madame, comblé de gloire. Je prends une part infinie à votre joie. Ma belle-sœur et mon frère arrivèrent ici hier, pénétrés de vos bontés : le prince se porte bien. Je vais joindre ici une copie d'une lettre qu'il a écrite au roi... (*Suit la lettre* CLXIV.)

Vous trouverez, madame, Maintenon bien changé.

---

1. *Œuvres d'un auteur de sept ans.* — Écrite à cause de la prise de Gand, qui capitula le 9 mars.

Mignard s'est surpassé : et ce portrait efface tous ceux des plus belles figures d'Italie. Je vous laisse, madame, rêver à loisir à votre conquérant. Si jamais passion fut pardonnable, c'est celle-là sans doute : mais, je le dirai toujours, il n'en est point de pardonnable devant Dieu, ni même devant les hommes.

LETTRE CLXV

LE DUC DU MAINE AU ROI [1].

Je ne puis exprimer ma joie de me voir fils d'un roi qui fait tant de conquêtes, et je trouve très-admirable qu'étant tout seul, Votre Majesté puisse résister à tant de gens réunis contre elle. Je prends plus de part à sa gloire que personne, parce que j'ai beaucoup de tendresse et de respect pour Votre Majesté.

LETTRE CLXVI

NOTE PRÉLIMINAIRE

La lettre CLXV est la dernière de celles que nous empruntons aux *Œuvres d'un auteur de sept ans*. Nous la faisons suivre de l'Épître dédicatoire qui est en tête de ce volume. Cette épître a été longtemps attribuée à madame de Maintenon; mais Louis Racine écrit à la marge de son exemplaire des Lettres publiées par La Beaumelle : *Cette lettre a été faite par mon père*. « Elle est tournée, dit Bayle, de la manière la plus délicate : il semble qu'on n'y touche pas et

---

1. *Œuvres d'un auteur de sept ans.*

qu'on ne veuille qu'effleurer : cependant on loue jusqu'au vif et on va bien loin en peu de paroles. »

MADAME DE MAINTENON A MADAME DE MONTESPAN.

Madame, voici le plus jeune des auteurs qui vient vous demander votre protection pour ses ouvrages. Il auroit bien voulu attendre, pour les mettre au jour, qu'il eut huit ans accomplis : mais il a eu peur qu'on ne le soupçonnât d'ingratitude, s'il étoit plus de sept ans au monde sans vous donner des marques publiques de sa reconnoissance. En effet, madame, il vous doit une bonne partie de tout ce qu'il est. Quoiqu'il ait eu une naissance assez heureuse, et qu'il y ait peu d'auteurs que le ciel ait regardés aussi favorablement que lui, il avoue que votre conversation a beaucoup aidé à perfectionner en sa personne ce que la nature avoit commencé. S'il pense avec quelque justesse, s'il s'exprime avec quelque grâce, et s'il sait déjà faire un assez juste discernement des hommes, ce sont autant de qualités qu'il a tâché de vous dérober. Pour moi, madame, qui connois ses plus secrètes pensées, je sais avec quelle admiration il vous écoute : et je puis vous assurer avec vérité qu'il vous étudie beaucoup plus volontiers que tous ses livres. Vous trouverez dans l'ouvrage que je vous présente quelques traits assez beaux de l'histoire ancienne : mais il craint que dans la foule des événements merveilleux qui sont arrivés de nos jours, vous ne soyez guère touchée de tout ce qu'il pourra vous apprendre des siècles passés : il craint cela avec d'autant plus de raison qu'il a éprouvé la même chose en lisant les livres. Il trouve quelquefois étrange que les hommes se soient fait une nécessité d'apprendre par cœur des auteurs qui nous disent des choses si fort au-dessous de ce que nous voyons. Comment pourroit-il être frappé des victoires des Grecs et des Romains, et de tout ce que Florus et Justin lui racontent? Ses nourrices dès le berceau ont accoutumé ses oreilles à de plus grandes choses. On lui parle comme d'un prodige d'une ville que les Grecs prirent en dix ans : il n'a que sept ans, et il a déjà vu chanter en France des *Te Deum* pour la prise de plus de cent villes. Tout cela, madame, le dégoûte un peu de l'antiquité. Il est fier naturellement : je vois bien qu'il se croit de bonne maison; et avec quelques éloges qu'on lui parle d'Alexandre et de César, je ne sais s'il voudroit faire aucune comparaison avec les enfants de ces grands hommes. Je m'assure que vous ne désapprouverez pas en lui cette petite fierté, et que vous trouverez qu'il ne se connoît pas mal en héros. Mais vous avouerez aussi que je ne m'entends pas mal à faire des présents, et que dans le dessein que j'avois de vous dédier un livre, je ne pouvois choisir un auteur qui vous fût plus agréable, à qui vous prissiez plus d'intérêt qu'à celui-ci. Je suis, madame, votre très-humble et très-obéissante servante.

LETTRE CLXVII

A M. D'AUBIGNÉ, A PARIS[1].

Ce mercredi matin, mars 1678.

Ne parlez guère d'affaires avec les parents de madame d'Aubigné; on s'aigrit et ce n'est pas ce qui les avance; mais pressez Viette, et servez-vous du temps que j'ai du crédit pour les mettre à la raison, et pour vous tirer de leurs mains. Pourquoi dites-vous que vous êtes réduit à dix mille livres de rente? Quand cela seroit, comptez que l'argent que vous touchez du roi vous doit faire plus de profit que quinze mille livres de rente, et que je n'ai encore pu voir deux mille francs ensemble de Maintenon; mais ne faut-il pas que vous touchiez le revenu de votre femme tôt ou tard? Ne vous chagrinez point, je vous en conjure; vous avez une femme dévôte, jeune, douce et qui vous aime; une plus riche vous auroit été moins soumise. Ouvrez-moi votre cœur avec plus de liberté sur son sujet, afin que je la traite plus ou moins bien, selon que vous en êtes plus ou moins content, et comme vous la connoissez mieux que moi, il faut que vous m'appreniez à quoi elle est sensible, afin de la punir ou de la récompenser comme un enfant. Vous croyez bien, je pense, que tous les petits plaisirs que je lui fais sont sur votre compte, et dans l'espérance qu'ils vous épargneront ce que je lui donne. Regardez tous les bons endroits de votre

---

1. *Autographe* du cabinet de M. Feuillet de Conches.

mariage, puisqu'il est fait; Dieu l'a permis; songez à votre salut, réjouissez-vous, ne jouez point du tout, si vous m'aimez, et épargnez. Jouissez du loisir, du repos et de la liberté, et surtout, mon cher frère, opposez-vous à une mélancolie qui est votre pente naturelle. Venez ici quand vous voudrez; ou à Saint-Germain, s'il vous est plus commode; cela n'importe, vous ne manquerez point de gens qui vous présenteront. Si vous devenez chagrin, vous m'en allez donner, car je vous aime plus tendrement que je ne vous le dis, et je revins l'autre jour ravie de ce que je vous trouvai plus sain et plus gai. Songez, mon cher frère, en quel état nous sommes nés, et nous nous trouverons heureux[1].

Je meurs d'envie de faire plaisir à M. Legois; mais il voudroit que je fisse tout et je n'ai pas le temps de lui chercher condition; il faut qu'il me présente des moyens de le servir et je n'en négligerai aucun; c'est tout ce que je puis.

LETTRE CLXVIII[2]

A M. D'AUBIGNÉ, A COIGNAC [3].

A Saint-Germain, ce 2 avril 1678.

Je trouvois bien mauvais de ne pas recevoir de vos

---

1. Les misères de son enfance avaient fait une si profonde impression sur madame de Maintenon qu'elle en garda toujours le souvenir.
2. *Autographe* du cabinet de M. Feuillet de Conches.
3. D'Aubigné était parti, à la fin de mars, pour Cognac avec sa femme : il y resta jusqu'au mois de novembre.

nouvelles, et j'étois inquiète de votre voyage ; car ils sont bien fatigants dans la saison que vous l'avez fait. Je ne suis pas surprise de la maigreur de vos chevaux : vous êtes bien heureux qu'ils ne soient pas morts.

Ne vous mettez point en peine de madame d'Aubigné : elle est très-jeune et nous sommes les plus forts ; ainsi nous la mettrons sur le pied que nous voudrons, pourvu que vous ne la gâtiez point et que petit à petit [1 vous tâchiez de lui ôter de très-mauvaises habitudes que la mauvaise nourriture lui a données ; je vous en ai marqué plusieurs dans ma lettre[2],] et vous travaillerez à votre repos et au bonheur de votre famille, si vous tâchez de la rendre raisonnable. Si vous jugez que j'y puisse contribuer, vous n'avez qu'à dire et ne me pas épargner ; car il n'y a rien que je ne fasse. Menacez-la de moi : je gronderai, je lui ferai des présents ; enfin il n'y a rien que je ne fasse. Elle me haïra peut-être ; mais il n'importe, je serai contente, si elle est une honnête personne. Je suis ravie que ma lettre ne vous ait pas déplu ; croyez-moi tous deux, et vous en serez plus heureux et plus estimés ; l'expérience du monde vaut du bon sens, et j'ai tant vu de choses que, par cette raison-là, je crois pouvoir donner un bon conseil. Faites ce que je vous ai mandé à l'égard de la dépense : M. Scarron ne me donnoit que cinq cents francs. Elle a un fonds de hardes, et si vous lui donnez huit cents francs, elle en aura assez avec

1. Raturé sur l'autographe.
2. La lettre du 28 février.

les petits présents que vous et moi lui ferons, que nous réglerons selon qu'elle fera bien ou mal. C'est un enfant : il faut la gouverner en enfant, et les moindres choses que nous lui donnerons lui feront plaisir, quand elle aura son argent à gouverner, au lieu qu'elle sera toujours mal contente quand elle croira n'avoir qu'à désirer. Je suis fort de votre avis sur votre séjour à Paris, et si vous vous mettez sur le pied de ne pas donner à manger tous les jours, vous y vivrez pour beaucoup moins qu'à Coignac. Promenez-vous un peu cet été pour épargner; laissez votre femme avec une fille et un laquais à madame de Miossens; cela ne l'incommodera nullement. Quand vous voudrez revenir, mandez-le-moi, je vous chercherai une maison, et en payerai la moitié. Dites franchement le quartier que vous voudriez; car ils me sont assez indifférents. Si vous vivez avec règle, je vous ferai plaisir en tout ce que je pourrai; je donnerai mon carrosse à votre femme; il ne vous faudroit garder que quatre chevaux, un cocher et un postillon qui sût mener et qui serviroit de portier, quand elle ne sortiroit pas. Il faut lui mettre l'ouvrage en tête, et qu'elle ne s'accoutume point à courir les rues et à voir mauvaise compagnie. Enfin tout dépend de bien enfourner dès le commencement. Il n'y a qu'une chose qui m'embarrasse qui sont les meubles. Il ne faut pas que vous comptiez d'abandonner Coignac, on vous l'ôterait petit à petit; on commenceroit par le logement, et on viendroit aux appointements; vous y avez des profits qu'il ne faut pas perdre : il faut y laisser vos meubles. C'est une ruine d'aller et venir, et que Deslandes ou la Vallée y allassent dans les temps, ramasser votre chauffage, votre foin, votre vin, qui vous serviroit bien dans les suites, ou le vendre si le temps étoit bon. Il faut passer un an ici ou dix-huit mois, aller passer là un été ou un hiver, afin d'en demeurer maître. Il ne faut pas grands meubles ici, une antichambre, une chambre et une garde-robe suffisent avec des lits de valets. Je vous aiderai sur tout ce que je pourrai. Je vous conseille pourtant d'apporter votre vaisselle, si vous le pouvez sans grands frais, ou du moins une partie ; il en faut peu quand on mange tout seul, et aux occasions je vous en prêterois. Je vous parle sur tout ce détail, parce que j'ai plus de temps à cette heure que lorsque la cour sera ici [1]. Mandez-moi de votre côté tous les desseins pour votre ménage, et vous verrez que j'y entrerai avec amitié et plaisir. Que je sache ce que vous voulez mettre pour votre part à une maison, et surtout mettons-nous bien dans l'esprit que nous ne sommes tous incommodés dans nos affaires, que par notre vanité. Il y a peu de gens qui n'eussent de quoi fournir à manger pour la nécessité, à s'habiller chaudement en hiver et légèrement en été, et à avoir assez de valets pour nous servir dans nos besoins [2]. Croyez que tous les prônes que je vous fais ne sont que pour vous rendre heureux, et vous ne le serez jamais que vous ne soyez réglé. Je

---

1. Elle revint le 27 avril.
2. Le style concis de madame de Maintenon le rend quelquefois obscur. Elle veut dire : « Il y a peu de gens qui (sans les dépenses causées par la vanité) n'eussent de quoi fournir, etc. »

crois que vous devez vendre votre maison de Saint-Cloud, quand vous en trouverez l'occasion et mettre l'argent sur la ville.

L'affaire de M. Truc est accommodée. J'ai voulu mettre [votre enfant[1]] à Maintenon; mais on n'a jamais voulu le rendre; donnez ordre si vous voulez en être déchargé, je serai toujours prête à le prendre. Ne vous servez pas de Des Rolines dans les achats, c'est un homme ruineux, et, sur ma parole, nous ferons vos commissions à meilleur marché. Vous écrivez un peu trop succinctement pour un homme à qui je prends tant d'intérêt; j'aimerois à savoir un peu plus, et ce que vous pensez et ce que vous faites.

M. Colbert est dans une douleur qu'il faut laisser passer[2] et puis je lui parlerai.

Adieu, mon cher frère[3].

1. Raturé dans l'autographe.
2. A cause de la mort de sa belle-fille, la marquise de Seignelay, fille du marquis d'Alègre.
3. Voici comment La Beaumelle réduit et arrange cette lettre : « Nous sommes les plus forts. Nous en viendrons à bout. Elle me haïra peut-être. Peu m'importe, pourvu qu'elle devienne raisonnable. Je suis ravie que ma lettre ne vous ait pas déplu. Le jugement vaut de l'expérience. Et j'ai vu de près tant de ménages que je crois pouvoir parler du vôtre. Monsieur Scarron ne me donnait que cinq cents francs. Laissez à madame de Miossens votre femme. Quand vous voudrez revenir, écrivez-le-moi. Je vous chercherai une maison à Paris. Tous les quartiers me sont indifférents. Lequel aimez-vous le mieux ? Il ne faut point renoncer à Cognac. On vous l'ôterait insensiblement. M. Colbert est dans une douleur qu'il faut laisser passer, etc. »

LETTRE CLXIX

A M. DE VILLETTE, A NIORT[1].

2 avril 1678.

Je serai ravie de tout ce qui pourra mettre la paix dans notre famille, car je souffre de leur désunion par honnêteté et par vanité ; l'honnêteté en est fort blessée et la vanité aussi, tous leurs procédés sentant bien plus les bourgeoises d'une petite ville que les demoiselles. Quant aux moyens de se revoir, vous avez trouvé des expédients dans des affaires plus difficiles, et je crois que vous ne demeurerez pas court sur celle-là. Si ma considération entre pour quelque chose, vous pouvez assurer celle qui fera le plus de pas que je lui en aurai le plus d'obligation. Ce seroit très-agréable de haïr, et si Dieu ne m'aidoit, je pourrois bien ne vouloir pas me raccommoder ; mais si j'avois tant fait de m'y résoudre, je doute que je fisse des difficultés sur le plus ou sur le moins d'avances ; je crois avoir assez montré combien je désire leur réconciliation pour n'avoir rien à dire de plus.

Adieu, mon cher cousin, j'embrasse la mère et tous les enfants. La cour arrive jeudi. Quand j'entendrai parler du voyage de Constantinople, je serai alerte[2] ; soyez-le aussi et suppléez au peu de temps que l'on me laisse pour les affaires de mes proches ni pour les miennes.

1. *Manuscrits de mademoiselle d'Aumale.*
2. Villette désirait avoir la mission de conduire notre ambassadeur à Constantinople.

Si madame de Villette voit madame d'Aubigné, je la prie de lui apprendre le menuet, à se tenir droite, et à marcher comme une autre; sa jeunesse me donne le courage de penser à la faire raisonnable, quoique je voie bien que le travail est grand et le succès incertain.

LETTRE CLXX

A M. D'AUBIGNÉ, A COIGNAC [1].

Ce 27 avril 1678.

Vous passez trop légèrement sur l'article de madame d'Aubigné; je crois quelquefois que vous n'aimez pas que j'aie connoissance de vos affaires, et après, je crois que c'est que votre style est concis, et que vous n'avez nulle intention de vous cacher de moi. Éclaircissez mes doutes une fois pour toutes, et croyez que je m'accommoderai sans chagrin de tout ce que vous voudrez. Je ne veux que vous faire plaisir, et dès que ce vous en sera un que je ne me mêle de rien dans votre famille, je ne vous en parlerai jamais et ne vous en saurai point mauvais gré. Ce qui me fait vous demander ce que vous voulez là-dessus, c'est que je veux régler ma conduite de concert avec vous et la rendre différente selon votre goût. Vous ne me mandez point si vous êtes content de votre femme, si vous l'aimez, si elle se mêle de votre maison, si vous avez fait ce marché que je vous avois

1. *Autographe* du cabinet de M. Feuillet de Conches.

conseillé pour son entretien, si vous êtes content de Deslandes; en un mot vous n'entrez dans aucun détail; et c'est ce que l'on veut des gens que l'on aime. [Madame de Miossens n'en use pas de même, et me rend un compte si exact de tout ce qui se passe chez vous que je crois y être. Tourmentez bien madame d'Aubigné sur son incivilité; c'est ce qui lui fera reprocher le plus sa basse naissance, et ce qui, en effet, la marque davantage; il ne faut pas la ménager là-dessus; c'est un petit inconvénient de fâcher une personne de quinze ans[1].] Je suis ravie de ce que vous songez à être homme de bien.

Ce 29. — Ma lettre a été interrompue, vous savez que je ne suis pas maîtresse de mon temps. Je n'oublie pas votre affaire auprès de M. Colbert, et j'espère en venir à bout. Je suis bien aise que celle du lieutenant général soit finie; j'en parlerai à M. de Crussol, car je ne crois pas être fort bien avec M. de Montausier. Je ne vous donne point de conseil sur passer cet hiver à Paris ou à Coignac; il faut que vos affaires vous règlent; mais quand vous y viendrez, je vous donnerai toutes les aides qui me seront possibles. Quand nous mettrons cinq cents écus à une maison, elle sera très-belle, et selon toutes les apparences, nous n'y serons pas souvent ensemble. Je ne sais si on a envoyé de l'ouvrage à ma belle-sœur; c'est une bonne habitude à lui donner, [et si elle va joindre le libertinage à la fainéantise d'une bourgeoise fille unique, ce sera un emplâtre insupportable[2].] Ne vous rebu-

---

1. Tout ce passage est raturé dans l'autographe.
2. Rayé dans l'autographe.

tez pas d'elle, quoi qu'elle fasse; elle est d'un âge qui nous doit donner courage. Il faudroit qu'elle m'écrivît plus souvent et plus amplement; j'aurai la complaisance de lui faire réponse, et si elle a du sens, elle en profitera pour apprendre à écrire. Vous voyez que je ne ménage rien, et que je suis en train d'éducation; on y seroit à moins et il paroît que je ne suis pas sans talent là-dessus.

Adieu, mon cher frère. Songez à votre salut et à vous réjouir; vous n'avez plus que cela à faire, et il y a bien des gens qui voudroient être de même.

LETTRE CLXXI

NOTE PRÉLIMINAIRE

On ne trouve aucune lettre de madame de Maintenon du mois de mai au mois d'octobre 1678. Elle continuait à demeurer à la cour, mais elle était de nouveau en grande aigreur avec madame de Montespan. Celle-ci, enceinte pour la septième fois, accoucha secrètement d'un fils, le comte de Toulouse, le 6 juin 1678. Comme pour mademoiselle de Blois, le roi n'osa pas demander à madame de Maintenon de faire l'éducation de ce nouveau témoignage de sa faiblesse. Mademoiselle de Blois et le comte de Toulouse furent cachés et nourris par la femme de l'intendant de M. Le Tellier. Ils furent légitimés en novembre 1681, et parurent à la cour en 1684.

Le comte de Toulouse fut le dernier enfant de madame de Montespan. A partir de cette naissance, le roi se lassa définitivement d'elle; mais son goût pour les femmes ne cessa point, et nous le verrons l'année suivante se passionner pour une nouvelle favorite, mademoiselle de Fontanges. Cependant Bossuet, Bourdaloue et les autres per-

sonnages du parti pieux ne cessaient pas leurs exhortations;
madame de Maintenon, qui prenait de plus en plus de l'ascendant sur son esprit, ne ménageait pas les siennes; les désordres du prince étaient mêlés d'accès de dévotion, et l'on pouvait prévoir que les conseils de la piété et de la raison finiraient par l'emporter.

Il n'y a dans les lettres de madame de Maintenon, en 1678, rien qui se rapporte à tout cela : elle ne semble en ce temps occupée que de son frère et surtout de l'éducation de sa belle-sœur. D'Aubigné ne resta que six mois à Cognac, et dès le mois de novembre, il revint à Paris avec sa femme, avec l'intention d'y rester au moins un an. Il prit logement d'abord dans l'hôtel du Maine (voir page 41), ensuite dans la rue appelée alors *Saint-Père*, et que nous nommons aujourd'hui des Saints-Pères.

A M. L'ABBÉ GOBELIN [1].

A Versailles, ce 6 octobre 1678.

J'ai donné le placet dont vous m'aviez chargée, lequel a été renvoyé par quatre raisons. La première est la difficulté que le roi fait pour les nouveaux établissements des maisons religieuses; la deuxième l'amortissement qu'elles demandoient; la troisième le droit de lods et vente de l'abbaye de Saint-Denis dont le roi ne peut disposer en conscience; et la quatrième le peu d'argent qui lui reste des économats que l'on emploie tous pour la conversion des huguenots.

Je crois même que cette dernière demande a nui aux autres; car il n'est guère raisonnable d'établir un hôpital pour lequel on demandât avant qu'il soit fait. Voilà, monsieur, ce qu'on m'a répondu. Je suis

1. *Manuscrits des Dames de Saint-Cyr.*

fâchée d'avoir si mal réussi à une chose que vous désiriez et qui étoit pour une maison que vous savez que j'aime en général et en particulier. Vous avez aussi laissé passer la Saint-François sans vous souvenir de moi; ne croyez pas que rien me fasse oublier une négligence de vous; je ne laisse pourtant pas d'être votre très-humble servante.

LETTRE CLXXII

A M. D'AUBIGNÉ, A COIGNAC [1].

A Maintenon, ce 29 octobre 1678.

Je vous écrivis hier en partant de Versailles; mais dans la crainte que ma lettre ne soit perdue, je vais vous redire à peu près ce qu'elle contient. On ne peut être plus fâchée que je le suis de la petite vérole de ma belle-sœur; et je souhaite de tout mon cœur que son teint puisse s'en sauver; je l'espère un peu sur sa grande jeunesse. Il en arrivera ce qu'il plaira à Dieu; elle sera estimable et aimable tant qu'elle fera comme elle fait. Nous ne craignons pas tant la petite vérole que vous pensez et il n'y a rien à changer aux mesures que nous avons prises. Je vous recevrai ici quand vous y viendrez; faites-moi savoir le jour afin que je m'y rende; madame d'Aubigné y demeurera, si elle veut, sinon elle trouvera un appartement meublé dans le logis des princes [2];

1. *Autographe* du cabinet de M. Feuillet de Conches.
2. C'est-à-dire à l'hôtel du Maine, à Paris.

ce lui sera un prétexte (qui n'est que trop bon) pour ne voir guère de monde, et pour se mettre d'abord sur le bon pied pour sa conduite; enfin elle fera ce qu'elle voudra, et toutes les fois que l'on me dit qu'elle n'aime que Dieu et vous, je suis si contente d'elle qu'il n'y a point de plaisir que je ne voulusse lui faire. Voici un fâcheux contre-temps pour vous; je suis bien fâchée de mon côté que vous voyez Mainte-non en hiver, car il perd beaucoup de ses agréments; j'ai donné ordre au logis des princes pour que vos meubles soient reçus.

Adieu, je vous embrasse tous deux.

Votre laquais m'a dit que votre cuisinier est demeuré à Coignac. J'en ai un que je vous prêterai si vous voulez et qui n'a rien à faire; si dans les suites vous pouviez vous passer d'une femme, il y en a de bien habiles à Paris. Nous en parlerons à loisir. Je compte que vous pourrez être ici les premiers jours de décembre[1].

LETTRE CLXXIII[2].

A M. D'AUBIGNÉ, A L'HOTEL DU MAINE[3].

Ce jour de Saint-Thomas, décembre 1678.

Madame de Maintenon a la migraine si violente qu'elle ne peut vous écrire elle-même. Elle m'a

1. D'Aubigné arriva à Paris en novembre.
2. *Autographe* du cabinet de M. Feuillet de Conches. — La lettre paraît être de Nanon.
3. L'hôtel du Maine était situé dans la rue Saint-Thomas du

commandé de le faire pour vous mander, monsieur, qu'elle et madame de Montespan iront vendredi à Paris; elles vous prient de leur envoyer votre carrosse à onze heures précises du matin à la porte Saint-Honoré; elles iront chez vous à une heure après-midi; madame votre sœur vous prie de vous y trouver pour donner la main à madame de Montespan à la descente du carrosse; elle vous prie aussi qu'elles trouvent la maison vide, et que personne ne sache qu'elles vont à Paris. Elle ne croit pas que madame de Montespan hasarde de voir madame d'Aubigné, à cause de la petite vérole; qu'elle ne laisse pourtant pas de se mettre fort proprement avec quantité de cornettes dans son lit bien propre et la chambre aussi, car elle n'est pas sûre qu'elle ne l'aille pas voir.

Madame vous prie aussi de faire savoir à M. de Mortemart qu'elles iront à Paris vendredi, afin qu'il fasse tenir le dîner prêt pour une heure après-midi.

Madame a une manière de rhumatisme dans la tête et partout le corps qui la tient depuis hier au soir fort violemment.

―――

APPENDICE A L'ANNÉE 1678.

A la fin de cette année on trouve encore dans les éditions de La Beaumelle (édit. de Nancy, t. I, p. 88; édit. d'Amsterdam, t. I, p. 69) une fraude littéraire; c'est une lettre

---

Louvre. C'était l'hôtel de Longueville, si fameux du temps de la Fronde et de la duchesse de Chevreuse. Mesdames de Montespan et de Maintenon y demeuraient quand elles venaient à Paris. D'Aubigné et sa femme y prirent momentanément séjour. Cet hôtel est aujourd'hui détruit, ainsi que la rue où il se trouvait.

sans date qu'il dit adressée par madame de Brégy à madame de Maintenon. Cette lettre est tout simplement empruntée aux *Lettres et poésies de madame la comtesse de Brégy*, 1 vol. in-18, Leyde, 1666. Elle est dans ce volume, sans date, adressée à *madame la marquise de M...*, et une autre lettre témoigne que cette marquise est madame de Montausier, gouvernante du Dauphin. La Beaumelle n'en a pas moins l'assurance de donner cette lettre, *imprimée en 1666*, pour une lettre écrite à *madame la marquise de Maintenon*, laquelle n'a pris ce nom qu'en 1674. Madame de Brégy, née en 1619, morte en 1693, avait été l'une des dames de la reine Anne d'Autriche; elle ne connaissait aucunement madame de Maintenon. La lettre ne présente aucun intérêt : nous la donnons uniquement pour ne rien omettre des supercheries de La Beaumelle.

LA COMTESSE DE BRÉGY A MADAME DE MAINTENON.

En vérité, madame, l'on rachète si bien par l'ennui de votre absence le plaisir de vous avoir vue, que je ne puis vous être obligée de la visite que vous m'avez faite ici par la peine qu'elle me laisse. Et le monde se montre en vous d'un si beau côté, que j'ai pensé quitter ma solitude pour m'y en retourner, si je ne m'étois souvenue que de tous ceux qui le composent, il n'en est presque point qui vous ressemble. Cela m'a fait rentrer de bon cœur dans mon ermitage, avec dessein de me servir de la liberté de la solitude, pour penser souvent à vous, mais sans prétendre d'en être récompensée par la même chose, la cour ayant trop de personnes présentes, pour que les absents s'attendent à quelque place. Mais s'il m'arrivoit d'en avoir quelquefois dans votre souvenir, que ce ne soit jamais, madame, sans penser à moi, comme à la personne qui est le plus à vous.

ANNÉE 1679.

L'année 1679 renferme dix-huit lettres authentiques, la plupart écrites à d'Aubigné. Elles ne sont relatives qu'au ménage de ce seigneur et à sa conduite. Une seule renferme une allusion aux amours de Louis XIV; et cependant cette année est remarquable par le règne éphémère de mademoiselle de Fontanges.

La Beaumelle a rempli cette lacune dans la correspondance de madame de Maintenon, par *neuf* prétendues lettres à *madame de Saint-Géran*, lettres animées, pleines d'anecdotes dramatiques, faites pour exciter la curiosité, où tous les historiens ont puisé à plaisir, et qui portent pourtant des traces évidentes de fabrication. Elles sont entièrement romanesques; Louis Racine les déclare toutes *fausses;* les détails qu'elles renferment sont tout à fait de l'invention de La Beaumelle, et il n'y en a trace dans aucun écrit du temps; enfin il n'en est pas qui aient nui davantage à la mémoire de madame de Maintenon et qui aient donné à cette femme tant calomniée une apparence plus éloignée de son caractère et de sa conduite. J'ai mis ces neuf lettres à part, en les accompagnant de quelques notes qui démontrent leur fausseté.

LETTRE CLXXIV

A M. D'AUBIGNÉ, A PARIS [1].

A Saint-Germain, ce lundi à sept heures du soir (janvier 1679.)

Je ne sais par qui vous m'avez écrit, mais on m'apporte dans ce moment une lettre de vous, datée du jour des Rois; je suis ravie d'avoir envoyé quelque chose à ma belle-sœur qui lui ait fait plaisir, mou-

[1]. *Autographe* du cabinet de M. Feuillet de Conches.

rant d'envie de lui en faire en tout, tant qu'elle en aura d'aussi honnêtes que ceux qu'elle prend.

J'ai dit à M. Bon de vous montrer tout ce que j'ai loué pour vous meubler un appartement, afin que vous vous serviez de ce que vous avez plutôt que de me dépenser de l'argent. J'ai prié madame de Lencosme de me faire faire un miroir; dès qu'il sera achevé, je vous prierai de le payer et de me le garder, jusqu'à ce que je vous le paye, et que j'en aie affaire. Songez donc à une maison pour le terme de Pâques; je n'avois emprunté celle où vous êtes que pour Noël; mais puisque vous n'en avez pu trouver, songez du moins à en avoir pour le temps que je vous marque; il ne faut point s'y rendre fort difficile, et pourvu qu'elle soit un peu sur ma route, c'est-à-dire vers le quartier de Richelieu, de Saint-Roch, des Petits-Champs, rue Traversière, rue Fromenteau, rue Saint-Thomas du Louvre[1], tout le tour du Louvre, et toutes les petites rues qui aboutissent de côté ou d'autre à la rue Saint-Honoré. Vous pourriez encore, si le pont Rouge est rétabli[2], vous étendre sur les quais, de côté ou d'autre. Vous aurez toujours assez de logement dans une maison, où il faut deux remises de carrosse et une écurie pour huit ou dix chevaux. J'ai reçu des nouvelles de M. de Mont-

---

1. Les rues Fromenteau et Saint-Thomas du Louvre n'existent plus. Consultez un plan de Paris avant 1852.

2. Le pont Rouge ou pont Sainte-Anne avait été bâti en 1642 pour joindre la rue du Bac aux Tuileries. Il était en bois et souvent impraticable dans les grandes eaux. Il fut emporté en 1684 et remplacé par le pont Royal qui existe encore.

chevreuil et M. Viette, et je leur réponds sur l'affaire de madame de Nogent.

M. Fagon est persuadé que madame d'Aubigné mange des vilainies, et qu'elle n'aura jamais de santé ni d'enfant, si par une longue suite de bonne nourriture, elle ne rétablit son estomac et purifie son sang.

Adieu, je vous embrasse tous deux de tout mon cœur.

Votre M. Legois est très-importun; il présente une figure triste, et non-seulement il veut que je le serve de mon crédit, mais il veut que je fasse mon application de chercher ce qui lui convient. Je lui ai offert de parler à qui que ce soit et à répondre de lui partout; véritablement je ne pensois pas que cela s'étendît aux ministres; car il parloit en ce temps-là d'être domestique dans quelque maison. On lui donna avis que le cardinal de Bouillon en cherchoit, et aussitôt je lui fis parler; ce qui ne se trouva pas vrai. On vous offre un emploi pour lui à Blaye, et il le veut à Bordeaux. Tout cela ne me dégoûtera pas de le servir quand je le pourrai, tant pour l'amour de vous que pour M. le maréchal d'Albret[1]; mais il faut qu'il me donne des choses toutes prêtes, et qu'il ne croye pas que je fasse ses affaires, dans un temps où je ne puis donner un moment aux miennes.

Bonsoir; je vais parler tout à l'heure à M. de Louvois.

---

1. C'est-à-dire pour le souvenir de M. le maréchal d'Albret, qui était mort trois ans auparavant. Ce Legois avait été l'un des serviteurs du maréchal.

LETTRE CLXXV

A M. L'ABBÉ GOBELIN[1].

Ce vendredi, à dix heures (mars 1679).

J'avois si grande peur d'être connue ce matin que je ne songeai qu'à sortir vite de l'église; c'est ce qui m'a empêchée de vous remercier de toutes vos bontés que je n'ai point trouvées diminuées par le temps. Voilà les deux pistoles que vous m'avez ordonné de donner; je ne fais jamais d'aumône qu'à Maintenon; ainsi je les aurois peut-être mal appliquées, ne connoissant pas ceux qui en ont un véritable besoin. Vous savez si j'en ai que l'on prie Dieu pour moi : je vous le demande encore et de prier et faire prier pour le roi qui est sur le bord d'un grand précipice.

Je comprends bien, par les persécutions que l'on me fait, le chagrin que vous avez quand on s'adresse à vous pour m'aborder, mais il ne faut pas s'il vous plaît que vous poussiez la discrétion trop loin; et si, dans le nombre de ceux qui vous parlent, il y en a quelqu'un que vous ayez envie que je voie, vous pouvez disposer de moi avec une entière liberté, et je vous assure avec la sincérité que vous me connoissez que rien de tout ce qui me viendra de vous ne me fera de la peine. M. votre neveu sera le bien venu; je ne verrai que lui et je ne sortirai qu'à cinq heures. Je vous renvoie votre étui, et s'il est vrai

---

1. *Manuscrits des Dames de Saint-Cyr.*

que j'aie dit à la maréchale de qui vous êtes le compère, la modestie de ne s'en être pas vanté est louable, mais ce n'est pas un grand mal que l'on le sache. Si je me remplissois aussi bien de Dieu que je vide ma maison de toute sorte de compagnie, vous seriez bien content de moi. Je ne vois que la marquise [1], et cette solitude-là m'est très-agréable.

APPENDICE A LA LETTRE CLXXV.

« Le roi est sur le bord d'un grand précipice. » Par ce cri d'alarme, madame de Maintenon annonce une rechute du roi qui vint encore renverser ses propres desseins. Il s'était épris tout à coup et d'une manière très-violente de mademoiselle de Fontanges. Le 22 mars, le marquis de Trichâteau écrivait à Bussy-Rabutin : « Madame de Montespan est partie brusquement le 15 de ce mois de Saint-Germain pour Paris. On dit qu'il y a quelque brouillerie dans le ménage et que cela vient de la jalousie qu'elle a d'une jeune fille de *Madame*, appelée Fontanges, dont le roi, dit-on, a déjà eu contentement. »

LETTRE CLXXVI

A M. D'AUBIGNÉ, A PARIS [2].

Mars 1679.

Quoique je vous aie vu depuis votre dernière lettre, je veux pourtant y répondre pour vous dire que quand vous voudrez aller à Maintenon, vous y aurez l'appartement bas pour y loger et toute la maison

---

1. La marquise de Montchevreuil.
2. *Autographe* du cabinet de M. Feuillet de Conches.

ouverte pour en jouir; que vous y trouverez de la vaisselle d'argent, du linge, de la salade, quelques fruits, Noëlle pour faire votre cuisine, et Charlot pour vous y divertir; que si vous voulez nourrir vos chevaux, il y a une écurie, et vous le feriez peut-être à meilleur marché que chez M. Friquet aussi bien que vos gens; cela se peut en mon absence, car si j'y étois, il seroit mal de les nourrir chez moi, et je suis bien aise que par votre exemple j'établisse de ne jamais nourrir ni valets ni chevaux. Je crois que nous sommes assez proches pour nous parler librement sur tout. Si cette petite diversité de lieu peut vous faire passer votre été plus agréablement, ne vous en contraignez pas, mais menez-y votre femme, car je ne vous conseillerai pas sitôt de la laisser de son chef; elle s'y ennuyera, mais se divertira-t-elle beaucoup mieux à Paris? Et de plus il faut que les femmes sachent s'ennuyer, ou pour mieux dire qu'elles sachent s'amuser de peu de chose. Mademoiselle de la Harteloire et mademoiselle de la Couture [1] sont d'aussi bonne compagnie que Catot, Lormie et Suzon. Il y a des cartes, des volans, un trou-madame, des quilles et un billard. En voilà assez sur Maintenon.

J'ai dit à Vantelon qu'il pouvoit nommer mon nom à M. Colbert toutes les fois qu'il le croira bon à quelque chose.

Nos amis ont tort de croire que je vous aime moins;

---

1. Ce sont des vieilles filles que madame de Maintenon logeait à Maintenon : Mademoiselle de la Harteloire, parente de Scarron, n'a pas cessé d'être à sa charge.

cela paroîtra pourtant toujours à ceux qui nous verront ensemble, parce que nous y avons été si peu qu'il est vrai que vous paroissez contraint avec moi; vous me voyez assez et je ne désire de vous que votre plaisir, votre bonheur et votre amitié.

Je vous envoie quinze pistoles que vous doit le prince, et dix pour moi. Si vous savez en quoi elles ont été employées, vous me ferez plaisir de me le mander, car vous savez que j'ai un bel ordre dans ma dépense, du moins pour l'écriture; et avancez-en pour moi à Aimée.

Je parlai bien rudement à madame d'Aubigné sur ses mauvaises habitudes. Vous ne vous en apercevez point, parce que vous la voyez tous les jours; je trouvai qu'elle avoit appris à parler du nez; qu'elle rit toujours sans en avoir envie et qu'elle se mignarde en parlant avec des airs et des minauderies qui faisoient contrefaire madame de Longueville qui les soutenoit pourtant avec l'esprit et le visage d'un ange. Au nom de Dieu, qu'elle parle naturellement, et aux gens à qui elle veut plaire, comme à son laquais; qu'elle ne rie point de commande et qu'elle se mette dans l'esprit qu'il vaut mieux être trouvée sérieuse et taciturne que d'être ridicule.

Adieu. Je fais un mauvais personnage auprès d'elle que celui de gouvernante; mais je ne le ferois pas si je l'aimois moins. Amenez-la ici quand elle voudra, nous lui trouverons un lit.

LETTRE CLXXVII

NOTE PRÉLIMINAIRE

A cette époque (mars 1679), le roi, partagé entre sa passion pour mademoiselle de Fontanges et des accès de dévotion, vouloit rompre complétement avec son ancienne maîtresse et en même temps lui faire une position qui la maintiendrait à la cour. Il cherchait donc à lui donner la charge de surintendante de la maison de la reine, charge qui procurait certains priviléges attribués aux duchesses, et par laquelle il aurait été pour ainsi dire annoncé que madame de Montespan n'était plus la maîtresse du roi. Mais cette charge était possédée par la comtesse de Soissons. Voici comment le marquis de Trichâteau raconte à Bussy ce qui se passa à ce sujet dans la semaine sainte de 1679.

« Le roi a jeûné trois jours, a fait ses dévotions et a touché les malades. Madame de Montespan a eu beaucoup de conférences avec le P. César; elle a fait comme si ç'avoit été utilement; il y avoit déjà quelques jours qu'elle venoit souvent à Paris depuis que le roi étoit amoureux d'une fille de Madame, appelée Fontanges. Le mercredi (29 mars), elle retourna à Saint-Germain, où elle fut à ténèbres, toujours derrière la chaise du roi. La reine l'envoya quérir pour aller à la cour (30 mars). Le vendredi 31, elle alla à Maintenon, et le mardi (4 avril) elle retourna à Saint-Germain dans son appartement, et à l'ordinaire, sinon que le roi ne la vit qu'en présence de Monsieur. Mercredi, la comtesse de Soissons reçut ordre du roi de se défaire de sa charge entre ses mains. Cette princesse étoit à Chaillot dans une petite maison qu'elle y a. M. Colbert y fit beaucoup d'allées et de venues. Elle parla au roi le soir chez la reine, qui lui dit des merveilles sur le plaisir qu'elle lui feroit. Elle répondit avec toute la soumission possible, et enfin elle a pris deux cent mille écus, et madame de Montespan a été par là surintendante de la reine et n'est plus maîtresse [1]. » (*Lettres de Bussy-Rabutin*, t. IV, p. 344.)

Madame de Montespan confirme ces faits dans une lettre au duc de Noailles dont nous laissons l'orthographe très curieuse.

MADAME DE MONTESPAN AU DUC DE NOAILLES [2].

Ce jeudy 30 mars 1679.

Je suis sy convinquue de vostre amitié, et je vous ay veu prandre tant de part à ce qui me regarde, que je croy que vous serest bien èse de continuer à ann estre instruit. A mon retour, le roy me dist qu'ill avet anvoiié M. Colbert proposer à madame la contesse de se défaire de sa charge; elle dist qu'el viendret le trouver. Elle l'y vint ann efet hier, et luy dist les mesme chose qui luy avet mandée. Elle demanda un jour pour an parler à madame la prinesese de Carignan, et l'on n'a point ancore sa réponse. Du reste, tout est fort pésible yscy. Le roy ne vient dans ma chanbre c'aprest la messe et aprest soupey. Il vaut beaucoup mieus se voir peu avec dousœur, que souvant avec de l'anbaras. Madame de Maintenon est demeurée pour quelque lesgesre indisposition. Le duc du Maine est avec elle. Voilà toutte les nouvelle du logis. Je vous prie de faire mest complimant à madame la duchesse de Noüaille. Vous m'aubligeriés auscy de me chercher du velours vert pour un cas-

---

1. *Lettres de Bussy-Rabutin*, t. IV, p. 344.
2. *Autographe* tiré des archives de la maison de Noailles, à la bibliothèque du Louvre.

rosse; mest je vousdrest bien qu'il ne fust pas sy
cher c'à vostre ordinesre[1].

LETTRE CLXXVIII

A M. D'AUBIGNÉ, A PARIS[2].

Saint-Germain, ce jeudi saint, 30 mars, à 10 heures du matin.

Je suis bien fâchée du mal de madame d'Aubigné, et de l'embarras que vous en avez. J'aurois souhaité qu'elle eût passé l'été avec moi soit à Barège ou à Clagny, et rien n'est plus dangereux pour elle que d'avoir passé de la mauvaise éducation à être sa maîtresse, à l'âge qu'elle a. Cependant il n'y a pas de remède, et tant que je serai où je suis, il ne faut pas compter sur moi. Il faudra voir ce que nous ferons d'elle; mais une femme de seize ans n'est pas d'un petit embarras; et je vous admire de vouloir aller courir le pays, et la laisser au hasard de ce qui en arrivera; nous aurons le temps d'y penser. Je parlerai à M. Fagon si vous voulez pour qu'il vous donne quelque médecin de sa connaissance, et auquel il put donner ses avis pour la santé de madame d'Aubigné, car pour lui il ne faut pas compter qu'il puisse aller souvent à Paris.

Madame de Montespan me paroît fort contente de vos soins et de votre procédé en tout.

---

1. Suscription : « Est pour madame (sic) le duc de Nouailles. »
2. *Autographe* du cabinet de M. Feuillet de Conches. — La Beaumelle a fait de cette lettre et des deux suivantes une seule lettre qui n'a pas deux pages; c'est-à-dire qu'il a abrégé le texte de telle sorte qu'il en reste à peine le sens général.

Je verrai M. Colbert quand il le faudra; soyez en repos là-dessus.

Je ne vous dis rien encore sur notre voyage, ne sachant comment je le ferai; s'il n'y avoit que M. du Maine, on pourroit suivre la voiture; mais si les petits marchent, c'est un embarras qui ôte tout plaisir et toute commodité. Il y a du temps d'ici au 15 ou 20 de mai, et il n'en faut pas tant pour tout changer[1].

Bonjour, je vous plains tout à fait de voir toujours souffrir une personne que vous aimez.

LETTRE CLXXIX

A M. D'AUBIGNÉ, A PARIS[2].

A Saint-Germain, ce vendredi, avril 1679.

Il me semble que vous avez assez de loisir pour que je vous donne une commission; je vous prie donc de me chercher chez Gautier et chez Gayot un beau damas bleu; je ne le veux ni pâle ni turquin, mais fort et beau; il ne m'en faudroit que deux cents aunes; quand vous en aurez vu, envoyez m'en quelques échantillons, dont les morceaux soient un peu grands, afin que j'en puisse bien juger.

Je vous prie aussi de dire à Laleu, mon marchand de dentelles, de me faire un échantillon de campane bleue, blanche et noire, et un autre couleur d'or

---

1. Ce voyage n'eut pas lieu.
2. *Autographe* du cabinet de M. Feuillet de Conches.

blanc et noir ; je ne veux pas de la soie plate et des houppes à la campane, il ne la faut que de quatre doigts de haut.

Si vous m'envoyiez un homme de confiance, vous auriez les vingt-cinq pistoles que je vous ai déjà annoncées ; mais, quoi que vous en disiez, vous n'êtes sur la route de personne. Essayez à m'écrire par la poste ; j'en ferai de même pour voir si par là nous pourrions avoir quelque commerce.

Quand madame d'Aubigné voudra venir, amenez-la un peu voir la cour ; nous lui trouverons un lit. Comme elle est fort délicate, il faudroit qu'elle vînt vers le soir ; qu'elle allât tout droit se coucher en arrivant et qu'elle vînt le lendemain à la messe du roi et dîner chez madame de Montespan ; le soir, souper chez madame de Richelieu ; et elle s'en retourneroit le lendemain à Paris.

Je me porte fort bien ; et j'ai grande envie d'aller dans l'entre-sol : c'est un lieu charmant et les repas qu'on y fait sont excellents ; la solitude en est délicieuse.

Adieu, je vous embrasse tous deux.

Ce samedi matin.

Vous verrez que je vous écrivois hier à peu près dans le même temps que vous le faisiez de votre côté, et à peu près aussi les mêmes choses. Il ne faut point que vous me laissiez madame d'Aubigné ; je serois embarrassée de la renvoyer, et encore plus de la garder ici plus longtemps ; si elle s'y plaît, il vaudra mieux l'y amener plus souvent. Vous ferez ce que vous voudrez sur Maintenon ; mais ne vous rebutez pas d'elle, quoiqu'elle ait de grands défauts ; elle est si jeune qu'il faut espérer et tout essayer. Si j'étois en lieu d'y travailler, je le ferois de tout mon cœur pour l'amour de vous. Si elle est comme vous me la dépeignez, il ne la faut pas gâter et la laisser manquer de tout pour quelque temps, si elle ne sent pas ce qu'on lui donne. Je ne sais ce qui se passe entre vous pour sa dépense, mais pour moi je lui ai donné pour trois mille huit cent soixante-neuf livres de hardes, sans compter les bijoux dont je ne sais pas le prix, et en y joignant son carrosse : c'est bien près de deux mille écus qu'elle me coûte depuis quinze mois ; je l'ai écrit pour pouvoir vous le dire en pareille occasion, et pour savoir ce que je fais de mon argent[1].

Il faudroit remettre une glace à mon miroir argenté, et en coupant celle qui y est dans l'endroit où elle est rompue, en faire refaire un miroir avec une bordure comme celle du vôtre pour mettre dans ma chambre de chez vous.

Il faut bien que madame d'Aubigné ait une fille pour l'habiller. Pontas ou madame Richina vous donneront un lit ; vous choisirez ; et je compte qu'elle ne couchera ici que deux nuits.

Adieu.

---

1. « En tout j'aime à savoir mon compte, » dit-elle dans une lettre aux Dames de Saint-Cyr.

Mémoire de ce que j'ai donné à madame d'Aubigné[1].

Une robe de chambre de peluche couleur de feu.	322 l.
Une jupe de satin violet en broderie.	330
Une jupe de moire couleur de rose.	94
Un habit à fond blanc.	211
Une jupe de satin jaune.	227
Un corps couleur de feu.	38
Quatre paires de souliers et deux paires de mules.	40
Un carreau et un sac de velours cramoisi.	330
Pour deux paires de draps de Hollande.	150
Pour le festin de la noce.	500
Une garniture de point de France composée d'un peignoir, d'un tablier, une garniture de chemise, une cornette et deux bonnets.	650
Somme totale[2].	2661 l.

Ce n'est ni pour vous le reprocher, ni pour vous le faire payer que je vous envoie un mémoire de ce que j'ai donné à madame d'Aubigné, mais pour lui faire voir que l'argent va vite, et que joignant cette somme-là à ce qui vous en coûte, vous verrez que la somme est forte pour des gens comme vous et qu'elle

1. C'est une suite de la lettre, mais écrite sur un papier à part.
2. Cette addition n'est pas exacte : le total est de 2902. Ce total ne concorde pas avec celui que madame de Maintenon donne plus haut : 3869.

doit conserver ce qu'elle a, et se contenter de ce que je vous ai mandé de lui donner. On lui a fait des chemises comme pour la reine, et homme vivant n'en a de si belles que vous; je passe ma vie à la cour faisant trois fois plus de dépense que je n'en ferois si je n'y étois pas, et je n'ai pourtant jamais rien eu de pareil ni n'en aurai. Pardonnez-moi les importunités que je vous fais là-dessus; mais assurément vous devez tous deux vous mettre sur un pied convenable à votre revenu.

Si ma belle-sœur a des commissions à donner, Nanon les fera, pourvu qu'elle reçoive avec plaisir ce que je voudrai lui donner, et qu'elle me paye régulièrement ce que je ne lui donnerai pas, et qu'elle croie que nous avons ici aussi bon goût que madame de la Barre.

Adieu; je vous embrasse tous deux. Je fais de mon mieux pour les parents dans leur affaire, et j'espère qu'elle ira bien.

LETTRE CLXXX

A M. D'AUBIGNÉ, A PARIS[1].

Saint-Germain, mai 1679.

Je n'avois pas besoin du mémoire de M. Brillon pour me faire souvenir de son affaire; mais je suis bien aise de l'avoir pour être mieux instruite de ce qu'il est et de ce qu'il fait. J'en parlerai quand je croirai l'occasion favorable, et je vous ferai tomber

---

1. *Autographe* du cabinet de M. Feuillet de Conches.

d'accord que je prendrai bien mon temps; je vous remercie de tous vos soins et je les reçois avec beaucoup de plaisir. Je ne puis vous rien dire sur notre convertie que je n'aie parlé à M. Pellisson; je ne comprends point pourquoi je ne la vois plus; il faut accompagner notre zèle de quelque prudence, et ne nous pas charger d'une fille dont nous pourrions être embarrassés.

J'espère vous voir du 15 au 20 de ce mois et faire de ces merveilleux soupers. Ma migraine se dissipa à Versailles; c'est un très-bon remède. Vous aurez dans peu notre cousin de Villette; faites-lui bien, je vous prie, et réparez par là les irrégularités qu'il trouva dans mon procédé. J'ai vu le bon homme Caumont[1]; il est moins chagrin dans la conversation que dans ses lettres, ou bien vous lui avez adouci l'esprit.

Adieu, vous aurez des commissions, puisque vous n'en êtes pas fatigué, mais je vous avoue que je voudrois bien vous voir logé dans un quartier plus commode pour moi; nous en parlerons à fond quand j'irai à Paris. J'embrasse votre petite femme; il faut qu'elle me vienne voir dès qu'elle aura une robe de velours[2].

1. Ce doit être le fils aîné de Caumont d'Adde ou Dadou, le gendre d'Agrippa. (Voir l'Introduction.)
2. La Beaumelle écrit : « Si elle est raisonnable, je lui permettrai de venir me voir avec sa robe de velours. »

LETTRE CLXXXI

A M. D'AUBIGNÉ, A PARIS[1].

Ce mardi 11 juillet 1679.

Je suis au désespoir de vous fâcher toujours ; mais qu'est-ce qui vous parlera franchement que moi ? M. Pellet m'a conté un procédé que vous avez eu avec lui qui n'est ni juste ni honnête : quand des parties sont arrêtées, il n'est plus question de rabattre et il n'y a qu'à payer ; les marchands de Paris ne craignent point les violences, et se font payer des plus grands seigneurs. On n'a pas toujours une aussi grosse somme que celle que vous lui devez, mais on entre en payement par ce qu'on peut, et quand ils trouvent de la bonne foi, ils ne sont que trop faciles à prêter. Les vilains procédés se content par les maisons et font un grand tort à la réputation. Finissez celui-là, je vous en conjure et sans emportement, car il vous feroit plus de tort qu'à M. Pellet.

On a quitté le deuil, et si madame d'Aubigné veut venir faire une visite à la cour, il ne tiendra qu'à elle, mais je lui conseille d'attendre que madame la duchesse de Richelieu y soit, qui ne reviendra que vendredi. J'ai bien envie d'aller souper dans l'entresol ; je ne crois pourtant pas que ce soit sitôt ; au reste, je suis tout à fait rebutée de Maintenon, par le monde qui s'adonne à y venir. Ne perdez pas une occasion de dire que quand il y a une personne de plus que

---

1. *Autographe* du cabinet de M. Feuillet de Conches.

je n'ai compté, je suis au désespoir, et que vous ne voudriez pas vous jouer à me surprendre. Je ne me soucie pas de passer pour bizarre, pourvu que l'on n'y vienne point.

Adieu. Mes compliments à madame votre femme; on dit qu'elle se porte fort bien; je n'en suis pas de même depuis mon retour de Maintenon; je ne suis pas sans maux de tête.

LETTRE CLXXXII

A M. D'AUBIGNÉ, A PARIS [1].

A 7 heures du soir, août 1679.

Je ferai ce que je pourrai pour ce que vous désirez de moi, et si j'y réussis, j'en aurai plus de joie que vous, sans même compter l'intérêt que j'y trouverai; mais pourquoi mettez-vous un écriteau à votre maison avant d'en avoir trouvé une? Il me semble que nous devrions nous tenir où nous sommes, jusqu'à ce que nous eussions trouvé quelque chose d'admirable; et pour cela il faudroit le chercher à loisir. Une maison vers l'hôtel de Longueville[2] nous seroit commode; je vis l'autre soir un écriteau à la porte qui est tout devant. Ce n'étoit que portion de maison, mais en voyant de plus près, et la louant un peu cher, on l'auroit peut-être entière. Si cette occasion-là manque, il s'en trouvera quelque autre, pourvu que l'on ne se presse pas. Après tout, faites comme

---

1. *Autographe* du cabinet de M. Feuillet de Conches.
2. Voir la note de la page 41.

vous l'entendrez; outre la complaisance que j'aurois pour vous, j'y suis si peu que vous devez ne guère penser à moi. Je n'ai pu aller à Paris, comme je vous l'avois dit, j'ai eu mille embarras qui seroient trop longs à vous dire. M. du Maine se porte bien; mademoiselle de Nantes a la fièvre; vous voyez les deux autres qui ne sont pas en bon état. Sachez, je vous prie, qui a fait faire les plumes de mon lit, afin que je sache à qui je les dois. Je suis bien fâchée de n'avoir pu mener madame d'Aubigné au camp [1]; je n'ai pas eu un moment pour y aller voir M. de Noailles qui m'en avoit conviée. Madame du Breuillac m'a dit qu'elle avoit voulu y amener ma belle-sœur; elle auroit bien fait d'y venir, et tout ce qu'elle fera avec madame du Breuillac sera bien : c'est une très-honnête femme et qui a de l'esprit [2]; il n'importe pas tant aux jeunes personnes d'aller avec des gens d'un bon air pour le monde que d'être vues avec des prudes; c'est là le principal. Je fus ravie de la trouver au cours avec madame de la Porte. Nous partons de demain en huit jours pour Fontainebleau; si madame d'Aubigné veut venir la semaine qui vient, elle le peut.

Adieu, mon ami.

1. Le camp de Houilles où le roi avait fait réunir les troupes de sa maison. Il était commandé par le duc de Noailles, capitaine de la première compagnie des gardes-du-corps. Madame de Sévigné (t. V, p. 552) parle de la magnificence qu'on y déploya. Le roi y alla le 2 août.

2. Madame de Maintenon a longtemps eu auprès d'elle une fille de cette dame, et dans son testament elle lui laissa une pension de 300 livres. Voir dans les *Lettres hist. et édif.*; t. II, p. 271.

LETTRE CLXXXIII
A M. D'AUBIGNÉ, À PARIS[1].

Août 1679.

Le roi ne mène à ce voyage ici[2] que très-peu de dames et cinq ou six vieux seigneurs; on ne fera que chasser et se promener; voyez après cela ce que vous voulez, car cela dépendra de vous.

Je ne crois pas que vous ayez Blaye[3] à moins que le roi ne change de vues là-dessus.

Si, en effet, vous avez donné de bons avis, pourquoi ne demanderiez-vous pas quelque chose? M. de Pontchartrain peut tout là-dessus[4].

Je voudrois bien que vous fussiez content et homme de bien. Après cela, je n'aurois plus rien à désirer.

LETTRE CLXXXIV
A M. D'AUBIGNÉ, A PARIS[5].

Août 1679.

Je vous renvoie votre bail; nous en ferons un de

1. *Autographe* du cabinet de M. Feuillet de Conches.
2. A Versailles. Il y allait pour montrer le château et les jardins au marquis de Los Balbasez, ambassadeur d'Espagne; qui était venu en France pour le mariage de Mademoiselle, fille du duc d'Orléans, avec le roi d'Espagne. Ce mariage avait été stipulé le 2 juillet.
3. C'est-à-dire le gouvernement de Blaye après la mort du duc de Saint-Simon.
4. La Beaumelle ajoute : « Vous ne voudriez pas que j'entretinsse le roi de ces misères. »
5. *Autographe* du cabinet de M. Feuillet de Conches.

vous à moi, si vous me donnez un appartement; je n'ai point lu cette chicane, car je n'y entends rien, je renvoie tout à M. Viette.

Madame d'Aubigné me parle de caisses de la part de madame de Saint-Eugène sans me dire ce que c'est; qu'elle me le mande avant de me les envoyer; et qu'elle fasse mille remercîments pour moi. M. Cabon est ici; je m'imagine que je le verrai demain matin. Je suis très-inquiète de M. de Montchevreuil; ne le soyez point de moi, mes maux sont peu considérables. Je crois passer mon été à Clagny.

Adieu, je vous embrasse tous deux et je voudrois bien vous voir.

LETTRE CLXXXV

A MONSIEUR D'AUBIGNÉ, A PARIS [1].

A Versailles, ce samedi soir (25 septembre 1679).

J'avois résolu d'aller voir aujourd'hui madame d'Aubigné, mais ce ne sera pas la dernière fois que je serai trompée dans mes mesures. Madame de Montespan a voulu aller à Noisy par le beau temps qu'il a fait; je pars demain au matin pour aller au Val; c'est une petite maison qui est dans le parc de Saint-Germain, où l'on met mademoiselle de Tours à cause de sa maladie; je la mènerai et y coucherai pour

---

1. *Autographe* du cabinet de M. Feuillet de Conches. — Cette lettre si curieuse, si importante, est tout à fait tronquée dans La Beaumelle, qui la suppose adressée à madame d'Aubigné, ce qui est absurde et lui fait perdre sa valeur.

l'établir, et je serai lundi de bonne heure pour recevoir la cour à Saint-Germain. Je vais mander à Maintenon de m'envoyer Noëlle au plus tôt; c'est une fille que madame de Maintenon [1] a élevée, qui me sert fort bien, est de grand travail et que je ne fais que vous prêter, afin que vous tâtiez d'une servante qui fait fort bien la cuisine, qui frotte à merveille et qui nettoye mieux la vaisselle que qui que ce soit; vous n'en dépenserez que la nourriture; et si une femme vous accommode, vous aurez le temps d'en chercher une de connaissance. Je serois d'avis que la Vallée ou Aimée allassent au marché; car Noëlle est dépensière; il faut se servir des gens selon leurs talents, et compter qu'il n'y en a point de parfaits. Je vous ferai venir un laquais; vous avez bien raison d'en demander un grand; les petits ne sont bons à rien; si celui qui viendra ne vous accommode pas, il faut le renvoyer, et ne se pas lasser jusqu'à ce que vous en ayez un bon; et pour cela il faut faire serrer leurs haillons, afin de leur remettre sur le corps, et qu'il ne vous en coûte rien.

Vous avez très-bien fait, et vous ne pouviez trop tôt vous défaire de vos chevaux; ce qu'ils vous auroient coûté à nourrir vous en redonnera à Pâques pour les promenades et nos voyages de Maintenon; ma belle-sœur ne sortira guère cet hiver, et quatre chevaux vous suffiront. Mais pour en revenir aux laquais, j'en ai deux très-inutiles que je vous prêterai toutes les fois que vous en aurez besoin, tantôt

1. Femme du marquis de Maintenon, lequel avait vendu à madame Scarron la terre de Maintenon.

pour huit jours, tantôt pour un mois; ils ont vos livrées que j'ai prises exprès pour ces accommodements-là; ils ne vous coûteront qu'à nourrir; et il est de l'habileté de se servir ainsi les uns des autres et profiter des temps. Votre femme est malade et hors d'état de se montrer; il lui faut bon feu dans sa chambre, de la bougie, de la gelée et peu de train; l'été elle n'aura rien de tout cela; et il lui faudra des chevaux, et des laquais. Je vous dis tout ce qui me vient à la tête non pas pour que vous vous en contraigniez, mais pour que vous en preniez ce qui vous en paraîtra bon; dans ce même esprit, je vous envoie un projet de dépense, tel que je le ferois si j'étois hors de la cour et sur lequel on peut encore ménager. Il faut nous servir de tout et faire envisager à vos gens que s'ils vous servent bien, je le compterai comme s'ils étoient à moi. Je trouve que c'est trop de passer cinq cents écus pour une maison; songez que c'est pour vous tout seul, et que je n'y coucherai pas dix fois dans une année; qu'il ne faut que très-peu de logement et seulement deux remises de carrosse, s'il se peut, sans qu'il y en ait sous la porte. Tout le quartier de Richelieu, tout celui du Palais-Royal et du Louvre, tout celui de Saint-Honoré sont bien longs, et pour du temps ne vous pressez point; vous serez où vous êtes tant qu'il vous plaira. Je ne réponds point à vos compliments; et je serai récompensée de tout si vous vivez un peu réglé et guéri. Je suis ravie que vous ayez été dîner avec M. de Vaujour. M. d'Heudicourt compte aussi beaucoup sur vous; ne vous piquez point d'honneur de leur en rendre; et mettez toutes les villenies sur moi.

Dépense par jour pour douze personnes (monsieur et madame, trois femmes, quatre laquais, deux cochers, un valet de chambre) :

Quinze livres de viande à cinq sous par livre.	3 l.	15 s.
Deux pièces de rôti	2	10
Pour du pain	1	10
Pour du vin.	2	10
Pour du bois.	2	»
Pour du fruit	1	10
Pour de la chandelle.	»	8
Pour de la bougie	»	10
	14 l.	13 s.

Voilà à peu près votre dépense qui ne doit pas passer quinze livres par jour, l'un portant l'autre, la semaine 100 livres et le mois 500 livres. Vous voyez que j'augmente, car 100 livres par semaine, ce ne seroit que 400 livres par mois, mais y joignant le blanchissage, les flambeaux de poix, le sel, le vinaigre, le verjus, les épices et de petits achats de bagatelles, cela ira bien là. Je compte quatre sous en vin pour vos quatre laquais et vos deux cochers; madame de Montespan donne cela aux siens; et si vous aviez du vin en cave, il ne vous en coûteroit pas trois. J'en mets six sols pour votre valet de chambre et vingt pour vous qui n'en buvez pas pour trois; mais j'ai mis tout au pis. Je mets une livre de chandelle par jour : c'en sont huit ; une dans l'antichambre, une pour les femmes, une pour la cuisine, une pour l'écurie ; je ne vois guère que ces quatre endroits où il en faille ; cependant comme les jours sont courts, j'en mets huit, et si Aimée est ménagère et sache serrer les bouts, cette épargne ira à une livre par semaine. Je mets pour quarante livres de bois que vous ne brûlerez que deux ou trois mois de l'année ; il ne faut que deux feux, et que le vôtre soit grand. Je mets dix sous en bougie ; il y en a six à la livre qui durera trois jours. Je mets pour le fruit trente sous ; le sucre ne coûte qu'onze sous la livre, et il n'en faut pas un quarteron pour une compote ; du reste, on fonde un plat de pommes et de poires qui passe la semaine en renouvellant quelques vieilles feuilles qui sont dessous et cela n'ira pas à vingt sous par jour. Je mets deux pièces de rôti, dont on en épargne une le matin, quand monsieur dîne à la ville et une le soir quand madame ne soupe pas, mais aussi j'ai oublié une volaille bouillie sur le potage. Tout cela bien considéré, vous verrez que nous entendons le ménage. Vous aurez le matin un bon potage avec une volaille : il faut se faire apporter dans un grand plat tout le bouilli qui est admirable dans ce désordre-là. On peut fort bien, sans passer les quinze livres, avoir une entrée de saucisses un jour, d'une fraise de veau, un autre, de langues de mouton, et le soir le gigot ou l'épaule avec deux bons poulets. J'ai oublié le rôti du matin qui est un bon chapon, ou telle autre pièce que l'on veut, la pyramide éternelle et la compote.

Tout ce que je vous dis là posé, et que j'apprends à la cour, votre dépense de bouche ne doit pas passer 6,000 livres par an, j'en mets 1,000 pour habiller madame d'Aubigné, et avec ce que je lui donne, elle en aura assurément de reste; elle a une année d'avance, et elle n'a rien acheté depuis qu'elle est mariée, au moins, si je n'en suis point la dupe. Je mets ensuite 1,000 livres pour les gages ou les habits des gens; 1,000 livres pour le louage de la maison, ce qui n'ira pas là; 3,000 livres pour vos habits et pour l'opéra et d'autres dépenses. Tout cela n'est-il pas honnête? et le reste de votre revenu ne peut-il pas suffire à certains extraordinaires que l'on ne peut prévoir, comme l'achat de quelque cheval, l'entretien de deux carrosses, un meuble, le payement de quelque petite dette? vous voyez que nous entrons en tout. Si de ce que je vous dis un mot peut vous être utile, je n'aurai pas de regret à ma peine, et du moins je vous aurai fait voir que je sais quelque chose sur le ménage.

Le mémoire de M. Legois sera donné, et j'ai autant d'envie de lui faire plaisir que vous. J'attends M. Fagon qui me dira des nouvelles de madame votre femme. Accoutumez-la à la solitude et à s'amuser dans sa chambre; il ne vous conviendroit point qu'elle fût dans le monde, et le repos de votre vie dépend de bien enfourner ce commencement ici. La petite vérole n'était pas à désirer; mais il faut s'en servir pour qu'elle ne voie que très-peu de gens.

Je suis ravie que vous soyez content de M. de Mortemart; offrez-lui votre carrosse, s'il n'en a point, quand il sera en état de marcher; c'est le seul service que vous lui puissiez rendre et il peut vous être bon. N'envoyez pas quérir celui que j'ai donné à madame d'Aubigné sans m'en avertir, car vous croyez bien que je trouverai moyen de rendre cette voiture-là utile. Ne vous éparpillez point dans cette grande maison ayant si peu de gens; si j'étois à votre place, je ferois faire la cuisine dans ce petit trou qui est auprès de cet endroit où il y a un lit jaune que par parenthèse je trouvois fort abandonné, mais je n'en dis rien, parce que vous arriviez et que le désordre est excusable. Comme j'espère que nous avons quelque temps à vivre ensemble, apprenez à madame d'Aubigné et à ses femmes à me connoître; c'est-à-dire qu'en même temps que je prête tout avec plaisir, je ne compte pas que rien soit gâté ni rompu, et que j'ai donné ordre à Nanon de faire un mémoire depuis le lit de velours jusqu'à la crémaillère.

Legois m'a dit que vous avez acheté du linge de table; il faut le marquer et prendre garde que l'on ne le change au blanchissage. Il faut parler de toutes ces choses-là devant madame d'Aubigné: elle a un air d'emplâtre que je voudrois bien lui ôter.

Bonsoir, en voilà assez pour un jour. Je serois ravie si vous m'écriviez avec un pareil détail.

LETTRE CLXXXVI

A M. L'ABBÉ GOBELIN [1].

Ce 27 septembre 1679.

Dieu soit loué de la mort de M. d'Elbène qui a fini ses malheurs et qui a paru repentant de sa vie [2]; il m'a fait faire beaucoup de compliments sur les visites que vous lui avez faites. Je suis résolue à profiter de ce que vous me mandez dans votre dernière lettre, et de réparer par les aumônes le mal que je fais d'ailleurs. Employez, s'il vous plaît, l'argent qui vous reste à ce que vous jugerez à propos : il ne faut pas qu'un argent destiné à une bonne œuvre vienne à être mal employé. Vous ne pouvez venir trop tôt : vous savez si je suis aise de vous voir.

LETTRE CLXXXVII (La B.)

NOTE PRÉLIMINAIRE

Cette lettre ne se trouve que dans la collection de La Beaumelle (t. I, p. 153 de l'édit. de Nancy). Louis Racine l'annote : *elle m'est inconnue*. Elle est certainement inventée. Nous l'avons déjà dit, il n'existe aucune lettre authentique de madame de Maintenon à Ninon de Lenclos. D'ailleurs madame de Maintenon, depuis la mort de Scarron, n'avait gardé aucune relation avec Ninon de Lenclos. Enfin il est impossible d'imaginer, d'après les lettres que nous venons de lire, où elle presse si vivement d'Aubigné de

---

1. *Manuscrits des Dames de Saint-Cyr.*
2. C'était un ancien ami de Scarron très-débauché et couvert de dettes. Il en est souvent question dans ses ouvrages.

songer à son salut, qu'elle soit allée chercher Ninon de Lenclos pour donner de *bons conseils* à ce frère, si léger, si libertin, si prodigue! Il fallait que La Beaumelle comptât bien sur la crédulité de ses lecteurs pour insérer une lettre tellement dénuée de vraisemblance. Comment croire que la dévote madame de Maintenon ait jamais écrit : *Il a bien besoin des leçons de Léontium?* » Les leçons de Léontium étaient des leçons de libertinage! D'ailleurs il est très-probable qu'elle n'a jamais su ce que c'était que *Léontium!* Ce surnom n'a été donné qu'une seule fois à Ninon de Lenclos et par Saint-Évremond : il n'était nullement admis de son temps.

La phrase relative à madame de Coulanges est une preuve de plus de la fausseté de la lettre : madame de Coulanges était à cette époque à Versailles et non pas à Maintenon. Voici ce qu'en écrit madame de Sévigné le 24 novembre :

« Madame de Coulanges a été quinze jours à la cour; madame de Maintenon était enrhumée et ne la vouloit pas laisser partir. *Quanto* et l'enrhumée sont très-mal. Cette dernière est toujours très-bien avec le centre de toute chose, et c'est ce qui fait la rage. » (T. VI, p. 98.)

A MADEMOISELLE DE LENCLOS.

Versailles, 12 novembre 1679.

Continuez, mademoiselle, à donner de bons conseils à M. d'Aubigné. Il a bien besoin des leçons de Léontium. Les avis d'une amie aimable persuadent toujours plus que ceux d'une sœur sévère. Madame de Coulanges m'a donné des assurances de votre amitié qui m'ont bien flattée. Ce que vous entendez dire de ma faveur n'est qu'un vain bruit : je suis étrangère dans ce pays, sans autre appui que des personnes qui ne m'aiment pas, sans autres amis que des amis intéressés et que le souffle le plus léger de la fortune tournera contre moi, sans autres parents que des gens qui demandent sans cesse et qui ne méritent pas toujours.

Vous jouissez d'une liberté entière : je vis dans un esclavage continuel. Croyez-moi, ma belle mademoiselle, (car vous ne cesserez jamais de l'être) les intrigues de la cour sont bien moins agréables que le commerce de l'esprit. Mes compliments à nos anciens amis : madame de Coulanges et moi nous célébrâmes hier votre santé à Maintenon[1] : et nous n'oubliâmes pas la chambre des élus. Continuez, je vous prie, vos bontés à M. d'Aubigné.

LETTRE CLXXXVIII

A M. D'AUBIGNÉ, A PARIS[1].

Ce 11 décembre 1679.

Ne vous effrayez pas ; ce billet n'est que pour vous prier de faire tenir mes lettres, et de faire habiller mes deux laquais pour le premier jour de l'an. Je ne vous escroquerai pas leurs habits comme je fis l'année passée, et ils vous seront payés avec les quatre cents livres que vous avez données à M. de Villette. Dites à madame d'Aubigné de me faire mander de ses nouvelles par quelqu'une de ses femmes ; elles paroissent d'un mérite à savoir écrire.

Bonsoir, mon cher frère. Il faut envoyer la lettre de M. de Barillon chez lui à madame sa mère.

1. *Autographe* du cabinet de M. Feuillet de Conches.

LETTRE CLXXXIX

A M. D'AUBIGNÉ, A PARIS [1].

Ce vendredi 15 décembre 1679.

Ne grondez point la France, je l'ai retenu et je n'ai jamais pu vous faire réponse. Je ne suis point dame d'atour; M. de Villette dit que je ne suis que dame d'honneur; quand la maison de madame la Dauphine sera déclarée [2], je vous le manderai; jusque-là moquez-vous de tout ce que vous entendrez dire; car ce sont gens mal intentionnés qui font courir ces bruits-là.

Songez à votre mal et croyez que j'en sais plus que les médecins là-dessus : je n'ai été guérie que depuis que je ne fais plus de remèdes. Mangez beaucoup : il vaut mieux se donner une indigestion que d'être constipé; mais ne mangez rien de salé ni d'aigre ni poivré; gardez le lit quand vos hémorroïdes sont enflées; le carrosse y est pernicieux, et il n'y a que d'être couché qui soulage. Si les douleurs augmentoient, baignez-vous dans de l'eau tiède; l'abbé Testu a une chaise très-commode où l'on n'a que le derrière dans l'eau et les entrailles. Si vous êtes constipé, prenez de la casse, sans aucune autre drogue, gardez-vous des lavements et de toutes les recettes que l'on vous proposera; tout ce qui est gras ou onctueux augmente l'inflammation. Guérissez-vous par

---

1. *Autographe* du cabinet de M. Feuillet de Conches.
2. Voir l'appendice de cette lettre.

ces soins-là ; ce n'est point un mal qu'il faille traiter cavalièrement : il augmenteroit ; mais il aura son cours et ne durera pas.

Adieu, mon cher frère ; vous faites trop valoir le peu que je fais pour vous ; ne songez qu'à vous réjouir et à vous guérir pour me venir voir.

APPENDICE A LA LETTRE CLXXXIX.

Le Dauphin allait épouser Marie-Anne de Bavière, fille aînée de l'électeur Ferdinand-Marie, et l'on formait la maison de la nouvelle princesse. « Nous saurons bientôt, écrit madame de Sévigné, le 13 décembre 1679, ceux qui sont nommés... Il y en a qui disent que madame de Maintenon sera placée d'une manière à surprendre ; ce ne sera pas à cause de *Quanto*, car c'est la plus belle haine de nos jours ; elle n'a vraiment besoin de personne que de son bon esprit. » Madame de Maintenon eut beaucoup de part aux nominations. La duchesse de Richelieu, qui ne s'accommodait pas d'avoir des rapports avec la nouvelle surintendante, de dame d'honneur de la reine devint dame d'honneur de la Dauphine ; la maréchale de Rochefort fut nommée première dame d'atour, et une place de deuxième dame d'atour fut créée, contre l'usage, pour madame de Maintenon. C'était le roi qui avait imaginé cette place nouvelle pour fixer à la cour, dans une position indépendante, cette dame dont la présence et le *bon esprit* lui devenaient de plus en plus nécessaires. « Vous avez vu, écrit madame de Sévigné (5 janvier 1680), l'effet de ma prophétie sur la dame d'atour. Non, assurément, la personne qualifiée (madame de Montespan) ne partage pas avec la personne enrhumée (madame de Maintenon), car elle la regarde comme l'amie et la personne de confiance. La dame qui est au-dessus (la reine) en fait autant : elle est donc l'âme de cette cour. » Madame de Montchevreuil fut nommée gouvernante des filles d'honneur de la princesse, et ces filles furent choisies dans les plus grandes familles. « Il convenoit à madame de Maintenon, dit madame de Caylus, de produire à la cour une ancienne amie, d'une réputation sans reproche, avec laquelle elle avoit vécu dans tous les temps, sûre et secrète jusqu'au mystère. »

LETTRE CXC

A M. D'AUBIGNÉ, A PARIS [1].

Ce samedi au soir, décembre 1679.

L'abbé Testu est ici, je le prierai de vous envoyer sa chaise. Je ne perdrai pas un moment sur l'affaire de Brillon. Comptez que s'il m'arrivoit quelque chose de bon ou de mauvais, vous en seriez bientôt averti. Vous ai-je mandé que M. de Montchevreuil va être gouverneur de M. du Maine? Je serois tentée de donner de ces grandes casaques à mes laquais, mais je les voudrois rouges. Je compte sur leurs habits pour le premier jour de l'an.

Adieu, mon cher frère; votre lettre est d'un homme de bon esprit, nous en discourrons.

LETTRE CXCI

A M. D'AUBIGNÉ, A PARIS [2].

Ce vendredi matin, décembre 1679.

Mes *heures* sont parfaitement bien, et vous devriez ne vous pas inquiéter de mes commissions,

---

1. *Autographe* appartenant à M. Feuillet de Conches.
2. *Autographe* du cabinet de M. Feuillet de Conches.

comme vous faites, si vous voulez être en repos. C'est pour ici que je vous demande le tableau de dévotion, le crucifix, et l'écran qui est dans ma chambre chez vous; j'ai un cabinet dont je suis un peu occupée. Je serai fort aise de vous voir dimanche; mais je trouve bien mauvais qu'on ne me dise pas un mot de madame d'Aubigné : il est vrai que j'ai reçu une lettre d'elle; dites-lui, s'il vous plaît, que j'ai donné celle de mademoiselle de Termes à madame de Montespan.

Adieu, mon cher frère.

LETTRE CXCII[1]

A MADAME DE QUIERJAN[2].

26 décembre 1679.

De toutes les lettres que j'ai reçues sur l'honneur que le roi m'a fait, la vôtre a eu le prix et j'ai reconnu avec beaucoup de plaisir ce style admirable qui m'en donnoit tant à la rue des Tournelles; quoiqu'il y ait quelques années que nous nous connoissions, il me semble que c'est là le temps où j'ai eu le plus de commerce avec vous. Croyez, madame, que je n'ai pas changé de sentiments et que je vous estime et vous honore beaucoup plus que je ne sais vous le dire.

1. *Autographe* appartenant à M. Feuillet de Conches.
2. Madame de Quierjan ou de Kerjan était une dame de Bretagne qui était séparée de son mari, retirée dans un couvent, et que madame de Maintenon avait connue dans sa jeunesse. Je n'ai point trouvé d'autres renseignements sur elle.

LETTRE CXCIII

A M. DE VILLETTE[1].

Saint-Germain, ce 28 décembre 1679.

Je charge M. de Guilleragues[2] de mille petits détails qu'il entend mieux que moi, et il parle à M. de Seignelay beaucoup plus aisément que je ne pourrois faire; il est son ami; il le voit tous les jours; il est le vôtre et le mien; ainsi je crois ne pouvoir mettre vos intérêts en meilleures mains; je ne me suis jamais aperçue de sa négligence pour vous, quoique je demeure d'accord de son irrégularité cependant.

Après ce long et véritable avant-propos, je vous dirai que je parle toujours moi-même dans les occasions; et que sachant que c'est à la fin de ce mois que l'on traite les affaires de la marine, j'eus hier une conversation avec M. de Seignelay, dont j'ai bien peur que vous ne soyez guère content; mais je vous traiterai en cette occasion comme je voudrois être traitée, aimant sur toutes choses à quoi m'en tenir. Je l'abordai donc en lui disant que je le priois de croire que ma discrétion n'étoit pas un effet de mon indifférence pour vous, que je prenois plus d'intérêt en vous que je n'en avois jamais pris, que je lui faisois parler fort souvent par M. de Guilleragues, parce que j'avois peu l'honneur de le voir; mais que dans ce temps ici j'étois bien aise de lui dire que je souhaite avec ardeur que vous avanciez dans le service et après

1. *Manuscrits de mademoiselle d'Aumale.*
2. Guilleragues venait d'être nommé ambassadeur à Constantinople.

vous MM. de Sainte-Hermine ; que je n'osois lui rompre la tête de toutes vos différentes vues ; que je me fiois à la parole qu'il m'a donnée de me dire lui-même ce que je puis prétendre et demander pour vous ; mais que, désirant sur toutes choses d'être employé, vous croyez ne pouvoir mieux faire dans un temps de paix que de mener M. de Guilleragues à Constantinople ; que je le priois de me dire s'il étoit possible que vous eussiez cet emploi et si je n'avois rien à faire là-dessus. M. de Seignelay, après des compliments inutiles à redire, me dit qu'il ne comprenoit pas ce que vous pouviez vouloir présentement, que l'on ne feroit point d'officiers généraux cette année, et que quand on en feroit il y en avoit quantité de plus anciens que vous ; qu'à l'égard du voyage de Constantinople, vous aviez voulu être du (je ne me souviens plus si c'est département, ou autre mot[1]) mais enfin du côté de Rochefort, et que ce seront les vaisseaux de Toulon qui mèneront Guilleragues ; que Duquesne s'en alloit en mer avec six vaisseaux, mais aussi de Toulon, que l'on n'en armeroit que trois du côté de Rochefort, et qu'il feroit son possible pour que vous en eussiez un ; qu'il ne falloit pas que ma protection (ce sont ses termes) vous rendît injuste ; que vous êtes traité à merveille ; que vous avez eu un vaisseau avant vos anciens ; que vous l'avez eu plus grand que les autres ; que vous avez eu une pension beaucoup plus tôt que vous ne deviez, et en un mot je trouvai un homme qui croyoit que vous deviez

---

1. *Département* est le mot. Les côtes de France étaient alors partagées en trois départements : Brest, Rochefort et Toulon.

être content. Je lui parlai de mes neveux[1] de Sainte-Hermine; il me dit que ma considération l'avoit empêché de dire au roi que l'aîné ne fait rien qui vaille; je voulus le faire souvenir des bons témoignages que l'on en avoit rendus; mais il me répondit qu'il étoit paresseux, inhabile et inappliqué, et que les officiers généraux sous lesquels il a servi en sont très-mal satisfaits; tout cela finit donc par me trouver trop heureuse qu'il ne fît pas pendre votre neveu, par lui promettre de le bien quereller et par lui demander que le quatrième fût officier, et par le supplier que vous eussiez un des trois vaisseaux. C'est peu pour vous, mais nous ne sommes pas les plus forts. Vous avez une trop grande idée de la faveur en général et de la mienne en particulier. Vous savez pourtant qu'il n'y a pas de ma faute, et que je vous dis souvent le peu que je puis; tout mon crédit et toute mon application ont fait mon frère bourgeois de Paris, mais il est si philosophe qu'il n'y a pas moyen d'y avoir regret; je voudrois que vous pussiez voir les choses d'un peu plus près.

LETTRE CXCIV

A MADAME DE SCUDÉRY[2].

A Saint-Germain, ce dernier jour de l'année 1679.

Il est vrai, madame, que j'ai reçu beaucoup de

---

1. Ils étaient ses neveux comme madame de Caylus était sa nièce, neveux à la mode de Bretagne, fils de sa cousine-germaine.

2. *Autographe* appartenant à M. Feuillet de Conches.

compliments sur l'honneur que le roi me fait, mais vous ne sauriez croire que je ne distingue pas le vôtre, et que mille lieues de distance me pussent faire oublier une personne comme vous. Je vous ai toujours trop estimée et vous m'avez toujours donné trop de marques de votre bonté pour que je puisse jamais être insensible à celles que vous me donnez de votre souvenir. Comptez donc, madame, qu'il y a une personne à Saint-Germain qui vous honore infiniment et qui est

Votre très-humble et très-obéissante servante, etc.

APPENDICE A L'ANNÉE 1679.

Nous terminons l'année 1679 par les prétendues lettres adressées, suivant La Beaumelle, à madame de Saint-Géran, et que Louis Racine déclare *suspectes* ou *fausses*. Elles sont toutes relatives aux amours du roi avec mademoiselle de Fontanges et aux querelles de madame de Montespan avec madame de Maintenon. On peut affirmer qu'elles forment un roman historique tout à fait semblable à ceux qui ont été composés de nos jours sur les événements et les personnages du dix-septième siècle. Il n'y a de vrai dans ces lettres que les deux faits généraux que nous venons d'indiquer et qui leur ont servi de motifs. Ces faits sont accompagnés de détails vagues et énigmatiques, de scènes dramatiques, de mots passionnés, dont on ne trouve point la moindre trace dans les écrits du temps, *Lettres de madame de Sévigné*, *Souvenirs de madame de Caylus*, *Mémoires de l'abbé de Choisy*, *de Saint-Simon*, etc., enfin qui n'ont absolument pour garant que La Beaumelle.

Il faut ajouter que madame de Maintenon, dans ses conversations avec mademoiselle d'Aumale, avec madame de Glapion et les autres Dames de Saint-Cyr, a parlé quelquefois de madame de Montespan, de mademoiselle de Fontanges, et a cité des anecdotes curieuses sur ce sujet ; or dans ces conversations, d'une confiance intime, il n'y a pas un mot qui rappelle les détails contenus dans les prétendues lettres à madame de Saint-Géran. Cependant tous les historiens, depuis La Beaumelle, et uniquement d'après les lettres publiées par lui, et qu'on croyait des documents historiques inédits, ont puisé dans ces lettres, sans examen et sans scrupule, les mots passionnés du roi et de madame de Montespan ; les scènes dramatiques entre cette dame et madame de Maintenon sont ainsi passées dans le domaine de l'histoire, et il est à craindre qu'elles n'en sortent plus. Le ton brutal et grossier qui domine dans ces lettres, leur style sans retenue et sans réserve, ces confidences débraillées et impossibles auraient dû suffire, à défaut d'autres preuves, pour démontrer leur invraisemblance. Enfin il ne faut pas oublier ce qu'était madame de Saint-Géran, à qui ces confidences sont faites. (*Voir* t. I, p. 224.)

LETTRE CXCV (La B.)[1]

La belle duchesse est inconsolable[2], et je le suis de ce qu'elle croit que madame de Montespan a agi par mes conseils ; je vous prie de la désabuser[3] : personne

---

1. Cette lettre ne porte pas de date : si elle pouvait être vraie, elle serait du mois de mars 1679. (Édit. de Nancy, t. I, p. 143 ; édit. d'Amsterdam, t. II, p. 103.) Louis Racine l'annote : *m'est inconnue.*

2. Quelle duchesse ? Il ne peut être question que de mademoiselle de Fontanges ; or, elle ne fut déclarée duchesse qu'en avril 1680.

3. Dans toutes les lettres prétendues à madame Saint-Géran, celle-ci est supposée à Paris ou en province ; ici la voilà à la cour ; mais alors comment madame de Maintenon avait-elle besoin de lui écrire ?

ne l'aime plus que moi. Madame Dufresnoy[1] pourroit lui dire d'où part ce changement, et lui apprendre à se défier de ses amies. Madame de Montespan se plaint de ses dernières couches : elle dit que cette fille lui a fait perdre le cœur du roi[2]; elle s'en prend à moi, comme si je ne lui avois pas conseillé souvent de ne plus accoucher[3]. Elle se reproche de n'avoir pas suivi le roi en Flandre[4], comme si la chose avoit été possible. Elle jure que désormais il ne fera plus de campagne : mais vous savez qu'il est encore plus à la gloire qu'à l'amour. Je plains madame de Montespan, en même temps que je la blâme : que seroit-ce, si elle savoit tous ses malheurs? Elle est bien éloignée de croire le roi infidèle : elle ne l'accuse que de froideur. On n'ose lui apprendre cette nouvelle passion : ce n'est plus un secret que pour elle[5].

1. Dans les lettres prétendues à madame de Saint-Géran, il est très-souvent question de madame Dufresnoy; or, l'on ne trouve nulle part que madame de Maintenon ait eu le moindre rapport avec cette maîtresse de Louvois, et dans les lettres authentiques jamais son nom n'est prononcé.

2. Madame de Montespan était accouchée pour la dernière fois le 6 juin 1678, c'est-à-dire depuis près d'un an, et ce n'était pas d'une *fille*, comme le dit la lettre, mais d'un *fils*, le comte de Toulouse.

3. Il est difficile de croire que madame de Maintenon ait écrit ces crudités.

4. Le roi n'avait pu aller en Flandre cette année (1679), puisque la paix était faite dès l'année précédente; et, s'il s'agit de ses deux voyages de 1678, madame de Montespan l'avait suivi dans le premier, et pour le second elle n'avait pu s'en inquiéter, puisqu'on ne parlait pas encore de mademoiselle de Fontanges.

5. Comment peut-on imaginer que madame de Maintenon écrive tous ces détails à une personne qui vit dans le même château et à quelques pas d'elle?

LETTRE CXCVI (La B.)[1]

Le 1er avril 1679.

La paix est signée : madame de Montespan dit très-sérieusement que si elle tenoit M. le prince d'Orange elle l'étrangleroit de ses mains[2]. Elle m'accuse d'aimer le roi : je m'en suis moquée, et je lui ai dit qu'il ne lui conviendroit pas de me reprocher une faute dont elle m'auroit donné l'exemple. Mais, a-t-elle répliqué, ne vous mettez pas en tête qu'il aime une personne... Elle n'a pas fini : et c'est la première fois que je l'ai vue se modérer dans ses transports. Elle m'a dit que ma faveur ne dureroit qu'autant que la sienne. Je lui ai répondu avec fermeté qu'à mon âge on ne pouvoit faire ombrage à un esprit bien fait : que ma conduite dont elle avoit été témoin dix ans de suite démentoit tous ses soupçons : que j'avois si peu songé au dessein qu'elle me prêtoit, que je l'avois souvent priée de m'obtenir la permission de me retirer : que je ne souffrirois plus désormais ses hauteurs : que ses inégalités abrégeoient mes jours par les chagrins qu'elle me causoient.

1. Collection de La Beaumelle, t. I, p. 145 de l'édit. de Nancy; t. II, p. 104, de l'édit. d'Amsterdam. Louis Racine l'apostille ainsi : *Elle m'est très-inconnue.* Elle est impossible. A cette date, et comme nous l'avons vu, madame de Montespan était uniquement occupée de sa jalousie à l'égard de mademoiselle de Fontanges. Sa haine contre madame de Maintenon était naturellement suspendue, et même, dit madame de Caylus, « elles semblaient les meilleures amies du monde ».

2. « La paix est signée, dit madame de Maintenon, et madame de Montespan voudroit étrangler le prince d'Orange. » Il ne peut donc être question que de la paix de Nimègue signée avec la Hollande; or cette paix est non pas du 1er avril 1679, mais du 10 août 1678.

Et qui vous retient ici? m'a-t-elle dit. La volonté du roi, lui ai-je répondu, mon devoir, ma reconnaissance, et l'intérêt de mes proches[1]. Cette conversation n'a pas été poussée plus loin : je me suis retirée : et me voici seule à gémir sur mes peines, et à m'en consoler avec vous. Madame Dufresnoy[2] se venge sur moi de la diminution de son crédit. Rongée de soucis, je suis obligée de paroître gaie et contente : il faut que je dévore mes larmes. Oh! quand pourrai-je du moins pleurer en liberté?

LETTRE CXCVII (La B.)[3]

Ce 9 avril 1679.

Le prince de Marsillac sort de chez moi. C'est une chose inconcevable que l'empressement de cet homme à me rendre service. Je ne sais quel dessein ces artifices couvrent. Je reçois aussi froidement le père que le fils.

---

1. Toute cette conversation est un roman qui est imité des lettres à l'abbé Gobelin, en 1674, avec des différences marquées dans le style et le tour des idées. Jamais madame de Maintenon n'a fait de confidences de ce genre.

2. Que vient faire là madame Dufresnoy? Elle n'était aucunement de la société de madame de Montespan et de madame de Maintenon. « M. de Louvois, dit Saint-Simon, fit créer pour elle une charge de dame du lit de la reine, qui a fini avec elle, parce que, avec l'usage de la cour, elle ne pouvoit être dame et ne vouloit point être femme de chambre. » (T. I, p. 93.) — Ceci est d'ailleurs un des procédés de fabrication de La Beaumelle : il jette à la traverse une personne connue, certain qu'on ne pourra démontrer que cette personne n'a pas figuré dans cette circonstance.

3. Collection de La Beaumelle, t. I, p. 147 de l'édit. de Nancy; t. II, p. 106 de l'édit. d'Amsterdam. — « *Elle m'est inconnue,* dit L. Racine, *et je la crois fausse.* »

On leur impute des choses horribles, à l'un des conseils, et à l'autre des démarches[1]. Le roi a passé deux heures dans mon cabinet[2]. C'est l'homme le plus aimable de son royaume. Je lui ai parlé du père Bourdaloue : il m'a écoutée avec attention[3]. Peut-être n'est-il pas aussi éloigné de penser à son salut que sa cour le croit : il a de bons sentiments, et des retours fréquents vers Dieu. Il seroit bien triste que Dieu n'éclairât pas une âme faite pour lui.

1. Ces phrases énigmatiques n'ont probablement aucune signification. Il paraît prouvé que le prince de Marsillac fut l'intermédiaire des amours de Louis XIV avec mademoiselle de Fontanges : une chanson du temps dit :

> Sur l'océan de la faveur
> Marsillac vogue à pleines voiles;
> Quoiqu'il ne soit pas grand chasseur,
> Pour avoir mis la bête dans les toiles,
> Le roi l'a fait son grand veneur.

Et madame de Montmorency écrit à Bussy-Rabutin : « Je suis bien fâchée de vous dire que Marsillac entre seul dans cette affaire dont le roi fait le dernier secret. » Mais si la part de Marsillac à ces intrigues paraît prouvée, il n'en est pas de même de la part qu'y aurait eue le duc de La Rochefoucauld, vieux, infirme, éloigné de la cour, ne sortant pas de chez madame de La Fayette, et qui mourut l'année suivante.

2. Pourquoi noter cela, puisque tous les jours il en était de même? « Sa Majesté, dit madame de Sévigné, va passer très-souvent deux heures de l'après-dîner dans la chambre de madame de Maintenon. »

3. Bourdaloue n'avait pas besoin d'être recommandé à Louis XIV. Il parlait lui-même et très-sévèrement : « Il frappe toujours, dit madame de Sévigné, comme un sourd, disant ses vérités à bride abattue, parlant sur l'adultère à tort et à travers. »

LETTRE CXCVIII (La B.)[1]

4 mai 1679.

Le roi eut hier une conversation fort vive avec madame de Montespan ; j'étois présente. Diane en fut le sujet[2]. J'admirai la patience du roi et l'emportement de cette glorieuse. Tout finit par ces mots terribles : *Je vous l'ai déjà dit, madame, je ne veux pas être gêné*[3]. Madame de Montespan me demande mes conseils : je lui parle de Dieu, et elle me croit d'intelligence avec le roi. Elle s'emporte contre la pauvre fille, contre le père de la Chaise, contre M. de Noailles[4], elle exagère les dépenses, elle invente des calomnies : elle passe des heures entières avec M. de Louvois et avec madame de Thianges : elle déplore le sort des princes. L'habitude lui a attaché le roi. Je crains qu'il n'y revienne par pitié.

1. Collection de La Beaumelle, édit. de Nancy, t. 1, p. 148 ; édit. d'Amsterdam, t. II, p. 107. « *M'est très-inconnue, et je la crois fausse,* » dit L. Racine.

2. *Diane !* Mademoiselle de Fontanges se nommait Marie-Angélique.

3. Ces mots *terribles* ont été répétés par tous les historiens : ils n'ont pour garant que La Beaumelle. Nulle part on ne trouve de détails sur cette scène qui est possible, mais qui n'est pas vraie.

4. Il ne peut être question que du duc de Noailles ; or, ce seigneur était au contraire l'un des amis de madame de Montespan ; c'est ce que prouve la correspondance active qu'elle avait avec le duc et la duchesse et dont nous avons donné une lettre.

LETTRE CXCIX (La B.) [1]

Le 24 mai 1679.

Chaque jour de nouveaux embarras. Le roi fuit avec trop d'affectation madame de Montespan : elle s'est retirée à Clagny, toute la cour croit qu'ils sont brouillés sans retour. Le roi avoue qu'il l'aime encore, et plus qu'il ne voudroit. Le duc du Maine l'attache à sa mère : il ne peut le voir sans s'attendrir. Madame de Soubise est trop belle au gré de Mademoiselle, et trop vertueuse au gré de Monsieur [2]. Madame Dufresnoy est délaissée [3]. Elle a recours à moi, comme si je disposois de l'estime et de l'amitié du public. Nous nous sommes embrassées [4] : je lui rendrai service, quoique sûre de son ingratitude. Mon plus grand plaisir est de mettre à l'épreuve la reconnaissance de mes ennemis. Les entretiens fréquents dont le roi m'honore me donnent souvent occasion d'exercer ce sentiment. Votre fils est

---

1. Collection de La Beaumelle, édit.-de Nancy, t. I, p. 149; édit. d'Amsterdam, t. II, p. 107. L. Racine l'apostille : *M'est très-inconnue, et je la crois fausse.*

2. Cela n'a pas de sens, et La Beaumelle le savait bien. Il lui suffit d'étonner par ces antithèses impossibles. On peut voir dans les *Mémoires* de Saint-Simon les amours du roi avec madame de Soubise ; mais on ne comprend pas comment elle pouvait être *trop belle au gré de Mademoiselle et trop vertueuse au gré de Monsieur.*

3. Encore madame Dufresnoy ! Délaissée par qui ? Délaissée par le roi ? elle n'a jamais attiré ses regards. Délaissée par le public, semble dire la fin de la phrase. L'édition de Nancy met : *la Dufresnoy !* C'est le style du temps de madame de Pompadour.

4. Il est probable que madame de Maintenon n'a jamais embrassé madame Dufresnoy.

très-joli[1]. Conservez votre santé : c'est le premier des biens après la vertu.

LETTRE CC (La B.)[2]

14 juin 1679.

Nous sommes nés pour souffrir : chaque jour de ma vie est marqué par quelque peine nouvelle. Les bontés du roi ne me dédommagent point de la perte de ma tranquillité. Madame de Montespan veut absolument que je cherche à être sa maîtresse. Mais, lui ai-je dit, il en a donc trois! Oui, m'a-t-elle répondu, moi de

---

[1]. Voici un mot qui démontre jusqu'à l'évidence la fausseté des lettres à madame de Saint-Géran. *Votre fils est très-joli!* Or madame de Saint-Géran n'a jamais eu de fils : elle n'a eu qu'une fille, dont elle accoucha dix ans après la date de cette lettre, au bout de vingt et un ans de mariage, en 1688. « Madame de Saint-Géran, dit madame de Sévigné (21 décembre 1688), est accouchée d'une petite fille : cela ne valoit pas la peine de s'y mettre. » Cette fille se fit religieuse, et en elle a fini la branche cadette de la famille de La Guiche de Saint-Géran.

[2]. Collection de La Beaumelle, édit. de Nancy, t. I, p. 150 ; édit. d'Amsterdam, t. II, p. 108. « *Je ne doute pas qu'elle ne soit très-fausse,* » dit Louis Racine. C'est un roman qui n'a d'autre fondement que l'imagination de La Beaumelle. Il n'y a dans les écrits de madame de Maintenon, dans les mémoires du temps, même dans les pamphlets de la Hollande, pas un mot qui justifie cette scène. Il ne faut pas avoir étudié deux heures madame de Maintenon pour croire qu'elle fût capable d'avoir cette querelle, et dans quels termes! encore moins qu'elle fût capable de l'écrire. D'ailleurs elle est impossible, et il faut répéter que, à cette époque, madame de Montespan était tout occupée de sa jalousie contre mademoiselle de Fontanges, et laissait madame de Maintenon en repos. Cette lettre, si étrange par la forme et par le fond, a pourtant été admise comme un document authentique par les historiens.

nom, cette fille de fait, et vous du cœur. Je lui ai représenté, en toute douceur, qu'elle écoutoit trop ses ressentiments : elle m'a répondu qu'elle connoissoit mes artifices, et qu'elle n'étoit malheureuse que pour n'avoir pas écouté ses ressentiments. Elle m'a reproché ses bienfaits, ses présents, ceux du roi, et m'a dit qu'elle m'avoit nourrie et que je l'étouffois ; vous savez ce qui en est. C'est une chose étrange, que nous ne puissions vivre ensemble, et que nous ne puissions nous séparer[1] ; je l'aime et ne puis me persuader qu'elle me haïsse. Je ne vis pas : je meurs à chaque instant.

LETTRE CCI (La B.)[2]

2 août 1679.

Les jalousies ont cessé : la paix est faite ; il étoit bien temps que le roi après l'avoir donnée à l'Europe

---

1. On trouve un mot analogue à cette phrase dans une lettre du 13 septembre 1674 à l'abbé Gobelin : « Elle est incapable d'amitié, et je ne puis m'en passer. » Cette phrase et le reste de la lettre démontrent que La Beaumelle, pour composer ces lettres de 1679, avait sous les yeux les lettres de 1674.

2. Collection de La Beaumelle, édit. de Nancy, t. I, p. 151 ; édit. d'Amsterdam, t. I, p. 109. — Louis Racine l'annote : *Je ne doute pas qu'elle ne soit très-fausse.* Elle est évidemment inventée : un seul fait le démontre. La Beaumelle prétend que Mademoiselle (fille de Monsieur) embellit par la joie de son mariage avec le roi d'Espagne ; or Mademoiselle témoigna ouvertement, publiquement sa profonde répugnance pour ce mariage. « La reine d'Espagne, écrit madame de Sévigné (18 septembre), crie toujours miséricorde et se jette aux pieds de tout le monde. Je ne sais comment l'orgueil d'Espagne s'accommode de ces désespoirs… Elle devient fontaine aujourd'hui. » — Et plus loin : « La reine d'Espagne va toujours criant et pleurant. » — Ce mariage, qui était une des conditions des traités de Nimègue, eut lieu le 31 août à Fontainebleau.

la donnât à sa cour. Madame de Montespan est plus brillante et plus adorée que jamais[1]; elle me flatte, me confie tous ses desseins, me consulte, et m'écoute. Le mariage du roi d'Espagne avec Mademoiselle est arrêté; voilà une belle alliance. On prépare des fêtes, et de toutes ces vanités auxquelles je suis depuis longtemps insensible et assujettie. La maladie de l'abbé Gobelin m'a alarmée; priez-le de se conserver, nous perdrions un ami bien solide. Mademoiselle embellit; c'est le mariage. Le roi lui a dit les choses les plus gracieuses : elle m'en a remercié comme si j'y avois quelque part.

LETTRE CCII (La B.)[2]

28 octobre 1679.

Je vous remercie de la belle robe que vous m'avez envoyée ; vous ne pouviez en choisir qui fût plus de mon goût; je la mettrai dimanche à votre honneur et gloire. Le prince est l'idole du roi; plus sa tendresse pour le fils augmente, plus il semble que son amour pour la mère diminue : ce n'est plus que comme un premier goût[3]. Vous savez qu'il est homme d'habitude. Le roi est plein de bons sentiments; il lit quelquefois l'Écriture sainte, et il trouve que c'est le plus beau de

---

1. Cela n'est pas vrai. Le roi, depuis la naissance du comte de Toulouse, n'avait plus pour madame de Montespan que des attentions et de la politesse.
2. Collection de La Beaumelle, édit. de Nancy, t. 1, p. 152; édit. d'Amsterdam, t. I, p. 110. — *Je la crois fausse*, dit Louis Racine.
3. Le roi était épris de mademoiselle de Fontanges, et voilà pourquoi madame de Montespan était abandonnée.

tous les livres[1]. Il avoue ses foiblesses, il reconnoit ses fautes; il faut attendre que la grâce agisse. Il pense sérieusement à la conversion des hérétiques, et dans peu on y travaillera tout de bon[2].

LETTRE CCIII (La B.)[3]

28 décembre 1679.

Les brigues ont occupé la cour tout ce mois; les voilà finies; madame de Richelieu a été nommée dame d'honneur; les deux dames d'atour sont la maréchale de Rochefort, qui l'a vivement sollicité, et... votre amie qui n'y pensoit pas; cela mérite bien un compliment. Je vais me séparer de la surintendante; je serai délivrée de tous les chagrins attachés à cette malheureuse condition. Plus de querelles, plus de réconciliations. On dit que la princesse a beaucoup de douceur et de piété; c'est précisément l'opposé de madame de Montespan[4]. Elle m'a félicitée de façon à me faire en-

1. Tout cela est de l'invention de La Beaumelle : le roi ne lisait aucun livre.
2. C'est avec de telles phrases de roman que La Beaumelle a fait peser sur madame de Maintenon la responsabilité de la révocation de l'Édit de Nantes. La conversion des protestants a été la préoccupation constante du gouvernement de Louis XIV : on n'y a pas travaillé à une époque fixe, mais à toutes les époques.
3. Collection de La Beaumelle, édit. de Nancy, t. I, p. 155. Cette lettre ne se trouve pas dans les autres éditions. L. Racine l'annote : *Je la crois fausse*. C'est un roman fondé uniquement sur un fait, la nomination de madame de Maintenon comme dame d'atour. Il est impossible que cette dame ait écrit une telle nouvelle à madame de Saint-Géran qui était là.
4. Madame de Maintenon n'a pu faire ce singulier éloge de la future Dauphine.

tendre que je lui avois obligation de cette charge. Je sais pourtant, d'un homme qui ne ment jamais, que je ne la dois qu'à Dieu et au roi[1].

ANNÉE 1680.

Cette année est une des plus remarquables de la vie de madame de Maintenon. Pendant que mademoiselle de Fontanges voit finir son règne éphémère, que madame de Montespan, délaissée complètement, achève de se résigner, madame de Maintenon arrive au but qu'elle poursuivait avec tant de constance depuis six ans : elle parvient à arracher le roi à ses désordres, à le rapprocher de la reine, à lui faire connaître « un pays tout nouveau, dit madame de Sévigné, l'amitié sans contrainte et sans chicane. » Jamais femme n'obtint un triomphe plus singulier, plus flatteur, plus conforme à son caractère, à son naturel, et l'on peut assurer que les trois années qui s'écoulèrent depuis l'abandon de mademoiselle de Fontanges jusqu'à la mort de la reine sont les plus belles, les plus heureuses de sa vie.

« Le roi eut alors, dit mademoiselle d'Aumale, pour son épouse des attentions, des égards, des manières tendres auxquels elle n'étoit pas accoutumée, et qui la rendoient plus heureuse qu'elle n'avoit jamais été ; elle en fut touchée jusqu'aux larmes et disoit avec une espèce de transport : « Dieu a suscité madame de Maintenon pour me rendre le « cœur du roi. » Cette parole dut être pour Françoise d'Aubigné la récompense la plus distinguée de toute sa vie.

L'année 1680 renferme dix-sept lettres authentiques et dix lettres apocryphes. Nous mettrons à part ces dernières, les plus mensongères que La Beaumelle ait inventées, et qui ont eu la plus fâcheuse influence sur la mémoire de madame de Maintenon.

1. Madame de Maintenon n'a pu écrire cela, puisque c'était elle-même qui avait inspiré au roi les nominations.

LETTRE CCIV

A M. D'AUBIGNÉ, A PARIS [1].

Ce premier jour de l'an 1680.

Il faudra que madame d'Aubigné prenne l'habit dont vous parlez pour étrennes; car je n'ai rien cette année à lui envoyer qu'un *boucaro* [2] que la princesse d'Harcourt m'a apporté d'Espagne, et que je lui envoie.

Je vous prie de faire redorer ou changer mon étui : vous verrez bien qu'il est effroyable.

J'ai les clefs des coffres que l'on vous a envoyés de Maintenon.

Je crois que je changerai ma livrée; je vous le manderai promptement. Notre voyage est remis en février, ainsi nous avons du temps [3]. M. Fagon est déclaré premier médecin de madame la Dauphine; cette princesse-là ne sera pas environnée de malhonnêtes gens [4].

Vous êtes déraisonnable de vouloir que je demande au roi dans un temps où il m'accable de biens, d'honneurs et de toutes sortes d'agréments. Je ne lui demanderai jamais rien, et je ne songe plus qu'à le servir en la personne de ma maîtresse [5] avec un zèle,

1. *Autographe* du cabinet de M. Feuillet de Conches.
2. *Boucaro*, sorte de vase espagnol. La Beaumelle fait de *boucaro* un *beau carreau*.
3. La maison de la Dauphine devait aller au-devant de cette princesse.
4. Madame de Maintenon s'était liée très-intimement avec Fagon pendant son voyage des Pyrénées.
5. Madame la Dauphine.

une fidélité et une assiduité qui lui marquent ma reconnoissance.

Je verrai M. Desmarets, et, si je puis, achèverai votre affaire. Vous êtes trop heureux, jouissez-en tranquillement. Madame d'Aubigné peut venir ici quand elle voudra; il faut qu'elle choisisse un jour d'opéra; qu'elle vienne en robe de chambre pour s'habiller ici; je l'enverrai à l'opéra; elle dînera le lendemain chez madame de Montespan, et s'en retournera ensuite. Quand j'aurai un appartement et un ordinaire, elle fera un plus long séjour. Je voudrois bien qu'elle me rendît le portrait de madame de Montespan.

Voici deux lettres pour deux dames qui logent au faubourg Saint-Germain; je ne sais pas bien l'endroit, mais vous ne demeurerez pas pour cette petite circonstance.

LETTRE CCV

A M. L'ABBÉ GOBELIN [1].

A Saint-Germain, ce 8 janvier 1680.

Je vous envoie le mémoire de mes aumônes réglées afin que vous jugiez si elles sont bien appliquées. J'ai fait mademoiselle de Montchevreuil religieuse, et j'en ai encore une dont je paye la pension; son père va se rétablir, mais il ne l'est pas encore. Outre ce que j'écris, j'en fais quelques autres dans les occasions : voilà ce qui concerne les aumônes. Quant à mes habillements, je vais les changer, et les prendre

1. *Manuscrits des Dames de Saint-Cyr.*

pareils à ceux de madame de Richelieu. J'ai une indifférence là-dessus qui m'ôte tout scrupule; j'ai été vêtue d'or, quand j'ai passé mes journées en plaisirs avec le roi et sa maîtresse; je vais être à une princesse[1], je serai toujours en robe noire; si j'étois hors de la cour, je serois en tourière, et tous ces changements ne me font nulle peine. Du reste, j'y fais trop de dépense, parce que je suis naturellement propre et peu portée à l'avarice.

Mes journées sont présentement assez réglées et fort solitaires : je prie Dieu un moment en me levant; je vais à deux messes les jours d'obligation et à une les jours ouvriers; je dis mon office tous les jours, et je lis un chapitre de quelque bon livre; je prie Dieu en me couchant, et quand je m'éveille la nuit, je dis un *Laudate* ou un *Gloria Patri*. Je pense souvent à Dieu dans la journée, je lui offre mes actions; je le prie de m'ôter d'ici, si je m'y fais mon salut, et du reste, je ne connois point mes péchés. J'ai une morale et de bonnes inclinations qui font que je ne fais guère de mal; j'ai un désir de plaisir et d'être aimée qui me met sur mes gardes contre mes passions; ainsi ce ne sont presque jamais des faits que je puis me reprocher, mais des motifs très-humains, une grande vanité, beaucoup de légèreté et de dissipation, une grande liberté dans mes pensées et dans mes jugements et une contrainte dans mes paroles qui n'est fondée que sur la prudence humaine[2]. Voilà à peu

---

1. Comme dame d'atour de la Dauphine. Le brevet de cette charge fut signé par le roi ce même jour. Voir à l'appendice.

2. Cette sorte de portrait ou d'examen de conscience est par-

près mon état : ordonnez le remède que vous y croirez le plus propre. Je ne puis vraisemblablement envisager bientôt une retraite ; il faut donc travailler ici à mon salut ; contribuez-y, je vous supplie, autant que vous le pourrez, et comme c'est le plus essentiel de tous les services, comptez aussi sur la plus entière reconnoissance.

APPENDICE A LA LETTRE CCV.

« Aujourd'hui huitième jour de janvier 1680, le roi étant à Saint-Germain en Laye, voulant former la maison de madame la Dauphine et remplir les principales charges de personnes dont le mérite lui soit connu et qui aient toutes les qualités nécessaires pour s'acquitter dignement des fonctions qui approchent le plus près d'une personne qui lui doit être si chère, Sa Majesté a crû ne pouvoir jeter les yeux sur une personne plus digne de remplir la charge de seconde dame d'atour que la dame Françoise d'Aubigné, marquise de Maintenon, dont la bonne conduite et autres qualités lui sont connues. C'est pourquoi Sa Majesté l'a aujourd'hui retenue et retient en l'état et charge de seconde dame d'atour de madame la Dauphine, pour ladite marquise de Maintenon, après qu'elle aura prêté le serment en tel cas requis entre les mains de madame la Dauphine, la servir en ladite charge et faire toutes les fonctions de dame d'atour en l'absence de la dame maréchale de Rochefort, en jouir et user aux honneurs, autorités, prérogatives, prééminences, priviléges, franchises, libertés et exemptions et appartenances, et aux gages, pensions et autres droits qui seront réglés par Sa Majesté, voulant qu'elle soit payée desdits gages, état et pension par le trésorier général de la maison de madame la Dauphine, sur ses simples quittances, en vertu du présent brevet qu'elle

faitement exact. Il répond à toutes les accusations portées contre madame de Maintenon et aux prétendues lettres à madame de Saint-Géran.

a signé de sa main et fait contresigner par moi, conseiller secrétaire d'État et de ses commandements et finances. »

« *Signé* : Louis. »

Et plus bas : « Colbert. »

LETTRE CCVI.

NOTE PRÉLIMINAIRE

Voici la première des lettres écrites à M. de Montchevreuil et qui se reproduiront surtout dans l'année suivante. Ces lettres sont fort intéressantes et n'ont jamais été publiées. Les autographes existent encore : ils appartiennent à la famille de Mornay, qui me les a communiqués; j'en ai retrouvé une copie faite de la main des Dames, et j'ai collationné cette copie sur ces autographes. Malheureusement dans ces lettres il n'y en a aucune à madame de Montchevreuil[1]. Outre l'intérêt qu'elles présentent, elles peuvent être mises en comparaison avec les prétendues lettres à madame de Saint-Géran. On verra comment madame de Maintenon donnait des nouvelles de la cour à son ami intime.

Maintenant voici en quelles circonstances ces lettres furent écrites.

Le duc du Maine avait atteint sa dixième année, et M. de Montchevreuil venait d'être nommé son gouverneur, M. Le Ragois son précepteur, etc. On sait quelle affection maternelle madame de Maintenon portait à cet enfant : elle crut nécessaire, au moment où il sortait de ses mains, de donner cette instruction au meilleur de ses amis, qui allait se trouver chargé de son éducation.

A M. DE MONTCHEVREUIL [2].

Ce 23 janvier 1680.

Je vous ai promis une longue lettre, mais comme

1. Voir la *Préface*, p. xxxiv.
2. *Autographe* appartenant à la famille de Mornay.

j'ai la tête fort étourdie, je me sers d'un secrétaire pour la commencer.

Il me semble que je laisse le prince en bonne santé, et je vais vous dire ce que je crois nécessaire pour la conserver; on vous en empêchera quelquefois, mais il arrivera souvent que vous en serez le maître. Ne vous rendez point sur son sommeil et qu'il ne soit jamais moins de neuf heures au lit; c'est peu pour un enfant d'un tempérament aussi vif et aussi ardent que le sien. Ne le forcez point à manger le matin, quand il n'a pas faim, quoiqu'il paroisse bizarre de tenir un enfant à jeun jusqu'à deux heures après-midi; mais il soupe si tard qu'il est impossible que la digestion soit bien achevée, et il vaut mieux qu'il se réserve pour dîner. Vous n'avez rien à faire ni à dire quand madame de Montespan y est, mais en son absence, je vous conseillerois d'y assister le plus souvent qu'il vous sera possible.

Vous le trouverez accoutumé à manger plusieurs sortes de potages, et je l'ai toujours souffert, pourvu qu'il commençât par celui de santé; c'est un goût qu'ils tiennent tous du roi et qui est encore moins mauvais que de manger beaucoup de viande sans pain. C'est une erreur de la plupart des femmes qui sont auprès des enfants de crier contre les confitures : elles ne sont point malsaines après le repas, pourvu que l'on en mange peu, et le fruit cru est beaucoup plus mauvais. Il ne devroit jamais dîner aussi tard qu'il dîne, faire la collation qu'après six heures : Madame de Montespan veut qu'ils ne mangent que du pain sec, mais ils ont tous des dents si méchantes qu'ils aiment mieux ne point manger, et quand il n'a pas beaucoup dîné, ce qui lui arrive souvent, je vous conseillerois plutôt de le laisser bien manger à collation que de le crever de viande à onze heures du soir. Si vous en êtes le maître, donnez-lui du fruit cru, quand son ventre va bien, mais que ce soient des fruits pleins d'eau comme des poires de beurré, de bergamote; des pêches et des pommes même ne lui sont pas mauvaises. Je voudrois autant qu'il est possible le retenir sur le souper qui est le repas qu'il fait le plus grand.

Je n'ai jamais remarqué que le prince fût délicat pour les injures de l'air quand il est dehors; mais une porte ouverte dans la chambre ou un vent coulis ne manque point de l'enrhumer. Le soleil et le feu au derrière de la tête lui sont fort dangereux.

Il faut juger de la santé par les selles : ses valets de chambre s'y connoissent bien, et il faut les charger de vous avertir quand il y a quelque désordre. J'oublie le soin qu'il faut avoir d'empêcher qu'on ne lui donne des confitures ou qu'il n'en mette dans ses poches pour manger entre les repas. Faites-vous[1] de l'état de sa fistule et que l'on vous avertisse quand elle purge plus ou moins, pour en pouvoir rendre compte quand il faudra.

En voilà, ce me semble, assez pour le corps; venons aux mœurs. Je ne lui connois aucune mauvaise inclination; son défaut est la paresse et le découragement; il faut toujours le piquer d'honneur et vous

---

1. *Faites-vous instruire*, sans doute.

souvenir de lui parler en tout et partout comme s'il avait vingt ans.

Ne craignez point de vous familiariser avec lui et de le caresser autant que le respect et la bienséance le peuvent permettre; il vous craindra assez dès que vous prendrez un visage sérieux.

Désaccoutumez-le, je vous prie, du badinage qu'il a avec ses valets de chambre en s'habillant; et pour lui insinuer plus agréablement, proposez-lui de commencer par le soir ou par le matin et lui en donnez le choix.

Je crois qu'on vous demandera qu'il ne joue plus aux cartes; vous êtes peu versé dans les jeux d'esprit; en attendant que vous les appreniez, je voudrois tourner ses divertissements avec vous sur la guerre, où vous pourriez lui apprendre mille choses qui sont nécessaires.

Faites-lui prendre l'air le plus souvent que vous pourrez.

Je n'ai rien à vous dire sur les maximes de bonté, d'humanité, de libéralité, car là-dessus vous en savez plus que moi; mais soyez appliqué à lui donner toujours le roi pour modèle; vous ferez votre cour, et vous lui inspirerez un respect, une estime et une tendresse qu'il doit à son père, à son roi et à son maître.

Gardez-vous des longs prônes avec lui; il faut lui dire les choses en quatre paroles, et à mesure qu'elles arrivent, sans qu'il paroisse aux étrangers qu'on le siffle, car le goût des gens à qui vous avez affaire est que tout paroisse naturel.

Je n'ai rien à vous dire sur ce qui me regarde ; nous en avons déjà parlé ; mais laissez-le agir par lui-même dans mon absence ; ne l'empêchez ni ne le conviez de m'écrire ; faites seulement tenir nos lettres à mesure qu'elles viendront ; laissez-lui les cacher ou les montrer comme il voudra ; s'il vous vient des ordres, vous les suivrez. Ignorez, en attendant, la moitié de l'aigreur qui est entre madame de Montespan et moi.

Que je sache la disposition de sa journée dès que vous le saurez.

Gardez-vous des longs discours et des compliments : vous avez affaire à des gens difficiles, toujours pressés et alertes pour trouver à redire à tout. Je connois leur goût mieux que vous, et c'est par là que je prends la liberté de vous parler comme je fais. Adieu, mon cher marquis, vous avez entre vos mains l'objet de ma tendresse ; baisez les siennes pour moi, et me mandez souvent de ses nouvelles.

Lutin et Marcine peuvent vous être de quelque secours dans les commencements ; ils ont vu naître leur maître, et savent comment je l'ai gouverné, mais quand vous leur parlerez, que ce soit en particulier.

Adieu.

J'ai rouvert ma lettre, parce que j'avois une feuille, et je m'en vais en faire un paquet ; n'en soyez point en peine et relisez ce bel ouvrage de temps en temps.

On trouve, en effet, à la suite ce billet sur une feuille à part.

Soyez toujours sur vos gardes devant lui, il est

plein de discernement qu'il tient du roi, et de dénigrement qu'il tient des Mortemart[1]. J'aurois plus craint de dire ou de faire une sottise devant lui que devant qui que ce soit. Comptez sur un domestique, tant homme que femme, fort dangereux, curieux, bavard, insolent, ennemi de toute subordination, avec lequel il ne faut point se familiariser; en un mot, il est bon d'agir avec beaucoup de circonspection et garder un assez grand silence. Je pense qu'il n'est pas nécessaire de vous dire que je ne vous commettrai pas sur ce que vous me manderez.

LETTRE CCVII

A M. D'AUBIGNÉ, A PARIS[2].

A Lunéville, ce 10 février 1680[3].

J'ai été si accablé de visites à Nancy que je n'ai pu vous écrire, quelque envie que j'eusse de vous remercier de vos soins, et de vous mander de mes nouvelles. Je me porte fort bien, grâces à Dieu, et je ne puis me trouver mal logée, quand j'ai mon lit; il

---

1. On disait proverbialement à la cour : l'esprit des Mortemart. C'était un mélange de raillerie, de finesse, de dédain et surtout d'orgueil. On peut voir dans les *Souvenirs* de madame de Caylus ce qu'elle dit des sœurs de madame de Montespan, et surtout de l'aînée : « Elle épousa, dit-elle, le marquis de Thianges, et elle lui apporta en dot le dénigrement qu'elle avoit pour tout ce qui n'étoit pas de son sang ni dans son alliance. »

2. *Autographe* du cabinet de M. Feuillet de Conches.

3. Toute la maison de la Dauphine partit de Saint-Germain le 25 janvier pour aller au-devant de cette princesse qui devait arriver par Strasbourg.

ne m'a point encore manqué. J'ai laissé la moitié de mes hardes à Nancy, pour soulager les mulets; tout va bien, et si je demeure, ce ne sera pas manque d'argent. Remerciez-en bien M. Brillon, je vous prie, et lui dites de ma part de me conserver sa bonne volonté pour une autre fois, que je pourrai fort bien en avoir besoin. Il est vrai que je n'ai pu résister à la tentation d'emmener Nanon, quand je la vis ébranlée; elle s'en trouve fort bien, et j'espère que vous réparerez le tort que son absence me pourroit faire à Paris. Vous avez un mémoire assez exact, suivez-le, je vous prie. Je crois qu'il faudra préparer mon logement bientôt après que le roi sera en marche pour Châlons; il faudra que vous ayez la bonté d'y mener mademoiselle de la Harteloire, et de tout faire faire devant vous; ce sera un peu d'ennui dans la solitude où sera Saint-Germain; mais je suis persuadée que vous feriez quelque chose de plus difficile pour moi. Il me faut un feu doré et que la grille en soit très-grosse, car j'aime le grand feu préférablement à toute sorte de délicatesses; je vous demande aussi un miroir et de faire porter en même temps tout ce qui est chez vous, qui peut m'être bon à Saint-Germain[1]. Il seroit de mauvais sens d'acheter tout neuf partout, et d'avoir Maintenon et Paris meublés, où je n'irai guère. La maison dont M. Brillon nous parle me fait fort grand plaisir.

Je vous prie de faire mes compliments à madame de Coulanges et de lui dire qu'elle aura de mes nou-

---

1. Madame de Maintenon allait être obligée de recevoir, comme dame d'atour, et elle meublait son appartement.

velles quand j'aurai vu madame la Dauphine. Mille amitiés à madame d'Aubigné, et pour vous, monsieur, croyez que je suis persuadée que notre amitié doit être égale et que je crois qu'elle l'est aussi. Adieu.

APPENDICE A LA LETTRE CCVII.

Il n'existe point d'autres lettres de madame de Maintenon pendant le voyage qu'elle fit au-devant de la Dauphine. Voici ce que madame de Sévigné dit de ce voyage (14 février 1680) :

« Tout ce qui aura l'honneur de suivre madame la Dauphine est à Schelestadt. Madame de Maintenon et M. de Condom se sont séparés de la troupe ; ils sont allés à la rencontre de cette princesse tant que terre pourra les porter : ce sera peut-être trois ou quatre journées. Voilà une destination bien agréable et bien marquée. Si madame la Dauphine croit que tous les hommes et toutes les femmes aient autant d'esprit que cet échantillon, elle sera bien trompée. C'est en vérité un grand avantage que d'être du premier ordre. » (Édit. Hachette, t. VI, p. 264.) Mais madame de Sévigné était mal informée : madame de Maintenon et M. de Condom ne se séparèrent point de la troupe : toute la maison de la Dauphine alla à sa rencontre jusqu'à une lieue en deçà de Strasbourg (cette ville n'appartenait pas encore à la France), et, après la réception de cette princesse, elle se remit en route par Schelestadt, Nancy, Toul et Châlons. Le roi fut instruit de tout le voyage par madame de Maintenon, qui lui mandait que la princesse était aimable, sa taille parfaite, etc.; il alla au-devant de la Dauphine jusqu'au delà de Vitry-le-François, et la reine jusqu'à Châlons. Dans la nombreuse cour qui les accompagnait, se trouvait mademoiselle de Fontanges. Voici ce qu'en dit madame de Sévigné (28 février 1680) :

« Il se trouva dans la cour de Saint-Germain, le matin, un très-beau carrosse tout neuf à huit chevaux, avec des chiffres, plusieurs chariots et fourgons, quatorze mulets, beaucoup de gens autour habillés de gris, et dans le fond de ce carrosse monta la plus belle personne de la cour, avec Des Adrets (fille d'honneur de Madame) seulement, et des carrosses de suite pour leurs femmes. Il y a apparence que les soirs on ira voir cette personne, et voilà un changement de théâtre. » (T. VI, p. 283.)

Le roi et le Dauphin ayant rencontré la princesse à deux lieues au delà de Vitry, après les embrassements et les présentations, « montèrent ensemble en carrosse, dit la *Gazette*. Le roi fit mettre madame la Dauphine dans le fond, auprès de lui. M. le Dauphin se mit auprès d'elle à la portière. Monsieur se mit au-devant avec la duchesse de Richelieu et la maréchale de Rochefort, et la marquise de Maintenon se mit à la portière du côté du roi. » La cour s'arrêta à Villers-Coterets et y séjourna une semaine, pendant laquelle il y eut de grandes fêtes. Elle ne retourna à Saint-Germain que le 18 mars.

LETTRE CCVIII

NOTE PRÉLIMINAIRE

On ne trouve point de lettres de madame de Maintenon depuis le 10 février jusqu'au 30 juin 1680. Nous allons y suppléer par quelques extraits de madame de Sévigné :

20 mars. — « La faveur de madame de Maintenon augmente tous les jours. Ce sont des conversations infinies avec Sa Majesté qui donne à madame la Dauphine le temps qu'il donnoit à madame de Montespan ; jugez de l'effet que peut faire un tel retranchement. » (T. VI, p. 317.)

6 avril. — « Madame de Fontanges est duchesse avec vingt mille écus de pension ; elle en recevoit aujourd'hui les compliments dans son lit. Le roi y a été publiquement. Elle prend demain son tabouret et s'en va passer le temps de Pâques à une abbaye que le roi a donnée à une de ses sœurs. Voici une manière de séparation qui fera bien de l'honneur

à la sévérité du confesseur... Madame de Montespan est enragée ; elle pleura beaucoup hier ; vous pouvez juger du martyre que souffre son orgueil ; il est encore plus outragé par la haute faveur de madame de Maintenon. Sa Majesté va passer très-souvent deux heures de l'après-dîner dans sa chambre à causer avec une amitié et un air libre et naturel qui rend cette place la plus souhaitée du monde. » (T. VI, p. 348.)

5 juin. — « La faveur de madame de Maintenon continue toujours : la reine l'accuse de toute la séparation qui est entre elle et madame la Dauphine. Le roi l'a consolée de cette disgrâce : elle va chez lui tous les jours et les conversations sont d'une longueur à faire rêver tout le monde. » (T. VI, p. 438.)

9 juin. — « La faveur de madame de Maintenon croît toujours, et celle de madame de Montespan diminue à vue d'œil. » (T. VI, p. 445.)

20 juin. — « On me mande que les conversations de Sa Majesté avec madame de Maintenon ne font que croître et embellir ; qu'elles durent depuis six heures jusqu'à dix heures ; que la bru y va quelquefois faire une visite assez courte ; qu'on les trouve chacun dans une grande chaise, et qu'après la visite finie, on reprend le fil du discours. Mon amie (madame de Coulanges) me mande qu'on n'aborde plus la dame sans crainte et sans respect, et que les ministres lui rendent la cour que les autres leur font. » (T. VI, p. 475.)

Enfin, le 30 juin : « On me mande que le roi fut l'autre jour trois heures chez madame de Maintenon, qui avoit la migraine ; que le père de la Chaise y vient ; que madame de Fontanges pleure tous les jours de n'être plus aimée. » (T. VI, p. 497.)

A cette dernière date, madame de Maintenon se préparait à suivre le roi dans un voyage qu'il allait faire ; elle savait fort bien tous les *déchaînements* que sa faveur produisait, et elle en avait pris son parti ; c'est ce qu'elle dit à son frère dans la lettre suivante.

A M. D'AUBIGNÉ, A PARIS [1].

A Fontainebleau, ce 30 juin 1680.

Je veux des mulets à quelque prix que ce soit, et mon pis aller sera d'en prendre à Maintenon. Les charrettes versent et demeurent dans les défilés des chemins de Flandre, les mulets arrivent toujours.

J'ai encore fait un pas pour M. Brillon qui sera, je crois, aussi inutile que les autres.

M. de Bonrepaux sort de ma chambre qui prétend par quelque sous-ferme vous faire trouver quelque utilité; je lui ai dit que je ferois tous les pas qu'il voudra; vous ne pouvez trop le remercier.

J'ai perdu un mémoire de l'argent que je vous dois; faites m'en donner un autre afin que je vous paye, c'est le moins que je puisse faire.

Je vous envoie cent pistoles pour m'acheter des chevaux; ayez soin des miens de carrosse que vous allez avoir.

Comme je ne sais point ce que vous allez faire, je ne sais que vous proposer; si vous demeuriez à Paris, je vous demanderois à emprunter votre calèche; mais si vous allez à Coignac, vous en avez besoin. Faites visiter mon carrosse, je vous prie, il rompt à tout moment; et je ne sais si celui de madame d'Aubigné ne seroit pas encore plus sûr; ayez pitié de moi et donnez ce que vous croirez le meilleur, car si mes femmes demeuroient, je n'y résisterois pas.

---

1. *Autographe* du cabinet de M. Feuillet de Conches.

Je n'ai point vu M. de Tracy ni entendu parler depuis l'affaire de M. de Caregret.

J'écris à M. Viette de ne plus agir dans mes affaires sans l'avis de M. le président Pelletier.

Vous me paroissez content de madame d'Aubigné; je voudrois de tout mon cœur que vous vécussiez mieux ensemble : Dieu vous béniroit l'un et l'autre; pour ce qui est de moi, je crois qu'elle en sera toujours contente; car elle me trouvera un procédé fort égal.

Adieu, mon frère. Il n'y a rien de nouveau dans les déchaînements que l'on a contre moi; comme je suis fort glorieuse, les premiers mouvements sont violents, mais je me dis ensuite ce qu'il faut, et ce que vous m'en écrivez est fort raisonnable et fort pieux[1].

LETTRE CCIX

NOTE PRÉLIMINAIRE.

Au 30 juin 1680, nous trouvons la première lettre de madame de Maintenon à une correspondante, qui a été dans une grande intimité avec elle pendant plusieurs années : c'est une religieuse ursuline, madame de Brinon, qui a eu une très-grande influence sur la fondation de Saint-Cyr. Les lettres de madame de Maintenon à cette dame ne prennent réellement d'importance qu'en 1682. Voici la note que

---

1. La Beaumelle transforme ainsi ces deux lignes :

« Mais je me dis fort vite ce que la raison dit fort tard à ces sournois qui n'osent éclater, et ce que vous m'en écrivez est fort raisonnable et fort pieux. Toutes ces agitations sont calmées : calmez-vous aussi. »

l'on trouve en tête de la première dans les manuscrits des Dames de Saint-Louis.

« Cette dame avoit été obligée de sortir de son couvent, à cause qu'il était tombé dans une pauvreté extrême. On en sépara les religieuses, et madame de Brinon vint demeurer aux environs de Montchevreuil, où madame de Maintenon la vit et goûta son esprit et sa piété. Cette religieuse voulant s'adonner, suivant l'esprit de son institut, à l'éducation des filles, madame de Maintenon lui donna des pensionnaires, et pour l'avoir plus près d'elle, elle l'engagea à s'établir près de Paris. La religieuse s'étant associé deux ou trois autres du même ordre, établit sa pension près de Montmorency et la forma des filles que madame de Maintenon lui confioit. Au bout de deux ans, madame de Maintenon la trouvant trop éloignée, la transféra à Ruelles, afin d'être plus à portée d'aller visiter plus souvent cette école, et veiller à l'éducation qu'on y donnoit aux enfants. »

A MADAME DE BRINON, A MONTMORENCY [1].

A Fontainebleau, ce 30 juin 1680.

Je reçois toujours vos lettres avec plaisir, madame, quoique je n'y réponde pas aussi régulièrement que je le désirerois, et je me souviens très-souvent, et de votre mérite, et de l'amitié que vous avez toujours eue pour moi. Nous en parlons avec vos amies qui sont ici, et qui y réussissent à merveille. La marquise (de Montchevreuil) a été malade, le marquis est en parfaite santé. Je vous supplie, madame, de vouloir recevoir les deux petites filles que je vous envoie, et de les instruire comme ayant à servir. Il faut, s'il vous plaît, qu'elles apprennent leur religion, à lire en françois, à écrire et à compter, et du reste à ser-

---

1. *Manuscrits des Dames de Saint-Cyr.*

vir à tout ce qu'il y a de plus grossier, autant que leur âge le peut permettre. Il me semble que vous m'avez dit que vous preniez cent francs de pension ; je compte là-dessus, et vous en serez bien payée ; j'aurois pu les mettre pour vingt écus à Maintenon, mais je les crois mieux chez vous, et je suis bien aise de partager le peu de charités que je puis faire. Adieu, madame, écrivez-moi quand vous le pourrez, faites prier Dieu pour nous, et croyez que l'on ne peut vous estimer et vous aimer plus que je le fais.

LETTRE CCX

A M. D'AUBIGNÉ, A PARIS [1].

A Fontainebleau, ce 3 juillet 1680.

Je parlerai à M. Colbert, quelque mal satisfaite que je sois de lui, et vous serez apparemment payé de vos appointements. Je vous plains plus d'avoir des procès que de tous vos autres chagrins ensemble, et crois que vous en êtes aussi embarrassé que je le serois. Si le meuble que vous avez à moi vous est bon ou pour Coignac ou pour Paris, je vous en fais présent de bon cœur. Vous aurez vu présentement M. de Bonrepaux. On m'achète des mulets à Maintenon. Prenez garde à vos discours, par rapport à moi, car on vous en fait faire de bien insensés [2]; du reste,

1. *Autographe* du cabinet de M. Feuillet de Conches.
2. Par les extraits de madame de Sévigné que nous avons donnés précédemment, on peut juger des bavardages de d'Aubigné.

je suis assez tranquille, on s'accoutume à tout, et il faut prendre le bénéfice avec les charges.

Madame la Dauphine est bien incommodée d'un mal de dents.

LETTRE CCXI

NOTE PRÉLIMINAIRE

Le crédit de madame de Maintenon continuait à s'accroître, mais en même temps ses ennemis la dénigraient, et ses amis, jaloux aussi de tant de faveur, la défendaient mal contre les calomnies. « On est enragé contre moi, » dit-elle dans la lettre qu'on va lire. Il y avait surtout une lettre de madame de Coulanges qui courait Paris, et qu'on interprétait malicieusement pour les premiers temps de la vie de madame de Maintenon. « L'amie de mon amie est la machine qui conduit tout, écrivait madame de Sévigné (7 juillet). Mais croyoit-elle qu'on pût toujours ignorer le premier tome de sa vie? Et à moins de l'avoir conté avec malice, quel mal cela lui a-t-il fait? Vous verrez pourtant cette lettre. Celle de la Troche m'assure que la tiédeur est extrême pour celle qui va quatre pas derrière (madame de Fontanges), dont elle est inconsolable; la jalousie de celle qui va quatre pas devant (madame de Montespan) est plus vive sur la confiance et l'amitié qu'on a pour l'autre (madame de Maintenon) que pour cet éclair de passion qui fait voir un mérite et un esprit fort médiocre : on triompheroit de cela; mais sur l'esprit, la conversation, il faut mourir de chagrin; on a beaucoup de rudesse pour elle. » (T. VI, p. 510.)

Et le 17 juillet :

« Madame de Coulanges m'écrit au retour de Saint-Germain; elle est toujours surprise de la sorte de faveur de madame de Maintenon. Enfin nul autre ami n'a tant de soin et d'attention qu'il en a pour elle; elle me mande ce que j'ai dit bien des fois : elle lui fait connaître un pays nouveau, qui lui étoit inconnu, qui est le commerce de l'amitié et de la conversation sans contrainte et sans chicane : il en paroît charmé... Madame de Fontanges est partie pour Chelles... la belle perdant tout son sang, pâle, changée, accablée de tristesse, méprisant 40,000 écus de rente et un tabouret qu'elle a, et voulant la santé et le cœur du roi qu'elle n'a pas... » (T. VI, p. 534).

A M. D'AUBIGNÉ, A PARIS [1].

A Fontainebleau, ce 6 juillet 1680.

Vous me faites un extrême plaisir de me prêter votre petit carrosse ; mais vous ne me mandez point quand vous partez pour Coignac ; nous serons peut-être revenus pour vous le rendre. Je crois comme vous que par là vous sauvez la vie de mes chevaux. S'il n'y a point de coffre à cette calèche, il faut y en faire faire sans façon, et qui puisse seulement fermer, et porter ma toilette.

M. Colbert est parti ; je le verrai à Saint-Germain.

Je mande à Viette de vous payer neuf cent quarante-neuf livres ; vous n'êtes pas en état d'attendre. Vous seriez trop riche et trop heureux si vous pouviez quitter le jeu et vivre en tout régulièrement ; quand les malheurs vous donneroient cette pensée, vous ne feriez que ce que tout le monde fait ; nous nous piquons d'un sentiment contraire par vanité ; mais il n'importe comment nous allions à Dieu.

Je vous défie de recevoir le meuble qui est chez vous d'aussi bon cœur que je vous le donne, mais je suis ravie que vous le receviez avec plaisir.

Je vous remercie de Champagne, et de la complai-

---

1. *Autographe* du cabinet de M. Feuillet de Conches.

sance que vous avez de me donner vos laquais, quand ils sont en état de vous servir, ayant la peine de les faire ; je ne sais comment faire pour son habit, désirant qu'il ne soit habillé de neuf qu'en même temps que les autres. Faites comme pour vous.

Il faut donner la lettre de mademoiselle Martel à Beuvron ou l'envoyer à Vibrais ; je suis si paresseuse que je serois fâchée qu'elle fut perdue après avoir eu la peine de l'écrire.

Ne parlez de ma faveur ni en bien ni en mal, et du reste, ne vous fâchez point ; on est enragé contre moi, et comme vous dites, on se prend à tout pour me nuire ; si on n'y réussit pas, nous nous en moquerons, et si on y parvient, nous le souffrirons avec courage.

Je serai bien aise de voir madame d'Aubigné pour une nuit ou deux[1] ; il faudroit qu'elle pût s'accommoder du lit de mademoiselle de la Harteloire, que l'on feroit le plus propre que l'on pourroit. Il faut qu'elle vienne mercredi au soir ou jeudi ; car dans les premiers jours, je ne pourrai quitter madame la Dauphine, parce que je serai seule[2] ; les autres dames vont à Paris.

---

1. A Versailles, où elle se disposait à revenir avant de suivre le roi dans son voyage.

2. Madame de Maintenon aurait dû ajouter : *pour la peigner*. Elle racontait aux demoiselles de Saint-Cyr que le petit talent qu'elle avait pour peigner lui avait donné la faveur de la Dauphine, et que ce petit talent, elle le tenait de sa mère. « On fut tout étonné de me voir manier le peigne. Je commençois par démêler le bout des cheveux et j'allois toujours en avançant. Elle disoit n'être jamais mieux peignée que quand elle l'étoit par moi. Je le faisois fort sou-

Adieu, mon cher frère, songeons à l'état où nous étions pour nous trouver heureux de celui où nous sommes.

Ce n'est que vendredi prochain que je vous demande un laquais; je vous remercie de tous vos soins. Je pars demain; faites dire à la marquise de se trouver à trois heures après-midi à Versailles. J'ai mis votre ordonnance entre les mains de M. Viette. Adieu, si vous me venez voir, j'en serai fort aise; madame de Coulanges y viendra dans quinze jours. Adieu, je suis pressée pour la noce du vieux Lutin[1].

LETTRE CCXII

NOTE PRÉLIMINAIRE

Pendant que tout le monde croyait Louis XIV occupé de ses amours avec mademoiselle de Fontanges, il continuait avec la plus vive sollicitude l'œuvre la plus remarquable de son règne, la fortification des frontières de la France (Voir sur ce sujet mon ouvrage : *Les frontières de la France*, chap. V). Voulant tout voir par lui-même, il avait résolu de visiter chaque année une partie de ces frontières, et il commença, cette année, par celle de Flandre. Il partit le 13 juillet et était de retour à Versailles le 30 août. Il emmena la reine, la Dauphine et une partie de sa cour : c'était dans les habitudes du temps; d'ailleurs cet appareil et cette pompe cachaient mieux ses desseins. Madame de Maintenon

vent, parce que les femmes de chambre ne le faisoient jamais si bien. On auroit été fâché de ne m'avoir pas tous les matins au moins pour cela. » (*Lettres et entretiens sur l'éducation*, t. I, p. 392.)

1. Domestique de madame de Montespan. La fin de cette lettre forme une feuille à part dans la lettre autographe, et il se pourrait qu'elle ne fût pas à sa place.

était du voyage, et elle écrivit plusieurs lettres à son frère; mais ces lettres renferment peu de détails sur les événements du temps.

A M. D'AUBIGNÉ, A PARIS [1].

A Calais, ce 22 juillet 1680 [2].

Je ne sais pourquoi j'ai tant attendu à vous écrire, car il y a bien longtemps que j'en ai envie, et j'ai beaucoup plus de loisir dans le voyage que je n'en ai quand nous sommes établis. Je me porte à merveille et si cela continue, je m'en retournerai aussi grasse que j'étois au retour de Schelestat. Mon équipage va fort bien, les chevaux neufs sont en meilleur état qu'ils n'étoient en partant, et les mulets que l'on m'a achetés sont admirables. Je ne me lève point matin pour détendre mon lit, et je le trouve toujours arrivé avant moi. Je crois que voilà tout ce qu'on peut exiger de mieux. Je fais bonne chère et je suis gaillarde, mais assez mal vêtue [3], car il est arrivé de grands accidents au manteau feuille morte. J'avois dessein d'en demander un autre à Nanon, mais je crains ses reproches sur la dépense. Contentez-vous donc de lui faire des amitiés de ma part; et mandez-moi de vos nouvelles. Que je sache aussi si M. Colbert vous a payé, et s'il me reste quelque chose

---

1. *Autographe* du cabinet de M. Feuillet de Conches.

2. La cour arriva le 16 juillet à Abbeville, le 18 à Montreuil, le 19 à Boulogne, le 20 à Ambletéuse où le roi fit creuser un port. Il visita toute la côte et arriva à Calais le 22.

3. La Beaumelle transforme ainsi cette phrase : « Je fais fort grande chère. Je suis gaie, désœuvrée, gourmande et fort mal vêtue. »

à faire là-dessus ; si vous allez à Coignac, et en un mot tout ce qui vous regarde, car j'y prends autant et plus de part que si je vous le disois plus tendrement et plus souvent. J'embrasse madame d'Aubigné. Il n'y a point de nouvelles ici ; mandez-moi celle que l'on dit à Paris.

LETTRE CCXIII

A M. D'AUBIGNÉ, A PARIS [1].

A Saint-Omer, ce 24 juillet 1680 [2].

Voilà l'ordonnance de M. de Louvois ; vous serez, je crois, content de ma diligence et vous le serez toujours de ce qui sera en mon pouvoir. Si je pouvois vendre mon carrosse en n'y perdant que le tiers, je n'y hésiterois pas, car il me déplaît autant qu'à vous. Je vous ai déjà mandé, que mon équipage va à merveille et ma santé de même [3]. Je vous suis très-obligée d'en avoir été en peine ; faites mes compliments

1. *Autographe* du cabinet de M. Feuillet de Conches.
2. La cour alla de Calais à Ardres, puis à Saint-Omer. Le 25 on était à Aire, le 26 à Gravelines et à Dunkerque : on y resta trois jours ; le roi y ordonna de grands travaux. De là on alla à Menin, Lille, Tournay, Condé, Le Quesnoy, Valenciennes, où l'on était le 8 août. On alla ensuite à Cambrai, Landrecies, Avesnes, Maubeuge, Philippeville, où l'on était le 14 août. Le 17 on arriva à Rocroy, le 18 à Mézières, le 20 à Sedan, le 22 à Montmédy et à Stenay.
3. La Beaumelle arrange cela ainsi : « Mon équipage va bien, ma santé comme mon équipage et mon enjouement comme ma santé. Rien de plus agréable que de se bien porter et de savoir qu'il y a des gens qui craignent qu'on ne se porte mal. »

à madame d'Aubigné; je prendrai soin de ses habits quand elle sera à Coignac.

LETTRE CCXIV
A M. D'AUBIGNÉ, A PARIS [1].

A Stenay, ce 22 août 1680.

Je ne comprends pas M. Colbert, et je ne puis croire qu'il vous fasse encore attendre votre argent. Si vous voulez passer l'hiver à Coignac, vous ferez fort bien d'y envoyer madame d'Aubigné pendant qu'il fait beau, et de l'aller trouver six semaines après. Je n'en serois pas fâchée dans la conjoncture présente [2]. Je mande à M. de Montchevreuil ce que je veux sur mon carrosse. Mon équipage continue à merveille, et il n'y a personne à la cour qui soit mieux servie que moi. Deslandes est chargé de tout, et tout va bien. M. Bontemps prend soin de mon appartement de Versailles, ainsi je puis espérer que je le trouverai en bon état. Je me porte très-bien et je suis fort à vous. J'ai reçu deux lettres de madame d'Aubigné; j'y ferois réponse de bon cœur; mais ce ne seroit que des remercîments, dont vous voudrez bien vous charger, et des amitiés dont elle doit être persuadée [3].

1. *Autographe* du cabinet de M. Feuillet de Conches.
2. Madame de Maintenon était mécontente des bavardages de d'Aubigné, et elle l'avait engagé à retourner à Coignac.
3. D'Aubigné partit pour Coignac dans le mois de septembre.

LETTRE CCXV (La B.)

NOTE PRÉLIMINAIRE

A la date où nous sommes arrivés, nous devons placer dix lettres écrites, suivant La Beaumelle, à madame de Frontenac. Nous allons voir ce qu'elles sont.

La cour revint à Versailles le 30 août. Madame de Sévigné écrivait le 28 : « On me mande que la reine est fort bien à la cour, qu'elle a eu tant de complaisance et tant de diligence dans le voyage, allant voir toutes les fortifications sans se plaindre du chaud ni de la fatigue, que cette conduite lui a attiré mille petites douceurs. » En effet, c'est à cette époque que, d'après les avis et les prières de madame de Maintenon, le roi se rapprocha de son épouse, et ce rapprochement devait durer jusqu'à la mort de la reine. « La faveur de madame de Maintenon, écrit madame de Sévigné le 18 septembre, est toujours au suprême. Le roi n'est que des moments chez madame de Montespan et chez madame de Fontanges, qui est toujours languissante. » (T. VII, p. 71). Madame de Fontanges devait mourir au mois de juin de l'année suivante, et madame de Montespan était depuis près de deux ans complétement délaissée. Madame de Sévigné ajoute : « Les courtisans appellent tout bas madame de Maintenon *madame de Maintenant*. Cette dame passe tous les soirs, depuis huit heures jusqu'à dix heures, avec Sa Majesté. M. de Chamarande (premier maître d'hôtel de la Dauphine) la mène et la ramène à la face de l'univers. » Rappelons d'ailleurs ce que madame de Sévigné dit le 6 avril : « S. M. va passer très-souvent deux heures de l'après-dîner dans sa chambre à coucher avec une amitié et un air libre et naturel qui rendent cette place la plus souhaitable du monde... » Et le 17 juillet : « Elle lui fait connaître un pays nouveau, qui lui était inconnu, qui est le commerce de l'amitié et de la conversation sans contrainte et sans chicane. » Ajoutons à ces témoignages si précis le portrait si paisible que madame de Maintenon trace d'elle-même dans la lettre du 8 janvier 1680 : « Je ne me connois pas de péchés..., » portrait qu'elle complétera plus tard par ces mots: « Ma vie est tranquille et tout à fait conforme à mon humeur. »

Enfin madame de Caylus nous apprend très-nettement quels étaient les rapports de madame de Maintenon avec madame de Montespan, depuis qu'elle était dame d'atours. « Monseigneur fut marié en 1680, et madame de Maintenon, entrant en charge dans ce temps-là, n'eut plus rien à démêler avec madame de Montespan. Elles ne se voyoient plus l'une chez l'autre, mais partout où elles se rencontroient, elles se parloient et avoient des conversations si vives et si cordiales en apparence, que qui les auroit vues sans être au fait des intrigues de la cour, auroit cru qu'elles étoient les meilleures amies du monde. Ces conversations rouloient sur les enfants du roi pour lesquels elles ont toujours agi de concert. L'habitude et le goût qu'elles avoient l'une et l'autre pour leur esprit faisoient aussi qu'elles avoient du plaisir à s'entretenir quand l'occasion s'en présentoit. » (*Souvenirs*, p. 134, édit. de 1806.)

C'est à cette époque, de tous côtés si bien définie, dans une situation si bien indiquée et par les propres lettres de madame de Maintenon, et par les témoignages de madame de Sévigné et de madame de Caylus, que La Beaumelle place dix lettres ou fragments de lettres les plus fausses, les plus maladroites qu'il ait jamais inventées, et pourtant celles qui ont été le plus aisément admises et le plus souvent citées.

Nous venons de voir que madame de Maintenon et madame de Montespan sont complétement séparées, même par leurs charges, qu'il n'y a plus de sujet ni d'occasion de querelles entre ces deux dames, que la seconde est délaissée, abaissée, presque résignée, que la première est en plein triomphe, mais dans un triomphe calme, honnête, mesuré. Or les fragments de lettres consistent uniquement en gémissements, plaintes et pleurs de madame de Maintenon contre les persécutions de madame de Montespan ; nulle part cette femme si froide et si maîtresse d'elle-même n'est tant agitée, tant tourmentée, plus désolée, plus larmoyante ; ses prétendues lettres ne renferment que des mots à effet que nul contemporain ne répète, des détails qu'on ne retrouve nulle part, surtout des révélations sur ses mystérieux tête-à-tête avec Louis XIV. Enfin elles forment le plus complet contraste avec les lettres authentiques qui les précèdent ou qui les suivent, lettres si calmes, si modérées, si occupées de choses vulgaires. Deux seulement sont datées, du 19 et du 23 août : elles racontent une fabuleuse intrigue qui n'a pu se passer qu'à Saint-Germain ou à Versailles, madame de Montespan se ménageant un tête-à-tête avec Louis XIV, madame de Maintenon dans les transes, la Dauphine en prières, toute la cour dans l'anxiété, etc. Or, le 19 août, Louis XIV, la reine, les dames, la cour étaient à Mézières, le 23 à Stenay !

La Beaumelle fait précéder ces dix lettres de cette note : « Je n'ai pu recouvrer que des fragments de lettres à madame de F. » Cette note seule les rendrait suspectes. Louis Racine les qualifie nettement et l'une après l'autre : *très-fausse*. Nous avons dit ailleurs quel était le jugement qu'en portaient les savants Walkenaer et Monmerqué : « ce sont des pastiches habilement fabriqués, » écrit le premier ; « c'est une œuvre de faussaire, » disait le deuxième [1].

Voyons maintenant quelle était la personne à qui madame de Maintenon aurait écrit ces lettres, et s'il est possible qu'elle les ait écrites.

Madame de Frontenac, née Anne de la Grange de Neuville, était d'une famille pauvre et fut attachée assez jeune à mademoiselle de Montpensier. Elle était jolie et spirituelle, et devint, avec la comtesse de Fiesque, pendant les guerres civiles, l'une des *maréchales de camp* de Mademoiselle. Il en est très-souvent parlé dans ses mémoires et en assez mauvais termes. Elle épousa en 1651 Louis de

---

1. Voir t. I, page 224.

Buade de Frontenac, mais elle vécut mal avec lui, eut pour amant l'un des libertins fameux de cette époque, le comte de Matta, et lorsque son mari fut nommé gouverneur du Canada, elle refusa de le suivre. Elle fut disgrâciée par Mademoiselle en 1657 et se retira plus tard à l'Arsenal, où elle vécut avec son amie, mademoiselle d'Outrelaise. « C'étoient, dit Saint-Simon, des personnes dont il falloit avoir l'approbation. Elles donnoient le ton à la meilleure compagnie de la ville et de la cour. On les appeloit les *divines*. » Madame de Frontenac était de la société de madame de Sévigné; mais on ne voit ni dans les mémoires de Mademoiselle, ni dans les autres mémoires du temps, non plus que dans les lettres authentiques de madame de Maintenon, qu'elle ait connu cette dame ni qu'elle ait eu le moindre rapport avec elle. C'est cependant cette madame de Frontenac, d'une vertu douteuse et d'une réputation équivoque, que, selon La Beaumelle, madame de Maintenon aurait choisie pour lui faire des confidences comme elle n'en a fait à personne.

A MADAME DE FRONTENAC[1].

19 août 1680.

M. de Louvois a ménagé à madame de Montespan un tête-à-tête avec le roi. On le soupçonnoit depuis quelque temps de ce dessein; on étudioit ses démarches; on se précautionnoit contre les occasions; on

1. Collection de La Beaumelle, édit. de Nancy, t. I, p. 160; édit. d'Amsterdam, t. I, p. 71. — Louis Racine l'annote : *M'est inconnue et me paraît très-fausse.* — Cette lettre forme, avec les deux suivantes, un petit roman. La date seule le prouve. Comme nous l'avons dit, la cour était en voyage et à Mézières, au moment où La Beaumelle suppose cette entrevue de madame de Montespan avec Louis XIV. Cette dame n'avait pas besoin qu'on lui ménageât un tête-à-tête et par tant de détours : le roi la voyait publiquement et tous les jours; il passait des heures dans sa chambre, et cela se fit pendant près de dix ans, sans que personne y vit qu'une marque de déférence pour la mère de ses enfants.

vouloit rompre ses mesures; mais elles étoient si bien prises qu'on a enfin donné dans le piége[1]. Dans ce moment, ils en sont aux éclaircissements, et l'amour seul tiendra conseil aujourd'hui. Le roi est ferme; mais madame de Montespan est bien aimable dans les larmes. Madame la dauphine est en prières; sa piété a fait faire au roi des réflexions sérieuses; mais il ne faut à la chair qu'un moment pour détruire l'ouvrage de la grâce. Cette princesse s'est fait un point de conscience de travailler à la conversion du roi[2]; je crains qu'elle ne l'importune et ne lui fasse haïr la dévotion; je la conjure de modérer son zèle; elle m'admet quelquefois à ses exercices de piété : je vous assure qu'il n'est point de cœur plus à Dieu. Madame de la Vallière est un exemple bien frappant du pouvoir de la grâce; le roi en parle volontiers[3], et je ne puis me persuader que Louvois et madame de Montespan effacent de son esprit ces saintes impressions. Mais encore un coup, l'esprit est prompt, et la chair est foible[4].

LETTRE CCXVI (La B.)
A MADAME DE FRONTENAC[5].

23 août 1680.

Cet éclaircissement a raffermi le roi; je l'ai félicité de ce qu'il avoit vaincu une ennemie si redoutable; il

1. Tout cela est absurdement inventé.
2. Il n'est pas dit un mot de cela dans aucun écrit du temps. C'est au contraire le roi qui fit tous ses efforts pour rendre la Dauphine plus sociable, moins sauvage, et il n'y réussit pas. (Voir les *Souvenirs* de madame de Caylus, p. 159.)
3. Au contraire, il évitait d'en parler.
4. Cette dernière phrase n'est pas dans l'édit. de Nancy.
5. Collection de La Beaumelle, édit. de Nancy, t. I, p. 162;

avoue que M. de Louvois est un homme plus dangereux que le prince d'Orange ; mais c'est un homme nécessaire. Madame de Montespan a d'abord pleuré, ensuite fait des reproches, enfin a parlé avec hauteur. Elle s'est déchainée contre moi selon sa coutume. Cependant elle lui a promis de bien vivre avec moi. Pour son honneur, elle devroit du moins sauver les apparences. La Feuillade s'est brouillé avec Colbert, et réconcilié avec Louvois. Le prince de Marsillac trompe toute la cour. La duchesse du Lude se tient au grand nombre[1]. Madame de Rochefort est entrée dans les pieuses intentions de madame la dauphine. Madame Dufresnoy[2] veut me persuader que le roi me trompe ; et quel intérêt auroit-il à me tromper. Mes amis ne me laissent pas le temps de respirer ; je suis plus contente de la discrétion de mes parents. Je vous attends après-demain à Maintenon[3].

édit. d'Amsterdam, t. I, p. 72. Louis Racine met en marge : *très-fausse*. Cette lettre est la suite du roman précédent : le 23 août, la cour, Louis XIV, madame de Maintenon étaient à Sténay !

1. Qu'est-ce que tout cela veut dire ? C'est avec ces grands noms et ces mots énigmatiques que La Beaumelle abuse de ses lecteurs.

2. Encore madame Dufresnoy ! que madame de Maintenon ne connaissait pas et dont elle n'a jamais parlé. Il y a *la Dufresnoy!* dans l'édit. de Nancy.

3. Madame de Maintenon attend après-demain madame de Frontenac à Maintenon, et elle est alors en voyage et à Stenay avec la cour !

LETTRE CCXVII (La B.)

A MADAME DE FRONTENAC[1].

1680.

Je suis dévorée de chagrins : je m'étois flattée que madame de Montespan cesseroit de me persécuter[2], et que je pourrois enfin faire paisiblement mon salut auprès d'une princesse, qui donne à toute la cour un exemple bien admiré et bien peu suivi. Elle s'est raccommodée avec le roi[3] ; Louvois a fait cela. Elle n'a rien oublié pour me perdre : elle a fait de moi le portrait le plus affreux. Mon Dieu! que votre volonté soit faite! Elle vint hier chez moi, et m'accabla de reproches et d'injures ; le roi nous surprit au milieu d'une conversation qui a mieux fini qu'elle n'a commencé. Il nous ordonna de nous embrasser et de nous aimer ; vous savez que ce dernier article ne se commande pas[4]. Il ajouta en riant qu'il lui étoit plus aisé de donner la paix à l'Europe que de la donner à deux femmes, et que nous prenions feu pour des bagatelles.

1. Édit. de Nancy, t. I, p. 163 ; édit. d'Amsterdam, t. I, p. 73. — *Très-fausse*, dit L. Racine.
2. Tout cela est la suite du roman précédent ; nous avons vu précédemment que madame de Montespan n'était plus en mesure de persécuter madame de Maintenon.
3. Dans la lettre précédente La Beaumelle vient de dire le contraire : « Cet éclaircissement à raffermi le roi. »
4. Tout cela est un roman emprunté aux scènes de 1674.

LETTRE CCXVIII (La B.)

A MADAME DE FRONTENAC [1].

1680.

Je ne puis vous voir. J'irai à Maintenon; le roi veut m'y surprendre un jour, et ce jour sera peut-être demain ou après-demain. Je n'ai pas un moment de repos; madame la dauphine est en retraite. Je ne serois plus ici, si sa dévotion ne m'y avoit retenue. Priez Dieu pour moi : je ne fus jamais si agitée ni si combattue [2].

LETTRE CCXIX (La B.)

A MADAME DE FRONTENAC [3].

10 octobre 1680.

Je reçois tous les jours de nouvelles grâces du roi [4]. Mais ma santé qui s'affoiblit tous les jours ne me permettra pas d'en jouir longtemps. Tout ce que j'acquiers en crédit, je le perds en tranquillité; cette vie m'est insupportable. Le roi se défie de moi et me craint; il me comble de biens pour me fermer la bouche : il aime la vérité, et ne veut pas l'entendre. Il vit dans une

---

1. Édit. de Nancy, t. I, p. 164; édit. d'Amsterdam, t. I, p. 74. Louis Racine met à la marge : *très-fausse*.
2. Nous avons vu le contraire dans les lettres à d'Aubigné; d'ailleurs il n'y a qu'à répéter le mot de madame de Sévigné : « M. de Chamarande la mène et la ramène à la face de l'univers. »
3. Édit. de Nancy, t. I, p. 165; édit. d'Amsterdam, t. I, p. 75. — *Très-fausse*, dit L. Racine.
4. Cela n'est pas vrai. Madame de Maintenon, depuis qu'elle était dame d'atours, n'avait reçu aucune grâce du roi.

habitude de péché mortel qui me fait trembler[1]. Je ne puis plus voir toutes ces choses ; si cela continue, je me retirerai ; il est sûr que c'est offenser Dieu que de vivre avec des gens qui ne font que l'offenser[2]. La piété contracte une certaine tiédeur, sans qu'on s'en aperçoive. Je serois déjà hors de ce pays[3], si je ne craignois que le dépit ne contribuât plus à m'en éloigner que le désir de mon salut. Je sacrifie à Dieu tout ce qui pourroit m'attacher ici ; et je ne puis me résoudre à accomplir mon sacrifice. La piété de madame la dauphine me confirme dans mes bons sentiments, et en même temps détruit tous mes projets.

LETTRE CCXX (La B.)

A MADAME DE FRONTENAC[4].

1680.

Ses discours m'affligeroient bien plus vivement, si je ne savois par qui ils lui sont inspirés. Je n'eus jamais tant de plaisirs éclatants d'un côté, ni tant de chagrins de l'autre[5]. Je n'ai point de plan fixe, parce

1. Cela n'est pas vrai. Le 16 décembre 1680, Bussy-Rabutin écrit : « Le roi s'adonne à donner des frères au dauphin. La reine ne s'étoit pas trouvée il y a longtemps à cette fête. »
2. Madame de Maintenon aurait pu écrire cela en 1674, mais à cette époque, elle ne vivait plus avec madame de Montespan.
3. Cela n'est pas vrai. Madame de Maintenon, depuis qu'elle était dame d'atours, ne songeait plus à quitter la cour. « Je ne puis bientôt envisager une retraite, écrivait-elle à l'abbé Gobelin, le 8 janvier 1680, il faut donc travailler ici à mon salut. »
4. Collection de La Beaumelle, édit. de Nancy, t. I, p. 167 ; édit. d'Amsterdam, t. I, p. 76. Louis Racine la qualifie : *très-fausse*.
5. Cela n'est vrai ni pour les plaisirs éclatants ni pour les chagrins.

que mes mesures sont tous les jours dérangées. Je suis si malheureuse, je l'ai tant été jusqu'ici[1], qu'il y a espérance que la prospérité ne me gâtera pas.

LETTRE CCXXI (La B.)

A MADAME DE FRONTENAC[2].

1680.

Je n'ai jamais mieux reconnu combien je me faisois illusion : je suis encore bien loin du détachement où j'aspire. Mes chaînes ne furent jamais ni si pesantes ni si fortes[3]. Je ne sais que dire à l'abbé Gobelin[4] : je crains de lui ouvrir mon cœur, parce que je crains de me rendre coupable d'une obstination qui offenseroit Dieu ; je suis une malade qui cache son mal par la crainte des remèdes[5].

1. A cette époque madame de Maintenon était loin de se trouver malheureuse : elle était tirée de la misère, elle était en grande faveur à la cour, enfin elle voyait son dessein secret et le plus cher en pleine voie de réussite.
2. Collection de La Beaumelle, édit. de Nancy, t, l, p. 166 ; édit. d'Amsterdam, t. 1, p. 76. — *Très-fausse*, met en marge Louis Racine.
3. La Beaumelle veut sans doute faire entendre que madame de Maintenon est amoureuse du roi. Est-ce qu'elle l'aurait jamais avoué ?
4. On verra plus loin qu'elle lui parle de tout autre chose, et de choses bien vulgaires.
5. Qu'on relise la lettre du 8 janvier 1680, et on verra si tout ceci a le moindre fondement : « Je ne me connois pas de péchés ; j'ai une morale et de bonnes inclinations qui font que je ne fais guère de mal, etc. »

LETTRE CCXXII (La B.)

A MADAME DE FRONTENAC[1].

1680.

J'obtiens tout, mais l'envie me le vend bien cher. Mon cœur est déchiré, et le sien n'est pas en meilleur état[2]. A quarante-cinq ans[3], il n'est plus temps de plaire; mais la vertu est de tout âge. Tout le bien que vous dites de mon esprit, on l'a dit autrefois de mon visage; ces louanges ne me séduisoient point : jugez si je ne résisterai point aux vôtres.

LETTRE CCXXIII (La B.)

A MADAME DE FRONTENAC[4].

1680.

Ruvigny est intraitable. Il a dit au roi que j'étois née calviniste et que je l'avois été jusqu'à mon entrée à la cour. Ceci m'engage à approuver des choses fort oppo-

---

1. Collection de La Beaumelle, édit. de Nancy, t. I, p. 167; édit. d'Amsterdam, t. I, p. 77. — Louis Racine l'annote : *très-fausse*.

2. Toutes ces phrases sont calculées pour exciter la curiosité sans la satisfaire, et jeter du vague sur la nature des relations entre madame de Maintenon et Louis XIV. Ni le cœur de la dame ni le cœur du roi ne pouvaient être déchirés, car voici la nature de ces relations, et c'est madame de Sévigné qui nous l'apprend (17 juillet 1680) : « Elle lui fait connoître un pays nouveau, qui ui étoit inconnu, qui est le commerce de l'amitié et de la conversation sans contrainte et sans chicane. »

3. Dans l'édit. de Nancy, il y a : *quarante ans!*

4. Collection de La Beaumelle, édit. de Nancy, t. I, p. 168;

sées à mes sentiments. Il y a longtemps que je n'en ai plus à moi. Que je serois heureuse, si c'étoit à Dieu que j'en eusse fait le sacrifice !

édit. d'Amsterdam, t. I, p. 77. — Louis Racine met en marge : *très-fausse.* — Ce fragment de lettre a fait plus de mal à madame de Maintenon que les pamphlets sortis de la Hollande. On a surtout relevé la phrase : « Ceci m'engage à approuver des choses fort opposées à mes sentiments; » on a appliqué cela à la révocation de l'Édit de Nantes, et l'on a dit que par ambition elle approuvait tout haut des persécutions qu'elle condamnait tout bas. Ce fragment de lettre, qui paraît placé par La Beaumelle en 1680, dans la supposition où il serait vrai, se trouverait mieux à sa place en 1685, car il semble se rapporter entièrement à la révocation de l'Édit de Nantes. En le supposant de cette époque, La Beaumelle aurait emprunté le mot de Ruvigny : *il a dit au roi que j'étois née calviniste*, à Louis XIV qui répondit, en 1685, à madame de Maintenon se plaignant des mauvais traitements faits aux calvinistes : « Je crains que le ménagement que vous voudriez que l'on eût pour les huguenots ne vienne de quelque reste d'inclination pour votre ancienne religion. » Cette réponse démontre d'ailleurs que madame de Maintenon n'approuvait pas « des choses fort opposées à ses sentiments, » et la fausseté de la phrase que lui attribue La Beaumelle.

Quant au reste de la lettre : « Il y a longtemps que je n'ai plus de sentiments à moi : que je serois heureuse si c'étoit à Dieu que j'en eusse fait le sacrifice ! » Ceci veut dire, je pense, qu'elle a fait le sacrifice de ses sentiments au roi ; or elle n'a pu dire cela en 1685, car alors elle était mariée à Louis XIV : rien de plus naturel que de faire ce sacrifice à son époux. Le mot est aussi impossible si l'on place la lettre en 1680, car elle n'a pu le dire sans avouer aussi (et l'eût-elle jamais avoué?) qu'elle avait pour le roi une affection illicite.

LETTRE CCXXIV (La B.)

A MADAME DE FRONTENAC[1].

1680.

Il n'y a que Dieu qui sache la vérité... Il me donne les plus belles espérances. Mais je suis trop vieille pour y compter[2]. Si madame de Montespan étoit[3]... Il y a longtemps que, dit-elle, elle ne s'est pas laissé aller à cette foiblesse, ce n'est pourtant point ici qu'on peut se faire une âme forte... Je le renvoie toujours affligé et jamais désespéré[4].

1. Collection de La Beaumelle, t. I, p. 168 de l'édit. de Nancy; t. I, p. 68 de l'édit. d'Amsterdam. — L. Racine met en marge : *très-fausse*. — Voici enfin la dernière lettre à madame de Frontenac, et c'est la plus fameuse. Il est impossible d'imaginer que madame de Maintenon ait jamais écrit ces phrases hachées, sans suite, haletantes, qui semblent empruntées aux plus mauvais romans de Crébillon.

2. Ceci veut dire, je pense : « Il me donne les plus belles espérances de m'aimer toujours ; mais je suis trop vieille... » Comment croire que madame de Maintenon ait fait confidence de cela à quelqu'un et surtout à madame de Frontenac?

3. ... Enceinte, sans doute... « Il y a longtemps qu'elle ne s'est pas laissé aller à cette foiblesse... » C'est du style de boudoir. D'après toutes les lettres que nous avons déjà lues, il est impossible de penser que madame de Maintenon ait jamais eu ce style. On peut remarquer d'ailleurs que dans l'édit. de Nancy, il y a une phrase toute différente : « Il y a longtemps que je ne me suis pas surprise dans cette foiblesse. »

4. Cette dernière phrase est fameuse : elle a été répétée par tout le monde, à commencer par Voltaire. On y a vu un motif très-clair d'accusation contre madame de Maintenon. Sa vie, a-t-on dit, n'a été qu'un mélange de coquetterie et de dévotion, d'excitations sensuelles et de pieuses exhortations. On a déjà vu cette phrase avec une légère variante dans une lettre de 1673, qui est aussi

APPENDICE A LA LETTRE CCXXIV.

Pour terminer les remarques que nous avons faites sur les lettres apocryphes à madame de Frontenac, nous devons citer une page des *mémoires de l'abbé Choisy*. Ce n'est pas que le témoignage de cet abbé soit complétement digne de créance, mais s'il n'écrit que sur des ouï-dire, les choses se sont passées de son temps, et il a connu tous les personnages dont il parle. « Madame de Montespan, dit-il, eut le chagrin de s'entendre prononcer l'arrêt de sa condamnation par une bouche qui lui étoit odieuse : madame de Maintenon lui avoit déclaré de la part du roi, en termes exprès, qu'il ne vouloit plus avoir avec elle aucune liaison particulière et qu'il lui conseilloit desonger de son côté à faire son salut, comme il y vouloit songer du sien. C'étoient de grandes paroles qu'elle n'avoit pas voulu porter légèrement; elle s'en étoit fait prier plusieurs fois en disant au roi qu'il auroit peut-être de la peine à les soutenir ; mais il l'en avoit tant pressée, qu'à la fin elle l'avoit fait, et la paille étant une fois rompue, elle avoit eu le courage de l'en faire souvenir de temps en temps, de peur que la bonté de son cœur et une longue habitude ne le fît broncher. »

Comme on le voit, ceci contredit tout le roman des lettres à madame de Frontenac.

apocryphe : « Il s'en retourne désespéré, mais sans être rebuté. » (Voir t. I, p. 178) La seule critique qu'on en doive faire est dans ces mots de madame de Sévigné : « M. de Chamarande la mène et la ramène à la face de l'univers... Elle lui fait connoitre un pays tout nouveau, qui est le commerce de l'amitié et de la conversation. » — « Si ces paroles ont été écrites, ajoute Walkenaër, c'est dans un sens tout différent de celui qu'on leur prête, dans toute autre circonstance que celle qu'on suppose, puisque autrement elles impliqueraient que Françoise d'Aubigné, pour réussir dans ses ambitieux desseins, ne craignait pas de recourir aux artifices d'une coquette perfide ou d'une habile courtisane. »

LETTRE CCXXV

NOTE PRÉLIMINAIRE

Les lettres qui vont suivre sont relatives à la conversion des parents de madame de Maintenon, conversion opérée plutôt par séduction que par violence, quoi qu'en aient dit les protestants : c'est pourtant l'un des actes qui lui ont été le plus vivement reprochés.

Madame de Maintenon était, nous l'avons vu, extrêmement attachée à la famille de Villette, et elle aurait voulu lui rendre le bien qu'elle en avait reçu. Son crédit avait déjà été fort utile à son cousin ; mais elle le savait capable et ambitieux et aurait voulu faire davantage pour sa fortune : l'obstacle était la religion, et elle ne cessait de l'exhorter à se convertir. Elle voulait de même faire la fortune de ses enfants et elle lui avait souvent demandé de les faire catholiques, pour qu'ils pussent avoir part aux bonnes grâces du roi. Madame de Maintenon croyait, comme tant d'autres personnes de son temps, que le calvinisme n'était qu'une secte politique qui avait fait son temps, qui se conservait bien plus par opiniâtreté que par conviction, et qu'on pouvait la ramener à l'unité par des raisonnements, des bienfaits, des faveurs, et même par des empêchements et des contraintes légitimes. Elle résolut de travailler à la conversion de toute la descendance féminine d'Agrippa, c'est-à-dire des familles de Villette, de Sainte-Hermine, de Caumont d'Adde, etc.

Elle fit donner par M. de Seignelay une mission maritime à M. de Villette, qui s'embarqua avec son fils cadet, laissant l'aîné sur l'escadre de M. de Château-Renaud. Aussitôt qu'il fut parti, ordre fut donné à M. de Château-Renaud de renvoyer à Versailles le jeune Villette, qui y arriva en effet au mois de novembre 1680. On l'adressa, comme nous allons le voir, à l'abbé Gobelin, qui l'endoctrina en quelques jours : il abjura sans peine. Peu de temps après, madame de Maintenon se fit envoyer le jeune Sainte-Hermine, avec une de ses sœurs, puis mademoiselle de Caumont, enfin la fille unique de Villette, mademoiselle de Mursay, qui devint madame de Caylus. Pour les premiers, « c'étoient des personnes faites ; on avoit conclu, dans le conseil des huguenots, que la famille devoit avoir la complaisance pour madame de Maintenon, qui les avoit demandées, de les lui envoyer, puisque d'ailleurs on n'avoit rien à craindre de leur légèreté [1]. » Quant à mademoiselle de Mursay, qui n'avait que neuf ans [2], madame de Maintenon agit de la même façon qu'en avait agi avec elle madame de Neuillant, et sans plus de scrupule :

« A peine mon père, raconte madame de Caylus, fut-il embarqué pour ce voyage de long cours dont j'ai dit le sujet, qu'une de mes tantes [3], qui s'entendoit avec madame de Maintenon, pria ma mère de la venir voir à Niort et de m'amener avec elle. Ma mère comptoit s'en retourner le même jour, car nous demeurions près de la ville ; mais lorsqu'elle voulut s'en revenir, ma tante lui fit tant d'instances de me laisser au moins chez elle jusqu'au lendemain qu'elle y consentit avec peine ; car quoiqu'elle fût catholique, elle n'étoit nullement dans la confidence des desseins qu'on avoit sur moi, parce qu'on vouloit la ménager par rapport à mon père. A peine ma mère fut-elle partie de Niort [4], que ma tante partit de son côté et me mena à Paris. Nous trouvâmes sur la route M. de Sainte-Hermine, une de ses sœurs et mademoiselle de Cau-

---

1. J'emprunte ceci aux *Souvenirs de madame de Caylus*, non pas tels qu'ils sont reproduits dans toutes les éditions de cet ouvrage, mais à un fragment de ces *Souvenirs* cité par les Dames de Saint-Cyr, et qui, à cause des différences qu'il présente, démontre que les *Souvenirs de madame de Caylus* ont été arrangés et corrigés par Voltaire.
2. D'après les registres de naissance des réformés conservés à Niort, elle était née en 1671. Toutes les biographies la font naître en 1673 ; et elle-même, dans ses *Souvenirs*, se rajeunit de deux ans.
3. Madame de Fontmort, sœur de M. de Villette.
4. Ce petit événement se passa le 15 décembre 1680.

mont, tous aussi étonnés qu'affligés de me voir, se doutant bien de ce qu'on vouloit faire de moi. Pour moi, je ne l'étois de rien, contente d'aller sans savoir où l'on me menoit... Nous arrivâmes ensemble à Paris, où madame de Maintenon vint me chercher aussitôt[1], et me mena seule à Saint-Germain, où la cour demeuroit en ce temps-là. Je pleurai d'abord beaucoup, mais je trouvai le lendemain la messe du roi si belle, que je consentis à me faire catholique, à condition que je l'entendrois tous les jours et que l'on me garantiroit du fouet. Ce fut là toute la controverse qu'on employa et la seule abjuration que je fis[2]. »

Voici maintenant les lettres relatives à ces conversions.

A M. L'ABBÉ GOBELIN[3].

Ce 14 novembre 1680.

J'ai chargé M. l'aumônier de vous prier de venir ici, et depuis cela je n'ai pas ouï parler de lui ; voici ce que c'est.

J'ai un jeune gentilhomme de mes parents ici qui est huguenot[4], et que je voudrois bien convertir ; c'est à vous à qui je m'adresse pour cela. Il n'a que quatorze ans et me paroît mauvais docteur ; il est opiniâtre, cependant il n'est pas temps de se rebuter ; je vous prie donc de venir ici lundi ou mardi commencer cet ouvrage ; nous verrons ensuite ce que nous ferons ; mais il faudroit du moins que vous couchassiez une nuit. Je vous rendrai compte de la commission de madame de Miramion.

Adieu, monsieur. Je vous importune souvent ;

---

1. Ce fut le 21 ou le 22 décembre.
2. *Notes des Dames de Saint-Cyr.*
3. *Manuscrits des Dames de Saint-Cyr.*
4. C'est du jeune Mursay qu'il s'agit.

prenez-vous en à la confiance et à l'estime que j'ai pour vous.

LETTRE CCXXVI

A M. L'ABBÉ GOBELIN [1].

Ce 22 novembre 1680.

Celui qui vous rend ce billet est le jeune gentilhomme pour qui je vous ai écrit, et que je voudrois convertir; commencez, si vous le jugez à propos, et venez dès que vous le pourrez pour l'amour de Dieu, et ensuite pour moi. Voilà six vingt pistoles pour M. de Valzergues. Je me chargerai de son fils, et je ferai autre chose d'aussi bon cœur, s'il m'étoit possible. J'ai la migraine, et c'est ce qui rend mon billet un peu court.

LETTRE CCXXVII

A M. L'ABBÉ GOBELIN [2].

Ce 4 décembre 1680.

Je m'ennuie tout à fait de n'avoir aucun commerce avec vous, et, quoique l'aumônier me dise souvent de vos nouvelles, je voudrois vous voir ou du moins en savoir par vous-même. Je vous prie de me mander si vous êtes hors d'état de me venir faire une visite avant Noël, car si cela est, j'irai à Paris, et si vous vouliez bien me faire relier un nouveau Testament,

---

1. *Manuscrits des Dames de Saint-Cyr.*
2. *Manuscrits des Dames de Saint-Cyr.*

vous me feriez plaisir; je voudrois pouvoir le porter dans ma poche, et si vous jugiez à propos de le mettre en plusieurs tomes, ils seroient, ce me semble, plus commodes; il les faut relier de chagrin avec des fermoirs d'acier, et une *Imitation* de Jésus-Christ, de même l'*Introduction à la vie dévote*, et votre livre pour la messe [1]. Ce sera là toute ma bibliothèque, ce qui ne tiendra pas grande place; il les faut tous en chagrin avec les mêmes fermoirs. Je vous demande pardon de tant de commissions, mais l'envie que j'ai de bien faire vous consolera de la peine que vous aurez. Je me porte fort bien; je suis contente et trop pour mon salut, car je ne sais quelle est ma croix [2]. Je me recommande à vos prières, et vous demande la continuation de votre amitié.

LETTRE CCXXVIII

A M. D'AUBIGNÉ, A COIGNAC [3].

A Saint-Germain, ce 9 décembre 1680.

Monseigneur est toujours mal, mais on espère que nous en serons quittes pour beaucoup de langueur tout l'hiver et qu'il n'y a aucun péril. Madame la Dauphine a eu un petit retour de fièvre qui jusqu'à cette heure ne paroît de nulle conséquence.

1. Voir t. II, page 196.
2. Au lieu de l'agitation et du trouble qui se trouvent dans les prétendues lettres à madame de Frontenac, on voit ici un calme parfait, une quiétude complète.
3. *Autographe* du cabinet de M. Feuillet de Conches.

Si vous pouviez finir l'affaire du lieutenant général par la douceur, c'est toujours le meilleur parti; mais s'il continue à vous fâcher, écrivez à M. de Croissy; faites vos plaintes dans l'ordre général, et croyez que je solliciterai soigneusement.

La maladie de madame d'Aubigné m'a fâchée et surprise; elle paroissoit être en parfaite santé. Je lui envoie une boîte que j'adresse à M. de Xaintes, comme vous me l'avez mandé : il y a une robe, une jupe, des gants et des coiffes. Si vous et elle avez besoin de quelque chose, demandez-le-moi sans façon.

Notre petit neveu[1] est catholique; je l'ai chez moi; il fait fort bien sa cour; j'espère que le roi fera pour lui[2]; il est très-joli. J'attends Sainte-Hermine et je n'oublierai rien pour le convertir.

J'ai su que Mademoiselle a parlé au roi pour mademoiselle de Jarnac; on n'a rien conclu à cause des voyages, et il s'est répandu depuis quelques jours qu'elle est très-laide; voilà tout ce que j'en sais.

M. Berthelot vous fera volontiers le plaisir qu'il vous a promis; je l'en ferai souvenir.

Je parlerai à Viette; mais je suis très-persuadée de sa négligence pour vos affaires.

Mandez-moi souvent de vos nouvelles; les miennes sont très-bonnes en toutes façons. Réjouissez-vous, vivez en chrétien et en repos; vous avez trop bon esprit pour douter que tous les états n'aient leurs peines. Mille amitiés, je vous prie, à madame d'Au-

---

1. Le jeune Mursay. Voir la note préliminaire de la lettre ccxxv.
2. *Quelque chose*, sans doute.

bigné. Je ne puis vous écrire séparément; la première de mes lettres s'adressera à elle. Faites mes compliments à madame de Miossens [1]; et demandez-lui si je lui ferois plaisir de lui donner un portrait à mettre au bras du maréchal d'Albret. Adieu.

LETTRE CCXXIX

A M. D'AUBIGNÉ, A COIGNAC [2].

A Saint-Germain, ce 19 décembre 1680.

Je me joindrai à M. de Louvois pour l'affaire de Saint-Lazare, je ne sais si vous aurez encore quelque exclusion pour ce bienfait-là.

Vous vous passeriez bien de donner le fait aux dévotes en faisant le portrait de madame d'Aubigné. On ne peut avoir trop de soin de soi, quand d'ailleurs on fait son devoir.

Ne soyez jamais en peine de ma santé, quoi que vous entendiez dire ; si j'étois malade un peu considérablement, vous le saurez par moi ou de ma part.

Il y a longtemps que le petit de Mursay est catholique ; M. de Sainte-Hermine est arrivé aujourd'hui, qui, je crois, me donnera plus de peine ; j'aurai dans peu de jours mesdemoiselles de Sainte-Hermine, de Caumont et de Mursay, j'espère que je n'en manque-

1. Nous avons déjà dit que madame de Miossens était mademoiselle de Martel, sœur de madame d'Heudicourt, et qui avait épousé le frère du maréchal d'Albret.
2. *Autographe* du cabinet de M. Feuillet de Conches.

rai pas une. Mais j'aime Minette[1] que j'ai vue à Coignac et si vous pouviez me l'envoyer, vous me feriez un extrême plaisir ; il n'y a plus d'autre moyen que la violence[2], car on sera bien affligé dans la famille de la conversion de Mursay. Il faudroit donc que vous obtinssiez d'elle de m'écrire qu'elle veut être catholique. Vous m'enverriez cette lettre-là ; je vous enverrois une lettre de cachet avec laquelle vous prendriez Minette chez vous, jusqu'à ce que vous trouvassiez une occasion de la faire partir ; ce qui se trouve assez aisément, outre que vous, M. de Xaintes, M. de Marillac, M. de Tours, et enfin je trouverois des amis sur toute la route[3], et si on me l'envoyait à Richelieu, je ne serois pas en peine du reste. Travaillez à cette affaire, j'ai inclination pour cette petite fille, et vous m'obligerez en faisant une bonne œuvre. Quant aux autres conversions, vous n'en pouvez trop faire, mais ne corrompez pas les mœurs en prêchant la doctrine.

Adieu, mon cher frère ; mille amitiés à cette pauvre dévote ; je suis fâchée de la continuation de ses

1. Minette était l'une des demoiselles Sainte-Hermine ; elle devint la comtesse de Mailly et l'une des favorites de madame de Maintenon.

2. Ce mot a été amèrement reproché à madame de Maintenon : on l'a dénaturé de son sens et de sa place et on l'a appliqué à la révocation de l'Édit de Nantes. On voit qu'il s'agit d'un fait isolé, antérieur de cinq ans à la persécution des protestants, applicable seulement à l'enlèvement d'un enfant à qui l'on demande même un consentement.

3. Cette phrase est restée incorrecte, parce qu'on avait d'abord mis et on a rayé : « ... M. de Tours et autres personnes de nos amis se trouvent sur la route... »

maux. Vous ne me dites rien de madame de Miossens.

LETTRE CCXXX

A MADAME DE VILLETTE[1].

Saint-Germain, ce 23 décembre 1680.

Quoique je sois bien persuadée, madame, que vous me donnez votre fille de bon cœur et que vous avez une grande joie de la conversion de mon neveu, je ne laisse pas de croire que vous avez besoin de consolation et c'est pour y contribuer que je vous écris.

M. de Mursay fit hier ses dévotions, et le curé de Versailles qui l'a instruit et confessé en est fort content. Voilà le plus essentiel ; du reste, je ne vois rien que de bon en lui et je ne lui ai encore découvert aucun défaut que de parler un peu trop. Je ne suis pas bien résolue encore sur ce que je ferai de lui ; il me paroît qu'il a envie de quitter la marine, et bien des gens me le conseillent ; quoi qu'il en soit, ne vous mettez pas en peine, j'en aurai les mêmes soins que s'il étoit mon fils. Je lui fais apprendre à danser et il faudra le faire monter à cheval, si nous le mettons sur terre. Le roi a mille bontés pour lui et j'espère qu'il lui donnera une pension. J'ai parlé pour faire messieurs de la Roche-Allart[2] enseignes ; puisque les huguenots ne peuvent rien espérer, il faut demander

---

1. *Manuscrits des Dames de Saint-Cyr.*
2. La mère de MM. de la Roche-Allart était la sœur de madame de Villette.

pour les catholiques. M. de Sainte-Hermine écoute
et répond fort honnêtement à tout ce que je lui dis
sur la religion, mais jusqu'à cette heure, il ne me
donne nulle espérance. Je le menai samedi avec moi
à Paris où j'allois voir madame de Fontmort et mes
nièces[1]; je les trouvai toutes enlaidies, dont je fus
bien fâchée, mais je ne reconnus en façon du monde
mademoiselle de Sainte-Hermine; mademoiselle de
Caumont est très-maigrie et votre fille jaune comme
de la cire. Je l'emmenai avec moi; elle pleura un
moment, quand elle se vit seule dans mon carrosse;
ensuite elle fut quelque temps sans rien dire, et
après cela, elle se mit à chanter. Elle a dit à son
frère qu'elle avait pleuré, en songeant que son père
lui dit en partant que si elle changeoit de religion
et venoit à la cour sans lui, il ne la verroit jamais[2].
Elle s'attendrit dès que l'on vous nomme; du reste,
elle est accoutumée à moi, et quand je l'assure qu'elle
m'aimera, elle répond qu'elle m'aime déjà. J'ai passé
le jour aujourd'hui à la faire lire et à lui apprendre
à travailler en tapisserie; elle a un maître à danser
qui me répond qu'elle dansera fort bien; elle trouve
ma table meilleure que celle de madame de Fontmort, et en a conté des vilenies qui m'ont fort diverti-
tie et qui ne m'ont pas surprise. J'ai mandé à mes
nièces de venir ici le plus tôt qu'elles pourront, et
que leur visage ne reviendra pas tant qu'elles mour-

1. Elles venaient d'arriver, comme nous l'avons dit plus haut.
Madame de Maintenon appelle ses *nièces* les filles de ses cousins
germains.
2. D'après cela M. de Villette s'attendait à ce qui arriva.

ront de faim. Madame de Fontmort étoit très-incommodée le jour que je la vis. Que je vous plains, ma chère cousine, dans l'agitation où vous êtes entre un mari et vos enfants! C'est avoir le cœur déchiré par les endroits les plus tendres; je le suis si fort pour ce que j'aime que je comprends mieux qu'une autre votre douleur; consolez-vous en Dieu et dans mon amitié. Je ne doute pas que l'enlèvement de votre fille ne fasse bien du bruit; je l'ai voulu ainsi pour vous tromper la première, ne craignant rien plus que de vous commettre avec votre mari. La petite de Mursay en souffre, car elle n'a pas une chemise, et nous sommes dans des fêtes qui retarderont beaucoup toutes les choses dont elle a besoin.

M. de Seignelay m'a dit aujourd'hui que M. de Villette seroit ici au mois de février; j'espère que la tendresse qu'il a toujours eue pour moi l'empêchera de s'emporter et qu'il démêlera bien au milieu de sa colère que tout ce que je fais est une marque de l'amitié que j'ai pour mes proches. Je ne me console point d'avoir manqué Minette[1]. Adieu, j'ai la main lasse et il est tard.

LETTRE CCXXXI

A MADAME DE VILLETTE, A NIORT[2].

A Saint-Germain, ce 25 décembre 1680.

Si vous aviez été de la même religion que M. votre mari, je vous aurois priée de m'envoyer votre

---

1. On la lui donna un peu plus tard et sans résistance.
2. *Manuscrits des Dames de Saint-Cyr.*

fille, et j'aurois espéré autant de complaisance qu'en ont eu M. et madame de Lalaigne, et M. de Caumont; mais j'ai eu peur que l'on ne vous soupçonnât d'avoir été bien aise de me la donner et de quelque intelligence avec moi sur la religion; voilà, ma chère cousine, ce qui m'a obligée de vous tromper; et pourvu que M. de Villette ne soit point mal content de vous, je me démêlerai bien du reste. J'espère qu'il ne prendra pas si sérieusement l'enlèvement de mademoiselle de Mursay, et qu'il consentira qu'elle demeure avec moi jusqu'à ce qu'elle soit en âge de dire sa volonté. Ne la plaignez point; elle se trouve fort bien ici, et je suis ravie de la voir; elle est jolie et aimable, et le talent que j'ai pour l'éducation des enfants sera tout employé pour elle.

Adieu, ma chère cousine, votre lettre me fait pitié, ou pour mieux dire, votre état. Mais enfin vous êtes catholique et il est impossible que dans votre cœur vous ne soyez bien aise de voir vos enfants dans le chemin où je les ai mis. Votre fils ne servira plus sur mer. Je suis sensiblement touchée d'affliger mes cousines par les marques les plus essentielles que je puis leur donner de mon amitié, car assurément je songe à leur témoigner dans la personne de leurs enfants, la reconnoissance et la tendresse que j'ai pour elles et que j'aurai toujours, quoi qu'elles puissent faire, quand même elles viendroient à me haïr.

LETTRE CCXXXII

DU CHEVALIER DE MÉRÉ A MADAME DE MAINTENON[1].

1680.

J'ai une extrême envie d'avoir l'honneur de vous voir, madame, et quand je vous rencontre, il me semble que vous ne me fuyez pas. Je fus tout hier à Saint-Cloud avec madame la maréchale de Clérembault. Nous y parlâmes de vous, à peu près comme vous l'eussiez pu désirer. Je vous louois sans flatterie, et de temps en temps, je vous blâmois sans médisance. Madame la maréchale enchérissoit volontiers sur les louanges que je vous donnois; et quand je trouvois quelque chose à redire en vous, elle tâchoit de l'excuser ou de l'adoucir. Enfin, elle me chargea d'aller vous prier, de sa part, de venir dîner demain chez elle.

Je m'étois levé fort agréablement pour m'acquitter de ma commission, et voilà que madame la maréchale me mande que Mademoiselle qui devoit aller ce matin voir la reine, a remis ce voyage à la semaine qui vient. Ce changement ne m'empêcheroit pas d'aller à Saint-Germain, s'il ne me venoit dans l'esprit que vous êtes quelquefois d'un abord assez

---

1. Nous terminons l'année 1680 par une lettre que La Beaumelle emprunte aux *OEuvres de M. de Méré*, t. II, p. 77, et qu'il dit adressée à madame de Maintenon. Il y a dans ce volume : A madame ***; et ce volume renferme une lettre ostensiblement écrite à madame de Maintenon. Rien n'indique la date de 1680.

difficile, et que si je vous demandois inutilement, cela pourroit vous faire tort et me nuire aussi. Car il est vrai, madame, que tout ce qu'on censure le plus dans votre procédé, c'est qu'on s'imagine que vous négligez vos anciennes connoissances. Et pour ce qui me regarde, je tiendrois à fort grand déshonneur qu'une personne si sage et de si bon goût donnât à penser qu'elle m'eût oublié après une si longue amitié. D'ailleurs, j'ai tant soit peu de cette humeur de fée dont on vous accuse, et je cherche ordinairement la solitude au milieu même de Paris. Ainsi, quelque estime, quelque inclination que nous ayons l'un pour l'autre, je ne crois pas qu'on nous rencontre souvent ensemble ; et j'en ai beaucoup de regret. Je crois pourtant qu'il ne tiendra qu'à vous d'en tirer un avantage qui n'est pas à mépriser. Car nous pouvons par là nous acquérir la gloire d'une extrême constance, si nous continuons toujours à nous aimer sans nous voir ni sans nous écrire. Pour moi, je vous estime tant, madame, que je ne cesserai de témoigner partout que je suis, avec une extrême passion, le plus respectueux de vos serviteurs, etc.

ANNÉE 1681.

Pendant les années 1681, 82, 83, madame de Maintenon témoigne d'un repos d'esprit qui contraste avec les lettres prétendues à madame de Frontenac. « Ma vie est tranquille, dit-elle, et en tout conforme à mon humeur. » Elle est arrivée à son but, au terme de son ambition (car pouvait-elle prévoir la mort de la reine ?) : elle a l'amitié du roi, la confiance de la reine, l'estime des honnêtes gens : « elle est l'âme de la cour, » comme dit madame de Sévigné. Le roi est à jamais séparé de Montespan ; madame de Fontanges est mourante : on verra bien poindre, dans les lettres de madame de Maintenon à M. de Montchevreuil, un commencement d'inclination pour une demoiselle de Doré, dont aucun historien n'a parlé ; mais ce ne fut qu'un éclair, et définitivement le roi devait, pendant les deux ou trois années que vécut encore la reine, mener une vie régulière.

« Il s'étoit rendu, raconte l'abbé de Choisy, aux sages conseils de madame de Maintenon : elle avoit trouvé le bon moment pour lui faire sentir l'horreur d'un état presque semblable à celui de David, l'amant de Bethsabé... elle l'avoit fait entrer peu à peu dans les vues de l'éternité et s'étoit acquis par là auprès de lui une faveur d'autant plus solide que les intérêts humains n'y avoient aucune part. »

Tous les gens de bien, le pape, les évêques, applaudirent à la victoire de madame de Maintenon, et ils trouvèrent qu'elle avait rendu au roi et à l'État un signalé service. « Je suis trop glorifiée, disoit-elle, de quelque bonne intention que je tiens de Dieu. » En effet, Louis XIV était arrivé à l'âge de quarante-quatre ans, et l'on voyait avec effroi que ce prince ne sortait pas des désordres de sa jeunesse, qu'il devenait de plus en plus l'esclave de ses plaisirs, et qu'il s'acheminait vers une vieillesse honteuse où s'abîmerait sa gloire ainsi que la grandeur du pays. « Or, le roi n'était pas seulement le chef de l'État, il en était l'âme : c'était la patrie incarnée, une sorte de providence visible et le lieutenant de Dieu sur la terre; c'était enfin l'homme ayant la charge du bonheur et du salut de vingt millions d'hommes, de la fortune et de l'avenir de la première nation chrétienne. Que deviendrait cette royauté d'essence divine et sa magnifique mission avec un prince contempteur de ses premiers devoirs, dont les passions s'étaient mises au-dessus des lois religieuses et humaines, entouré de femmes qui mendiaient un de ses regards, un de ses caprices, et de courtisans qui bâtissaient d'infâmes espérances sur les scandales futurs d'une fin de règne désordonnée? Que deviendrait la France si elle était affligée d'un Louis XV avant le temps, alors qu'elle allait entrer dans les difficultés et les périls enfantés par la révolution d'Angleterre et la succession de la monarchie espagnole? Madame de Maintenon tira Louis XIV de ce bourbier; elle le rendit à ses devoirs, aux soins assidus de son royaume, au bon exemple qu'il devait à ses sujets; elle dissipa les nuages de son orgueil et le fit descendre de son Olympe pour lui inspirer des sentiments chrétiens de repentir, de modération, de tendresse pour son peuple et surtout d'humilité; enfin, au moment où le malheur allait frapper cet homme gâté par quarante ans d'adulations et de prospérités inouïes, elle le mit à même de supporter ces coups avec une constance sans égale et de retenir la France sur le penchant de sa ruine. C'est en cela qu'a consisté le rôle politique de madame de Maintenon; ce fut là toute sa mission, la seule qu'elle se fût donnée, c'est là sa gloire [1]. »

Les lettres de 1681 sont au nombre de trente-trois authentiques, outre deux apocryphes de La Beaumelle. Parmi les premières, il faut remarquer celles qui sont écrites à M. de Montchevreuil : elles sont inédites. Madame de Maintenon y donne des nouvelles très-curieuses de la cour. On peut les comparer à celles de même genre que La Beaumelle a inventées.

1. *Madame de Maintenon et la maison royale de Saint-Cyr*, p. 25.

LETTRE CCXXXIII (La B.)

A MADAME D'AUBIGNÉ [1].

Le 3 janvier 1681.

Je demande tous les jours à Dieu, ma très-chère enfant, qu'il vous conduise dans ses saintes voies. On ne fait pas ces vœux-là dans le monde. Je les fais au milieu de la cour, où il ne faut qu'être pour haïr le monde et ses plaisirs [2]. J'y éprouve bien que Dieu seul peut remplir le vide du cœur de l'homme [3]. Croyez, ma fille, que toutes les choses que vous vous figurez si délicieuses, et que vous m'enviez peut-être, ne sont que vanité et affliction d'esprit. La cour est comme ces perspectives qui veulent être vues dans l'éloignement [4]. Je ne puis vous y placer : et quand je le pourrois, je ne le ferois pas [5]. Aimez votre mari, et vous serez heureuse. Vous êtes indolente et malsaine : tournez ces inconvénients au profit de votre salut. J'approuve fort que vous

---

1. Cette lettre ne se trouve que dans la collection de La Beaumelle (édit. de Nancy, t. I, p. 171 ; édit. d'Amsterdam, t. I, p. 167). Elle n'est pas la même dans les deux éditions, ce qui la rend suspecte. Racine dit : *m'est inconnue et me paraît fausse*. Jamais madame de Maintenon n'a fait de sermons de ce genre, même aux Dames de Saint-Cyr. Elle n'avait pas ce ton pédant, doctoral, et pour ainsi dire puritain. La première phrase ressemble à l'entrée en scène de Tartufe.

2. Cette phrase n'est pas dans l'édit. de Nancy.

3. Il y a dans l'édit. de Nancy : « J'y éprouve bien la vérité de ces paroles de saint Bernard : Dieu seul peut remplir le cœur de l'homme. »

4. Cette phrase n'est pas dans l'édit. de Nancy ainsi que la suivante.

5. Cette phrase est imitée d'une lettre à d'Aubigné du 27 septembre 1684.

ne vous exposiez pas aux visites. Si le monde ne vous gâtoit pas, il vous ennuieroit[1]. Vous savez combien je vous aime : faites que je vous aime davantage. Ne voyez point madame de L..., cela n'est bon à rien. Ne faites pas de nouvelles liaisons[2]. Connoissez avant que d'aimer. Je suis votre sœur, votre mère, votre amie.

LETTRE CCXXXIV

A M. L'ABBÉ GOBELIN [3].

15 janvier 1681.

Voici un gentilhomme[4] mon parent au même degré que M. de Mursay, qui veut faire son abjuration entre vos mains et être instruit par vous. Je vous le recommande et de bien ménager son éducation huguenote, en ne lui disant que le nécessaire sur l'invocation des saints, les indulgences et autres points qui les choquent si fort. Ne vous verrai-je point avant que nous partions pour Compiègne? J'en serois ravie, car plus je pense à Dieu, et plus je sens que votre commerce me seroit utile. Je vis hier notre ami Car-

---

1. Ces trois dernières phrases ne sont pas dans l'édit. de Nancy. Elles sont empruntées à une lettre à d'Aubigné du 12 juillet 1681 : « Si elle est paresseuse et malsaine, du moins profitez de ces inconvénients. J'approuve fort le dessein de ne pas exposer votre femme à beaucoup de visites. » (Voir page 192.)

2. Dans l'édit. de Nancy : « Cela fait tort dans le monde. Soyez circonspecte dans vos liaisons. »

3. *Manuscrits des Dames de Saint-Cyr.*

4. Ce doit être M. de Sainte-Hermine, fils d'une sœur de M. de Villette, donc d'une cousine germaine de madame de Maintenon. Voir les lettres précédentes.) On essaya inutilement de le convertir.

tigny; je ne me console point de voir son mérite si peu reconnu.

Adieu, monsieur; mandez-moi des nouvelles de votre santé, si vous ne pouvez venir ici.

LETTRE CCXXXV

A MADAME DE VILLETTE, A NIORT [1].

A Saint-Germain, 25 janvier 1681.

Si mademoiselle de Mursay vous envoie tous les brouillons qu'elle vous écrit, vous recevrez souvent de ses nouvelles; il y a longtemps que j'ai envie de vous en dire; mais je ne fais pas toujours ce que je voudrois. Je suis très-contente d'elle, et j'espère en faire une jolie personne. Je lui ai fait prendre de la poudre à vers, et de la tisane; elle en a bien meilleur visage, et est quelquefois fort belle; elle a les dents trop longues, mais elle est trop jeune pour y toucher. Tous ses cheveux tombent; je ne veux point la faire raser de peur qu'elle brunisse; je les couperai seulement fort courts, quand elle ira dans un couvent. Ce sera bien dans le même temps que nous irons à Bourbon; elle y est toute disposée et me paroit très-douce. Elle me craint et ne me hait pas; c'est de quoi en faire des merveilles; elle est de très-bon naturel et vous aime fort; elle me parla hier de la misère de sa nourrice avec des larmes qui me firent plaisir; elle devroit

---

1. *Manuscrits des Dames de Saint-Cyr.*

la venir voir; nous en prendrions soin et de ses enfants[1].

Mursay est plus étourdi, mais il est joli; il s'en va à l'académie, et le roi lui donnera une pension quand il saura ses exercices; nous verrons à le placer pour le mieux. Croyez que je traiterai l'un et l'autre comme mes enfants, et que rien ne leur manquera. Que leur bonheur vous console de l'état où vous êtes et n'oubliez rien pour adoucir mon cousin; il est honnête homme, et il vous aime, ainsi j'espère que tout se passera avec douceur. Qu'il ne se prenne point à madame de Fonmort de ce qu'elle a fait; elle n'a pu le refuser ni à sa religion ni à mes prières; et je ne pouvois avoir votre fille sans elle. Je n'ai point voulu vous embarrasser entre votre mari et moi, et quoique je ne puisse croire que, dans le fond de votre cœur, vous n'ayez de la joie de ce que j'ai fait, je connois votre tendresse pour lui et l'importance d'altérer votre union. Recommandez tout à Dieu et écrivez-moi souvent.

LETTRE CCXXXVI

A M. L'ABBÉ GOBELIN [2].

A Saint-Germain, ce 28 janvier 1681.

Si j'étois à Paris, je vous verrois souvent, car je vous avoue que l'on ne peut être ni plus touchée ni

---

1. On voit par cette lettre et les autres de même genre que, si madame de Maintenon avait eu des torts dans cette affaire, elle les rachetait par une grande affection pour les enfants de Villette.
2. *Manuscrits des Dames de Saint-Cyr.*

plus occupée de votre douleur que je le suis [1], et qu'il n'y a rien que je ne fisse pour la soulager. Je sais bien que votre résignation est le plus solide remède, mais s'il empêche de se plaindre et de murmurer, il n'empêche pas l'impression de la douleur, ni que le cœur se flétrisse dans une perte aussi grande que celle que nous venons de faire. Traitez-vous donc comme vous traiteriez un autre à qui vous conseilleriez la diversion, et croyez que je suis votre amie pour toujours et à toute épreuve. Plût à Dieu que ces assurances vous pussent être de quelque consolation, et que je pusse en quelque façon remplacer ce que Dieu a voulu nous ôter, et dont je vois la grandeur de la perte à tous les moments du jour.

LETTRE CCXXXVII

A M. D'AUBIGNÉ, A COIGNAC [2].

A Saint-Germain, ce 5 février 1681.

Vous savez trop bien que je ne me mêle de rien pour croire que j'aie voulu mettre mademoiselle de R... auprès de Madame la Dauphine. Madame d'Albret en a eu le dessein et me l'a amenée dans ma chambre, où je l'ai reçue avec la considération et l'intérêt que je prendrai toujours à tout ce qui portera le nom

---

1. L'abbé Gobelin venait de perdre Le Ragois, son neveu. Cet estimable savant, qui avait de grandes qualités de cœur, fut très-regretté de madame de Maintenon. On lui donna pour successeur dans l'éducation du duc du Maine M. Chevreau, dont nous parlerons plus loin.
2. *Autographe* du cabinet de M. Feuillet de Conches.

de..... On dit qu'elle a un cancer au sein; c'est une assez grande exclusion pour la cour sans qu'il fût besoin de tout le mal que vous en dites.

Je croirois madame de Miossens comme un article de foi en toutes choses, excepté celles de la religion; mais je sais que, dans la sienne, on ne pardonne jamais à ceux qui la quittent. M. de Sainte-Hermine part dimanche avec ses sœurs; ils ont tous fait une belle résistance et font une belle retraite [1]; je suis persuadée qu'ils s'en repentiront. La petite de Mursay dit qu'elle les attend pour cela dans la basse-cour de Lalaigne. Je vous recommande madame de Fontmort qui n'a agi en cette occasion que pour Dieu et pour moi; elle va être exposée à la fureur de toute sa famille; soutenez-la, je vous en conjure, en tout ce que vous pourrez. C'est une très-bonne femme qui a de l'esprit et du courage, et dont les conseils vous seroient fort bons, et pour votre femme aussi.

Tout le monde est au ballet; et je suis dans ma chambre toute seule, où je passe une bonne partie de ma vie dans un repos, depuis quelques jours, qui me plaît fort.

Voilà une lettre de M. Viette qui vous fera voir qu'il songe à vos affaires et qu'il m'en rend compte.

Mursay s'en va au premier jour à l'académie chez Bernardy; après cela, le roi le mettra où il lui plaira.

Je mettrai sa sœur aux Ursulines de Pontoise,

---

1. On voit par là que madame de Maintenon n'avait employé aucune contrainte envers ses parents, et qu'elle rend justice à leur fermeté.

quand nous irons à Bourbon qui sera le 28 d'avril[1].

Mes compliments à madame d'Aubigné ; je suis très-aise de recevoir de vos nouvelles et des siennes.

LETTRE CCXXXVIII

A M. D'AUBIGNÉ, A COIGNAC[2].

A Saint-Germain, ce 2 mars 1681.

Il y a bien longtemps que je ne vous ai écrit, tantôt par maladie, tantôt par trop d'occupation, et souvent par paresse ; vous savez qu'il y a des gens que l'on aime qui sont négligés, parce que l'on ne veut pas se contraindre pour eux. J'ai été assez languissante quelque temps avant le carnaval. M. Fagon a trouvé à propos de me faire prendre des eaux de Sainte-Reine et je m'aperçois qu'elles me font du bien. Je ne fais point de carême, et je crois que vous ne doutez pas que je n'aie quelque soin de moi. Je jouis d'un grand repos, et madame d'Aubigné ne travaille pas plus en tapisserie que je fais[3]. Madame de Fontmort pourra vous dire de mes nouvelles, et la résolution que j'ai prise de ne plus voir personne. Je

---

1. Ce voyage ne se fit pas.
2. *Autographe* du cabinet de M. Feuillet de Conches. — Voici comment La Beaumelle arrange le commencement de cette lettre, le reste est à l'avenant : « Il y a bien longtemps que je ne vous ai écrit. Tantôt migraine, tantôt occupation, souvent paresse. On aime les gens. On en est aimé. On en est sûr. On les néglige. On ne se contraint pas avec eux. Ils se plaignent. Un billet les apaise. Mon carnaval a été languissant, etc. »
3. On voit dans quelle situation d'esprit se trouve madame de Maintenon au commencement de l'année 1681.

me suis si mal trouvée de toutes les exceptions que j'ai faites, et il étoit si difficile de les soutenir, que j'ai mieux aimé prendre le parti de faire tout égal ; j'en essuierai quelques murmures, et on dira que la tête m'a tourné, mais cela est moins mauvais que les affaires que l'on me faisoit. On avoit parlé de quelques voyages pour ce carême, mais ils sont rompus. On doit aller passer huit jours à Saint-Cloud, et partir le lendemain de Pâques; après cela, on reviendra ici pour se préparer à aller à Bourbon; on partira le 28 d'avril; la cour y séjournera tout le mois de mai, elle reviendra à Versailles au commencement de juin; on y demeurera jusqu'à la fin de juillet, on ira passer le mois d'août à Chambord, et on reviendra passer septembre à Fontainebleau[1]. Voilà le projet de notre été qui pourroit être renversé si on y étoit assez heureux pour voir madame la Dauphine grosse; Monseigneur se porte à merveille. Il y a quinze jours que madame la duchesse de Richelieu est à Paris pour une fièvre tierce de monsieur son mari. Madame la maréchale de Rochefort est encore plus souvent malade que moi. Madame de Montchevreuil soutient la fatigue à merveille et a augmenté son troupeau[2] de la plus laide fille que l'on puisse voir, qui est votre mademoiselle de Jar-

1. Tout cela ne fut pas exécuté.
2. Le troupeau des filles d'honneur de la Dauphine; elle en était la gouvernante. « C'était peu pour elle, dit madame de Caylus; mais on y attacha de grandes distinctions : elle fut regardée comme une quatrième dame qui suivait et servait madame la Dauphine au défaut de la dame d'honneur et des dames d'atour. » (P. 150, édit. Renouard.)

nac[1]. Laval a triomphé dans les bals, mais elle est malade présentement[2]. Voilà les nouvelles de notre maison; je n'en sais guère d'autres. Apprenez-moi celles que l'on vous mande de moi. Faites mille amitiés de ma part à madame d'Aubigné, et croyez que je serai toujours pour vous tout ce qui me sera possible. Adieu.

LETTRE CCXXXIX[3]

A M. DE VILLETTE[4].

A Saint-Germain, ce 5 avril 1681.

Je viens de recevoir deux lettres de vous et je vois avec douleur que la moins douce est la dernière; cependant je ne m'en plains point, et avec tout autre que vous j'essuierois de plus grandes aigreurs. Je ne suis point trompée dans votre procédé, et quoi qu'on m'ait pu dire, j'ai soutenu que rien ne vous feroit emporter contre moi; je connois votre tendresse et

---

1. Voir la lettre du 8 décembre 1680. « Mademoiselle de Jarnac, dit madame de Caylus, laide et malsaine, ne tiendra pas beaucoup de place dans mes *Souvenirs*. Elle vécut peu et tristement. Elle avait, disait-on, un beau teint pour éclairer sa laideur. »
2. « Mademoiselle de Laval, dit madame de Caylus, avait un grand air, une belle taille, un visage agréable et dansait parfaitement bien. On prétend qu'elle plut au roi; je ne sais ce qui en est. Il la maria avec M. de Roquelaure et le fit duc à brevet. » Madame de Caylus ajoute une anecdote sur ce mariage.
3. *Manuscrits des Dames de Saint-Cyr.*
4. Il était revenu en France au mois de mars et avait écrit, dit madame de Caylus, à madame de Maintenon des lettres pleines d'amertume et de reproches, « l'accusant d'ingratitude à l'égard de sa mère, d'injustice et de dureté par rapport à lui. »

votre raison; c'est ce qu'il faut pour recevoir ce que
j'ai fait de la manière dont vous le recevrez. Vous
êtes trop juste pour douter du motif qui m'a fait agir;
celui qui regarde Dieu est le premier; mais s'il eût
été seul, d'autres âmes étoient aussi précieuses pour
lui que celles de vos enfants et j'en aurois pu convertir qui m'auroient moins coûté; c'est donc l'amitié
que j'ai toute ma vie eue pour vous qui me fait désirer
avec ardeur de pouvoir faire quelque chose pour ce
qui vous est le plus cher. Je me suis servie de votre
absence comme du seul temps où j'en pourrois venir
à bout; j'ai fait enlever votre fille par l'impatience de
l'avoir et de l'élever à mon gré; et j'ai trompé et
affligé madame votre femme, pour qu'elle ne fût jamais soupçonnée par vous, comme elle l'auroit été,
si je m'étois servi de tout autre moyen pour lui demander ma nièce. Voilà, mon cher cousin, mes intentions, qui sont bonnes et droites, qui ne peuvent
être soupçonnées d'aucun intérêt, et que vous ne
sauriez désapprouver dans le même temps qu'elles
vous affligent. Comme je vous fais justice et que vos
déplaisirs me touchent, faites-la-moi aussi, et recevez avec tendresse la plus grande marque que je
puisse vous donner de la mienne; puisque je fâche
celui que j'aime et que j'estime, pour servir des enfants que je ne puis jamais tant aimer que lui et qui
me perdront avant que je puisse connaître s'ils seront ingrats ou non. La lettre que vous avez écrite
à votre fils, a fait pleurer tous les gens d'honneur et
de sens à qui je l'ai montrée : elle est d'un caractère
si tendre et si ferme que, quelque idée que je me fusse

faite de votre procédé, il va encore plus loin ; mais, pour parler comme vous, ne traitons jamais de controverse et gouvernons nos enfants de concert. Je m'en vais pour cela vous dire ce que j'en pense, afin que nos instructions soient conformes.

Votre fils a de l'esprit et du sens ; il est doux, bien né, plein de bonnes intentions, ambitieux, hardi, et, en un mot, je n'ai rien vu de mauvais en lui, qu'une grande présomption ; trop rempli de son mérite, toujours occupé de lui, jamais des autres ; questionnant toujours trop, grand parleur, inquiet, n'aimant pas la lecture, et enfin tous les défauts d'un homme qui a été admiré ; je l'ai poussé là-dessus, il s'en est corrigé si promptement, que je ne puis le comprendre. Je croyois l'affliger en lui proposant l'académie, et qu'il auroit de la peine à devenir écolier après avoir été officier sur sa bonne foi, et depuis homme de cour. Cependant, c'est où je vis son bon sens ; il en fut ravi, et il s'y conduit de façon que Bernardy me fait dire tous les jours qu'il n'a jamais eu de jeune homme si doux, si sage, et si appliqué que lui. Nous eûmes un petit démêlé sur ce que j'exigeai qu'il ne sortît que pour venir à la cour ; je sais la rigueur de cet ordre-là, mais je sais aussi que rien ne lui seroit meilleur pour ce pays-ci, et qu'il ne peut être trop sage s'il veut plaire au roi. M. de Fourbin[1] me l'amène toutes les semaines : cela lui est bon et plus utile que d'être avec un prince du sang. Nous le laisserons à l'académie tant que vous

1. Commandant de la compagnie des mousquetaires du roi, dont faisait partie le jeune Mursay.

le jugerez à propos ; écrivez-lui souvent, exigez qu'il vous réponde ; il écrit mal et est paresseux là-dessus, car du reste, il ne l'est pas. Il est un peu cru, mais il sera petit.

Votre fille est à peu près comme lui, hors que je la trouve encore plus appliquée à se corriger et à vouloir plaire ; elle a aussi les mêmes défauts et se croit admirable, ne songeant qu'à sa personne ; on l'a gâtée là-dessus par l'aveuglement des pères et des mères, car assurément elle n'est point belle et ne le sera pas[1] ; du reste, j'en suis très-contente, et pense fort à en faire une personne de mérite ; mais je vous conjure, mon cher cousin, que l'on ne veuille point la conduire de Poitou ni me faire des prières contre ce que je crois devoir.

Madame de Villette et madame de Fonmort m'accablent pour qu'elle n'aille point dans un couvent, et tout cela sur ce qu'elles la croient une merveille et que la cour en seroit charmée. Elles me prient de la faire suivre à Bourbon avec mes femmes ; en vérité, elle seroit en bonne compagnie. Je suis tout le jour dans le carrosse de madame la Dauphine, où elle ne peut aller ; j'arrive le soir, et vais en des lieux où je ne la puis mener, et elle passeroit sa vie sans rien apprendre et sans entendre une parole raisonnable. Laissez-moi faire, je vous en prie, je prétends la traiter comme si elle était ma fille ; elle

---

1. Madame de Maintenon se trompait. « Jamais, dit Saint-Simon, un visage si spirituel, si touchant, si parlant ; jamais une fraîcheur pareille ; jamais tant de grâce ni plus d'esprit ; jamais tant de gaieté et d'agréments ; jamais créature plus séduisante. »

sera auprès de moi dans les lieux de séjour, et j'emploierai ce temps-là à lui donner de l'esprit, de la raison et de la bonne grâce. Elle sera dans un couvent pendant les voyages, et elle apprendra à lire, à écrire, à prier Dieu, et à travailler, et, en un mot, ce que je ne puis lui montrer. Je l'ai mise aux Ursulines de Pontoise avec mesdemoiselles de Montchevreuil, pour qu'on l'instruisît à faire sa première confession. Je croyois aussi aller à Bourbon, mais le voyage étant rompu, je l'enverrai quérir à la fin de ce mois que nous irons à Versailles; elle y sera toujours, et retournera dans son couvent, quand on partira pour Fontainebleau et pour Chambord. Je ne réponds point à ces dames sur elle, car je crois que vous entendrez mieux raison et que vous comprenez mieux l'impossibilité et l'extravagance qu'il y auroit à la traîner dans des voyages où elle ne me verroit jamais, et coucheroit sur une paillasse avec mes femmes, au hasard de tomber malade et de demeurer en chemin, car la cour n'arrêteroit pas pour elle.

Ne veuillez point de mal à madame de Fonmort, mon cher cousin, et pardonnez-lui, pour l'amour de Dieu et pour l'amour de moi, une chose qu'il étoit difficile qu'elle refusât à sa religion et à notre amitié. Elle a cru en tout rendre un grand service à vos enfants; elle vous aime tendrement; achevez de tout faire de bonne grâce.

Je ne vous réponds point sur ce que vous me demandez votre fille; jugez vous-même si je dois vous la rendre, et si, ayant fait une violence pour l'avoir, je ferois encore la sottise de la rendre; donnez-moi plutôt les autres par amitié pour eux, puisque aussi bien, si Dieu conserve le roi, il n'y aura pas un huguenot dans vingt ans. Je me chargerai de tous volontiers, et ne crois pas pouvoir rien faire qui marque plus la tendresse que j'avois pour ma tante, qu'en faisant à ses petits-enfants le traitement que j'ai reçu d'elle.

Je ne vous ai point rendu de mauvais offices auprès du roi, et plût à Dieu que vous n'eussiez pas pour le servir une exclusion insurmontable. Votre fils a été malade, il va mieux ; votre fille est ravie de tout et m'écrit souvent. J'ai reçu la lettre de Marmande[1]; il écrit bien mieux que son frère en toute façon; mais je voudrois leur ôter cette manière de se tutoyer que je vois établir dans votre famille et qui n'est point noble du tout.

Adieu, mon cher cousin; mes compliments à madame de Villette et à madame de Sainte-Hermine; je n'écris qu'à vous, et vous voyez que c'est amplement. Je crois que vous aurez été bien aise de la promotion de M. le maréchal d'Estrées[2]. Il me dit beaucoup de bien de vous; mais je lui dis que je le connoissois, et qu'il me feroit plus de plaisir d'en dire au roi. Je ne comprends point pourquoi vous n'avez pas appris par moi la conversion de M. de Mursay; je vous l'ai mandé le jour qu'il fit son ab-

---

1. C'est le deuxième fils de Villette et qu'il avait emmené avec lui.

2. Jean d'Estrées, vice-amiral, promu maréchal de France le 25 mars 1681.

juration à Versailles, et je ne manquerai jamais à rien de tout ce qui pourra vous marquer la tendresse, l'estime, et la considération que j'ai pour vous[1].

LETTRE CCXL[2]

A M. DE MONTCHEVREUIL[3].

Saint-Germain, ce 27 avril 1681.

J'ai reçu deux de vos lettres, et je ne puis jamais en recevoir trop; elles sont très-bien écrites, et je les aime mieux longues que mieux peintes. Vous connoissez l'amitié que j'ai pour vous et le véritable intérêt que je prends à tout ce qui vous regarde; vous connoissez aussi l'extrême tendresse que j'ai pour notre duc, et que le moindre détail de sa maison me touche plus que la plupart des plus grandes choses qui se passent ici; croyez donc que vous ne pouvez me trop instruire de sa santé, de ses études, de son esprit, et, en un mot, de tout ce qui se passe dans votre voyage.

1. Villette s'apaisa, laissa ses enfants à madame de Maintenon, lui donna même son deuxième fils, qui se fit aussi catholique, enfin il finit lui-même par abjurer le protestantisme en 1685.

2. *Autographe* appartenant à la famille de Mornay. — Voir la note préliminaire de la lettre CCVI, p. 98.

3. M. de Montchevreuil était parti à petites journées avec le duc du Maine et sa maison pour aller à Baréges et à Bagnères. Ce voyage nous a valu quelques lettres de madame de Maintenon qui témoignent comment elle écrivait à ses amis, et qui sont la meilleure preuve de la fausseté des lettres à mesdames de Saint-Géran et de Frontenac. Elles témoignent aussi sa tendresse profonde pour le duc du Maine.

Vous avez très-bien fait de séjourner à Blois, et je ne dirai pas que ça a peut-être été pour aller voir les lieux où vous avez passé votre jeunesse et pour renouveler quelques vieilles connoissances; mais elle ne seroit (*sic*) pas dangereuse présentement. Ne soyez point doux pour M. Chevreau[1], s'il ne l'est pour le prince et sans aucune complaisance; faites sur ces choses-là ce que vous voudriez pour votre fils. Il faut prendre cet enfant-là par raison; j'ose dire qu'il y a été accoutumé dès le maillot, et il vaut mieux qu'il la connoisse que de savoir un peu plus de latin; c'est à vous qui êtes chargé de tout, à modérer ceux qui ne se soucient que de leur fait particulier; et si vous le ramenez en santé et tant soit peu soulagé, on sera assez content. Donnez-lui de bonnes maximes, de bons exemples; qu'il voie tout ce que l'on fait dans sa maison pour savoir la conduire avec raison; qu'il sache les présents et les aumônes qu'il fait, pour en comprendre la proportion, et qu'il paroisse tout faire; cela les accoutume à commander et à gouverner dans un temps où l'on peut les retenir, en cas qu'ils fassent des fautes. Pardonnez à mon zèle les avis que je vous donne : s'ils ne sont sensés, l'inten-

---

1. Urbain Chevreau, né à Loudun en 1613, avait succédé à l'abbé Le Ragois comme précepteur du duc du Maine. Il avait été secrétaire de la reine Christine de Suède, conseiller de l'électeur palatin, et avait préparé le mariage de la princesse palatine avec le frère du roi. Il a fait de nombreux ouvrages aujourd'hui oubliés : le principal est l'*Histoire du monde*, 5 vol. in-12. C'était un savant fort ennuyeux, et qui fut donné sur sa réputation à madame de Maintenon par la duchesse d'Orléans (princesse palatine).

tion en est bonne. La peinture que vous me faites de
M. de Court¹, ou pour mieux dire de la vie qu'il
mène, fait dresser les cheveux à la tête des ignorants
comme nous ; je serai bien trompée si jamais votre
pupille dispose ainsi ses journées. J'ai été ravie de
recevoir un mot de lui, et vous croyez bien qu'il
aura réponse. Nous ne pouvons vivre à Saint-Germain, et la marquise et moi ne pouvons voir ce qui
manque à la tribune² sans avoir le cœur serré ; nous
espérons vous oublier un peu plus aisément à Versailles.

Vous êtes encore trop instruit des démarches de
la cour pour vous en rien apprendre; tout y va à
l'ordinaire, et s'il y arrive des changements, vous les
saurez. Mademoiselle de Jarnac joint à sa laideur une
extrême délicatesse, et sans que ses joues s'en sentent, on la menace d'une enflure³. Madame de Montchevreuil est blessée dans l'endroit sensible, par
quelque soupçon qu'on lui donne de la conduite de
mademoiselle de Gontaut⁴ ; nous espérons pourtant
que c'est à bonne intention, et pour en être éclairci,
nous mettons en campagne le subtil Dumont, qui est
le plus éveillé de son train.

1. Charles-Caton de Court, né à Pont-de-Vaux, était le secrétaire des commandements du duc du Maine. C'était un profond érudit et un fort honnête homme.
2. De la chapelle.
3. Voir la lettre du 8 mai.
4. Madame de Caylus dit : « Mademoiselle de Gontaut avait de la beauté, peu d'esprit, mais une si grande douceur et tant d'égalité d'humeur qu'elle s'est toujours fait aimer et honorer de tous ceux qui l'ont connue. Le roi la maria au marquis d'Urfé qu'il fit menin de Monseigneur. » (P. 153, édit. de 1806.)

LETTRE CCXLI

A M. DE MONTCHEVREUIL, A BARÉGES [1].

A Versailles, ce 2 mai 1681.

Vous voyez l'interruption de ma lettre, et de l'air dont je la commençois, que j'avois dessein de la faire longue. Madame de Montchevreuil ne se porte pas trop bien, et je crois que l'esprit y a plus de part que le corps; elle est trop bonne pour ce pays-ci, et elle met de la bonne foi en tout; elle aime les filles [2] comme si elles étoient les siennes et entre aussi vivement dans leurs intérêts. Quand on en prend à tant de gens, on est souvent fâché. Je fais de mon mieux pour la consoler et pour la fortifier; mais les soins que vous aurez feront plus d'effet, car je crois que votre absence n'aide pas peu à faire trouver sa place mauvaise. Je ne sais rien de nouveau. Versailles est d'une beauté étonnante, et je suis ravie d'y être [3]; on y va goûter de toutes sortes de plaisirs : il y aura souvent bal chez le roi, comédie chez Monsieur, promenades partout, médianoches avec nous, et enfin, le roi veut que tout le monde se divertisse. Adieu, mon cher marquis, je vous prie de dire à M. de Court que j'ai une grande estime pour lui, et à M. de la Porte [4] que je serai toujours son amie. Je vous

1. *Autographe* appartenant à la famille de Mornay.
2. Les filles d'honneur de la Dauphine.
3. C'est réellement de cette année que date la résidence de la cour à Versailles. On y resta près de quatre mois, de mai à août; puis on y revint en novembre.
4. Valet de chambre du duc du Maine.

quitte pour écrire à votre pupille ; qu'il ne se contraigne point pour moi, il est sûr de mon cœur, et je ne l'en aimerai pas moins quand il donnera ses soins ailleurs.

LETTRE CCXLII

A M. DE VILLETTE, A PARIS[1].

A Versailles, ce 4 mai 1681.

Je serois fort aise de vous voir, et si vous croyez être utile ici pour vos affaires, je ne veux point vous empêcher d'y venir; mais si le sujet de votre voyage roule sur le désir de voir vos enfants, je vous conseillerois d'attendre encore ; vous serez suspect si vous les voyez souvent, et il vous seroit bien désagréable d'avoir quelque contrainte avec eux. Je suis très-satisfaite de l'un et de l'autre, ils ont de l'esprit et de bonnes inclinations; continuez à écrire souvent à monsieur de Mursay; vos lettres sont admirables. Votre fille vous aime tendrement.

Adieu, je suis pressée aujourd'hui.

LETTRE CCXLIII

A M. D'AUBIGNÉ, A COIGNAC [2].

A Versailles, ce 8 mai 1681.

Il est vrai qu'il y a longtemps que je ne vous ai écrit, mais il me semble qu'il y a encore plus long-

---

1. *Autographe* du cabinet de M. de Noailles.
2. *Autographe* du cabinet de M. Feuillet de Conches.

temps que je n'ai reçu de vos nouvelles. Je n'ai rien de nouveau à vous répondre sur l'affaire que vous me proposez. Vous savez ce que je fis à Fontainebleau, et la passion que j'avois de réussir ; les mêmes raisons subsistent, et plus on approche de près en ce pays ici et plus on est hors d'état de faire des affaires. Vous aurez quelque chose de celle des courtiers de Bordeaux, et si vous pouvez payer vos dettes, cela vous fera avoir un peu de patience. Ne croyez pas que je vous oublie ni que je perde une occasion de vous faire plaisir quand je la trouverai ; et je n'en veux point désespérer. Je ne vois plus M. de Bonrepaux, ni qui que ce soit sans nulle exception.

Je serois ravie que vous pussiez raccommoder M. de Villette avec madame de Fontmort ; je suis bien de votre opinion sur la douleur qu'il montre de ses enfants, et je le crois bien aise dans le fond de les voir avec moi ; ils sont très-jolis et parfaitement bien nés. Si la petite de Mursay a deviné sur l'ennui de la basse-cour, je serai toujours prête à les aider[1].

Je ferai le meilleur usage que je pourrai de la lettre de votre saint.

Il faut bien que l'on s'accoutume à mon personnage[2] ; ma vie est fort tranquille et très-solitaire, elle est en tout conforme à mon humeur.

Mille amitiés à madame d'Aubigné ; elle ne m'écrit ni assez souvent, ni assez librement. La pauvre mademoiselle de Jarnac a de la peine à s'accoutumer à

---

1. Voir la lettre du 5 février précédent.
2. Ceci rappelle le mot de madame de Sévigné : « La place de madame de Maintenon est unique, etc. »

la fatigue de la cour : elle a les jambes enflées et l'on craint l'hydropisie.

Nous sommes dans l'espérance d'une grossesse de madame la Dauphine.

LETTRE CCXLIV

A M. DE MONTCHEVREUIL, A BARÉGES [1].

A Versailles, ce 22 mai 1681.

Vos lettres sont bonnes et rares, mais je vous excuse bien plus que ne fait madame de Montchevreuil, parce que je connois tous les embarras où vous êtes; vous n'en aurez pas à Baréges, et c'est de là que j'attends un journal de votre vie. Je ne doute point que tout n'aille bien; vous faites grande chère partout; on vous fait la cour, et je ne vous plains point du tout.

J'ai été bien aise de ce que M. Chevreau a été à Loudun. Ce petit repos aura été admirable pour la fluxion de mon cher mignon; baisez-lui les mains de ma part, et parlez-moi de lui le plus que vous pourrez. Ne l'échaudez point dans les bains, et moquez-vous de tous ceux qui voudront prendre les remèdes dans l'excès, c'est-à-dire pour la qualité, car, pour la quantité, c'est là où il faut avoir une grande patience et faire en trois mois ce que les autres voudroient faire en un.

Madame de Montchevreuil a été incommodée, elle est mieux présentement. Nous sommes dans une

---

1. *Autographe* appartenant à la famille de Mornay.

agréable espérance de la grossesse de madame la Dauphine¹, mais nous craignons toujours de nous flatter.

M. d'Uzès fit l'autre jour une action de fierté au parlement où ils étoient pour la réception de M. de Châlons. Le premier président leur demande leur avis, le bonnet sur la tête, et les ducs se découvrent ; M. le duc d'Uzès demeura couvert, et à son exemple, M. de Créqui ; ce me semble, le duc de Villeroy et le duc de Coaslin se couvrirent. M. le premier président fut sage : il n'y eut point de bruit. M. d'Uzès revint triomphant ; M. de Montausier le trouva digne d'être son gendre ; la noblesse fut ravie, mais le roi ne dit mot. M. le Duc² se plaint de ce que les ducs veulent s'égaler par là aux princes du sang, et demande que, si on les élève, que l'on les hausse encore, afin que la disproportion demeure. Le premier président ne se plaint point, et dit qu'il est sûr de son fait, pourvu que le roi ne veuille rien ignorer³. Voilà, monsieur le marquis, l'état de l'affaire dont vous entendrez quelque suite.

M. de Condom est évêque de Meaux⁴. Je ne sais point de nouvelles ; vous voyez d'où vous êtes la

1. Cette grossesse n'eut pas de suites.
2. Le duc de Bourbon.
3. On voit par ce récit, digne de Saint-Simon, que madame de Maintenon partageait toutes les idées de la noblesse, et que le roi « ne disoit mot. »
4. Bossuet avait donné sa démission de l'évêché de Condom, en 1671, quand il fut nommé précepteur du Dauphin ; il avait été remplacé par M. Goyon de Matignac, mais il continua à signer : ancien évêque de Condom, et on ne cessa de le désigner ainsi jusqu'à sa nomination à l'évêché de Meaux.

vie que l'on fait ici : on se promène en cours séparées dans le plus beau lieu du monde ; quand tout le monde se rassemble, la foule est grande, et quand chacun va de son chef on s'ennuie, car vous savez qu'il n'y a qu'un chef ici qui anime tous les autres. Monsieur est à Saint-Cloud, croyant avoir la poitrine affectée, et prend pour cela du lait d'ânesse. Il est sûr que madame de [1]... s'y ennuie, y enrage. Les bals sont rompus, ou du moins, interrompus par le soupçon de notre grossesse. Je compte aller dans peu à Maintenon ; je ne ferai rien d'utile, puisque je ne vous y aurai pas. Adieu, mon cher marquis, réjouissez-vous, et réjouissez mon cher prince, et tout le reste ira bien ; faites de votre mieux, surtout ne vous inquiétez de rien : les gens à qui vous avez véritablement affaire sont la raison même [2].

LETTRE CCXLV

A M. D'AUBIGNÉ, A COIGNAC [3].

A Versailles, ce 19 mai 1681.

M. de Chasteau du Bois [4] me mit hier cent pistoles pour vous entre les mains ; ordonnez ce que vous voulez que j'en fasse.

1. Le nom est raturé dans l'autographe.
2. C'est-à-dire qu'il n'a pas réellement affaire à madame de Montespan, mais au roi. — La suscription de cette lettre est : *Pour monsieur le marquis de Montchevreuil, gouverneur du plus mignon des princes, ou du prince de tous les mignons.*
3. *Autographe* du cabinet de M. Feuillet de Conches.
4. Oncle de madame d'Aubigné.

Je voudrois de tout mon cœur que votre capucin vous convertît, vous en seriez plus heureux en ce monde ici et en l'autre.

J'ai vu Charlot, il est admirable et tout à fait bouffon; il ne croît point du tout; je voulois le mettre au collége, mais il ne perd pas son temps à Maintenon, comme je le croyois.

Je m'en vais demain à Maintenon, où je ne coucherai qu'une nuit; ma principale affaire est de voir mes vieilles [1].

La grossesse de madame la Dauphine rompt tous nos voyages, excepté celui de Fontainebleau.

On parle de marier mademoiselle de Jarnac; je ne sais encore à qui [2].

Mademoiselle de Laval est depuis quinze jours à Paris, et a un mal d'œil considérable.

Le roi tomba avant-hier à la chasse; vous croyez bien que chacun fut fort alarmé, à proportion de son amitié; il ne se fit aucun mal.

Vous aurez vu mon prince mignon [3]; j'espère que vous m'en direz des nouvelles; la passion que j'ai pour lui ne diminue point.

Je crois qu'il ne demeurera de huguenots en Poitou que nos parents; il me paroît que tout le peuple se convertit [4].

---

1. La Couture et autres gardiennes de Maintenon.
2. Elle dit cependant dans la lettre précédente qu'elle est menacée d'une hydropisie.
3. Dans son passage à Coignac pour aller à Bagnères.
4. D'après la *Gazette*, M. de Bâville, intendant du Poitou, écrivait que de mars à juin 1682 il s'était converti 39,864 réformés. Ce

Votre mademoiselle de Ris me persécute pour que je la place; mandez-moi là-dessus l'avis de madame d'Aubigné.

La maréchale de Rochefort est malade, et je le serai bientôt, par conséquent n'étant pas propre à la fatigue; ne vous en mettez pas pourtant trop en peine; vous savez que je prends quelques soins de ma santé, ils sont encore bien augmentés.

Adieu. Je reçus hier une lettre de madame d'Aubigné, c'étoit à elle que je voulois écrire. L'argent de M. de Chasteau du Bois m'a engagé de m'adresser à vous; elle devroit bien visiter votre parenté, et faire quelque conversion de nos jeunes parents ou parentes.

LETTRE CCXLVI

A M. D'AUBIGNÉ, A COIGNAC [1].

A Maintenon, ce 23 mai 1681.

Vous avez bien fait de faire voir Bordeaux à madame d'Aubigné, et de faire voir mademoiselle de La Carte à Bordeaux, tout cela est raisonnable. J'écrirai à M. de Roquelaure sur tout ce que vous m'en mandez, et je n'aurai pas de peine à lui en témoigner beaucoup de reconnoissance.

Je suis bien de votre avis sur M. et madame de Saint-Eugène; ils m'ont toujours plu au dernier

---

sont ces conversions, en apparence si faciles, qui poussèrent le roi à la révocation de l'Édit de Nantes.

1. *Autographe* du cabinet de M. Feuillet de Conches.

point. Je voudrois de tout mon cœur pouvoir leur marquer l'estime et l'amitié que j'ai pour eux.

Je suis ravie que vous soyez content de votre femme, et qu'elle ne perde pas sa piété dans un âge où elle a d'ordinaire peu de solides fondements, et dans la province où il y a peu de dévotion. Dieu la bénira en tout, et elle n'aura point fait une méchante affaire en vous épousant, si elle devient une personne raisonnable. Il faut que par honnêteté et par intérêt elle ménage ses parents. J'allai deux heures à Paris avant de venir ici, et je trouvai moyen de faire une visite à l'aveugle[1]. Si j'avois un peu plus de loisir, je vous mitonnerois bien cet homme-là. Vous viendrez à Paris, quand vous le jugerez à propos; mais vous me trouverez toujours disposée à vous y aider en tout ce que je pourrai. M. Viette a peu de loisirs, mais je ne le laisserai pas en repos sur vos affaires; il faut prendre patience, tout ira bien, et vendre votre maison de Saint-Cloud qui ne vous rapporte rien.

Je n'oublierai rien pour obtenir ce que vous désirez de M. Colbert; nous retournerons bientôt à la cour.

Je ne réponds point à tout ce que vous me dites sur la guerre et sur les emplois; la paix va finir tous ces projets-là[2], du moins on en a de grandes espérances.

1. C'était probablement un parent de madame d'Aubigné.
2. Louis XIV n'était alors en guerre ouverte avec personne, mais il faisait ses fameuses *réunions* qui mécontentèrent toute l'Europe, et le prince d'Orange, l'Empereur, les rois d'Espagne et de Suède se préparaient à faire une alliance pour le maintien des traités de Nimègue.

Ne vous chagrinez ni sur M. de Jarnac, ni sur d'autres matières; vous êtes né gentilhomme et sans un sol vaillant; vous êtes dans un lieu délicieux; vous avez douze ou quinze mille livres de rente; vous avez de l'esprit et de la réputation; vous pouvez venir à Paris et faire tout ce qui vous plaît; j'embellis tous les jours un beau château et une belle terre pour vous ou pour vos enfants. Vous avez fait votre devoir dans votre jeunesse; passez votre vieillesse en paix et en joie, jouissez de tout, soyez homme de bien et préparez-vous à la mort le plus gaiement que vous pourrez.

Adieu, vous ne m'avez jamais voulu répondre sur le marché que je vous avois conseillé de faire avec madame votre femme, pour sa dépense. Vous ne me dites rien de Deslandes. Vous êtes insupportable sur les détails, et je les aime tout à fait.

LETTRE CCXLVII

A M. D'AUBIGNÉ, A COIGNAC [1].

A Maintenon, ce 26 mai 1681.

Sans compter les amitiés dont votre dernière lettre est remplie, vous ne m'en avez jamais écrit qui m'ait tant plu. Vous y entrez dans quelques détails, et c'est ce je demande. Deslandes est bon homme; tous les valets ont besoin d'être retenus sur la dépense; je ne trouve pas la vôtre mal réglée. Si vous me dites vrai,

---

1. *Autographe* du cabinet de M. Feuillet de Conches.

vous avez toujours quelqu'un; je crois que vous dépenseriez moins à Paris, ne donnant pas à manger ordinairement. Si la bonne femme La Roche ne vous accommode pas, renvoyez-la bien honnêtement en lui payant ses gages et sa place au coche ou carrosse; à vous dire le vrai, je n'en serois pas fâchée, car on m'en a dit des choses qui ne me plaisent pas. Si vous vous en défaites, il faut que madame d'Aubigné en écrive quelque raison à madame de La Barre, de qui elle l'a reçue, car il faut autant que l'on peut éviter d'avoir tort et se consoler de tout le reste.

Je dois quatre cents francs à madame de Villette, je voudrois bien que vous lui payassiez si vous le pouvez, je vous en tiendrois compte; elle m'avoit demandé pour cela une tapisserie, mais je suis si peu en repos et si j'ai peu de loisir que j'oublie tout.

Je m'en vais faire tout mon possible pour obtenir de M. Colbert ce que vous désirez; la paix que l'on croit sûre le rendra peut-être de meilleure humeur. J'écris souvent à M. Viette pour vos affaires, et j'en aurai soin plus que des miennes; Nanon enverra des habits à madame votre femme, dès qu'elle lui aura expliqué ses intentions.

Après vous avoir répondu à tout, il faut parler de Maintenon, puisque vous le voulez. Je n'ai point fait de draps ni de serviettes cette année, mais j'ai des meubles que vous ne connoissez point et qui sont assez propres. On travaille aux jardins, on fait des canaux, et ce sera un aussi agréable lieu que l'on puisse voir. J'ai fort envie de vous y faire mauvaise chère, car il me coûteroit trop de vous

la faire bonne, et vous savez que j'ai toute honte
bue là-dessus; vos gens seront au cabaret, et enfin
vous me verrez continuer toutes les vilenies que j'ai
commencées [1].

Notre *charité* va fort bien; madame de Montespan
fournit à toutes sortes de dépenses, tant en aumônes
qu'en ornements, pour le dehors et pour le dedans.

LETTRE CCXLVIII

A M. DE MONTCHEVREUIL, A BARÉGES [2].

Versailles, le 27 mai 1681.

On dit, monsieur le marquis, que vous ne recevez
pas nos lettres; la perte seroit médiocre, mais je n'aimerois pas que vous crussiez que je vous ai oublié, il
n'y a que trop d'endroits qui m'en font souvenir.
Celui de mon dîner passe la raillerie; je suis maigrie
de la moitié depuis que vous êtes parti; mes repas se
passent tête à tête avec mademoiselle de Mursay, en
silence ou en réprimandes; ni l'un ni l'autre n'excitent l'appétit, et si vous ne revenez bientôt, je de-
viendrai étique. On dit que M. votre chirurgien, car
dans ce moment j'ai oublié son nom, veut baigner
mon mignon à Bagnères, parce que Baréges n'est pas
encore accessible: c'est une étrange raison et à la-

---

1. La Beaumelle ajoute et invente: « Et dont vous avez l'im-
bécillité de rougir. Mais aussi vous verrez un hôpital bien entre-
tenu, des manufactures florissantes, nos *vieilles* bien vêtues et notre
école de charité qui va fort bien. Madame de Montespan habille
les pauvres et les autels. »

2. *Autographe* communiqué par madame de Mornay.

quelle je crois que vous ne vous rendrez pas. Il faut assurément commencer par fondre et amollir, qui sont les effets de Baréges, et fortifier et resserrer ensuite, qui est ce qu'on attend de Bagnères et dont on pourroit mieux se passer que des autres, la nature le pouvant faire toute seule. Regardez avec attention, je vous prie, tout ce qui sort de la fistule, et ne vous en fiez à personne, afin d'observer si les sérosités ou pus changeront, par l'usage des bains, comme elles ont fait l'autre fois qu'elles s'épaissirent visiblement. On prétend que c'est une très-bonne marque, et l'effet de la chaleur des eaux qui cuit cette humeur en rappelant des esprits dans cette cuisse presque paralytique. Du reste, ne vous pressez point, laissez murmurer tout un domestique dont une grande partie n'a pas le sens commun; l'autre est impatient de revenir dans un lieu où ils espèrent leurs plaisirs et leur fortune; et l'autre ne connoît ni le mal ni le remède. Je suis consolée de la maladie du bonhomme [1], dans l'espérance que mon mignon aura plus de repos, et M. de Court et vous plus de temps à lui inspirer des sentiments que je lui souhaite préférablement au latin. J'attends avec impatience les longues lettres que vous me faites espérer; vous aurez pourtant moins de loisir que vous ne pensez : quand on est dans son devoir d'aussi bonne foi que vous, on a peu de temps de reste. Empêchez que mon cher prince ne m'oublie, je vous en prie, vous voyez combien je suis occupée de lui, et vous ne pouvez croire combien je l'aime.

1. Le précepteur Chevreau.

Mademoiselle de Nantes est toute languissante et n'embellit pas ; mademoiselle de Tours est très-jolie [1] ; madame de Montespan et moi avons fait aujourd'hui un chemin ensemble, nous tenant sous le bras, riant beaucoup ; nous n'en sommes pas mieux pour cela [2]. Le roi vient d'aller à Chantilly ; il alla il y a quelques jours à Sceaux. Madame la Dauphine a la fièvre tierce, et est grosse jusques à cette heure au grand contentement de Monseigneur. Madame votre femme vient de partir pour Orsay, dont elle revient demain. J'ai été à Maintenon : mon nouveau jardinier fait des merveilles, et les jardins ne sont pas connaissables. Adieu, monsieur le marquis, je suis certainement la meilleure amie que vous ayez, et, de plus, votre très-humble et très-obéissante servante.

1. Il est probable que la plume aura mal mis ce que veut dire madame de Maintenon. C'est mademoiselle de Tours qui devait être languissante, car elle mourut au mois de septembre suivant, et mademoiselle de Nantes qui devait être jolie, car elle devint la charmante duchesse de Bourbon.

2. On trouve dans madame de Caylus l'anecdote suivante : « Je me souviens qu'elles se trouvèrent embarquées à faire un voyage de la cour dans le même carrosse, et je crois tête à tête. Madame de Montespan prit la parole et dit à madame de Maintenon : Ne soyons pas la dupe de cette affaire-ci ; causons comme si nous n'avions rien à démêler ; bien entendu, ajouta-t-elle, que nous ne nous en aimerons pas davantage, et que nous reprendrons nos démêlés à notre retour. » (P. 135, édit. de 1806.)

LETTRE CCXLIX

A M. L'ABBÉ GOBELIN [1].

A Versailles, ce 27 mai 1681.

Mettez le petit de Valzergues[2] en pension, je vous prie ; le plus tôt possible est le meilleur. Nanon vous donnera ce que vous demandez pour le premier quartier, et on les payera toujours par avance : on l'habillera quand vous le jugerez à propos, et il ne manquera de rien tant que je le pourrai ; mais recommandez, je vous supplie, que l'on l'éveille un peu par quelques coups de fouet, car je soupçonne qu'il n'en a jamais eu et qu'il en a grand besoin[3].

Voici une autre affaire. J'ai un petit garçon de douze à treize ans[4], d'assez bonne famille, dont je me suis chargée par charité ; il n'est ni bien ni mal fait, mais il a toutes les mauvaises inclinations possibles : il est menteur, jureur, ivrogne, voleur, et quoique j'aie essayé des châtiments et de la douceur, je n'ai pu jusqu'à cette heure en rien faire ; il est vrai aussi que je ne suis pas en état d'y donner une grande application, et c'est ce qui m'oblige à vous prier de

1. *Manuscrits des Dames de Saint-Cyr.*
2. Voir la lettre du 21 novembre 1680.
3. Les *coups de fouet* étaient dans les usages du temps. M. Léon Aubineau a publié des fragments des *Mémoires* de Dubois, valet de chambre du dauphin, fils de Louis XIV. On y peut voir les traitements barbares qu'avait à subir journellement le jeune prince de la part de Montausier et même de Bossuet. Madame de Maintenon se distingua dans l'éducation de Saint-Cyr en supprimant presque entièrement les châtiments manuels qui étaient en usage partout.
4. Je ne sais de quel enfant il est ici question.

me donner votre avis là-dessus et de me chercher quelque endroit où je pusse le mettre. J'avois pensé aux *capettes*[1], et madame Delafonde, nièce de mademoiselle Scarron, s'en étoit informée à ma prière, mais j'apprends, par sa réponse, que c'est un collége à l'ordinaire, et je le voudrois dans un lieu, du moins pour quelque temps, où il fût rigoureusement puni. J'attends votre réponse, et je vous assure que je ne vous manquerai jamais.

Mandez-moi toujours quand vous voudrez venir ici, afin que vous ne passiez jamais mal votre temps.

LETTRE CCL

A M. DE MONTCHEVREUIL, A BARÉGES[2].

Versailles, ce 20 juin 1681.

Il y a douze jours que j'ai écrit à M. de la Porte dans le dessein d'accompagner sa lettre d'une pour vous, et, voulant la faire un peu longue, je n'en ai pu trouver le moment. Depuis ce temps, madame la Dauphine est toujours malade et nous oblige par conséquent à beaucoup d'assiduité; j'ai un grand nombre

---

1. On appelait ainsi les étudiants du collége Montaigu. « Dans le commencement, dit Jaillot (*Recherches historiques sur Paris*), ils allaient aux Chartreux recevoir avec les pauvres le pain que ces religieux faisaient distribuer à la porte de leur monastère. Jamais ils ne mangeaient de viande et ne buvaient de vin; ils jeûnaient continuellement; leur habillement consistait en une cape de gros drap brun, ce qui les faisait appeler les pauvres *capettes* de Montaigu. »

2. *Autographe* communiqué par M. Feuillet de Conches.

de parents en ce pays ici, et les jours se passent sans que j'aie un quart d'heure à moi. Après ce long préambule dont je crois n'avoir pas grand besoin avec vous, il faut entrer en matière.

Je suis fâchée que vous ne receviez ni mes lettres ni celles de madame de Montchevreuil qui sont très-fréquentes, car je suis persuadée que vous n'êtes pas indifférent à entendre parler de nous; du reste, je suis bien persuadée que vous êtes en grand repos, et toutes les peines domestiques n'approcheront point de celles que l'on a ici; voilà comme tout est mêlé. Après cette petite moralité, je vous dirai que, quoi que l'on fasse, mon mignon sera un ignorant, et que si on lui apprend quelque chose malgré lui, il l'oubliera ou fera semblant de l'avoir oublié, quand il n'agira plus par la crainte. Cependant comme madame de Montespan a d'autres vues, il faut aller son chemin; mais attachez-vous aux maximes de l'honneur, de la probité, du christianisme; voilà ce qui lui demeurera et qui est meilleur que le latin de Chevreau. Je suis ravie de tout ce que vous me mandez de M. de Court : c'est un trésor auprès de lui, et une grande consolation pour vous dans un lieu où vous n'avez point de société, car je compte pour peu madame et même mademoiselle de Castelmoron à la description que vous m'en faites. Baignez le prince, sur ma parole, le plus souvent que vous pourrez, et finissez par la douche qui est si violente que toute la patience s'y épuise; ainsi il n'en reste plus pour rester dans le bain. C'est un mauvais parti de dire que si la douche ne fait pas

son effet on en viendra au bain, puisque l'on perdroit
bien du temps à cette épreuve, outre que les effets de
Baréges ne paroissent que longtemps après et que
pendant l'usage le prince s'en trouvera affoibli; cela
étant, par où jugeroit-on si la douche lui fait du
bien ? Il faut le laisser tremper dans l'eau le plus
longtemps et le plus souvent que vous pourrez, et
lui donner la douche quand il est près de sortir du
bain. C'est là ce qu'on a toujours fait et le reste lui
seroit moins utile, car pour sa descente elle est en
aussi grand péril de paroître par les cris et la violence de la douche que par le relâchement que l'on
craint du long séjour dans l'eau ; outre qu'il n'est pas
impossible de faire tremper sa cuisse toute seule;
cette longueur que je prêche rappelle les esprits à sa
cuisse et la chaleur qui est nécessaire pour la nourriture, et par conséquent pour la force. J'en ai vu
les effets, mais non pas sur l'heure.

Je ne suis point surprise de sa paresse pour écrire;
il est hors de ce train-là et il est tout d'habitude;
quand il étoit entre mes mains, ces choses-là lui
tenoient lieu d'étude : ainsi il s'y portoit avec moins
de répugnance, mais ce ne sera pas des lettres qui
le feront honnête homme; et quand je lui en faisois faire, la complaisance pour les gens y a eu
plus de part que la conviction que cela lui fût très-
bon. Il est sûr qu'il écrira bien parlant comme il
parle. Je suis ravie de ce que vous me mandez qu'il
fait avec ses gardes; j'en ferai bien sa cour; voilà sa
pente et il faut en profiter pour lui mettre en tête
un métier qu'il faudra qu'il fasse. Vous ne pouvez,

mon cher marquis, me parler trop de lui; vous savez l'intérêt que j'y prends; il est encore redoublé pour celui que vous y avez. Je ne suis pas en peine sur vos soins; je vous exhorte seulement à penser à vous et à traiter votre bras avec application. Baignez-vous tout à fait; Baréges ne peut jamais faire de mal et vous en reviendrez avec une vigueur de vingt-cinq ans, mais, pour en profiter, il faut le prendre avec de certaines précautions.

Dites au vieux Lutin que j'ai tenu son fils avec Bontemps; c'est madame de Montespan qui l'a voulu, et je ne lui ai obéi que par amitié pour Lutin, trouvant d'ailleurs quelque chose de ridicule de tenir les enfants des domestiques des princes et de madame de Montespan.

Je ne doute pas que vos gens n'aiment mieux les montagnes de loin que de près; faites provision de patience, et même d'opiniâtreté contre la rage qu'ils auront pour le retour, et croyez que si vous pouvez espérer quelque chose des remèdes, ce sera par leur long usage, en y mêlant des intervalles de repos. Baisez les mains de mon cher prince pour moi; que je sache s'il aura mangé l'omelette au lard de Grippes [1], s'il a des fraises à sa collation, s'il se souvient de moi, et s'il se divertit autant qu'il a accoutumé dans ces voyages-là, car pour lui les lieux m'ont paru assez égaux, et il porte la joie partout. Il m'est revenu de

---

1. Le vallon de Gripp ou Grippes mène de la vallée de Campan, où se trouve Bagnères, à la vallée de Bastan, où se trouve Baréges.

Pons et de Bordeaux qu'il avait paru plus spirituel que jamais et j'en ai été ravie.

Adieu, il n'y a de nouvelles que le retour de M. de Luxembourg[1]. Madame de Montchevreuil vous écrit, je crois, tout ce que je pourrois vous dire. Je prends autant de soin d'elle qu'il m'est possible; mais moins que je ne voudrois; elle a quelquefois des vapeurs, et tous ses maux n'ont point d'autre cause que ses chagrins; ils ne sont que trop bien fondés, et c'est à vous et à moi à les adoucir le plus que nous pourrons. Adieu, mon cher marquis, vous savez comme je suis pour vous.

LETTRE CCLI

A M. DE MONTCHEVREUIL, A BARÉGES[2].

A Versailles, ce 27 juin 1681.

On n'a jamais passé les montagnes de si bonne heure[3], et vous devez profiter de votre diligence en demeurant longtemps à Baréges avec quelques intervalles. Je suis ravie de la machine que vous avez trouvée, et je n'en suis point surprise; il n'y a rien dont on ne soit capable avec de l'application et de l'amitié. Je l'ai éprouvé, moi dont le génie est fort au-dessous du vôtre. J'écrirai amplement à mon

---

1. Il avait été compromis dans l'affaire des poisons et resta en prison pendant quatorze mois. Il revint à la cour à cette époque. Voir la lettre de Bussy-Rabutin du 4 juillet 1681.

2. *Autographe* communiqué par madame la marquise de Mornay.

3. Les Pyrénées n'étaient abordables à cette époque que dans les mois de juillet et d'août.

beau prince. Je suis ravie d'avoir sa lettre; elle me paroît de lui tout entière et c'est ainsi que je les aime; je l'ai montrée au roi et j'ai fait sa cour tout de mon mieux. La nôtre est toujours triste par les continuelles maladies de madame la Dauphine : elle a encore eu aujourd'hui un accès très-violent. La marquise est plus dans le monde que moi; je crois qu'elle sait aussi plus de nouvelles. Adieu, mon cher marquis; j'ai ma maison pleine de parents et par conséquent d'importunités. Je ne vous fais point de compliments; ils seroient indignes de notre amitié.

LETTRE CCLII

A M. DE MONTCHEVREUIL, A BARÉGES[1].

A Versailles, ce 4 juillet 1681.

Je vois la satisfaction que vous avez de votre machine; j'y prends part en toute façon, et j'espère que les bains tels que vous me les représentez ne sont point inutiles; ne vous rebutez point quoi que l'on vous puisse dire, ils ne sauroient faire de mal; mais mettez des intervalles de deux ou trois jours avant que le prince paroisse échauffé, et, après cela, poussez votre séjour le plus loin que vous pourrez. Je ne crois point qu'il s'en trouve mal dans sa santé; Baréges a une chaleur très-douce, et vous devriez vous baigner régulièrement; c'est un trésor que vous n'aurez pas toujours, et vous vous repentirez de l'avoir négligé.

1. *Autographe* communiqué par madame de Mornay.

Les sueurs vous sont très-bonnes; et je vous réponds que vous vous en trouveriez très-bien, pourvu que vous les prissiez comme il faut; c'est-à-dire que vous vinssiez du bain vous mettre au lit sans souffrir le moindre air en passant. J'écris une grande lettre au prince. Je me suis avisée de deux nouvelles à la fin qui ne lui seroient pas indifférentes, s'il pouvoit en être témoin.

Madame la Dauphine nous fait faire une vie assez mélancolique; il y a aujourd'hui six semaines qu'elle est malade et dans un très-grand chagrin; elle ne souffre que Bessola et madame de Richelieu. Madame de Montchevreuil et moi ne paroissons pas en faveur[1]. J'entends dire que l'on va donner une

[1]. Madame de Caylus va nous en donner l'explication : «Madame de Richelieu n'aima madame de Maintenon que dans la mauvaise fortune et dans le repos d'une vie oisive. La vue d'une faveur qu'elle croyoit mériter mieux qu'elle l'emporta sur le goût naturel, l'estime et la reconnoissance. La première place dans la confiance du roi parut à ses yeux un vol qu'elle ne pût pardonner à son ancienne amie; mais, désespérant d'y parvenir, elle se tourna du côté de madame la Dauphine, et par des craintes, des soupçons et mille fausses idées, elle contribua à l'éloignement que cette princesse eut pour le monde. Madame la Dauphine voyoit la nécessité d'être bien avec la favorite pour être bien avec le roi son beau-père; mais la regardant en même temps comme une personne dangereuse dont il falloit se défier, elle se détermina à la retraite où elle étoit naturellement portée, et ne découvrit qu'après la mort de madame de Richelieu, dans un éclaircissement qu'elle eut avec madame de Maintenon, la fausseté des choses qu'on lui avoit dites. »

Bessola étoit une femme de chambre de la Dauphine, que celle-ci avait amenée avec elle en France et qui fit, sans le vouloir, beaucoup de mal à sa maîtresse. Elle fut cause que cette princesse ne s'accoutuma jamais à son nouveau pays, vécut dans la retraite et mourut de chagrin.

gouvernante aux princesses, et que mesdames de Montespan et de Thianges ont de la peine à vivre ensemble ; les disputes sont fréquentes. Madame de Montespan est grossie d'un pied depuis que vous l'avez vue ; elle est étonnante. Vous savez sans doute la mort de madame de Fontanges [1] ; elle laisse pour cent mille francs de dettes par delà ses meubles et ses pierreries ; le roi a pris tous les effets et payera toutes les dettes. On espère aller bientôt à Fontainebleau ; le roi en a envie et madame la Dauphine n'a que de très-petits accès qui font espérer qu'ils finiront bientôt. Mademoiselle de Laval est revenue plus noire qu'elle n'étoit. La princesse de Conti embellit tous les jours [2]. Adieu, mon cher marquis, je suis toujours la même pour vous.

1. Elle mourut le 28 juin. — La Beaumelle, à propos de cette mort, a inséré dans l'édition de Nancy une prétendue lettre de Louis XIV à madame de Maintenon, qu'il n'a pas reproduite dans les autres éditions, tant la fausseté en est évidente :

« Oui, madame, j'ai plus aimé Fontanges que Dieu même ; je reconnois ma faute ; je vous remercie de vos sages conseils ; je les ai relus trois fois. Louvois vous dira mes résolutions ; prenez une entière confiance en lui. Promettez à la reine que désormais je m'occuperai davantage des affaires et moins de mes plaisirs. Adieu, ma chère madame de Maintenon. »

2. « Elle étoit belle, dit madame de Caylus, comme madame de Fontanges, agréable comme sa mère, avec la taille et l'air du roi son père. »

LETTRE CCLIII

MADAME DE MONTESPAN AU MARQUIS DE MONTCHEVREUIL [1].

Ce 4 de juillet 1681.

J'ai eu tant d'affaires hier et aujourd'hui qu'il m'est impossible de vous écrire en détail ni même au duc, ce sera pour une autre fois. J'ai bien de la joie que les remèdes se passent si doucement; il faut espérer qu'ils feront du bien, puisqu'ils commencent par ne pas faire de mal.

La grande confiance que j'ai en vous me rassure sur ce chapitre qui me touche si vivement par lui-même. Mais vous devez aussi, monsieur, être persuadé que si vous avez pour M. du Maine les soins et l'attachement que l'on peut attendre d'un homme de votre qualité et de votre probité, j'ai aussi de mon côté une application continuelle à le faire connoître au roi, qui est, je crois, ce qui doit vous être le plus agréable, et si je savois quelque chose de mieux, je vous assure que je le ferois de même.

LETTRE CCLIV

A M. D'AUBIGNÉ, A COIGNAC [2].

De Maintenon, ce 12 juillet 1681.

Je vous écris d'ici espérant le faire avec plus de loisir que de Saint-Germain; j'y ai pourtant bien du

---

1. *Autographe* communiqué par madame la marquise de Mornay.
2. *Autographe* du cabinet de M. Feuillet de Conches.

monde : M. et madame de Montchevreuil y sont, madame de Lencosmé, mademoiselle de Mongeron, M. de Fontenay et M. de Lalaigne à qui j'ai voulu faire voir Maintenon. Il m'en paroît assez content, et j'espère que, malgré la disposition que vous avez à le dénigrer, vous n'en serez pas mal satisfait. Si vous continuez dans la résolution de venir passer l'hiver à Paris, je viendrai ici au-devant de vous vers la Toussaint qui est, ce me semble, à peu près le temps que vous devez vous mettre en chemin ; car le voyage est long pour le faire plus tard. Si ce rendez-vous ne vous déplaît pas, prenons nos mesures ; nous sommes tous deux ponctuels ; et je suis assurée que nous serons justes à l'heure dont nous conviendrons.

Je ne manque pas d'occasions pour parler à M. Colbert ; mais il trouve ce que vous demandez aussi difficile que je le trouve raisonnable ; ainsi je retournerai encore à la charge. Je crois que votre revenu va bien à ce que vous dites, et si vous vivez avec règle, vous en avez suffisamment. Comme vous m'avez laissé le choix du quartier, j'aurois quelque envie que ce fût vers celui de la rue Saint-Honoré ; c'est-à-dire ou vers le Palais-Royal ou la porte de Richelieu ou la rue Saint-Honoré ; votre femme seroit un peu plus dépaysée de ses parents qui vous accableront. Vous irez aux opéras commodément, qui est presque votre seul plaisir ; et quand j'irai à Paris, je ne perdrai point deux heures qu'il me faut pour aller et revenir de la rue Saint-Honoré au Marais. Si, après cela, vous n'en êtes pas d'avis, comptez que je ne m'en soucie point, et que je serai ravie que vous ne vous contraigniez point. Je compte y meubler un appartement avec mon meuble de velours et que vous vous en servirez tant qu'il vous plaira.

Ne vous inquiétez point sur madame d'Aubigné; il faut la mettre sur un bon pied, et vivre d'abord très-obscurément; faire dire souvent que vous n'y êtes pas; qu'elle travaille, qu'elle aille voir ses parents plutôt que de les recevoir chez elle. Madame de la Barre est une honnête femme qui peut la mener faire des visites de leurs proches, et à des dévotions. Il faut qu'une fois la semaine elle y aille le matin; qu'elle y passe la journée et en revienne le soir. Madame de Montchevreuil l'amènera aussi quelquefois où je lui dirai, vous la mènerez à quelque opéra ou comédie; voilà assez de plaisirs pour une jeune femme; et le reste du temps, elle peut garder sa maison; elle y sera seule dans les commencements, et après avoir évité la foule de ceux qui iroient pour me faire plaisir, elle y verra deux ou trois honnêtes femmes que nous lui marquerons. On fait à Paris la vie que l'on veut et la conséquence est de bien enfourner. Mettez-vous sur le pied de ne pas donner un verre d'eau chez vous; et dans la suite vous envérrez prier un jour un parent de votre femme par honnêteté, un autre jour un de vos amis; et de cette façon, vous n'en serez jamais importuné, puisque vous ne les aurez que le jour que vous serez en humeur de les avoir. Si vous voulez me laisser conduire votre femme, elle aura le procédé d'une honnête personne. Si elle est paresseuse, et malsaine, du moins profitez de ces inconvénients[1]; et qu'elle ne coure pas les rues depuis le matin jusqu'au soir. Pour son incivilité, nous l'en traiterons, et je la verrai quelquefois. Je relis votre lettre et j'approuve fort le dessein que vous avez de ne pas exposer votre femme à beaucoup de visites[2], cela dépendra de vous, en faisant d'abord ce que je vous mande. Je suis ravie de la règle et de la religion qui est dans votre maison. Songez à votre salut et à vous réjouir, mon cher frère; jouissez de l'état où vous êtes, qui est fort différent de celui où vous étiez; ne vous cachez point de moi, et croyez que plus vous y aurez de confiance, et plus vous trouverez de secours, de complaisances, de consolation. Je vous embrasse tous deux, vivez en paix et Dieu vous bénira.

LETTRE CCLV

A M. DE MONTCHEVREUIL, A BARÉGES[3].

A Versailles, ce 18 juillet 1681.

Je voulois vous écrire une fort longue lettre et vous n'aurez qu'un mot : ce sera pour le premier ordinaire. Cependant moquez-vous de tout ce qu'on vous dit sur Baréges : il ne peut jamais faire de mal au prince, et peut lui faire de grands biens dont même vous ne vous apercevrez point ; il est impossible qu'il ne rappelle les esprits et par conséquent la

---

1. Voir la lettre apocryphe du 3 janvier 1681.
2. Voir la lettre apocryphe du 3 janvier 1681.
3. *Autographe* communiqué par madame la marquise de Mornay.

nourriture à sa mauvaise cuisse. Nous savons par expérience qu'en même temps il cuit l'humeur qui sort de temps en temps de sa fistule, et l'on peut espérer qu'en mettant les chairs en état de faire la coction, le fond en étant bon, elle pourroit guérir toute seule par la force de la chaleur naturelle qui sera augmentée par celle des eaux de Baréges qui est douce et bénigne, qui ne l'allume que pour un moment, qui ne l'empêche point de dormir et qui en un mot ne sauroit lui nuire. Baignez-le donc en dépit de tous ceux qui s'ennuient, et ne le tenez dans le bain que tant que sa raison et sa patience peuvent l'y faire demeurer, car quand l'inquiétude le prend et la soif violente, son sang s'échauffe plus que son bain ne lui profite. La Guttère[1] se moque de dire qu'il le faut cesser si l'on n'en voit le succès dans un mois ; on n'envoie à Baréges que pour des maux visibles, comme des calus à fondre, des plaies à rouvrir, ou des membres retirés que le bain amollit ; mais le mal de M. du Maine est d'une autre nature : il faut le fortifier en rappelant la chaleur dans une partie qui a été presque paralytique, et en fondant les empêchements qui s'y peuvent trouver. Tout cela se passe en dedans ; et bien loin de le fortifier, il doit l'affoiblir un peu. Si, malgré ce raisonnement, vous le voyez se fortifier, croyez que ce n'est pas par Baréges, mais seulement l'effet de la règle où il vit présentement : il se couche de bonne heure, il dort bien, il mange sainement ; il est d'âge à se fortifier tous les jours, et

---

1. Médecin de Bagnères. Voir la page 3 de ce volume.

en quelque lieu qu'il fût, en vivant comme il vit, on le trouveroit en meilleure santé et par conséquent un peu plus vigoureux. Puisque vous voulez mes conseils, les voici: je le baignerois à Baréges juqu'au quinze d'août en le reposant souvent; je le baignerois à Bagnères dans le bain de Saint-Roch et puis dans le petit bain quinze jours tout au plus, sans y comprendre les jours de repos ou de préparation, c'est-à-dire quinze bains en tout ou vingt tout au plus, car ces eaux-là ont une chaleur bien différente des autres; elles échauffent et le font suer toute la nuit. Il dort mal et sera déjà un peu épuisé par les longues sueurs de Baréges; ainsi vous pourrez revenir le 8 ou le 10 d'octobre; voilà ce que je ferois s'il n'arrive rien de nouveau. Vous avez du sens, vous avez de l'amitié et prendrez bien votre parti, mais comptez que les mieux intentionnés de vos gens se laissent prévenir par l'ennui. J'ai passé par là et j'ai vu tout ce que vous me dépeignez. On dit que mademoiselle de Tours est à Bourbon et que ce voyage détermine à donner une gouvernante. Adieu; il faut que je finisse; j'embrasse votre prince et je l'aime tendrement.

LETTRE CCLVI

A M. D'AUBIGNÉ, A COIGNAC [1].

A Versailles, ce 27 juillet 1681.

Les fermes furent adjugées hier [2], et par consé-

1. *Autographe* du cabinet de M. Feuillet de Conches.
2. Nous allons voir quel intérêt y avait d'Aubigné.

quent, l'affaire de M. de Rouvières est consommée ; je suis trop récompensée de la violence que je me suis faite si vous en êtes plus content ; car je puis vous assurer avec vérité que je désire votre bonheur comme le mien. Legois m'a dit que vous vouliez venir ici au mois d'août ; si c'est pour ce que je crois, vous ne pouvez mieux faire que de prendre le temps de l'absence de la cour pour y être incognito ; je voudrois savoir si vous le ferez et quand vous y serez, afin d'être informée du succès de vos remèdes, et avertie de tout ce qui pourroit vous arriver. Il me semble que la Vallée seroit propre à être notre homme de confiance.

Je serois ravie que votre santé fût meilleure, votre union plus grande avec madame d'Aubigné, et que vous eussiez des enfants ; il faut recommander tout à Dieu qui sait mieux que nous-mêmes ce qui nous est bon. Vous ne direz plus que je moralise bien à mon aise, car vous êtes plus riche que moi, et pouvez plus aisément vous régler.

Nous partons demain pour Fontainebleau[1] ; le changement de lieu n'en apporte guère à la disposition des journées. Madame la Dauphine se porte bien ; il n'y a plus à lui désirer qu'une heureuse grossesse[2]. Adieu, j'embrasse ma belle-sœur.

1. On y resta jusqu'au 30 septembre.
2. La première n'avait pas réussi.

LETTRE CCLVII·

A M. DE MONTCHEVREUIL, A BARÉGES[1].

A Fontainebleau, ce 5 août 1681.

On me mande que le prince a des élevures ou des rougeurs aux joues; j'ai peur qu'il ne rapporte quelque gale, comme il fit la dernière fois; si cela continue, il faudroit lui laisser un intervalle un peu plus long, et ne le guère baigner à Bagnères, quoi qu'en puisse dire La Guttère qui est bien aise d'avoir le prince.

Je suis accablée de vapeurs mélancoliques depuis que je suis ici; je ne suis jamais venue sans y en avoir, mais je n'en ai jamais eu de si violentes. Je ne sais que vous dire, parce que je suis persuadée que la marquise vous mande tout; je la trouve un peu plus calme depuis quelques jours; peut-être aussi me cache-t-elle ses maux pour mieux traiter les miens, car rien n'approche des soins qu'elle a eus de moi dans cet accès ici; j'en suis un peu mieux à l'heure qu'il est. On dit que madame de Montespan étouffe de son côté.

Vous trouverez une grande augmentation dans le logis; il est vrai que vous connoissez déjà mademoiselle d'Oré : elle fit samedi *médianoche* avec le roi; on dit qu'elle a une sœur plus belle qu'elle; ce n'est

1. *Autographe* communiqué par madame la marquise de Mornay. — Cette lettre est fort importante : elle témoigne les craintes qu'on avait que le roi ne retombât dans de nouvelles amours; madame de Maintenon en témoigne une sorte de découragement.

pas là nos affaires¹. Je suis persuadée que vous conduisez bien les vôtres, et que vous n'appréhendez pas les espions. C'est où vous êtes qu'il faut se servir d'une maxime de Plutarque un peu dure à la vérité, mais nécessaire, qui est de vivre avec tout ce que vous voyez sur le pied qu'ils seront vos ennemis. Je crois que cela ne sera pas général et vous connoissez le démérite de quelques particuliers.

Adieu, mon cher marquis, il fait ici un chaud insupportable; on dit que le roi partira le quinze d'août pour Chambord²; il en sera ce qui lui plaira : les lieux me sont aussi indifférents que les personnes me le sont peu. Je vous souhaite tous les jours et mademoiselle de Mursay aussi qui n'a pas bu de vin depuis qu'elle ne vous a plus³. Adieu, mon cher marquis, je compte sur votre amitié, et je la crois éternelle comme le sera la mienne.

Mes compliments aux deux honnêtes gens de chez vous, il n'est pas besoin que je les nomme.

1. Mademoiselle d'Oré ou de Doré, qui causait les vapeurs mélancoliques de madame de Maintenon et les étouffements de madame de Montespan, était attachée à celle-ci, je ne sais en quelle qualité; elle devint, en 1685, fille d'honneur de la duchesse de Bourbon. Les attentions du roi pour cette personne jetèrent l'alarme dans le parti pieux; mais on prit soin de n'en point parler, de sorte que cette inclination nouvelle ne fit pas de scandale. Elle n'eut d'ailleurs pas de suites; aucun historien n'en a parlé, et on ne la connaissait pas avant cette lettre de madame de Maintenon.

2. Ce voyage n'eut pas lieu : il fut empêché par l'expédition de Strasbourg.

3. Madame de Maintenon ne buvait que de l'eau.

LETTRE CCLVIII

A MADAME DE BRINON, A MONTMORENCY [1].

Vendredi 20 août 1681.

J'ai trouvé M. Barberet comme vous me le représentez, et j'en suis aussi satisfaite que vous. Je l'ai remercié autant qu'il m'a été possible, et je compte assurément ce qu'il fait pour vous comme si c'étoit pour moi. Il m'a fait une description si magnifique de notre maison, que je ne comprenois pas où nous prendrions de quoi la louer, et j'ai été surprise très-agréablement en voyant le bail[2]. Prenez garde seulement à ces réparations où vous vous engagez, et qu'il ne vous en coûte pas deux fois ce que vous croyez ; c'est le seul endroit qui pourroit vous embarrasser, et sur lequel vous ne pouvez trop vous éclaircir. Je meurs d'impatience que vous y soyez, et je ne serai pas assurément vingt-quatre heures à Versailles ou à Saint-Germain sans vous aller voir. Je crois que Fanchon Devaux fera une grande figure dans le déménagement, car elle m'a paru fort active.

Adieu, madame. Je n'ai nullement désapprouvé que vous ayez reçu madame d'Ambleville. Il est vrai que j'aime les Ursulines, et que je serois ravie qu'elle en

1. *Manuscrits de mademoiselle d'Aumale.* — Voir la première lettre à madame de Brinon, t. II, p. 110.

2. Madame de Maintenon avait résolu de transporter le petit établissement de madame de Brinon de Montmorency à Rueil, qui était près de Saint-Germain et de Versailles. Elle devait payer le loyer de la maison. M. Barberet était l'homme d'affaires de madame de Brinon.

prît l'esprit ; car je m'imagine que nous allons avoir bien des pensionnaires. Je vous ai écrit pour vous en donner une grande, qui est une fille à moi. Mes compliments à toutes vos dames. Je n'ai pas vu notre marquise depuis que j'ai reçu votre lettre, et j'espère que M. Barberet vous dira que je l'ai expédiée assez promptement.

LETTRE CCLIX (La B.)

NOTE PRÉLIMINAIRE

Voici encore une lettre prétendue à madame de Saint-Géran, et qui est entièrement l'œuvre de La Beaumelle (édit. de Nancy, t. I, p. 175 ; édit. d'Amsterdam, t. II, p. 111). Louis Racine l'annote : *très-fausse.* Le fait sur lequel elle repose en démontre seul la fausseté. On se rappelle, au mois de décembre 1680, l'enlèvement de mademoiselle de Mursay et sa conversion, qu'elle raconte elle-même en finissant ainsi : « Je pleurai d'abord beaucoup, mais je trouvai le lendemain la messe du roi si belle, que je consentis à me faire catholique à condition que je l'entendrois tous les jours et que l'on me garantiroit du fouet. Ce fut là toute la controverse qu'on employa et la seule abjuration que je fis. »

Avec ce fait que La Beaumelle a trouvé, presque dans les mêmes termes, dans les *Notes des Dames de Saint-Cyr*, il a composé une lettre qu'il date du 24 août 1681, pendant que le fait s'était passé le 21 décembre 1680 ! Cela lui a donné occasion de prêter à madame de Maintenon des idées qui n'étaient nullement les siennes et que tout le monde a admises, parce qu'elles ont une certaine vraisemblance. C'est le cas de redire avec Louis Racine : « Les faits sont vrais, mais ils n'ont jamais été écrits par madame de Maintenon. »

A MADAME DE SAINT-GÉRAN.

Versailles, 24 août 1681[1].

Le roi commence à penser sérieusement à son salut et à celui de ses sujets[2]; si Dieu nous le conserve, il n'y aura plus qu'une religion dans son royaume : c'est le sentiment de M. de Louvois; et je le crois là-dessus plus volontiers que M. Colbert qui ne pense qu'à ses finances, et presque jamais à la religion[3]. La petite fille a beaucoup pleuré; c'est une chose inconcevable que les chimères que ces gens-là mettent dans l'esprit des enfants; mais elle a trouvé la messe du roi si belle, qu'elle m'a promis de se faire catholique, pourvu que je lui promette de lui faire entendre tous les jours la messe du roi. Cette naïveté m'a fort réjoui; mais je gémis de ce que les autres conversions ne me seront pas si faciles. M. de Villette a résisté à cette éloquence de M. Bossuet à laquelle personne ne résiste. Dieu veuille qu'à son retour il soit plus traitable et plus docile[4]! Il me semble qu'il ne manque à mon bonheur que la conversion de ma famille. M. de Ruvigny veut que je sois

---

1. En supposant la lettre vraie, madame de Maintenon n'a pu la dater de Versailles, car elle était, le 24 août, à Fontainebleau.
2. Voilà de ces phrases malheureuses par lesquelles La Beaumelle fait croire que la conversion du roi et la conversion des hérétiques étaient confondues dans l'esprit de madame de Maintenon.
3. Ceci a été répété par tout le monde : c'est uniquement du La Beaumelle.
4. Ceci démontre encore la fausseté de la lettre. Le retour de M. de Villette, que madame de Maintenon redoute, était un fait accompli, nous l'avons vu : M. de Villette était revenu dès le mois de mars.

encore calviniste dans le fond du cœur[1]; il est aussi entêté de sa religion qu'un ministre.

LETTRE CCLX

A M. D'AUBIGNÉ, A COIGNAC[2].

Fontainebleau, ce 2 septembre 1681.

Je ne sais si M. Legois vous en fait autant accroire qu'à moi; mais je puis vous dire sans aucun reproche que votre affaire me donne des peines et des chagrins qui me vont confirmer pour le reste de mes jours à n'écouter jamais aucune proposition. Vous m'avez fait parler pour un homme insolvable[3]; la tête lui a tourné dès les premières avances qu'il a fallu faire; et il y a huit ou dix jours qu'il est perdu sans que personne sache ce qu'il est devenu. Legois n'a pas pris son parti si brusquement; il a encore le courage de me proposer un homme un peu moins accrédité que M. de Rouvières; mais je ne serai pas sa dupe une seconde fois. J'ai mis l'affaire entre les

1. Cette phrase se trouve déjà dans les prétendues lettres à madame de Frontenac.
2. *Autographe* du cabinet de M. Feuillet de Conches.
3. M. de Rouvières, qui, par le crédit de madame de Maintenon, avait soumissionné une partie des fermes générales et devait donner un *pot-de-vin* à M. d'Aubigné. On voit que madame de Maintenon, pour enrichir son frère, entrait dans des affaires financières qui nous semblent peu dignes, et se faisait auprès du roi et de Colbert une solliciteuse fort empressée. Cela était sans doute dans les mœurs du temps, et le désintéressement qu'elle a montré dans sa grandeur témoigne qu'elle n'était point elle-même cupide; cependant il est certain que, de 1672 à 1682, on aimerait mieux la voir moins occupée d'affaires d'argent.

mains de M. Colbert et de M. Brunet[1] qui la tourneront d'une façon moins avantageuse pour vous selon les apparences et cependant plus solide; car ils seront eux-mêmes cautions des conditions que l'on fera, et vous n'auriez jamais touché que la première année et quelques pistoles sur les autres à force de menaces. Ne croyez pas avec ce que je dis là que je me plaigne du Gois : c'est un homme que l'autre a trompé, et qui est plus à plaindre qu'à blâmer; tout ce que j'aurois à vous dire seroit de tourner utilement l'argent que vous allez avoir. On donne les terres en Poitou et la désolation des huguenots en fera encore vendre : Surimeau, Saint-Pompin et plusieurs autres vont être en décret[2]; et si vous joigniez à une année de cette pension la somme que vous toucherez, à ce que l'on croit, bientôt, du bien de votre femme, vous pourriez aisément entrer dans une terre et vous établir en Poitou très-agréablement.

1. L'un des fermiers généraux.
2. L'intendant du Poitou, par l'ordre de Louvois, essayait les *conversions par logement* qui devinrent plus tard les *dragonnades*. Les protestants, pour éviter ce commencement de persécution, vendaient leurs biens. On a vivement reproché à madame de Maintenon le conseil qu'elle donne à son frère, et on l'a appliqué mal à propos aux violences qui suivirent la révocation de l'Édit de Nantes. On voit que la lettre de madame de Maintenon est antérieure de quatre années à l'ordonnance de révocation, et ne peut s'appliquer à des violences qu'elle fut la première à réprouver. D'ailleurs cela ne sauroit justifier son odieux conseil, et il n'y a qu'un mot qui l'atténue, *Surimeau*, ce bien tant disputé par Jeanne de Cardilhac, arraché aux d'Aubigné, que madame de Maintenon avait toujours regretté. Cependant Surimeau ne fut pas vendu, et d'Aubigné aima mieux, au lieu de le racheter, dissiper l'argent des fermiers généraux en plaisirs et au jeu.

N'ayez là-dessus aucune soumission pour mon avis; mandez-moi le vôtre, et croyez que je vous conseille sincèrement et par rapport à ce que je crois le meilleur pour vous.

Adieu; je me porte fort bien. Nous allons à la fin du mois à Chambord. J'embrasse madame d'Aubigné.

LETTRE CCLXI

A M. DE MONTCHEVREUIL, A BARÉGES [1].

Fontainebleau, ce 2 septembre 1681.

Qu'il y a longtemps que je ne vous ai écrit, mon cher marquis, et que je m'ennuie de votre longue absence et de celle de mon cher mignon! Ne revenez que lorsque madame de Montespan l'ordonnera, mais ne le baignez plus, et très-peu à Bagnères, car je me meurs de peur qu'à la fin on en fasse trop; ne vous laissez aller à aucune complaisance pour La Guttère qui voudra vous retenir dans sa ville, et croyez qu'un bain de Bagnères, excepté celui de Saint-Roch, échauffe plus que dix de Baréges. Vous me mandez que notre prince commence à s'ennuyer; j'en suis au désespoir, car je ne puis lui savoir les moindres peines sans souffrir pour le moins autant. Quand on vous verra résolu à ne le plus baigner, on vous fera revenir bien vite : il est impossible que l'on n'ait pas impatience de le voir.

Vous êtes bien à plaindre, si vous avez dans vos

1. *Autographe* communiqué par madame la marquise de Mornay.

montagnes le chaud que nous sentons dans les roches de Fontainebleau; pour moi, j'en suis désespérée. Le roi ne va pas à la chasse, parce qu'on ne peut soutenir les rayons du soleil; mais on s'enferme tous les jours pour la comédie, où l'on dit que l'on meurt. Madame de Thianges prend le soin souvent d'orner un échafaud de toute la beauté que fournit sa famille; on y mêle quelques étrangers qui ne servent qu'à faire voir l'avantage que le sang de Mortemart emporte sur ce qu'il y a de plus beau ici[1]. On dit que madame de Montespan a souvent des vapeurs; je ne l'ai rencontrée qu'une fois depuis un mois. Toutes choses sont comme vous les avez laissées. Madame de Montchevreuil et moi nous nous voyons souvent; elle est assez bien présentement pour le corps et pour l'esprit; je suis mieux aussi de mes vapeurs et, si je vous avois à dîner, je me trouverois fort contente.

Adieu. Mes compliments à mon petit duc; je l'aime toujours : dites-lui qu'il me fera mourir de douleur s'il trompe les espérances que le roi a sur son mérite; il n'a pas de grand ragoût en tout ce qui l'environne[2]; plût à Dieu que notre prince le

---

1. « Quant à sa personne, dit madame de Caylus, elle se regardait comme un chef-d'œuvre de la nature, non tant pour la beauté extérieure que pour la délicatesse des organes qui composoient sa machine; et pour réunir les deux objets de sa folie, elle s'imaginoit que sa beauté et la perfection de son tempérament procédoient de la différence que la naissance avoit mise entre elle et le commun des hommes. » (P. 118, édit. Renouard.)

2. Cela était vrai. Le Dauphin était un homme fort médiocre, et les princes du sang n'avaient rien qui les distinguât.

pût consoler de tout ce qui manque aux autres, et qu'il le trouvât son fils en toutes façons. Il me semble qu'il a du courage, de la gloire, et un désir d'être estimé qui est la source du mérite. Inspirez-lui bien, je vous conjure, de vouloir être au-dessus de tout ce qu'il voit par les bonnes qualités, en même temps qu'il leur cédera par la naissance ou pour mieux dire, parce qu'il est le plus jeune[1]. Adieu, mon cher marquis, mes compliments à M. de Court et à M. de la Porte; pour vous, je crois que vous n'en voulez point.

LETTRE CCLXII

A M. DE MONTCHEVREUIL, A BARÉGES[2].

A Fontainebleau, ce 17 septembre 1681.

Vous aurez su ce qui se passe ici et la perte de cette jolie princesse[3] : le roi en a été touché, et je remets à vous dire ce que je sais de la douleur de madame de Montespan. Je crois que nous l'aurons bientôt. J'écris au prince sur la mort de sa sœur; s'il l'ignore, comme on le dit, ma lettre sera perdue et ce ne sera pas un grand dommage; j'ai de la peine à

1. On voit que madame de Maintenon, comme tout le monde, ne faisait aucune distinction entre les enfants naturels et les enfants légitimes du roi. On voit aussi quelles espérances Louis XIV établissait sur le duc du Maine, espérances qui furent si complétement déçues.
2. *Autographe* communiqué par madame la marquise de Mornay.
3. Mademoiselle de Tours, fille du roi et de madame de Montespan, morte à Bourbon le 6 septembre 1681. Elle était née en 1674.

comprendre pourquoi on la lui cache, car on ne doit pas craindre qu'il soit assez touché pour s'en trouver mal. Je voudrois qu'il le sût et qu'il écrivît au roi que, connaissant l'extrême tendresse dont il honoroit mademoiselle de Tours, il croit devoir lui témoigner la part qu'il prend à sa douleur, outre celle qu'il sent lui-même pour la perte de sa sœur; qu'il lui demande la part qu'elle avoit dans ses bontés et qu'il l'assure qu'il fera tout ce qu'il lui sera possible pour le mériter. Il est aisé de lui inspirer cette lettre-là, tête à tête, et qu'il croie l'avoir faite tout seul.

Il est ridicule que vous soyez toujours à Baréges, et madame de Montespan, qui se mêle de décider sur l'usage d'un remède qu'elle ne connoît pas, mériteroit que les neiges vous y assiégeassent. J'espère que l'on vous pressera bientôt de revenir, et que le conseil que je vous donne de le baigner très-peu à Bagnères arrivera trop tard. Je le souhaite de tout mon cœur, et madame de Montchevreuil et moi avons un extrême besoin de vous; elle et moi sommes très-vaporeuses; quand nous sommes malades alternativement, nous faisons des merveilles, mais par malheur, nous souffrons quelquefois en même temps, et la conversation en est moins douce. Je crois que votre absence et le voyage que nous allons faire[1] lui font voir les choses tristement.

Adieu, mon cher marquis; je vous souhaite et ce cher enfant aussi; mes compliments aux honnêtes gens de chez vous, ils ne s'étendront pas bien loin.

---

1. Le voyage de Strasbourg. Voir page 209.

Ne plaignez-vous pas très-fort cette pauvre Saint-Just? Sa douleur me fait mal à imaginer.

Faites brûler la lettre que j'écris au prince, qu'il la voie ou non.

LETTRE CCLXIII

M. D'AUBIGNÉ A M. DE VILLETTE [1].

Coignac, 21 septembre 1681.

J'ai reçu votre lettre à mon retour d'un voyage. Elle m'afflige, puisque vous êtes dans un état désagréable et que l'on ne peut pas vous obliger autant qu'on le souhaiteroit[2]. Dans le temps qui court, vous prenez d'extrêmes résolutions, et il est fâcheux que votre opiniâtreté vous oblige à les prendre : cela empêchera ma sœur de vous accorder sa protection et elle ne vous sauroit servir contre sa conscience. Je vous en dis quelque chose la dernière fois que je vous ai vu; mais je n'osai vous parler plus franchement de peur de vous fâcher. Tout ce que je puis vous conseiller, c'est que vous ne fassiez rien de précipité : l'on se repent à loisir de ce que l'on fait à la hâte. Enfin sans une longue controverse, vous devriez

---

1. *Autographe* communiqué par M. Fillon (de Fontenay).
2. M. de Villette continuait à montrer la même répugnance pour se convertir; mais il avait déjà pardonné à madame de Maintenon, et loin de reprendre ses enfants, il lui avait donné son deuxième fils qui s'appelait M. de Marmande, et qui abjura aisément (voir la lettre suivante). Il est curieux de voir le libertin d'Aubigné se mêler aussi de conversions.

songer à vous convertir; vous en seriez mieux en ce monde et en l'autre.

D'AUBIGNÉ.

LETTRE CCLXIV

A M. D'AUBIGNÉ, A COIGNAC [1].

A Fontainebleau, ce 27 septembre 1681.

Vous ne saurez jamais les peines que j'ai eues pour votre affaire ni les difficultés que j'y ai trouvées : M. Legois ne sera point chef de mon conseil. Du reste, je suis trop bien récompensée de vous avoir fait plaisir et de songer que vous toucherez cent huit mille livres [2]. Vous ne pourriez mieux faire que d'acheter une terre en Poitou ou aux environs de Coignac; elles vont s'y donner par la désertion des huguenots. Pour votre voyage de Paris, c'est une affaire de rien et que vous ne devez pas manquer. Il est impossible que vous vous portiez bien après ce que nous avons vu. J'ai donné votre ordonnance à M. Ber-

---

1. *Autographe* du cabinet de M. Feuillet de Conches.
2. C'est-à-dire que les fermiers généraux, ayant fait avec le roi un bail de six ans, faisaient à d'Aubigné une pension de dix-huit mille livres par an, ce qui produisait un total de cent huit mille livres. Ces pensions faites par les fermiers généraux aux personnes de la cour qui les avaient aidées ou protégées dans leur affaire, se faisaient publiquement et étaient regardées comme des gratifications royales. C'était dans les usages du temps; personne n'y voyait rien contre la probité; cela n'en est pas moins fâcheux pour l'époque, fâcheux pour madame de Maintenon, qui aurait dû être au-dessus de ces gains, et qui ne s'y prêtait que par amitié pour son frère.

thelot. Je voudrois pour l'affaire que je viens de faire pour vous que vous me permissiez d'employer les cent pistoles que je vous dois, en habits pour madame d'Aubigné.

J'ai bien de la joie de la conversion de M. de Vaux ; je vous prie de lui en faire mes compliments. Poignette est bonne catholique ; M. de Marmande l'est aussi ; M. de Souché fit abjuration il y a deux jours ; on ne voit que moi dans les églises conduisant quelque huguenot. Ne soyez point en peine de ma santé, elle est souvent délicate, mais je n'ai jamais de vraie maladie.

Nous partons mardi ; on dit aujourd'hui que c'est pour Metz [1] ; vous savez avec quelle tranquillité je me dispose aux voyages ; j'ai mon équipage tout prêt et j'espère qu'il ira gaiement ; je serois bien aise que vous vinssiez chez Turbier pendant notre absence.

Adieu ; personne ne songe à vous brouiller avec moi, ni ne pourroit en venir à bout. Madame d'Aubigné ne m'écrit guère ; je l'embrasse de tout mon cœur.

LETTRE CCLXV

NOTE PRÉLIMINAIRE

De toutes les lettres que j'ai eu à étudier pour faire la correspondance de madame de Maintenon, nulle ne m'a plus étonné que celle qu'on va lire : c'est un témoignage bien

---

[1]. La cour allait partir pour l'Alsace. Le roi, à la tête d'une petite armée, devait faire son entrée dans Strasbourg, qui venait d'être acquise à la France par négociation ou par corruption.

étrange des mœurs et des idées de la cour de Louis XIV. Il faut répéter ce que nous avons dit plusieurs fois : tout le monde était complice des adultères du grand roi; nul ne faisait de distinction entre ses enfants légitimes et ses bâtards; ses maîtresses, loin de rougir de leur position, s'en glorifiaient ouvertement et l'expliquaient naïvement à leurs enfants.

Il s'agit d'une lettre de madame de Montespan au duc du Maine, sur la mort de mademoiselle de Tours et sur le désir qu'avait témoigné le jeune prince, âgé alors de onze ans, de suivre le roi à Strasbourg.

MADAME DE MONTESPAN A M. LE DUC DU MAINE [1].

A Fontainebleau, ce 28 septembre 1681.

Si j'étois capable de ressentir quelque mouvement de joie, j'en aurois eu de voir la manière dont le roi a reçu la proposition que vous faites d'aller à la guerre [2]; il en a été si content, qu'il en parloit à tout le monde, et je ne doute pas que, si vous eussiez été ici, qu'il ne vous eût mené avec lui. Pour moi qui aime votre réputation par-dessus toutes choses, j'aurois consenti sans peine à vous voir entreprendre un voyage où votre santé auroit été fort hasardée, pour jouir du plaisir de vous entendre louer de tout le monde, et de vous voir faire quelque chose qui marque un courage et une ambition fort convenable au fils d'un héros. Je ne vous parle point des autres endroits dont vous pourriez tenir de pareils sentiments, mais il est pourtant bon que vous sachiez que vous

---

1. *Autographe* communiqué par madame la marquise de Mornay.
2. Le roi marchait à la tête d'une armée comme pour une conquête.

êtes heureusement sauvé du mélange du sang qui arrive d'ordinaire aux gens de votre espèce, et que, de quelque côté que l'on vous regarde, on vous trouvera la noblesse, du courage, et de l'esprit; c'est une singularité bien avantageuse, mais qui vous engage aussi à en bien profiter [1].

Je ne vous parle point de ma douleur; vous êtes de trop bon naturel pour ne l'avoir pas ressentie par vous-même; pour mademoiselle de Nantes [2], elle a été touchée comme à vingt ans et a reçu les visites de la reine, de madame la Dauphine et toute la cour d'une grâce merveilleuse; tout le monde l'admiroit; mais j'avoue que j'ai payé trop cher ces louanges pour les avoir ressenties; tous les lieux ici où j'ai vu cette pauvre petite me touchent si sensiblement que je suis bien aise d'entreprendre un voyage qui par lui-même est le plus désagréable du monde, dans l'espérance que la dissipation me diminuera un peu les vapeurs qui ne me quittent point depuis la perte que nous avons faite.

1. D'après madame de Caylus, madame de Thianges n'admettait que deux maisons nobles en France, les Mortemart et les La Rochefoucault; « et si elle ne disputoit pas au roi l'illustration, elle lui disputoit quelquefois l'ancienneté, parlant à lui-même. » Voilà comment le duc du Maine se trouvait « sauvé du mélange du sang qui arrive d'ordinaire aux gens de son espèce; » de sorte que le double adultère du roi et de madame de Montespan n'était qu'une sorte de mariage de la main gauche, dont elle et ses enfants n'avaient qu'à s'honorer. Comment pouvait-on dire tout cela à un enfant de onze ans, et comment pouvait-il le comprendre?

2. Mademoiselle de Nantes était la sœur de mademoiselle de Tours qui venait de mourir. Elle avait huit ans. Toute la cour lui fit une visite de condoléance, la reine aussi!

Je crains bien que cet éloignement ne retarde encore l'arrivée de vos lettres.

Je mande à M. le marquis, qu'il peut prendre ses mesures pour votre retour selon qu'il jugera à propos, mais je crois que vous en serez un peu moins pressé quand vous saurez que le roi ne sera de retour que dans six semaines. En cas que vous reveniez devant, vous trouverez l'hôtel de Longueville[1] en état de vous recevoir.

LETTRE CCLXVI[2]

A M. D'AUBIGNÉ, A PARIS[3].

Ensisheim, ce 20 octobre 1681[4].

Quoique je croie avoir raison dans ce que je fais, et dans ce que j'exige de vous, je ne laisse pas de voir qu'il paroît quelque chose de fort dur à la conduite que j'ai, et à l'éloignement où je vis avec ce que j'ai de plus proche; et c'est par cette raison que je tâche à vous la faire entendre par ce que je crois les plus honnêtes gens de ceux qui peuvent entrer dans notre confiance. Vous savez l'estime que nous avons pour M. de Saint-Eugène et j'ai cru ne rien hasarder en lui ouvrant mon cœur; je suis ravie de la manière

---

1. Voir la note 3 de la page 41.
2. *Autographe* du cabinet de M. Feuillet de Conches.
3. D'Aubigné était venu à Paris pour toucher les 18,000 francs qu'il avait obtenus sur les fermes générales.
4. La cour était partie pour l'Alsace le 30 septembre; elle entra à Strasbourg le 23 octobre et était de retour à Saint-Germain le 16 novembre.

dont vous avez reçu ce qu'il vous a dit et je souhaite très-vivement que vous passiez votre vie heureusement.

M. Brunet me dit en partant que vous ne toucheriez votre pension qu'au bout de l'an; je crains que vous n'ayez compté sur autre chose, et que ce retardement ne vous incommode. A l'égard de votre conscience, vous avez raison de dire qu'il vous reste assez de temps pour vous convertir; il ne faut qu'un bon moment, et si Dieu vous fait cette grâce, vous serez parfaitement heureux. Je ne comprends point les gros présents que prétend madame d'Aubigné : je crois vous avoir demandé pour elle tout ce qu'il y a de plus juste qui est un peu plus d'aisance dans sa dépense, et quelques habits qui lui feront grand plaisir. Pour M. Legois, vous ne lui devez que de la pitié de sa mauvaise conduite. Il ne faut plus regarder ce que j'ai fait pour vous comme un effet de ses soins et de son application; tout s'est terminé à la banqueroute de M. de Rouvières; vous m'avouerez bien que si l'affaire en étoit demeurée là, qu'il ne vous demanderoit rien. Pourquoi donc prétend-il quelque chose à la bonté que le roi a eue pour nous, qui est aussi indépendante de l'affaire de Rouvières que le seroit toute autre gratification de Sa Majesté? Soyez en repos là-dessus; vous n'avez rien à faire qu'à lui continuer vos bons traitements; mais ce n'est point à vous à réparer tout le malheur qui lui est arrivé, ni toutes les sottises qu'il a faites.

Je ne sais ce que vous voulez dire quand vous rebattez souvent dans vos lettres qu'il y a des gens qui veulent vous brouiller avec moi, et d'autres qui disent que nous ne sommes pas trop bien : j'en ai toujours usé de la même manière, je vous traite souvent de mauvais ménager, et d'autres fois je vous cite comme un exemple du peu de commerce que je puis avoir avec mes proches pour me défaire de leurs plaintes et de leur importunité; il n'y a rien en tout cela qui doive vous fâcher. Moquez-vous de tout ce qu'on vous dit; réjouissez-vous honnêtement et travaillez à tout ce qui peut vous rendre heureux en ce monde ici et en l'autre.

J'ai lu avec plaisir tout ce que vous me mandez de Maintenon. Charlot est très-joli; si vous aviez envie de l'avoir, vous savez que vous en êtes le maître; si vous me le laissez, je le mettrai bientôt au collége. J'ai reçu tout ce que vous m'avez envoyé touchant l'affaire de Rouvières. Je ne connois aucun chirurgien que Clément[1] avec qui vous n'êtes pas fort bien; je ne crois pas que Turbier vous trompe[2]...

Adieu, mon cher frère, je me porte fort bien et je vous verrai avec joie si vous êtes à Paris encore le 20 de novembre. Dites à M. de Saint-Eugène que je ne puis écrire au procureur général; mais que je mande à madame la duchesse de Richelieu de lui recommander son affaire de ma part. S'il veut lui porter un placet, elle le donnera, et je suis assurée qu'il sera content de sa visite.

1. C'était l'accoucheur de la Dauphine.
2. Trois lignes rayées, illisibles.

LETTRE CCLXVII

A M. D'AUBIGNÉ[1].

A Pont-à-Mousson, le jour de la Toussaint 1681.

Je ne suis point surprise que vous ayez commencé par manger les dix-huit mille livres que vous devez toucher à la fin de l'année[2], mais je le suis que vous croyiez que les fermiers généraux vous doivent payer par avance, c'est ce qu'ils ne feront pas, et vous ne devriez point le désirer. Cette affaire ici est grande et ne vous mettra pas plus à votre aise que vous n'étiez. Je suis au désespoir de vous dire des choses désagréables, mais comment puis-je être sincère et m'en empêcher ? Il me semble qu'après ce que je viens de faire pour vous, on ne peut dire de longtemps que vous soyez brouillé avec moi; on ne le croit pas à la cour où ce qui s'est passé à Fontainebleau a fait grand bruit : il a fallu une bonté bien grande au roi pour passer par-dessus toutes les difficultés qui naissoient à tout moment dans votre affaire. Il n'ordonneroit assurément pas à ces messieurs de vous payer par avance, et il seroit bien étonné de vous voir demander un bienfait avec l'empressement et le chagrin dont on peut exiger une dette. Je ne

---

1. *Manuscrits des Dames de Saint-Cyr.* — La suscription porte : A M. Viette, à l'hôtel des Ursins, derrière Saint-Denis de la Chartre, pour faire tenir à M. d'Aubigné, à Paris. — L'hôtel des Ursins et Saint-Denis de la Chartre étaient dans la Cité. (Voir mon *Histoire de Paris*, t. II, p. 15 et 17.)

2. On voit l'usage que d'Aubigné faisait de l'argent obtenu pour lui par sa sœur, et avant même de l'avoir touché.

puis donc en cette occasion que prier M. Brunet, comme mon ami particulier, de vous faire plaisir s'il le peut, mais vous allez si loin sur la dépense que je crains que la somme entière ne soit dépensée, et je ne crois pas que personne vous l'avance.

Adieu, nous serons le 17 à Saint-Germain. Je vous dirai que je vous y verrois avec plaisir si je pouvois vous y voir content; mais j'avoue que mes proches sont si peu sensibles à ce que je fais, et le sont tant sur ce que je ne puis faire que leur commerce ne me donne que du chagrin; il ne m'empêche pas de vous aimer et je vous en donnerai toujours toutes les marques qui me seront possibles.

LETTRE CCLXVIII

NOTE PRÉLIMINAIRE

D'Aubigné n'attendit point le retour de sa sœur. Dès les premiers jours de novembre, il était revenu à Coignac, non pour y rester, mais pour se préparer à revenir à Paris avec sa femme. Celle-ci était cependant malade et enceinte. Les deux époux devaient venir par Maintenon, et madame de Maintenon alla les y attendre deux fois au commencement de décembre; mais ils passèrent par Orléans et arrivèrent à Paris vers la fin de décembre. Leur séjour ne fut pas long; madame d'Aubigné ayant fait une fausse couche, ils retournèrent à Coignac vers la mi-février.

A M. D'AUBIGNÉ, GOUVERNEUR A COIGNAC [1].

A Versailles, ce 17 décembre 1681.

J'arrivai hier de Maintenon, où j'avois été une se-

1. *Autographe* du cabinet de M. Feuillet de Conches.

conde fois vous attendre, et dont je me serois dispensée si M. Viette avoit été aussi exact à me faire tenir vos lettres que vous l'êtes à m'écrire. Je le chargeai en partant de vous mander que, puisque je ne saurois plus avoir la joie de vous recevoir chez moi, je vous conseille de venir tout droit par Orléans, le chemin de Chartres n'étant bon qu'en été. Je n'apprends rien qui ne me confirme dans cette pensée, et l'état où est madame votre femme me fait souhaiter avec impatience de vous savoir à Paris; l'air lui en sera bon; elle y verra ses proches; et M. Fagon la gouvernera; venez donc à petites journées le plus tôt que vous pourrez; et qu'elle se mette au lit en arrivant dans toutes les hôtelleries. J'espère que l'envie qu'elle a d'être à Paris lui donnera du courage pour y venir; je vous plains autant qu'elle de vous trouver dans de tels embarras; le violent accès qu'elle a eu au quatrième me fait espérer que sa fièvre finira par le cinquième, au moins cela arrive souvent. La volonté de Dieu soit faite! Deslandes est dans un déplaisir de son mal, et dans une frayeur que vous ne le preniez, qui augmente fort l'amitié que j'avois pour lui. Il est à Maintenon; mais si je ne reçois de vos lettres bientôt par lesquelles vous me mandiez que vous partez pour venir à Maintenon, je lui manderai de venir vous attendre à Paris.

Adieu, mon cher frère, ne vous laissez point abattre; tout le monde essuie des contre-temps; songez aux plus misérables; j'embrasse madame d'Aubigné.

LETTRE CCLXIX.

A M. D'AUBIGNÉ[1].

Versailles, ce lundi au soir 1681 (fin décembre).

M. Fagon m'a dit des nouvelles de madame d'Aubigné : il croit qu'elle a toujours la fièvre, mais on viendra à bout de tout, si elle veut joindre au repos un régime fort exact; mais il faut se conduire en personne raisonnable, sans avoir égard à ses dégoûts ni à ses envies; il faut boire de l'eau de chiendent, et point de limonade; il faut prendre des bouillons, des potages, des panades, de la gelée, peu de viande, et mettre une distance réglée entre ses repas; elle devroit manger un potage vers la fin de son accès qui est, ce me semble, vers onze heures ou midi, manger une panade sur les trois ou quatre heures, un potage à huit heures du soir, quelques cuillerées de gelée dans les intervalles des repas et bien boire dans son accès; huit jours de cette conduite lui feront voir du changement à sa santé, et rien ne peut tant contribuer à avoir des enfants que de se purifier le sang par la privation de toute méchante nourriture. Vous me ferez plaisir de me faire savoir de ses nouvelles, et vous en trouverez de fréquentes occasions.

Voilà des lettres que j'ai reçues pour vous et celle que je vous écrivois à Fontevrault.

Je vous prie de voir M. de Lagny et de lui dire que je le prie de concerter avec M. de Guilleragues

---

1. *Autographe* du cabinet de M. Feuillet de Conches.

tout ce que nous aurions à faire pour M. de Courpeteau auprès du comte d'Estrées; on n'a qu'à me faire ma leçon, je suis prête à tout ce qui me sera possible.

Envoyez, s'il vous plaît, cette lettre à Nanon.

Je suis ravie de vous sentir à Paris et souhaite de tout mon cœur que vous y fassiez une vie douce et tranquille. Il faudra vous montrer ici quand vous le pourrez ; voyez M. de Louvois, quoique vous n'ayez plus besoin de lui, et marquez-lui de la reconnoissance ; il faudra aussi dans les suites voir M. Colbert. Je voudrois que vous fissiez quelque petite amitié avec le marquis de Mortemart ; il est sage comme un homme de trente ans.

ANNÉE 1682.

Cette année renferme trente-neuf lettres vraies et deux apocryphes. Les plus importantes sont celles qui sont adressées à madame de Brinon.

Nous allons voir madame de Maintenon, alors âgée de quarante-cinq ans, dans son personnage vrai et naturel, c'est-à-dire uniquement occupée d'éducation, de piété, d'œuvres de charité. L'éducation des enfants du roi n'avait fait que développer chez elle le talent et la passion qu'elle avait pour élever les enfants. Cette occupation et ce plaisir venant à lui manquer, elle en chercha ailleurs et en trouva dans la petite communauté formée par madame de Brinon, et qui fut le berceau de Saint-Cyr. Nous allons voir que cette vie était réellement la sienne, et qu'elle présente plus d'intérêt, malgré les détails, souvent fastidieux, où elle entre avec tant de plaisir, que sa vie d'intrigues de cour et de querelles avec madame de Montespan. Elle y est touchante, naïve, vraie, passionnée, supérieure. On la trouve là dans son centre ; on voit qu'elle se complaît avec les enfants, qu'elle se délecte dans leur compagnie, que rien d'eux ne lui répugne et ne la dégoûte : l'institutrice de Saint-Cyr commence sa tâche ; elle ne la finira qu'avec la vie.

Il faut remarquer qu'au moment où elle l'entreprend, elle est au sommet de la considération, aimée du roi, estimée de la reine, vénérée de tous : « elle est l'âme de cette cour, » comme dit madame de Sévigné. Et c'est précisément à cette époque qu'elle s'échappe avec bonheur de toute cette vie d'honneurs et de splendeurs, pour aller dans une étable de Rueil soigner de petites paysannes, les peigner et leur faire le catéchisme.

Madame de Brinon avait quitté Montmorency ; avec l'aide de madame de Maintenon, elle avait loué une maison à Ruelles ou Rueil, et s'y était installée avec une quarantaine de pauvres filles venues de la terre de Maintenon, auxquelles on apprenait à lire, à filer et à prier Dieu. On les appelait les *petites sœurs*. Madame de Maintenon y ajouta dix ou douze *demoiselles* pauvres, ou filles de nouveaux convertis, dont elle payait les pensions et auxquelles on donna une éducation un peu plus élevée. Madame de Brinon était aidée d'une cousine, madame de Saint-Pierre, de trois autres ursulines et de quelques dames pauvres de ses amies qui avaient trouvé un asile dans cette maison.

La Beaumelle a eu connaissance de ces lettres, ou du moins d'une copie très-fautive et très-abrégée ; il les a mutilées selon sa coutume, et les a arrangées de telle sorte que souvent de six lettres de vingt pages il en fait une seule de vingt lignes. La copie dont je me suis servi principalement a été faite par les Dames de Saint-Louis, s'est trouvée dans les papiers ayant appartenu à mademoiselle d'Aumale, et m'a été donnée par Monmerqué.

LETTRE CCLXX
A MADAME DE BRINON[1].

Premier de l'an 1682.

Je vous donne le bonjour, madame, à votre chère cousine et à toute votre maison, et je souhaite de tout mon cœur que nous fassions tout le bien qu'il nous sera possible; je ne puis que vous en fournir les sujets, et c'est vous qui donnez votre vie pendant que la mienne est trop agréable et inutile.

Ne nous rebutons point de nos *petites sœurs*; nous serions trop heureuses si elles nous croyoient, et elles seroient trop parfaites. Vous faites bien de faire faire leur linge chez nos pensionnaires, et pour elles il ne faut pas les laisser respirer sur le rouet; ces gens-là ne sont capables du bien que par l'habitude, qui ne se contracte qu'avec bien du temps. Je ne dis rien devant elles dont elles se puissent prévaloir, si ce n'est qu'elles aient leur soûl de pain, et j'en charge encore votre conscience; du reste, punissez, ordonnez, vous êtes la maîtresse.

Les poires m'ont passé par les mains, et vos présents sont plus comptés que jamais, car je vais être mon maître d'hôtel : le mien fait une dépense qui m'a excitée à une si grande colère, que je n'en ai pas dormi. Je ne veux pas thésauriser, mais je hais le désordre, et j'aime mieux nourrir mademoiselle de Saint-Hubert[2] que de crever mes laquais.

Vous n'aurez point le Saint-Sacrement, et c'est le

---

1. *Manuscrits de mademoiselle d'Aumale.*
2. Une de ses pensionnaires.

roi qui ne le veut point[1]. M. l'archevêque vouloit ôter votre croix et le chant de l'office; je n'ai pas voulu vous le dire, de peur de vous fâcher, mais je veux que vous sachiez que je fais ce que je puis.

Vos opéras[2] seront toujours tournés en ridicule par les gens du monde, mais ils me divertissent, et j'entre fort bien dans l'utilité dont ils sont pour les petites filles.

C'est le temps qui me manque; je suis seule avec madame de Montchevreuil auprès de madame la Dauphine, et les jours sont si courts qu'effectivement je ne sais comment envoyer mademoiselle de Mursay; elle n'est pas capable de mes diligences, il lui faut une fille, et pour cela que je m'en passe, et tout cela pour revenir à la nuit; mandez-moi après tout cela, si vous la voulez, le jour des Rois.

Madame de Montchevreuil vient de me faire voir une lettre qui mande que sa fille religieuse est à l'extrémité des vapeurs qu'elle a; je lui offre Rueil avec votre permission pour que nous puissions juger de son état.

Je sais les chagrins de M. Pellisson entre nous, et nous en parlerons si je puis parvenir à vous voir[3].

---

1. Madame de Brinon, qui était entreprenante et aimait la représentation, avait ouvert une chapelle dans sa maison de Rueil, et voulait y faire dire la messe. Le roi et l'archevêque de Paris s'y opposèrent; mais, à force d'instances, elle finit par l'obtenir.

2. Madame de Brinon avait la manie de faire des vers et des comédies sur des sujets religieux; nous n'avons pas la force de l'en blâmer, car ces opéras, dont madame de Maintenon se moquait, sont l'origine éloignée d'*Esther* et d'*Athalie* (Voir *Madame de Maintenon et la maison royale de Saint-Cyr*, p. 72).

3. Madame de Brinon était liée avec la plupart des écrivains de

LETTRE CCLXXI

A M. DE VILLETTE[1].

Saint-Germain, 16 janvier 1682.

Je me suis trop plainte de vos enfants quand j'ai cru en avoir sujet, pour ne m'en pas louer quand il m'en revient de bons témoignages. M. de Fourbin, qui se mêle de leur argent et de leurs exercices, en est content; M. l'abbé Gobelin, qui a soin de leur conscience et qui est un homme de sens, est très-satisfait de leur conduite; M. de Nesmond s'en loue fort; ils voient quelquefois M. le duc de Bourbon, qui a un gouverneur d'un grand mérite et qui est des amis de mes neveux. Mademoiselle de Mursay est embellie, et bien plus sage qu'elle n'étoit; nous n'avons pas eu le moindre démêlé depuis qu'elle est revenue de Pontoise; je ne doute pas qu'elle ne vous fasse part de sa joie. J'ai voulu vous en donner en vous apprenant de leurs nouvelles; comme vous en ferez part à madame de Villette, je ne lui écris point et je vous assure tous deux ensemble qu'il n'y a rien que je ne donnasse pour vous voir dans un état qui vous permît de profiter de la bonté du roi, et de l'estime qu'il a pour vous.

cette époque, Pellisson, Scudéry, etc. Madame de Maintenon connaissait aussi ces personnages, les ayant vus dans la société de Scarron. Pellisson avait d'ailleurs des rapports particuliers avec elle, étant chargé des secours ou pensions que le roi donnait aux nouveaux convertis. C'était lui qui lui envoyait les filles des gentilshommes protestants qu'elle faisait élever à Rueil.

1. *Manuscrits de mademoiselle d'Aumale.*

LETTRE CCLXXII

A MADAME DE VILLETTE, A NIORT [1].

A Saint-Germain, ce 3 février 1682.

Il faut que l'on en veuille à mademoiselle de Mursay à la poste, ou que l'on n'y puisse lire le dessus de ses lettres, car j'en ai vu qu'elle vous a écrites et même fort longues; ce n'est pourtant pas grande perte. M. de Fourbin m'a encore rendu de si bons témoignages de vos enfants que je l'ai prié de me les amener samedi pour passer les trois jours gras avec moi; ils verront la différence des traitements que je leur fais quand ils font bien ou mal. J'avoue que ma tendresse suit mon estime, et que j'ai une impatience de les voir que je n'avois jamais eue. Mademoiselle de Mursay alla, il y a trois jours, à Ruelles qui est mon couvent : elle s'y confessa hier avec plus d'instruction et de repos qu'elle n'auroit fait ici; elle en est revenue aujourd'hui; je voudrois que son esprit fût aussi heureux que son humeur. Elle est ravie de tout; ce sont les filles d'honneur qui l'ont été quérir; elle aime passionnément mademoiselle de Biron.

Adieu, ma chère cousine, je souhaite de tout mon cœur que vous vous aidiez utilement du petit secours que je vous ai procuré.

1. *Autographe* du cabinet de M. le duc de Noailles.

LETTRE CCLXXIII

A MADAME DE BRINON [1].

Samedi, à quatre heures (février 1682).

Je suis fâchée que vous m'ayez prévenue en me parlant du succès de notre assemblée, car je voulois vous mander que j'en espérois beaucoup.

Je fus charmée selon le monde, et très-édifiée selon Dieu, de la docilité que je trouvai dans toutes nos mères, et je reconnus plus que je n'avois jamais fait la vertu de vos saintes dans leur soumission pour tout ce que l'on désira d'elles.

J'apprends avec plaisir que nos petites sœurs travaillent, et je serai ravie si je vois leur journée et leurs repas avec une règle qui sente un peu la communauté.

Si la fille qui donne si bien le fouet a le moindre talent, nous sommes trop heureuses de l'avoir pour conduire en chef tout l'ouvrage et en rendre compte à madame de Saint-Pierre; car tant qu'elle entrera dans le détail, rien n'ira bien (je dis madame de Saint-Pierre), n'étant pas possible qu'ayant toutes les affaires de la maison, elle visite la cornette de l'une, le chausson de l'autre; et en un mot, il me semble qu'elle devroit charger notre fille du déluge de l'ouvrage, et qu'elle lui rendît [2]; si on ne l'en trouve pas capable dans les suites, il faudra y mettre Marianne,

---

1. *Manuscrits des Dames de Saint-Cyr.*
2. Qu'elle lui rendît (*compte*).

et Marie-Madeleine feroit la même chose sur les pensionnaires.

N'ayons point regret à une personne de plus ou de moins ; si nous réussissons, notre argent aura été bien employé, et jamais nos pauvres ne feront bien si on ne les garde à vue et si on ne les accoutume à un travail continuel sans jamais les détourner, sous quelque prétexte que ce soit. Si vous approuvez ce que je vous propose, traitez un peu bien cette fille, afin de la garder, et faites servir les pauvres jour par jour, afin qu'elles ne sortent jamais de l'ouvroir : ce seroit une maîtresse qui, sous madame de Saint-Pierre et vous, nous soulageroit du soin de cette maison-là.

Quant aux pensionnaires, j'aurois le même zèle que vous, et j'en aime la quantité ; mais vous êtes peu pour en avoir tous les soins nécessaires, et c'est pour cela que j'en désirois l'autre jour d'un peu grandes pour avoir soin des petites. Louison avoit une chemise la dernière fois qui me fit pitié et mal au cœur. Si la fille du déluge nous demeure, je crois qu'il faudroit charger Marianne des hardes de toutes les pensionnaires, c'est-à-dire d'une vue générale, car j'aime fort que les plus grandes soient chargées des plus petites, pourvu que l'on ne s'y fie pas entièrement. Il faut prendre de mademoiselle de la Harteloire[1] tout ce qu'elle nous voudra donner, mais elle est dans un état bien incertain. J'ai

---

1. Parente de Scarron dont nous avons déjà parlé, et qui était à moitié aveugle.

bien consulté pour elle; assurez-la que je ne l'oublie pas.

Je ne puis vous dire à quel point je fus contente et surprise de l'extrême douceur et complaisance de madame de Saint-Pierre, qui me confirma ce que je vous disois un moment auparavant, qui est que les gens dont l'esprit paroît le plus brusque et le plus ferme sont souvent les plus doux.

Vous êtes admirable de vous louer de tout ce qui vous environne; je ne laisserois pas de vous plaindre si vous ne souffriez pour Dieu, et si vous n'aviez une compagne qui me paroît connoître tout votre mérite. Vous êtes persuadée du sien et contente de son amitié : voilà de quoi se consoler de tout. Dites-lui que j'ai son peloton et un dé d'argent; je reporterai l'un et l'autre le plus tôt que je pourrai. Je la prie de m'envoyer la dépense qu'ont faite mes pauvres depuis le mois de janvier, c'est-à-dire depuis que nous les avons : car il faut faire tout en ordre et compter tous les mois. Je lui demande quelque régal mardi pour nos sœurs de la charité, et d'avoir un *campos* toute l'après-dînée, à condition que mercredi, après avoir pris des cendres, elles commenceront un carême régulier en tout. Je crois que madame de Saint-Pierre a songé à des fèves et à des pois qui cuisent.

LETTRE CCLXXIV

A M. L'ABBÉ GOBELIN [1].

A Saint-Germain, ce 7 février 1682.

La lettre que je vous envoie vous fera voir ce que je désire pour l'image; j'en fais cas pour les reliques qu'elle a touchées. J'ai bien envie d'avoir l'honneur de vous voir et vous me ferez plaisir de venir dès que vous le pourrez, sans pourtant quitter la moindre de vos affaires; car ce que je vous veux dire n'est pas pressé. Si vous me vouliez marquer le jour que vous viendrez, vous me mettriez l'esprit en repos.

Je crains que vous ne veniez un jour que je serai à Ruelles ou à Versailles.

LETTRE CCLXXV

A MADAME DE BRINON [2].

Ce 13 février 1682.

Il y a longtemps que je vous aurois fait réponse si je n'avois toujours eu l'intention de vous aller voir; mais le froid excessif qu'il fait depuis quelques jours m'a rendue si paresseuse qu'il m'est impossible de sortir, et je dépenserois plus en bois à madame de Saint-Pierre qu'elle n'a dépensé pour nourrir mes petites filles. Je la prie et vous aussi de voir le plus nettement qui se pourra à quoi cela ira par mois;

---

1. *Manuscrits des Dames de Saint-Cyr.*
2. *Manuscrits de mademoiselle d'Aumale.*

mais je vous demande qu'elles aient leur soûl de pain.
Je vous envoie du beurre pour elles, cela sera d'un
grand secours. Voilà aussi l'argent que je dois de
reste du mois passé, et quelque avance pour celui-
ci. J'ai une grande impatience de voir leur travail,
et si l'ordre est établi dans l'ouvroir. J'ai des tabliers
pour elles, mais je veux leur donner moi-même, et
voir si elles ont bien du potage; car je vous dirai
librement que je ne leur ai jamais vu la moitié de ce
qu'il leur en faut, et que j'ai quelque soupçon qu'elles
meurent de faim. J'ai trouvé leur nourriture bien
ordonnée sur le mémoire que vous m'avez envoyé,
et une épargne qui me ravit; mais les ouvriers de
Ruelles me paroissent ruineux.

J'envoie chercher mademoiselle de Mursay; à cette
heure je la crois un peu reposée. Je vous prie de dire
à mademoiselle de la Harteloire que je ne l'oublie
point, et que je consulte souvent son mal. Je l'enverrai quérir aussitôt que le temps sera un peu plus
doux. Présentez ces six pots de confitures à madame
Hatte[1], je vous prie, de ma part, et mandez-moi bien
des nouvelles du logis. M. de Riau, procureur du roi
à Paris, m'a fait demander de mettre avec vous une
sœur ursuline qu'il a, dont il paye la pension, et il
me fait espérer qu'il me feroit donner des amendes,
si nous lui faisions ce plaisir-là. Je n'ai rien répondu,
voulant vous en parler, et ne désirant que ce qui peut
vous être agréable et utile à nos petits desseins.

Adieu, madame, je suis assurément fort à vous et
à votre chère amie.

1. L'une des ursulines.

LETTRE CCLXXVI

A M. D'AUBIGNÉ, A COIGNAC[1].

A Saint-Germain, ce 20 février 1682.

Les affaires de madame d'Aubigné vont leur train, et je fais là-dessus tout ce qu'on me demande : j'avois choisi un excellent rapporteur, mais on l'envoie en Poitou, et j'en ai demandé un autre. Je n'ai rien fait pour mademoiselle des Coyeux; elle n'a nul besoin de moi, étant parente de M. de Montausier. Je vous prie de dire à madame d'Aubigné que je lui écrirai à son tour, mais je ne puis vous séparer en rien; je me réjouis avec elle de votre retour, car il m'avoit paru qu'elle le désiroit, et je ferai toujours des souhaits pour tout ce qui lui sera agréable, ayant bien de l'amitié pour elle. J'ai vu madame de Jarnac à votre intention, quoique je ne voie personne, et j'ai fait beaucoup de compliments à monsieur son mari. La grossesse de madame la Dauphine est très-heureuse; elle n'a point la moindre incommodité, et n'a point encore senti son enfant; elle sera bientôt à quatre mois et demi. On ira à Saint-Cloud après Pâques pour y passer huit ou dix jours, ensuite on s'établira à Versailles pour y faire les couches de madame la Dauphine; elle en relèvera en fin d'août. On ira passer le mois de septembre à Fontainebleau, et octobre à Chambord; de là on reviendra passer novembre à Versailles, et tout l'hiver ici; je crois

---

1. *Autographe* du cabinet de M. Feuillet de Conches.

que ces projets s'accompliront pour cette année[1] ; car il n'y a pas tous les ans Strasbourg à prendre[2]. Nos filles[3] vivent toujours dans une régularité qui étonne toute la cour. Madame d'Heudicourt est ici malade et plus caduque que l'on ne l'est d'ordinaire à soixante ans[4] ; toute le reste va à l'ordinaire et je suis très-heureuse[5].

Je souhaite de tout mon cœur que vous viviez content. Charlot m'écrit souvent, il montre beaucoup d'esprit. Les enfants de M. de Villette font merveilles et profitent de leur bonheur. Adieu.

LETTRE CCLXXVII

A MADAME DE SCUDÉRY[6].

Ce 3 de mars 1682.

Je connois les livres que vous m'avez envoyés et je les aime fort ; souffrez donc que je vous les rende ; vous en ferez un meilleur usage que moi et j'en ai un

---

1. En effet tout cela s'effectua à peu près.
2. La prise de Strasbourg avait empêché l'année précédente le voyage de Chambord.
3. Les filles d'honneur de madame la Dauphine.
4. Madame d'Heudicourt se ressentait de son exil. « Le chagrin la rendit si malade, dit madame de Caylus, qu'elle fut plusieurs fois à l'extrémité... Je ne l'ai vue qu'à son retour, si changée qu'on ne pouvoit s'imaginer qu'elle eût été belle. » (*Souvenirs*, p. 187, édit. Renouard.)
5. « Je suis très-heureuse. » Aurait-elle écrit cela si elle eût été dans la situation d'esprit et de cœur qu'indiquent les prétendues lettres à madame de Frontenac?
6. *Autographe* appartenant à M. Feuillet de Conches.

qui contient les trois et qui même a des fermoirs, tant je compte de le garder toujours. Je charge celui qui vous rend ma lettre de vous mettre quelque argent entre les mains. Il ne sait point ce que c'est. Recevez-le comme une chose que vous attendiez, et croyez, madame, que je suis bien persuadée qu'il y a plus de mérite et de peine à en recevoir qu'à en donner et que je suis sensiblement touchée de vos malheurs.

LETTRE CCLXXVIII

A MADAME DE BRINON [1].

Ce 7 mars 1682.

Je suis en peine de votre migraine et de la continuation du mal de madame de Montchevreuil; mandez-moi, je vous prie, s'il ne change point les mesures que vous avez prises pour votre voyage de Pontoise, et s'il ne seroit point à propos de mener M. Fagon chez vous. Je ne me porte point bien. Adieu, ma très-chère, conservez-vous et n'allez point à Maubuisson si vous êtes malade. Mon carrosse sera toujours prêt, quelque jour que vous le veuillez, et j'ai peur du désordre pour nos infirmes si vous quittez.

Je vous envoie un pot de beurre pour vous et huit de confitures; je vous prie d'en donner deux à mademoiselle de la Harteloire, deux à mademoiselle de Rivière, et un à Manette et à Jaquette de ma part, le

1. *Manuscrits de mademoiselle d'Aumale.*

tout à condition que les pots reviennent à madame de Saint-Pierre. Je vous supplie de dire à vos pensionnaires que je songe à leurs chapelets, pourvu qu'elles soient plus sages qu'elles ne le furent lundi à l'heure de l'ouvrage. Adieu, madame, je voudrois fort que tout allât chez vous selon votre désir et votre capacité.

LETTRE CCLXXIX

A MADAME DE BRINON[1].

Ce 7 avril 1682.

Votre messager m'a fait peur que la fièvre n'eût repris à votre joufflue; vous m'avez inspiré de la tendresse pour elle.

Je ne suis point surprise du soin de M. le duc de Richelieu et de toutes ses honnêtetés.

Vous aurez demain du linge à faire; ce n'est que manque de voiture si vous ne l'avez pas eu plus tôt.

Madame de Saint-Pierre recevra aujourd'hui une douzième fille pour la *charité*. Je ne suis point surprise de leur dissipation; et plus elle durera, plus vous aurez de la peine à les remettre à l'ouvrage. Je n'aurois pas grande envie de les mettre à la dentelle, dans la vue que j'ai d'établir une manufacture de toile à Maintenon; et ce seroit les faire changer souvent d'ouvrage. Il faudroit faire encore une tentative pour voir si on ne peut avoir quelque lingère de

1 *Manuscrits de mademoiselle d'Aumale.*

Paris qui voulût nous fournir de quoi travailler. Si nous n'en trouvons point, j'aime mieux qu'elles fassent de la dentelle que de ne rien faire; mais comptez que celles de Montchevreuil ne réussissent point, et que j'en ai fait faire dont il m'a été impossible de me servir. Mais pour essayer de tout et ne nous reprocher rien, et plus que tout cela pour les occuper, mettez-en quatre à la dentelle, quatre qui demeureront pour coudre, et quatre que je vous prie de faire faire des bas cet hiver; car pour traîner dans le logis, je n'y ai jamais consenti que par complaisance, et c'est ce qui leur est le plus mauvais par des raisons que je vous aurois dites si dans ce moment on ne m'interrompoit.

Si on obtient la dispense dont vous me parlez, ce sont des affaires de vingt mille livres; mais je ne veux jamais rien demander. Adieu.

LETTRE CCLXXX

A M. D'AUBIGNÉ, A COIGNAC [1].

A Saint-Germain, ce 8 avril 1682.

Alnes et Saujon qui sont les deux terres que M. le duc de Richelieu avoit en Saintonge ne sont plus à lui; et pour les acheter, vous auriez affaire à madame la duchesse d'Aiguillon qui est toute remplie de difficultés et de chicanes. Cependant je voudrois de tout mon cœur que vous eussiez quelque terre;

---

1. *Autographe* du cabinet de M. Feuillet de Conches.

je crois que vous toucherez bientôt l'argent de
M. Truc; voilà vingt mille francs que le roi vous
donna hier, et vous en auriez de M. Brunet, tout
cela feroit une somme considérable[1], et que vous auriez un grand intérêt à ne pas dissiper. Faites mille
amitiés pour moi à madame d'Aubigné, je vous prie;
je voudrois bien qu'elle se sentît un peu de l'argent
qui vous vient, et je ne puis vous pardonner de m'a-
voir refusé d'employer les cent pistoles que j'avois à
vous, en hardes qui lui auroient été agréables; je ne
lui en envoie plus, parce que vous êtes plus riche
que moi, et que j'aime mieux nourrir des pauvres
que d'en être la dupe.

Adieu, mon cher frère, je suis toujours la même
pour vous, et quoi que l'on vous puisse dire, si vous
me connoissiez, vous seriez persuadé que je ne change
point. Je me porte bien à quelques migraines près
que le printemps rend un peu trop fréquentes.

LETTRE CCLXXXI

A M. D'AUBIGNÉ, A COIGNAC[2].

A Versailles, 14 mai 1682.

J'ai reçu une lettre de vous pleine de compliments
et de remercîments que je ne veux point; je suis

[1]. L'argent de M. Truc provenait de la dot de madame d'Aubigné; celui de M. Brunet était la pension des fermiers généraux;
quant aux 20,000 francs du roi, c'était sans doute quelque gratification obtenue par madame de Maintenon. Je répète qu'il y a trop
d'argent dans toutes ces lettres à d'Aubigné, et qu'elles ont besoin
d'avoir à côté d'elles les lettres à madame de Brinon.

[2]. *Autographe* du cabinet de M. Feuillet de Conches.

contente pourvu que vous soyez content et que vous fassiez un bon usage de tous les biens qui vous arrivent; ils ne sont pas inépuisables, et tout en cela peut finir comme vous savez[1]. J'ai votre ordonnance de vingt mille francs payable, ce me semble, à la fin de juillet; vous me ferez savoir ce que vous voulez que j'en fasse. J'ai fait un petit voyage à Maintenon où j'ai des desseins merveilleux pour le bien public[2]. Charlot est embelli et a tout à fait de l'esprit; il écrit mieux que moi et je l'admire depuis que nous avons son baptistère; je le croyois plus vieux qu'il n'est. L'idée que vous vous faites de Ruelles est assez juste; c'est un lieu admirable, et où je me divertis fort : Dieu bénit tout ce qui s'y fait par un succès qui passe nos espérances; la police féminine y triomphe et vous n'en seriez pas étonné.

L'on ne parle ici que de guerre; pour moi je ne la crois point, parce que je ne la désire pas et que j'ai l'humeur assez heureuse. MM. de Mursay et leur sœur réussissent fort bien et profiteront, je crois, de leur bonheur. Je suis fâchée qu'aucun Sainte-Hermine ne l'ait partagé, car j'aime leur mère et leur nom. Je ne sais point de nouvelles; ma santé est bonne, et mon visage mauvais, parce que la machine se dément.

Adieu, mille amitiés à madame d'Aubigné, je lui souhaite toute sorte de bonheur, et il n'y a rien que

---

[1]. La Beaumelle ajoute : « C'est un ruisseau que le moindre temps de sécheresse peut tarir. »
[2]. Cela sera expliqué plus loin.

je ne fisse pour y contribuer; je suis très-aise quand je reçois de ses nouvelles et des vôtres[1].

LETTRE CCLXXXII
A M. D'AUBIGNÉ, A COIGNAC [2].

A Versailles, ce 28 mai 1682.

J'ai fait connoissance avec M. le marquis et M. l'abbé d'Aubigné de Tigny[3] depuis peu; ils m'ont instruite de notre maison : c'est apprendre bien tard qui on est; mais cela n'est jamais indifférent et je n'ai pu voir sans plaisir une généalogie de quatre cents ans très-bien suivie par des contrats de mariage et l'endroit où nous sommes séparés. Ces messieurs m'ont appris que la terre d'Aubigné est à vendre[4]; celle de Sainte-Jesme qui étoit l'aînée de la maison et celle de la Jousselinière dont ils sont sortis. Il me semble que si vous aviez à faire quelque emploi de votre argent, ce seroit une chose raisonnable et agréable de

1. Au lieu de ces lignes, La Beaumelle met : « Vous m'apprenez de singulières nouvelles de ma faveur. Les nouvellistes en savent plus que la favorite. »
2. *Autographe* du cabinet de M. Feuillet de Conches.
3. Le marquis d'Aubigné de Tigny, depuis maréchal de camp et gouverneur de Saumur; l'abbé d'Aubigné de Tigny, depuis évêque de Noyon, archevêque de Rouen. Ils descendaient, comme Agrippa et les siens, de Thibaut d'Aubigné, seigneur de la Jousselinière et de la Touche, qui vivait en 1450. Il sera souvent question de ces deux personnes dans les lettres de madame de Maintenon, qui a eu une longue correspondance avec l'archevêque de Rouen.
4. Cette terre d'Aubigné ou d'Aubigny était située dans l'Anjou, près du Lude.

rentrer dans quelqu'une de ces terres qui seront à bon marché. Ils prétendent que vous auriez les deux premières pour quarante mille écus. Mandez-moi si vous avez d'autres vues ou si vous voudriez que je suivisse celle-là. L'argent que vous devez toucher à la fin de l'année, les vingt mille francs que j'ai à vous, et le bien de madame d'Aubigné qui ne sauroit être mieux remplacé, vous feroit entrer aisément en possession; car l'argent comptant n'est pas commun.

Il me semble qu'il y a longtemps que je n'ai reçu de vos nouvelles ni de celles de madame votre femme. Je me porte à mon ordinaire, souvent la migraine et jamais d'autres maux. Il n'y a rien de nouveau ici, si ce n'est que M. le duc du Maine a eu le gouvernement de Languedoc par la mort de M. de Verneuil[1] dont on prend le deuil dimanche pour quelques jours. On dit que nous passerons l'hiver à Versailles, Saint-Germain n'étant pas prêt.

LETTRE CCLXXXIII

A MADAME DE BRINON [2].

Mai 1682.

Que l'on m'envoie tout le chanvre qu'on aura filé, quand toutes fileront du lin, et qu'Andrée y apporte un grand ordre, afin qu'il n'y ait rien de perdu.

1. M. de Verneuil était un fils naturel de Henri IV et de la marquise de Verneuil; il mourut le 28 mai 1682, âgé de 81 ans. Le duc du Maine fut en effet nommé gouverneur du Languedoc le 4 juin, avec le duc de Noailles pour lieutenant.
2. *Manuscrits de mademoiselle d'Aumale.*

Je vous prie d'entreprendre la fille de notre paysanne pour la bien instruire sur la religion et sur la morale, car je voudrois pouvoir la renvoyer avec sa mère. En l'instruisant tout haut, les autres en profiteront. Vous m'avertirez quand vous jugerez qu'il faudra les renvoyer, car auparavant, je veux faire une épreuve de ce qu'elles pourront gagner. Si la grande Dosy se tourne à bien, elle pourra vous soulager; la ressemblance de sa mère me fait peur. Je n'ai pas encore reçu de réponse sur la petite de Sourches. Si la fille de mademoiselle de Scudéry étoit telle qu'on vous la représente, on seroit trop heureux de l'avoir. Je crains que vous ne fassiez votre maison trop grande; elle roule tout entière sur vous, et si vous étiez huit jours malade, il n'y a point de petite fille que l'on ne dût retirer. Voilà mes craintes; faites du reste ce que vous jugerez à propos.

La nourriture des pauvres va fort bien ce mois ici, pourvu qu'elles aient mangé leur soûl; je vous prie qu'on leur fasse du pain plus bis, et qu'elles en aient assez, non-seulement pour vivre, mais pour croître.

J'enverrai au premier jour mon carrosse pour amener la Bonne[1] et mademoiselle de la Harteloire; l'une pour passer huit jours ici, l'autre pour faire traiter son œil.

Le désordre de votre horloge me fit revenir l'autre jour de deux heures plus tôt que je ne le voulois.

Adieu. M. le duc du Maine a le gouvernement de Languedoc[2], et j'espère qu'il en reviendra quelques

1. Je ne sais quelle est la *Bonne*.
2. Voir la lettre précédente.

avantages aux Montchevreuil. N'en dites rien, ils ne le savent pas eux-mêmes. Adieu, ma très-chère, ne vous rebutez point de m'écrire, je répondrai quand je le pourrai.

LETTRE CCLXXXIV

A M. L'ABBÉ GOBELIN [1].

Versailles, ce 2 juin 1682.

Le plaisir de voir à la messe le roi très-chrétien et très-aimable ne sauroit vous manquer, non plus que celui de la simplicité de ma chambre; plût à Dieu qu'il y en eût autant dans mon cœur, et que sans compter ce que je n'y connois point, je n'y découvrisse pas des replis qui peuvent gâter tout ce que je fais. Je suis ravie de ce que le monde loue ce que fait le roi [2]. Si la reine avait un directeur comme vous, il n'y a point de bien qu'on ne dût espérer de l'union de la famille royale; mais on eut toutes les peines du monde à persuader sur la *media noche* son confesseur, qui la conduit par un chemin plus propre, selon moi, à une carmélite qu'à une reine.

Vous serez le bienvenu lundi, je vous donnerai à

1. *Manuscrits des Dames de Saint-Cyr.*
2. Il est probable que madame de Maintenon ne veut parler que de la vie régulière du roi et de sa piété. La Beaumelle invente et ajoute ce qui suit : « Je voudrois bien qu'il en rapportât la gloire à Dieu seul. Vous entendrez bientôt parler d'un nouvel établissement fort utile à la pauvre noblesse. Un Flamand a donné le dessin d'une machine pour Marly qui sera une des merveilles du monde. » Il n'y a pas un mot de cela dans les lettres autographes.

dîner. J'ai su que l'on trouve à redire au dernier bienfait que vous avez reçu du roi ; mais ce qui me fâche, c'est la sensibilité que vous avez eue pour ce blâme, que je crois mal fondé ; je voudrois que votre tranquillité ne fût jamais troublée et que vous fussiez aussi heureux que vous le méritez. J'ai un dessein qui roule sur vous, et dont M. le duc du Maine profiteroit : je voudrois que vous fissiez un petit extrait, recueil, je ne sais comment l'appeler, mais enfin des maximes sur les devoirs d'un prince, qui lui donneroient l'idée qu'il doit avoir de la religion, et une pratique de dévotion courte et solide pour l'emploi de ses journées.

Travaillez sur ce projet, je vous prie, tout embrouillé qu'il est, et croyez que je mérite l'amitié que vous me témoignez par tous les sentiments que j'ai pour vous.

LETTRE CCLXXXV

A M. D'AUBIGNÉ, A COIGNAC [1].

Versailles, 22 juin 1682.

Je n'ai garde de vous dire si je penche à Aubigné ou à Sainte-Jesme, puisque je ne connois ni l'une, ni l'autre, et que je ne puis que vous conseiller d'acheter l'une des deux, si l'on vous en fait un marché raisonnable. Quant à l'argent, j'ai compté que l'on ne paye pas une terre dès que l'on l'achète ; qu'il faut un décret, et que vous avez vingt mille francs d'une part,

---

1. *Autographe* du cabinet de M. Feuillet de Conches.

dix-huit mille francs de l'autre pour commencer ; que ce ne seroit pas une chose impossible pour un bon emploi de vous faire avancer une année de dix-huit mille francs par M. Brunet ; que vous venez de vendre la maison de Saint-Cloud neuf mille francs, et que cela est plus qu'il ne faut pour entrer en négociation ; du moins, sais-je bien qu'ayant mon argent tout prêt, j'ai été trois ou quatre ans à payer Maintenon, et encore ai-je fait le dernier payement si mal à propos, que je le ferai encore une fois. Voilà ce que j'ai pensé sur vos affaires. Si j'ai eu tort, il n'y a encore rien de gâté.

Vous auriez la tête bien près de tourner, si vous comptiez pour quelque chose ce que l'on vous redit de vos proches ; ils sont peu instruits de mes projets, et je n'en ai aucun ; ne vous faites point de peines sur toutes ces imaginations-là ; faites ce que vous voudrez ; mon humeur est de ne me contraindre que le moins que je le puis et de ne jamais contraindre les autres. Je vous enverrai un cachet, mais je désapprouve fort l'affectation que vous avez de mettre les armes de la mère de votre grand'mère ; car c'est de là que sont les hermines.

Adieu, je voudrois de tout mon cœur que votre acquisition fût faite ; vous vous en occuperiez peut-être, et ce sont des plaisirs de tout âge ; je sais celui que Maintenon m'a donné, quand j'ai pu y penser.

LETTRE CCLXXXVI

A M. D'AUBIGNÉ, A COIGNAC[1].

A Versailles, ce 25 juin 1682.

J'ai reçu votre triste lettre, mais je connois trop bien les vapeurs pour m'en effrayer; leur effet le plus ordinaire est de faire envisager une mort prochaine[2]. Je ferois pourtant scrupule de vouloir vous en effacer entièrement la pensée, car il est bon de s'y préparer, et surtout quand on a de grands comptes à rendre; c'est là ce qui doit nous occuper, et non pas ce qui se passera après nous. Mes migraines ne méritent pas l'inquiétude que vous en témoignez; je n'ai jamais que ce mal-là, et c'est en être quitte à bon marché.

J'ai toutes les connoissances possibles et certaines de notre maison; je vous en enverrai la généalogie dès qu'elle sera en ordre. Je voudrois que vous eussiez cette terre, et je vous ferois bien avancer de l'argent pour un emploi de cette nature; vous devriez vous en informer, car la terre d'Aubigné vient d'être vendue à un chapitre, et il n'y a qu'un temps pour pouvoir la retirer. Il faudroit aussi que ce chapitre ne sût pas que vous en avez envie; il seroit à craindre qu'il ne s'en prévalût.

M. de Caumont et son fils[3] feront, je crois, leur

---

1. *Autographe* du cabinet de M. Feuillet de Conches.
2. La Beaumelle ajoute : « Mais cet effet est corrigé par la propriété qu'elles ont de la faire envisager longtemps. »
3. Fils et petit-fils de Caumont d'Adde et de Madeleine Mério-

abjuration demain, ici; j'en ai une grande joie, car c'est un très-bon gentilhomme et qui a du service. Si mademoiselle de Caumont se trouvoit ébranlée de l'exemple de son père, j'en aurois un très-grand plaisir.

Adieu, mon très-cher frère, j'embrasse madame votre femme; écrivez-moi de vos nouvelles et tâchez de vous divertir; c'est le seul remède pour les vapeurs.

LETTRE CCLXXXVII (La B.)

NOTE PRÉLIMINAIRE

« Vous aurez appris l'heureux accouchement de madame la Dauphine; » dit madame de Maintenon dans une lettre du 18 août 1682. De cette ligne, La Beaumelle a tiré l'occasion d'une lettre à *madame de Saint-Géran*, laquelle était à la cour et n'avait nul besoin qu'on lui apprît des choses qui se passaient sous ses yeux. Louis Racine l'apostille : *M'est inconnue et je la crois fausse.*

A MADAME DE SAINT-GÉRAN[1].

Ce 7 août 1682.

On est ici dans la plus grande joie. Le roi a fait un fort beau présent à madame la Dauphine : il a eu un moment entre ses bras le petit prince : il a félicité

---

deau. Ils n'étaient aucunement parents de madame de Maintenon; malgré cela ils se disaient ses cousins et avaient recours à son crédit. Voir l'ouvrage : *la Famille d'Aubigné et l'enfance de madame de Maintenon*.

1. Collection de La Beaumelle, édit. de Nancy, t. I, p. 183; édit. d'Amsterdam, t. II, p. 112.

Monseigneur comme un ami ; il en a donné les premières nouvelles à la reine ; enfin tout le monde dit qu'il est adorable[1]. Madame de Montespan sèche de notre joie : elle meurt de jalousie ; tout lui déplaît, tout l'importune, et elle prétend que les couches des autres lui sont aussi funestes que les siennes[2] ; elle en veut surtout au père de La Chaise qui ne fait que son devoir, mais qui le fait mieux que jamais[3]. Nous vivons avec toutes les apparences d'une sincère amitié. Les uns disent que je veux me mettre à sa place, et ne connoissent ni mon éloignement pour ces sortes de commerces, ni l'éloignement que je voudrois en inspirer au roi[4]. La plupart s'imaginent que je conspire avec elle ; quelques-uns croient que je veux le ramener à Dieu ; je le souhaiterois bien, mais je ne l'espère pas. Il y a un cœur bien mieux fait, sur lequel j'aurois de plus grandes

---

1. Tout cela est de l'invention de La Beaumelle. Le roi ne fit pas de présent à la Dauphine ; il ne tint pas le petit prince dans ses bras ; il ne félicita pas Monseigneur comme un ami ; il ne donna pas les premières nouvelles à la reine, car la reine était là, etc. Voir les détails les plus circonstanciés sur l'accouchement de la Dauphine dans l'ouvrage : *Curiosités historiques sur Louis XIII, Louis XIV, etc.*, par M. Leroy, p. 30.

2. Ceci est absurde. Comment madame de Montespan pouvait-elle être jalouse des couches de la Dauphine ? Comment les couches des autres lui étaient-elles aussi funestes que les siennes ?

3. Ceci est encore absurde. Comment madame de Montespan en voudrait-elle au P. de La Chaise de faire son devoir, à propos des couches de la Dauphine ? Madame de Maintenon n'a jamais dit : « Il le fait mieux que jamais. » Au contraire elle se plaignait de la faiblesse trop indulgente du P. de La Chaise, et madame de Montespan appelait crûment le confesseur du roi *une chaise de commodité.*

4. Cette phrase, bien imaginée et habilement dite, a été répétée partout. D'après tout ce que nous avons vu de la conduite de madame de Maintenon à l'égard du roi, elle est impossible.

espérances. Adieu, madame. Ne dites rien de tout ceci : on en devine assez, et on en dit toujours trop.

LETTRE CCLXXXVIII

A M. D'AUBIGNÉ, A COIGNAC [1].

A Versailles, ce 18 août 1682.

J'ai reçu deux lettres de vous à peu près en même temps, l'une du 6, l'autre du 9. Pour y répondre par ordre, je vous dirai que je n'ai pas ouï parler du prêtre Chandelier, que je ne sais ce que c'est, et qu'ainsi je ne puis vous donner de conseil ; tout ce que je vous puis dire, en général, est de ne rien commencer que vous ne puissiez soutenir, et d'éviter surtout le ridicule.

Il faut que la lettre dont vous me parlez soit perdue, car je vous aurois répondu sur ce que vous me mandez des terres d'Anjou ; il est vrai que je serois ravie que vous retirassiez d'Aubigné du chapitre d'Angers qui vient de l'acheter ; ils me l'ont fait offrir fort honnêtement ; il vous convient d'avoir une terre sans maison à entretenir, vous n'en pouvez avoir une plus belle que Coignac.

Je suis bien aise que M. de Rulles ait mis ses enfants dans les nouvelles compagnies que le roi vient de faire [2] : c'est un grand soulagement pour la no-

---

1. *Autographe* du cabinet de M. Feuillet de Conches.
2. Les compagnies de *cadets* que Louis XIV avait instituées dans certaines places pour y élever les fils de la noblesse. Elles ne durèrent que peu de temps.

blesse, et il n'y a point d'état ni de condition qui ne doive son bonheur au roi.

Il faut prendre patience sur madame de Caumont, il n'y a rien que le temps n'adoucisse.

Je suis fort aise du bateau que vous avez, et je n'ai rien à vous dire de meilleur sur les vapeurs, que de vous conseiller de vous divertir ; de n'être jamais seul, de manger peu et souvent, de vous promener à cheval, en carrosse et en bateau, de marcher peu, d'éviter toute sorte d'épuisement, soit de corps, soit d'esprit, et de ne point vous appliquer par aucune lecture et surtout de ne point rêver couché dans une grande chaise comme je crois vous voir.

Je vous remercie de l'éclaircissement que vous me donnez, sur la maison de notre grand'mère[1], j'en ai de reste présentement ; mais je voudrois bien savoir qui étoit M. de Cardilhac[2], car c'est ce que je trouve le plus obscur.

Je crois que l'usage des eaux vous seroit fort bon, et vous ne devez rien négliger là-dessus.

J'ai peine à croire que M. de Villette se convertisse ; je le voudrois de tout mon cœur.

Vous aurez appris l'heureux accouchement de madame la Dauphine ; jamais on n'a vu tant de joie que l'on en a témoigné à Paris et dans toute la cour[3].

1. La maison de Montalembert.
2. M. de Cardilhac était d'une très-bonne maison du Languedoc. Voir mon ouvrage : *la Famille d'Aubigné et l'enfance de madame de Maintenon*.
3. « A la naissance de M. le duc de Bourgogne, on devint presque fou : chacun se donnoit la liberté d'embrasser le roi. La foule

Adieu. Vous ne me dites rien de madame d'Aubigné; vous ne serez jamais heureux ni bien avec Dieu si vous ne vivez bien ensemble.

LETTRE CCLXXXIX

A M. D'AUBIGNÉ, A COIGNAC [1].

Ce 9 septembre 1682.

J'ai appris que messieurs les échevins de Coignac ont un petit démêlé avec les dames de la Charité pour l'emploi d'un fonds destiné aux pauvres; ce n'est point à moi à le juger, mais je vous prie, mon cher frère, d'être autant qu'il vous sera possible dans les intérêts des dames de la Charité; elles sont établies par messieurs de la Mission [2], qui sont les gens du monde les plus zélés et les plus capables pour toutes sortes de bonnes œuvres; ils ont une si grande application et tant d'expérience sur ces matières-là, qu'ils pourroient mieux décider que personne de l'utilité des emplois que l'on veut faire pour le bien du prochain. J'ai tant d'estime pour leur maison en géné-

le porta depuis la surintendance, où madame la Dauphine accoucha, jusqu'à son appartement. Il se laissoit embrasser à qui vouloit. Le bas peuple paroissoit hors de sens; on faisoit des feux de joie partout... A Paris les boutiques furent fermées trois jours durant; toutes les rues étoient pleines de tables où les passants étoient conviés, etc. » (*Mémoires de Choisy*, p. 275.)

1. *Autographe* du cabinet de M. Feuillet de Conches.
2. Les prêtres de Saint-Lazare, congrégation fondée par saint Vincent de Paul. Madame de Maintenon avait tant d'estime pour ces humbles prêtres, qu'elle leur confia plus tard le service spirituel de Saint-Cyr.

ral, et pour quelques particuliers, que je vous recommande cette affaire de tout mon cœur.

LETTRE CCXC

A M. D'AUBIGNÉ, A COIGNAC [1].

Versailles, ce 15 septembre 1682.

J'ai reçu une lettre de madame de Miossens, sur l'état où vous êtes; il me fait une grande peine, quoiqu'il n'y ait aucun danger; mais vous souffrez, et quand l'esprit est attaqué par les vapeurs, c'est le plus grand mal que l'on puisse souffrir. Je le connois, et par mon expérience et pour en avoir beaucoup vu; réjouissez-vous le plus qu'il vous sera possible, je vous l'ai déjà mandé; promenez-vous à cheval et en carrosse; ne vous appliquez à rien; marchez peu; ne soyez jamais seul; allez à l'air; voyez les terres d'Anjou : tout cela vous est bon, si vous ne prenez pas l'avis de M. Fagon, qui vous envoyoit dès cette année à Vichy. Voici une lettre de M. le duc du Maine, qui est d'un style assez gai et la signature assez magnifique [2]; il conserve toujours beaucoup d'amitié pour vous.

La cour part lundi prochain [3] pour Chambord;

---

1. *Autographe* du cabinet de M. Feuillet de Conches.
2. Le duc du Maine a une signature prétentieuse : il met en gros caractères : *Louis Auguste de Bourbon*, et accompagne la fin de sa lettre d'un signe imité de celui qu'employait madame de Maintenon, et qui figure un L et un A entrelacés.
3. Elle partit le 21 septembre et resta à Chambord jusqu'au 10 octobre.

madame la Dauphine demeure ici, n'étant pas encore en état de marcher, au grand regret de toute sa maison. J'aurai l'honneur d'aller avec la reine[1], et j'espère que nous retrouverons madame la Dauphine à Fontainebleau.

Je me porte fort bien, et l'air de Versailles m'ôte la moitié de mes migraines. Madame d'Aubigné me fait une belle et bonne relation de vos plaisirs, sur la naissance de notre jeune prince; je suis assurée qu'elle dansa de fort bonne grâce, au moins, j'ai vu qu'elle s'y prenoit fort bien.

Adieu, mon cher frère, mes compliments à vos dames de la Charité, elles m'ont fait bien des remercîments de ce que vous avez fait pour elles.

LETTRE CCXCI

A MADAME DE BRINON[2].

17 septembre 1682.

Je vous ai envoyé mademoiselle de Mursay, sans pouvoir vous écrire ni lui dire un mot[3]. J'avois à la gronder d'une chose que j'ai sur le cœur contre elle; la voici : elle a laissé passer la dernière fête de la Vierge sans penser à faire ses dévotions, parce que je

---

1. Il est assez remarquable que la Dauphine restant à Versailles, madame de Maintenon, qui est dame d'atour de cette princesse, accompagne la cour et a « l'honneur d'aller avec la reine. »

2. *Manuscrits de mademoiselle d'Aumale.*

3. La cour se disposait à aller à Chambord, et madame de Maintenon, pendant ce voyage, laissait mademoiselle de Mursay à Rueil.

ne faisois pas les miennes; j'ai remis à Chartres où nous allons [1], et elle n'avoit pas la même raison, outre qu'elle est en meilleur état que moi pour approcher des sacrements.

Je vous prie qu'elle lise ses livres espagnols; qu'elle joue de la guitare et du clavecin, et surtout que les petites filles ne gâtent pas ses instruments. Ne vous relâchez point, je vous prie, sur leur instruction et sur leur travail; les objets de nos peines sont bas, mais peut-être que Dieu y sera plus glorifié que dans des sujets plus éclatants.

Mademoiselle de Mursay viendra peut-être à Fontainebleau. Écrivez-moi souvent; vous n'avez qu'à envoyer vos lettres à M. Bontemps [2] ou à madame de Montchevreuil: ils seront l'un et l'autre ici.

Je serois très-aise de plaire à madame de Bonnevaut, car je l'estime et je suis persuadée de son bon goût; assurez-la bien que la cour ne contente pas plus pleinement que la philosophie, et qu'un jour bien passé, par rapport à Dieu, est plus délicieux que ceux qui le paroissent tant à ceux qui le voient de loin.

Que n'aurois-je point à dire à madame Savary [3], sur la galante et spirituelle lettre qu'elle m'a écrite? Je voudrois y répondre par mon esprit comme je fais par mon cœur; mais, ma très-chère, je suis accablée de soins, de visites et de préparatifs de voyages. Ré-

---

1. La cour devait passer par Chartres pour aller à Chambord.
2. Valet de chambre du roi et son homme de confiance.
3. Mesdames de Bonnevaut et Savary étaient des amies de madame de Brinon qui avaient cherché un asile à Rueil.

pondez donc de moi et pour moi et croyez que je vous aime et que je vous estime comme vous le méritez.

LETTRE CCXCII.

MADAME LA DAUPHINE A MADAME DE MAINTENON [1].

Septembre 1682.

J'ai reçu votre lettre, dans laquelle je vois avec beaucoup de plaisir que tout se porte bien, et vous particulièrement; vous m'avez fait aussi un fort grand plaisir de me faire toute la description de ce qui se passe là, et j'avoue qu'elle m'a divertie autant que je puis prendre de plaisir dans cette conjoncture. Mon plus grand plaisir est, à cette heure, quand je puis espérer de voir bientôt le roi et vous aussi, et d'entendre de ses nouvelles : pour les miennes, elles sont en fort petit nombre et fort tristes. Pour vous le dire, pourtant, je fis hier mes dévotions à la chapelle où je vis mon fils, lequel je trouve fort gras et grand. J'ai mis aujourd'hui un corps, et j'espère de prendre un peu l'air en carrosse. Vous voyez bien que si le roi veut bien avoir la bonté de venir bientôt à Fontainebleau, je suis toute prête, et je le souhaite de tout mon cœur, car je me meurs de chagrin de ne point le voir. J'espère pourtant toujours que vous me tiendrez votre promesse, qui est de lui parler quelquefois de moi, car vous ne sauriez m'obliger

---

1. *Manuscrits de mademoiselle d'Aumale.*

davantage; faites aussi, je vous supplie, que la reine ne m'oublie point tout à fait, et vous, songez aussi quelquefois à moi, et croyez que l'on ne sauroit avoir plus d'amitié que j'ai pour vous. A la description que vous me faites de Chambord, je ne doute point qu'il ne soit fort commode et aimable; et puis, s'il ne l'avoit point été, je l'aurois trouvé tel, le roi et la reine y étant. Bessola[1] vous fait bien des compliments, et vous prie de la tenir toujours un peu dans votre souvenir. Adieu, ma chère madame de Maintenon.

LETTRE CCXCIII

A MADAME DE BRINON[2].

A Chambord, ce 29 septembre.

J'ai reçu votre lettre, celle de mademoiselle de Mursay, et les beaux étuis qu'elle m'a envoyés. Je suis fort contente d'elle, si vous l'êtes; j'espère la voir bientôt à Fontainebleau, et j'aurai beaucoup de plaisir d'apprendre par elle de vos nouvelles.

On doit vous avoir mené trois filles de Maintenon. Je pensai vous envoyer Marie Fauveau, car je n'ai jamais vu une personne si triste : je n'eus pas le temps de m'instruire de ses chagrins, je sais seulement que l'on couroit après elle dans les rues, parce qu'elle est bien vêtue.

Il faut que madame de Saint-Pierre songe à les ha-

---

1. Voir la lettre du 4 juillet 1681.
2. *Manuscrits de mademoiselle d'Aumale.*

biller chaudement; la classe que vous leur destinez sera très-bonne: il faut peu d'air pour que le fil soit bon; mais je vous prie qu'Andrée les presse davantage; elles ne filent pas assez. J'ai ordonné que l'on vous envoyât du lin : il devoit partir mercredi dernier. Si vos prières ont obtenu le beau temps que nous avons, la cour vous est fort obligée, car nous avons voyagé fort agréablement.

Dites aux petites filles que j'ai déjà donné ordre pour les prix : je ne sais si elles songent à les mériter. Adieu, madame, croyez que, en quelque lieu que je sois, je ne vous oublie point, et que j'ai pour vous toute l'estime et toute l'amitié que vous méritez.

LETTRE CCXCIV

A M. D'AUBIGNÉ, A COIGNAC [1].

A Chambord, ce 6 octobre 1682.

J'ai reçu une lettre de vous par M. de Saint-Denis, que j'ai remercié de tout ce qu'il a fait pour vous; j'ai tenu sa fille avec M. de Chevreuse. J'ai trouvé madame de Saint-Denis telle que vous me la représentez.

Je suis fâchée que vous n'ayez pu aller aux eaux, elles vous sont absolument nécessaires; mais en attendant leur saison, croyez les avis que je vous ai donnés; car j'ai tant vu de vapeurs, que je m'y connois fort bien. Je crains le goût que vous avez

1. *Autographe* du cabinet de M. Feuillet de Conches.

pour la solitude; c'est ce qu'il y a de plus contraire à votre mal, et il est meilleur d'être importuné par la plus mauvaise compagnie. On m'a fait voir la déclaration de la terre d'Aubigné; elle est de peu de conséquence par le revenu; les droits en sont beaux. Il y a Sainte-Jesme que l'on pourroit avoir, qui est encore de la maison, et on en trouveroit à retirer pour plus d'argent que vous n'en avez à employer; mais il faudroit que vous allassiez faire un tour sur les lieux et prendre là votre résolution avec M. de Tigny, qui est un fort honnête homme. Les voyages vous sont admirables, et je ne connois guère de meilleur remède pour vous que l'exercice en carrosse, le changement d'air et de lieu et un peu d'occupation. Quant à Cursay, je vois bien que l'affaire seroit bonne, mais la prière qu'il faudroit faire à M. Douilly me paroît bien injuste et bien incivile.

M. Viette n'abandonne pas tout à fait les affaires de madame votre femme, et nous y faisons de notre mieux. M. Truc fait tout ce qu'il peut pour ne pas payer.

Le roi a été reçu à Maintenon par Nanon et la Couture[1]; elles s'en acquittèrent fort bien; j'en partis deux heures avant qu'il y arrivât. Il le trouva fort joli, et le revit, en effet, en meilleur état que vous ne l'avez vu : le jardin commence à s'accommoder, les arbres et les palissades sont assez grands,

1. Cette course du roi à Maintenon a précédé le voyage de Chambord. Il était accompagné de la reine et avait voulu surprendre madame de Maintenon qui était depuis quelques jours dans son château.

et sans les inondations de l'hiver, le potager serait beau; mais j'y fais une manufacture qui me divertit fort, et, outre quantité de Normands que j'y ai fait venir pour faire la toile, il vient d'arriver vingt-cinq Flamands pour le linge ouvré, comme celui de Courtray, d'où nous avons débauché des ouvriers[1].

Charlot est si embelli et si sage que je ne le reconnus pas; il a beaucoup d'esprit et la mémoire de sa race. La reine lui demanda qui il étoit; il répondit : Un petit gentilhomme que madame de Maintenon fait élever.

Adieu, mon cher frère, je me porte fort bien à Chambord, et je m'y plais tout à fait. Nous en partons lundi, 12 de ce mois, pour Fontainebleau, où je suis toujours accablée de vapeurs; j'y passe les jours à pleurer et à étouffer, et à me trouver la plus malheureuse personne du monde. Mes compliments à madame d'Aubigné. J'ai pris notre lion herminé, quand j'ai vu que ce sont nos véritables armes : il faut que vous fassiez de même.

---

1. Nous n'avons pas d'autres détails sur cet établissement, singulier pour le temps, et qui témoigne des goûts charitables et éclairés de madame de Maintenon. « Il vaut mieux, disait-elle, assister les pauvres en les faisant travailler que de les assister pour rien. » Elle voulait donc, par sa manufacture de Maintenon, soulager les habitants de sa terre et donner un métier à leurs enfants. C'était pour cette manufacture qu'elle faisait filer les petites sœurs de Ruelles. Elle y dépensa beaucoup d'argent; mais l'établissement tomba, au bout de trois ou quatre ans, par la paresse de ceux qu'on voulait aider.

LETTRE CCXCV

A MADAME DE BRINON [1].

A Fontainebleau, ce 19 octobre 1682.

Voici le premier moment que j'ai eu de libre depuis que je suis ici ; je vais m'en servir pour répondre aux deux lettres que j'y ai reçues de vous.

Vous avez trop de bonté pour mademoiselle de Mursay, et je serois très-fâchée qu'elle vous empêchât de faire ce que vous jugez nécessaire. Elle sera toujours bien quand elle demeurera dans votre maison. Elle est bien malsaine, et je suis très-fâchée de tous les embarras qu'elle vous fait dans mes absences ; mais l'amitié que vous avez pour moi me fait espérer que vous ne vous en lasserez point. Elle m'a conté toutes les peines que vous avez eues pour la petite vérole de vos enfants. Vous avez pris le bon parti de les séparer et de ne les point voir ; il faudroit seulement y ajouter une garde, si le mal étoit plus grand.

J'ai bien du chagrin de l'accident de M. Barberet, et je souhaite de tout mon cœur qu'il s'en tire heureusement.

Le *point* de Paris est utile pour savoir faire des brides ; car, d'ailleurs, c'est l'ouvrage de tous qui le seroit le moins.

Je ne sais pourquoi vous ôtez nos sœurs de la charité de la grange où elles étoient si bien, et je ne saurois croire qu'elles ne souffrent dans l'écurie, par

---

1. *Manuscrits de mademoiselle d'Aumale.*

l'humidité, l'obscurité et la puanteur. Je vous les recommande comme la meilleure œuvre que nous fassions, et qui, selon les apparences, aura d'heureuses suites. Ne vous en lassez point, je vous prie, et de tirer du service d'Andrée. Il faut que l'on commence à veiller et à les faire filer le plus qu'il est possible, et le plus fin. Il faut les habiller chaudement et leur faire faire du linge, je sais qu'elles en ont besoin. Si la grande Thoinette a un mal incurable, il faut la rendre à sa mère, et je lui donnerai quelque chose; si elle peut guérir en la purgeant, il faut faire cette charité.

Ne soyez point embarrassée de m'avoir demandé de l'argent, mais songez que vous avez une grande communauté sur les bras, et toujours des visites qui vous mangent. Vous auriez eu plus de repos à n'avoir que mes filles, mais je n'ai pu en décider ni me charger devant Dieu de vous empêcher d'étendre le talent que vous avez pour le gouvernement de la jeunesse[1].

La pauvre madame Savary est bien à plaindre, et trouvera peu de ressource dans les avis qu'on lui proposera. Je ne puis vous dire si celui que vous m'envoyez est bon, ou s'il ne l'est pas; je ne m'y connois point, mais comptez que sa grandeur nous met hors d'état de la servir.

Je n'ai point reçu de lettre de madame de Saint-Pierre, ni le mémoire de la dépense du mois de septembre.

---

1. Madame de Brinon prenait des pensionnaires d'autres personnes que madame de Maintenon, mais cela dura peu de temps.

Vos mères sont les plus sottes créatures que j'aie jamais vues[1].

Il est vrai que la Reine me fit l'honneur de me donner son portrait le jour de Saint-François[2]. Je ne mérite pas ce que vous me mandez là-dessus, et je ne crains point le dessein dont vous me parlez. Je serai à la cour tant que Dieu le voudra.

M. Dabancour m'a appris la mort de M. Gaudart, et m'assure que c'est le mieux qui nous pût arriver. Il faut l'informer à qui nous aurons affaire pour prendre les devants.

Je voulois écrire à mademoiselle de la Harteloire, pour la remercier de toutes les amitiés qu'elle me fait dans ses lettres; mais vous avez pris tout mon temps, et je vais me faire saigner par précaution.

LETTRE CCXCVI (La B.)

NOTE PRÉLIMINAIRE

« Il est vrai que la reine me fit l'honneur de me donner son portrait le jour de Saint-François. » Cette ligne a fourni

---

1. Ce sont les ursulines que madame de Brinon avait amenées avec elle.

2. Ce fut pendant le voyage de Chambord. Il faut répéter ce que dit en cette occasion mademoiselle d'Aumale : « Le roi avoit alors pour son épouse des attentions, des égards, des manières tendres auxquelles elle n'étoit pas accoutumée, et qui la rendoient plus heureuse qu'elle n'avoit jamais été; elle en fut touchée jusqu'aux larmes, et elle disoit avec une espèce de transport : Dieu a suscité madame de Maintenon pour me rendre le cœur du roi. Elle lui en témoigna sa reconnoissance et marqua ouvertement à toute la cour l'estime qu'elle faisoit d'elle. » (*Mémoires inédits*.)

à La Beaumelle l'occasion d'une lettre qu'on trouve avec des variantes dans l'édit. de Nancy, t. I, p. 187, dans l'édit. d'Amsterdam, t. II, p. 113. Racine le fils y met cette apostille : *m'est inconnue et je la crois fausse.* La date seule le prouve : au 1er novembre, madame de Maintenon n'était pas à Maintenon, mais à Fontainebleau, où la cour resta du 15 octobre au 16 novembre.

A MADAME DE SAINT-GÉRAN.

Maintenon, 1er novembre 1682.

La famille royale vit dans une union tout à fait édifiante : le roi s'entretient des heures entières avec la reine. Le don qu'elle m'a fait de son portrait est tout ce qu'il y a eu de plus agréable pour moi depuis que je suis à la cour; c'est dans mon esprit une distinction infinie[1]. Madame de Montespan n'a jamais rien eu de semblable[2]; je passerai encore quinze jours ici; cette solitude me délasse des fatigues de la cour : je n'y vois personne, et je jouis seule de mon petit empire[3]. On me déchire de tous côtés : vous ne m'apprenez rien de nouveau[4]. Le temps éclaircira toutes choses. Je vous prie de ne point me défendre : cela ne fait qu'aigrir mes ennemis. Madame de Miramion a un zèle indiscret : on sert mieux ses amies de sang-froid. Je mène une vie tissue d'infirmités et de chagrins[5]. On me croit

1. Au lieu de ce mot d'orgueil : « C'est une distinction infinie, » madame de Maintenon dit dans la lettre précédente : « Je ne mérite pas ce que vous me mandez là-dessus. »
2. Madame de Maintenon n'a pu dire cette sottise.
3. Dans l'édit. de Nancy : « Je suis avec mes ouvriers : c'est mon empire. » Et elle était à Fontainebleau, s'occupant dans ses loisirs des petites sœurs de Rueil !
4. N'est pas dans l'édit. de Nancy.
5. Elle est loin de dire cela dans ses lettres à madame de Brinon.

dans la plus belle place du monde[1], et je n'ai pas de plus grand plaisir que de m'en éloigner et de vivre dans la solitude[2]. J'envie bien le sort de mon fermier. Dites à d'Aubigné[3] qu'il ne se laisse pas aller à son indolence ; avec trois cent mille livres de rente, il ne seroit pas plus heureux : son malheur est dans son sang.

LETTRE CCXCVII

MADAME LA DAUPHINE A MADAME DE MAINTENON[4].

25 octobre 1682.

J'ai reçu votre lettre par laquelle je vois avec grand plaisir que tout se porte bien et que vous ne m'oubliez pas tout à fait, mais que vous désirez me revoir, ce que je souhaite bien de même ; et ma joie est extrême de voir que ce sera bientôt. Je vous prie, faites toujours, en attendant, souvenir quelquefois de moi notre très-cher et grand roi, afin qu'il ne m'oublie pas tout à fait ; car c'est ma seule consolation quand je puis me flatter de cela. Vous savez bien que je n'ai rien de caché pour cette personne à qui vous me mandez que vous vouliez montrer ma lettre ; ainsi vous avez fort bien fait, mais je crains bien qu'elle n'ait beaucoup ennuyé la personne que vous

---

1. « Le plus beau poste, » dans l'édit. de Nancy.
2. Elle était en plein à la cour et ne désirait nullement en sortir.
3. Ceci est absurde. Comment madame de Saint-Géran, qui est à la cour, dirait-elle cela à d'Aubigné qui est à Cognac ?
4. *Manuscrits des Dames de Saint-Cyr.*

savez en la lisant. Pour les sentiments que vous me mandez que vous avez pour moi, je n'ai jamais douté qu'ils ne fussent tels que vous le dites, car je sais bien que vous avez trop d'esprit et de probité pour les avoir autrement; ainsi je crois que Bessola peut fort bien s'engager à être votre caution, car elle pense la même chose. Vous me faites tort de me mander que je ne vous réponds point de peur de m'ennuyer, car je vous assure que je me sens un fort grand plaisir quand je vous écris, et vous pouvez le voir par là, puisque mes lettres sont bien plus longues qu'à mon ordinaire ; mais je crains bien que la remarque que vous avez faite de cela ne soit une méchante marque, et que vous ne l'ayez trouvée mauvaise et ennuyante. Je ne saurois vous mander autres nouvelles, sinon que mon fils profite tous les jours et que je me porte bien. J'attends M. le Dauphin demain avec beaucoup d'impatience, mais encore plus de voir le Roi, et d'avoir en même temps l'occasion de pouvoir vous assurer moi-même de l'amitié que j'ai pour vous. Je compte de me divertir comme il faut à Fontainebleau, et pourvu que l'on veuille répondre à mon envie, il ne manquera pas à moi de le faire, car je m'ennuie beaucoup; notre chère duchesse[1] est ma seule consolation, quand je puis jouir de son agréable conversation. Bessola vous fait ses compliments, et vous prie de ne la pas tout à fait oublier.

1. Madame la duchesse de Richelieu.

LETTRE CCXCVIII

A MADAME DE BRINON [1].

Fontainebleau, octobre 1682.

Je n'ai pu encore vous témoigner la joie que j'ai d'être rapprochée de vous, l'envie que je sens de vous voir et ma reconnoissance du beau présent que vous me faites pour ma fête. Je comptais d'abord de vous renvoyer saint François, aimant mieux parer votre autel que ma chambre; mais depuis que j'ai appris que c'étoit une rareté, et même une relique, j'ai résolu de le garder toujours et de le quitter le moins que je pourrai. J'ai écrit à Maintenon pour du lin, et j'ai une grande impatience de me trouver dans cette étable. Je suis ravie de ce que l'on m'aime chez vous plus que l'on ne me craint, et je verrai nos enfants avec un grand plaisir.

Quand vous auriez cherché partout et avec toutes sortes de dépenses, vous ne m'auriez pu donner rien de plus agréable que vos sachets; ils sont admirables, et pour leur propreté et pour leur parfum, auquel je ne trouve rien à redire. Vous avez bien fait d'en exclure le funeste taffetas que je vous avois donné. J'embrasse madame de Saint-Pierre, et je lui porterai de l'argent au premier jour. Il me semble qu'il n'y a guère que je vous ai payé toutes les pensions, cependant nous touchons au premier jour de l'an. Tout cela conclut que le temps passe vite. Adieu,

---

1. *Manuscrits de mademoiselle d'Aumale.*

madame, je ne sais quand je vous verrai, mais je sais bien que ce ne sera pas sitôt que je le désire.

LETTRE CCXCIX

A MADAME DE BRINON [1].

A Fontainebleau, 6 novembre 1682.

Je suis malade depuis deux jours, et ne saurois vous écrire de ma main.

Vous m'embarrassez tout à fait par ce que vous me mandez touchant le Saint-Sacrement. Vous savez mes sentiments là-dessus, qui n'ont pas changé un moment. Je vous ai toujours dit que je serois ravie que vous l'eussiez, parce que vous le désirez, mais que je ne ferois jamais de pas pour cela, m'y étant engagée dès le commencement et ne le trouvant pas trop raisonnable. Agissez donc là-dessus indépendamment de moi, et croyez que je souffre plus que vous quand je vous refuse quelque chose.

Écrivez à la Couture [2] pour avoir du lin, renvoyez-lui le fil, et ne laissez pas manquer nos fileuses. Je suis ravie que cette malade revienne, je songeois déjà à vous l'ôter. Sainte-Perrine ne se corrige point : il faudroit la coucher sur la paille, et si cela dure encore longtemps, la renvoyer.

Quand je vous propose d'ôter Marie Chéron, c'est pour presser son instruction. Je ne me souviens point

1. *Manuscrits de mademoiselle d'Aumale.*
2. L'une des *vieilles* de Maintenon.

si elle a communié, et il n'en faut point ôter qu'elles n'aient fait plusieurs communions chez vous.

Je me souviens fort bien que je n'ai pas payé la pension de mademoiselle de la Harteloire : ce sera pour la fin de l'année.

Nous n'avons point de quoi acheter votre maison où vous êtes, mais il seroit toujours bon de savoir à quelle condition on pourroit l'avoir. Vous ne m'avez point envoyé la dépense d'octobre : j'espère beaucoup dans le ménage de madame de Saint-Pierre.

Mandez-moi en confidence qui vous croyez qui gagnera mes prix, afin que je les proportionne ; j'en garderai le secret.

Je compte bien de vous voir souvent cet hiver, pour peu que les chemins soient praticables.

Adieu, madame, faites seulement une réflexion sur tout ce que vous me demandez, qui est que votre maison roule sur votre tête et la mienne, qui sont très-mortelles.

LETTRE CCC

A MADAME DE BRINON [1].

19 novembre 1682.

J'ai le temps de vous écrire, et quand cela est, je n'en donne point la commission à Lafrance.

Je vous avoue que j'ai beaucoup de peine à donner un rendez-vous à votre princesse [2] ; c'est pour n'en

---

1. *Manuscrits de mademoiselle d'Aumale.*
2. Bénédicte-Henriette, fille d'Édouard, comte palatin, épouse

point voir que je vais à Ruelles, et par-dessus cette raison elle est si excessivement flatteuse et affectueuse, que ma froideur en est outrée. L'autre raison est que je ne suis pas maîtresse de moi d'un moment à l'autre, et que je trouverois ridicule de manquer à un rendez-vous que je lui aurois donné. Je crois aller demain vous voir, mais ce ne sera que pour un moment et par complaisance pour vous. Je retournerai samedi à Ruelles où vous la ferez venir. Ménagez seulement cela de la sorte que le respect qui lui est dû soit gardé.

Je suis bien scandalisée de l'ignorance de Manette, et assurément vos saintes sont bien incapables. Je crains que le travail du *point* ne l'emporte sur tout autre exercice, ou, pour mieux dire, que leur peu d'esprit ne prévale sur vos talents; car si elles en avoient, tout se pourroit accommoder.

Donnez à l'Hôtel-Dieu ce que vous jugerez à propos, en considérant que personne ne leur donne rien.

Je vous recommande toujours La Grange, car je

---

de Jean-Frédéric de Brunswick-Hanovre, duc de Kalemberg, l'un des fils de Georges, duc souverain de Brunswick. Cette princesse, après la mort de son mari, qui s'était fait catholique, se retira en France (1679) avec ses deux filles, et y vécut assez retirée, mais protégée par Louis XIV, qui lui faisait une pension, à la considération de sa sœur, mariée au duc de Bourbon. Elle aimait fort madame de Brinon, et par son entremise chercha à gagner la faveur de madame de Maintenon. Pour lui faire sa cour, elle demanda à mettre l'une de ses filles dans la maison de madame de Brinon, et n'éprouva qu'un refus. Cette fille, qui ne put trouver une place auprès des *petites sœurs* de Rueil, fit une grande fortune : elle épousa l'empereur Joseph.

voudrois bien les voir toutes en état de gagner leur vie. Adieu, madame, jusqu'à demain et après dîner.

LETTRE CCCI

A M. D'AUBIGNÉ, A COIGNAC [1].

A Versailles, le 1er décembre 1682.

J'ai à répondre à une lettre de vous du 7 de novembre, à une de M. de Tigny, et à celle de M. de Vieufourneaux; et pour le faire avec ordre, je commence par la vôtre.

Je suis ravie de ce que l'Anjou vous plaît et de ce que vous n'avez nulle répugnance à acheter la terre de Sainte-Jesme ou celle d'Aubigné. Vous savez que je trouve ces acquisitions-là plus raisonnables que celles que vous pourriez faire ailleurs; et que sans avoir une vanité ridicule, on peut trouver plus naturel d'acheter une terre de votre nom que de quelque étranger. Si j'avois été aussi bien instruite là-dessus que je le suis présentement, je ne crois pas que j'eusse acheté Maintenon. Mais pour venir à votre affaire, j'approuve donc que vous songiez à l'une de ces terres, c'est à vous à examiner celle qui vous convient le plus. J'avois regardé comme une chose avantageuse que le château d'Aubigné fût détruit, étant fort aise que vous achetassiez du revenu, sans maison à entretenir, et vous trouvant d'ailleurs la plus belle habitation du monde, qui

---

1. *Autographe* du cabinet de M. Feuillet de Conches.

est celle de Coignac. Cependant je vois par ce que m'écrit M. de Vieufourneaux, que vous n'en êtes pas content, et que vous croyez que cet air est trop subtil pour vous; quoi qu'il en soit, voyez et déterminez ce que vous voulez, et agissez là-dessus sans vous en remettre à moi : je suis incapable de penser à mes propres affaires; j'ai perdu un procès pour ne l'avoir pas sollicité; en un mot, par cent raisons trop longues à vous dire, je ne puis suivre la moindre chose; vous avez plus de loisir, et l'action vous est bonne; vous êtes sur les lieux, je suis assurée que vous trouverez plus de facilité qu'un autre à ce que vous entreprendrez. Si vous voulez Aubigné, il faut voir le marché de messieurs du chapitre, et le prendre. Ce droit d'amortissement, qu'ils me prient de demander, est sans raison : ce seroit leur procurer un très-grand avantage pour les payer de vous laisser rentrer dans une terre de votre maison, et avec cette circonstance elle deviendroit plus chère que toute autre. Il ne faut ni grâce, ni faveur, quand on veut agir avec justice. Si l'année de leur achat n'est pas finie, vous pouvez par le droit du nom rentrer dans la terre : si vous ne le pouvez par droit, il faut savoir s'ils vous veulent faire ce plaisir, mais il ne le faut point acheter. M. de Tigny, M. d'Autichamp et M. de Vieufourneaux peuvent vous aider à ce marché; voyez à quoi il va : s'il faut payer toute la somme à la fois, s'il ne suffiroit pas de la payer quand ils auroient trouvé à en faire le remplacement, en un mot, toutes les conditions, et voir ensuite si elles vous accommodent. Si vous aimiez mieux Sainte-Jesme, je ferois demander à M. de La Rochefoucault s'il veut la vendre. Mais ne faisons de pas qu'à mesure qu'ils seront nécessaires ; je ferai ceux qu'il faut faire ici, mais déterminez-vous et instruisez-vous sur les lieux. Ce n'est pas tant le bon air d'Anjou qui vous a fait du bien, que c'est l'exercice et l'occupation ; vous avez une paresse et vous laissez aller à une mélancolie qui devroit vous avoir donné des vapeurs plus tôt. Vous faites fort bien de garder M. de Vieufourneaux ; je lui ferai réponse pour l'engager encore à vous tenir compagnie ; c'est un homme qui vous seroit bon à plus d'une chose et que vous devez attirer chez vous. Je ne vous réponds point sur M. Arnaud, vous savez que je ne suis jamais entré dans ces sortes de procédés. Vous ne pouviez mieux faire que de laisser madame d'Aubigné chez madame de Miossens : c'est une très-bonne compagnie ; il ne faut pas se lasser de travailler à sa conversion.

Il est vrai que la reine me fit l'honneur de me donner son portrait à Chambord[1]. Je n'aime point à parler de ces choses-là, et la faveur, à mon gré, ne sied pas mieux que la modestie. Ne vous faites point de peine sur ce que je ne vous mande rien ; vous entendez assez parler de moi, et je ne serai jamais paresseuse, quand il s'agira de vos intérêts. En répondant à votre lettre, il me semble que j'ai répondu aux deux autres, qu'elles ne sont que pour l'acquisition de l'une de ces terres ; il n'y a qu'une chose à changer, qui est de me charger de détails, car j'en

---

1. Voir plus haut, page 259.

suis incapable; j'en ai acheté une sans avoir eu le loisir de l'aller voir.

Adieu, mon cher frère, mandez-moi souvent de vos nouvelles, et ne soyez jamais seul si vous voulez éviter que la tête vous tourne. Je me porte fort bien, grâce à Dieu.

LETTRE CCCII

A MADAME DE BRINON [1].

14 décembre 1682.

Je vous prie que personne ne sache que j'irai demain dîner chez vous; je vous prie en ma faveur que l'on fasse quelque petit régal à nos sœurs de la charité, et que je les voie dîner en bon ordre. Vous savez que je vous ai toujours demandé que l'on ne dérangeât rien pour moi, et que l'on ne s'aperçoive pas que j'arrive. J'irai tout droit faire le catéchisme; n'y venez que quand vous n'aurez plus rien à faire, et traitez-moi en tout comme une personne de la maison. Je porterai ma poularde que nous mangerons ensemble. J'ai la migraine aujourd'hui, et j'en suis ravie, car c'est une espèce de sûreté de ne l'avoir pas demain.

1. *Manuscrits de mademoiselle d'Aumale.*

ANNÉE 1683.

Pendant les huit premiers mois de l'année 1683, madame de Maintenon mène une vie très-calme, même solitaire, occupée uniquement de dévotions, de charités, de ses petites filles de Ruelles. Si la reine eût continué de vivre, il est probable que le personnage de madame de Maintenon se fût terminé là et que sa vie serait allée se perdre dans un couvent. Mais la reine vint à mourir presque subitement, et une nouvelle destinée s'ouvrit pour madame de Maintenon. Il est probable que, peu de jours après cette mort si imprévue, Louis XIV proposa à la femme qu'il aimait depuis longtemps un mariage secret. Ce mariage fut accepté. Comme on le pense bien, nous n'avons aucun document sur cet événement; mais on trouve dans les lettres de madame de Maintenon, pendant les cinq derniers mois de 1683, quelques mots, quelques lignes qui y font allusion. Nous verrons que ce mariage eut lieu dans les premiers mois de 1684.

L'année 1683 renferme trente-sept lettres vraies et trois apocryphes.

LETTRE CCCIII

A M. L'ABBÉ GOBELIN [1].

Ce 7 janvier 1683.

Je garderai toujours la croix que vous m'avez envoyée, et tout ce que vous m'en mandez, joint à ce qu'elle vient de vous, me la fait recevoir avec plaisir. Je voudrois de tout mon cœur en faire l'usage que vous me conseillez; mais j'avance peu dans ce chemin-là, et j'aurois plus de besoin que jamais de vos con-

---

1. *Manuscrits des Dames de Saint-Cyr.*

seils et de vos prières. Il y a bien longtemps que vous n'êtes venu ici : je m'en prenois aux sermons de l'Avent et aux dévotions de Noël; je suis fâchée que ce soit la goutte, et je vous prie de croire que, quand vous pourrez venir, je vous recevrai avec joie.

LETTRE CCCIV

A M. D'AUBIGNÉ, A COIGNAC [1].

A Versailles, ce 8 janvier 1683.

Je ne m'opposerai jamais à aucun bien, et s'il ne tient qu'à mes vieilles jupes que vous ne preniez cette demoiselle, je lui en donnerai de bon cœur; je souhaite qu'elle ne trouble pas l'union qui doit être chez vous.

Dès que vous serez déterminé entre Aubigné et Sainte-Jesme, je ferai les diligences nécessaires. J'ai mis votre argent entre les mains de M. Brunet.

J'espère que les eaux vous feront du bien, et vous ne sauriez mieux faire que d'y mener madame d'Aubigné; j'avoue que je ne puis regarder Coignac comme une solitude affreuse, l'idée qui m'en reste y est bien opposée; mais votre imagination est blessée là-dessus, et vous devez faire tout ce qui la peut satisfaire.

Adieu. Par la connoissance que j'ai des vapeurs, je vous conseille d'y faire peu de remèdes en attendant les eaux, et de vous divertir le plus qu'il vous sera possible.

1. *Autographe* du cabinet de M. Feuillet de Conches.

LETTRE CCCV

A M. DE VILLETTE, A NIORT [1].

Ce jeudi matin 14 janvier 1683.

Il n'y à ni affaire ni paresse qui puisse m'empêcher de me presser de vous dire une bonne nouvelle, et si vous voyiez ma joie, je m'assure que vous m'en sauriez bon gré. Voilà le billet de M. de Seignelay [2]. Croyez, mon cher cousin, que je n'aurois pas plus de plaisir d'un bien qui me seroit venu directement. Mes compliments à madame votre femme, et à ce prodige dont on parle ici à tous moments; mille amitiés à madame de Lalaigne : son fils a plus obtenu que nous espérions; mais on a oublié le second, il faut prendre patience. J'attends le damas; vous savez que les meubles m'occupent bien autant qu'autre chose.

Je n'avois pas bien lu le billet de M. de Seignelay, il n'a oublié personne, et a donné sur tous les articles plus que l'on ne demandoit.

1. *Autographe* du cabinet de M. le duc de Noailles.
2. M. de Villette recevait l'ordre de prendre le commandement du vaisseau *l'Excellent*, de 60 canons, et d'aller croiser sur la côte d'Espagne à la recherche d'un vaisseau génois; il devait ensuite rejoindre la flotte de Duquesne devant Alger. Voir les *Mémoires* de Villette publiés par Monmerqué.

LETTRE CCCVI

A M. DE VILLETTE, A NIORT [1].

A Versailles, ce 30 janvier 1683.

Je vous écrivis l'autre jour bien succinctement, étant pressée et ne voulant pas manquer à vous répondre sur le fils de madame de Caumont, que vous ne devez pas emmener : vous avez bon esprit et avez fort bien prévu que vous vous feriez une affaire. Tout ce que vous montrez de raisonnable dans toutes les occasions, augmente mon déplaisir de vous voir si propre à tant de choses, et d'être exclu de tout. Le bien que je fais à vos enfants ne me console point de celui que je ne vous fais pas; je travaille à les faire honnêtes gens sans espérance de jouir jamais de leur mérite, et le vôtre qui est à peu près de même date que le mien me seroit plus propre. Songez à une affaire si importante; humiliez-vous devant Dieu et demandez-lui d'être éclairé; convertissez-vous avec lui, et sur la mer où vous ne serez point soupçonné de vous être laissé persuader par complaisance; enfin convertissez-vous de quelque manière que ce soit. Je ne puis me consoler de votre état et je vois en cela que je vous aime plus que je ne le croyois encore.

Adieu, mon cher cousin; j'aime toujours les eaux de senteur et je n'aime aucune bête; voilà ce que vous avez mandé à mademoiselle de Mursay de vous

---

1. *Manuscrits de mademoiselle d'Aumale.*

faire savoir. Elle est fort occupée avec ses maîtres ; ce n'est pas que j'en veuille faire une virtuose ; mais c'est un temps qu'elle emploie que je ne pourrois l'avoir auprès de moi et elle apprendroit des sottises avec des femmes de chambre ; les instruments lui donneront quelque goût pour la musique ; la danse lui donnera de la grâce, et elle parlera mieux français d'avoir appris les règles d'une langue[1]. Elle croît fort et on me la demande tous les jours en mariage[2] ; quand ce sera tout de bon, vous en entendrez parler. Elle dit qu'elle veut être religieuse, mais elle ne dit pas vrai. Je ne vous parle pas des garçons, je vous crois mieux instruit que moi d'eux. M. de Fourbin en est content et j'en ai très-bonne opinion.

LETTRE CCCVII

A M. DE VILLETTE, A NIORT [3].

Versailles, ce 13 février 1683.

Non-seulement j'approuve le voyage de madame de Villette, s'il est nécessaire pour sa santé, mais je l'y exhorte, car elle trouvera plus de secours ici que dans la province. Je suis fâchée qu'elle soit obligée de loger chez des huguenots, parce que je n'oserai lui envoyer ses enfants aussi souvent, et pour aussi longtemps que je ferois ailleurs. Je crains aussi

---

1. La Beaumelle met : « Son maître de français lui apprendra la valeur des mots et le pourquoi des phrases. »
2. Mademoiselle de Mursay n'avait que douze ans.
3. *Manuscrits de mademoiselle d'Aumale.*

qu'elle ne vienne dans un temps qu'ils seront tous éloignés; et pour qu'elle soit avertie des projets de la cour, je vais lui apprendre ce que j'en sais. On dit donc que le roi part pour Compiègne le 4 mars, qu'il reviendra ici le 20 du même mois; qu'il en partira le 15 de mai pour aller voir camper ses troupes sur la Somme; qu'il sera de retour ici le 15 de juillet; qu'il en partira le 15 de septembre pour Chambord, et qu'il reviendra le 15 d'octobre à Fontainebleau, qu'il y sera jusqu'au 15 de novembre, et que l'on reviendra passer l'hiver ici [1]; pendant ces voyages-là, votre fille est dans un couvent, et vos mousquetaires seront au camp.

Voilà les instructions que je puis donner à madame de Villette; si elle vient dans les temps que je serai ici, et que sa santé lui permette d'y venir, je la verrai avec beaucoup de joie.

Adieu, mon cher cousin, je suis tout à vous.

LETTRE CCCVIII

A MADAME DE BRINON [2].

Février 1683.

Le roi donna hier une pension de deux mille francs à mademoiselle de Scudéry [3]; vous y prenez trop d'intérêt pour n'en être pas avertie des premières. Je

---

1. Tout cela ne fut pas exécuté.
2. *Manuscrits de mademoiselle d'Aumale.*
3. Madeleine de Scudéry, née en 1607, morte en 1701, auteur d'*Artamène*, de *Clélie*, etc. C'était l'un des beaux esprits qui fré-

vous prie d'en faire mes compliments à ma sœur Lefèvre.

Manette est chez madame de Montchevreuil depuis deux jours; elle commence à s'accoutumer.

Je fus fâchée hier de ne pas recevoir de vos nouvelles, et les suites de cette petite vérole.

En entrant chez moi, j'ai trouvé dans mon antichambre mademoiselle de Rivière chargée de présents qui ne me font que de la peine, haïssant fort de recevoir de ceux à qui je ne puis faire plaisir; j'étois lasse de la matinée, que j'avois passée chez madame la Dauphine, et il étoit l'heure du dîner, ma chambre pleine de gens qui m'attendoient. Ainsi je ne pus l'entretenir; je lui envoyai mademoiselle de Mursay pour la mener

quentaient la maison de Scarron, et madame de Maintenon avait la plus grande estime pour cet écrivain si célèbre pendant sa vie, et depuis sa mort tant décrié et livré au ridicule. La *Clélie* parut en 1658; elle renferme un très-exact et très-beau portrait de madame Scarron, alors âgée de vingt-trois ans. Ce fut à la demande de madame de Maintenon que Louis XIV donna une pension de 2,000 livres à mademoiselle de Scudéry. « Sa Majesté, dit le *Mercure galant*, a été fort applaudie d'avoir donné cette pension, tout le monde ayant une estime particulière pour mademoiselle de Scudéry qui nous a donné tant de beaux ouvrages. Un peu avant que la cour partît pour Compiègne, cette illustre fille en alla faire ses remercîments au roi. » (Nº de mars 1683, p. 27.) Madame de Sévigné écrivait à ce sujet à la comtesse de Gontaut, 5 mars 1683 : « ... Vous savez comme le roi a donné 2,000 livres de pension à mademoiselle de Scudéry : c'est par un billet de madame de Maintenon qu'elle apprit cette bonne nouvelle. Elle fut remercier Sa Majesté un jour d'appartement; elle fut reçue en toute perfection ; c'étoit une affaire que de recevoir cette merveilleuse muse. Le roi lui parla et l'embrassa pour l'empêcher d'embrasser ses genoux. Toute cette petite conversation fut d'une justesse admirable; madame de Maintenon étoit l'interprète... »

dans sa chambre, comptant qu'elle dîneroit avec mes femmes; elle me manda qu'elle s'en iroit dès qu'elle m'auroit parlé; je lui fis demander si elle avoit quelque chose à me dire, elle répondit que non et s'en alla; ainsi je n'eus point à la coucher. Votre bonté et le séjour de la campagne vous fait croire que c'est une chose qui ne se peut refuser que l'hospitalité; cependant ces manières-là ne sont ni du goût ni de la coutume de ce pays-ci; on n'y a ni place ni lits de reste, et ce que j'ai de meubles chez moi est pour mes neveux qui vont et viennent. Ainsi il faut du moins que les personnes que je voudrois excepter, m'avertissent, pour qu'on ne se trouve point trop de gens à la fois.

J'attends le porteur d'eau de Ruelles, pour voir s'il m'apportera quelque chose où il faille répondre.

LETTRE CCCIX

A M. D'AUBIGNÉ, A COIGNAC [1].

Versailles, ce 27 février 1683.

Il est vrai que rien n'est plus difficile que de traiter sûrement avec des communautés et que par là j'aimerois mieux Sainte-Jesme, si on vous en faisoit un marché raisonnable.

On dit que vous vous promenez fort; c'est un très-bon remède pour les vapeurs. Personne ici ne s'est sauvé des rhumes; j'en ai eu un, mais très-léger.

J'ai reçu aujourd'hui une lettre de mademoiselle

---

1. *Autographe* du cabinet de M. Feuillet de Conches.

d'Escoubleau qui me prie de la prendre, et quelques excuses de n'être pas arrivée ici, parce que la petite vérole l'en a empêchée [1]; elle feroit une terrible sottise de venir; empêchez-l'en et la prenez; je lui enverrai des habits.

Laissez dire M. de Fontenay; on parle des plus grands princes du monde; je vous souhaite là-dessus autant de tranquillité que j'en ai pour tout ce que peut dire M. de Fonmort [2].

Je vous prie de dire à madame d'Aubigné que, si la lettre que j'ai reçue d'elle en même temps que la vôtre est purement de son style, il faut qu'elle se soit formé l'esprit autant qu'elle a formé ses caractères. On ne peut écrire avec plus d'esprit ni avec plus de tendresse; la mienne en redouble pour elle.

Adieu, monsieur, réjouissez-vous, et songez à votre salut. Il n'y a que cela de bon à faire.

LETTRE CCCX

A MADAME DE BRINON [3].

Mars 1683.

Voilà le premier médecin de la reine et le plus habile qui soit en France [4], qui marche pour Jaquette,

1. Nous allons voir que la petite vérole sévissait dans la maison de Ruelles.
2. Madame de Maintenon veut parler des bavardages qu'on faisait sur le roi et sur elle.
3. *Manuscrits de mademoiselle d'Aumale.*
4. C'est Fagon que madame de Maintenon désigne ainsi, et elle ne fait qu'exprimer le sentiment public.

servez-vous de l'occasion et prenez ses avis, qui, joints à votre bon sens, vous feront bien gouverner nos enfants. Je serois d'avis que vous meublassiez cette chambre que vous vous êtes réservée chez le jardinier; il y faudroit mettre deux lits avec des pavillons pour les plus malades, et commencer par y envoyer Jaquette. La jardinière seroit peut-être bien aise de gagner ce que vous donneriez, et il faudroit faire un marché une fois pour toutes, afin de n'avoir à compter que les journées, et la servante du logis porteroit leur nourriture. Vous avez raison de croire que nos anges se communiquent, car vous me répondîtes à ma dernière lettre une heure après que je l'eus écrite, et sept ou huit avant que je l'eusse fait partir.

Les provisions données à Andrée, les hardes des pensionnaires visitées, et en un mot tout ce qui se passe là-dessus me fait un très-grand plaisir. Je suis flattée autant que je le dois de penser comme vous, et je n'aimerois pas tant de vous voir agir par déférence. Prenez courage, élevons des enfants qui multiplieront après nous votre bonne éducation. Il ne me reste plus qu'à vous demander de ne rien troubler quand j'arrive, et que je me range aux occupations des autres plutôt que de leur faire quitter. Voilà un tablier pour Andrée, que je vous prie de lui donner de ma part.

J'ai lu la moitié de ce que vous m'avez envoyé pour mademoiselle de Mursay : cela est digne de vous, et fort au-dessus d'elle. Je tiendrai la main pour qu'elle le lise souvent. Dieu veuille qu'elle profite de son bonheur ! Vous l'aurez trois semaines de suite ; j'espère quelque chose de ce temps-là. J'ai parlé encore aujourd'hui à M. Félix[1] : il ne veut traiter mademoiselle de la Harteloire qu'au mois d'avril.

Non-seulement j'approuve que mes pauvres assistent au catéchisme, mais je voudrois de tout mon cœur arriver ces jours-là.

Mes compliments, je vous prie, à madame de Saint-Pierre ; l'économie qu'elle a établie sur mes petites filles m'en fera ajouter deux après Pâques, et ce seront les siennes, puisqu'elles subsisteront de l'épargne qu'elle fait sur les autres. Dressons Andrée pour nous soulager là-dessus, afin que nous puissions faire des merveilles de nos pensionnaires. M. l'abbé Gobelin est ravi, édifié et engoué de notre communauté. J'ai bien envie de vous voir là-dessus. Adieu, ma très-chère, je vous aime de tout mon cœur.

LETTRE CCCXI

A MADAME DE BRINON [2].

Mars 1683.

Je suis au désespoir de cette petite vérole, et elle me jette de mon côté dans un fort grand embarras pour mademoiselle de Mursay. La Couture jure que celle qui l'a eue étoit debout et alloit à la veillée de-

---

1. Premier chirurgien du roi.
2. *Manuscrits de mademoiselle d'Aumale.*

puis plus de quinze jours. Mais il n'est pas question du passé, ce qui est fait est fait, et vous en avez la peine, dont je suis très-fâchée.

Manette est dans une tristesse si désagréable, que si elle continue je changerai mon projet en vous la renvoyant, et gardant Villemoyen, dont le visage et l'humeur me donnent de la joie. L'autre est comme une vilaine convalescente de l'hôpital, et se plaint incessamment du mal de tête.

La lettre de la reine de Suède est admirable; je vous la renvoie. Adieu, je n'ai pas de temps.

LETTRE CCCXII

A MADAME DE BRINON [1].

Mars 1683.

J'attendois de vos nouvelles avec une grande impatience, dans le chagrin où je suis de notre maison. La peine que vous en aurez me touche plus que toute autre raison, et ensuite l'embarras où je me trouve pendant notre voyage. Après cela, je compte beaucoup de voir le bon ordre interrompu; je compte encore de n'oser vous aller voir, et, en un mot, de quelque côté que je me tourne, je suis affligée de ce malheur. Vous le recevez avec un courage qui ne me surprend pas, mais qui m'édifie beaucoup. Assurez bien la bonne femme que Dieu la récompensera si elle assiste nos petites sœurs comme elle voudroit

---

1. *Manuscrits de mademoiselle d'Aumale.*

qu'on l'assistât, et que je la prendrai certainement si vous êtes contente d'elle. Vous avez raison de songer au feu, c'est le meilleur remède pour ce vilain mal, et l'eau tiède pour étuver leurs yeux. Je ne serois point d'avis que vous laissassiez chez vous celles de vos pensionnaires à qui le mal prendroit : il faudroit préparer, à tout hasard, une chambre dans la même maison, et s'assurer d'une garde, quoi qu'elle coûte ; on seroit tant de gens à la payer, que chacun n'en porteroit guère. Je vous envoie deux bouteilles de vin vieux, et une de vin d'Espagne rouge ; ce sont de bons cordiaux, surtout pour les paysans, qui n'y sont pas accoutumés.

Ne trouveriez-vous point à propos d'envoyer Armande chez sa mère, Bénédicte chez madame de Brunswick, Fanchon où j'ai dessein de la mettre à Pâques, la petite Saint-Hubert chez son père, le tout pour un mois ? Je vous marque celles qui ont un asile, car vous en avez dont on ne sauroit se défaire, et dont il faut prendre le hasard. Si le mal prenoit chez vous, ce seroit toujours en avoir quatre de moins, et deux que j'ai font six, et s'il ne prend pas, elles reviendroient quand vous l'ordonneriez. Je pense à ce qui peut vous soulager, car je sens votre peine comme si j'étois à votre place.

Manette est un peu moins triste, et m'assure qu'elle se porte fort bien.

Voici la lettre de la reine de Suède, qui est merveilleuse.

Voilà quelques citrons, qui, piqués avec du clou de girofle, préservent du mauvais air. Voilà des senteurs que l'on y croit bonnes. Frottez le nez tous les matins à nos petites pensionnaires avec de l'eau de la reine de Hongrie; mais, ma très-chère, ne voyez point celles qui l'auront, et gardez toujours une petite communauté de saines pour travailler à la nourriture et aux remèdes des malades. Nous serons peut-être assez heureuses pour en préserver nos enfants du dedans. Je le souhaite de tout mon cœur. Adieu.

Il y a six citrons, quatre grosses oranges et une petite de Portugal.

LETTRE CCCXIII

A MADAME DE BRINON [1].

Mars 1683.

Je suis tout affligée du désordre que met la petite vérole dans une maison qui alloit à souhait depuis quelque temps; mais Monfort[2] me fait grand'pitié, et l'abandon où elle est me paroît effroyable. Pour nos petites sœurs, elles sont toujours mieux qu'elles ne seroient à l'hôpital; faites-les travailler puisqu'elles courent les champs.

Je voudrois bien que vous eussiez un commerce avec madame Chéron[3], qui fût fait indépendamment de moi, tant pour l'argent que je voudrois

---

1. *Manuscrits de mademoiselle d'Aumale.*
2. Elle devint Dame de Saint-Louis (Voir *Lettres hist. et édif.*, t. I).
3. Madame Chéron était chargée de la fabrique de Maintenon.

que vous en tirassiez, que pour lui envoyer le fil. Un sac de lin a traîné huit jours dans mon antichambre, au milieu de tous les flambeaux, qui le pouvoient embraser, et le paquet de fil dans la crotte et dans l'eau. Il ne faut pas compter que mes gens puissent être plus réguliers; tout contribue ici au désordre, et on en a tant soi-même, que l'on ne peut en gronder les autres. Le fourgon de Maintenon passe toutes les semaines pour aller à Paris, et repasse à vide pour retourner à Maintenon. Un suisse de la porte de Sertory lui donne ce qu'on lui envoie de chez moi; votre porteur d'eau pourroit lui porter tout droit, ou tous les huit jours, ou les quinze, ou tous les mois, ce que l'on auroit filé, et rapporter le lin et l'argent que madame Chéron enverroit. J'ai dans la tête que vous touchiez de son argent, que nos sœurs le voient, que vous leur amassiez, et que, jugeant elles-mêmes de leurs gains, elles s'excitent à travailler. Il faut mettre tout en usage pour en faire quelque chose de bon.

Manette, Gabrielle et mademoiselle de Mursay sont affligées de Monfort. J'ai annoncé à la première que je la mènerois en voyage : elle en paroît assez contente; elle m'a montré aujourd'hui une tendresse pour madame Hatte, dont je lui sais bon gré.

Je suis au désespoir de ce que mon beurre vous manque, et de n'avoir pu vous apprendre à faire du mil. N'oubliez rien pour que je puisse vous voir le 25 de mars. Je prendrai soin de vous le reste du carême.

Mon mal de dents a été peu de chose, et une personne plus accoutumée au mal ne l'auroit pas compté. Je me porte fort bien présentement.

J'ai fait habiller Manette de mes livrées; c'est son linge que je demande. Elles ont toutes la taille gâtée de leurs corps mal faits; j'en ferai faire à mon retour à toutes les miennes.

Je comprends parfaitement la peine que l'absence de Fanchon vous fait, mais elle ne pourroit être mieux qu'à votre chambre, jusqu'à ce que l'on l'ôte tout à fait, et quand on ne les voit plus, la peine en est moins grande. Ne vous faites point cette violence, je vous en prie, vous avez assez à souffrir sans vous tourmenter dans ce qui n'est pas absolument nécessaire. Elle s'accoutumera à travailler quand elle sera en lieu où elle ne verra que travailler, comme elle aime à courir avec de petites filles qui ne font que courir.

Ce seroit un infâme procédé à madame de Saint-Pierre de me compter huit livres de lard, qui sans doute étoit rance, et six andouilles vraisemblablement maigres, dans la même semaine que je lui envoie cinquante fromages et cinquante bouteilles vides. Je suis très-contente de la dépense de nos sœurs, et je lui recommande Jaquette sur la tapisserie, mais encore plus sur la lecture et sur l'écriture; elle ne se vante de rien sur l'éducation des enfants, et vous savez même que je croyois qu'elle gâtoit Armande. Cependant j'en vois qui ont passé par sa chambre, qui sont très-intelligentes pour leur âge. Ayez la bonté de lui faire mes compliments et mes adieux, en l'embrassant pour moi.

Sur la prière de madame Fieubert et sur toute autre, servez-vous de mon nom pour refuser tout ce qui ne vous plaira pas, et recevez tout ce que vous voudrez. Bonsoir, madame, j'attends à demain à fermer ma lettre, pour voir si je ne recevrai pas quelque chose de vous.

Je vais écrire à madame Chéron pour fonder un commerce plus réglé avec elle, et la gronder de ses irrégularités. Votre mal d'yeux auroit besoin de n'écrire de quelques jours : que j'aie pourtant de vos nouvelles pendant le voyage. Il faut envoyer vos lettres à Paris chez M. Bontemps. Je meurs de peur que nos petites sœurs n'aiment mieux l'occupation du dehors que de se renfermer dans la salle.

Je donne au porteur les quatre-vingt-sept livres du mois de mes pauvres. Adieu, madame. J'envoie Villemoyen à Paris. J'ai peine à la remettre dans un lieu où est la petite vérole, et Nanon ne lui laissera pas perdre son temps.

Qui est le secrétaire de Fanchon Chéron? C'est un terrible style.

LETTRE CCCXIV

A MADAME DE BRINON [1].

Mars 1683.

La migraine m'a prise cette nuit et m'a empêchée de vous voir, dont j'ai très-grande envie. Il faut, s'il vous plaît, nous envoyer Fanchon avec ce qu'elle a

1. *Manuscrits de mademoiselle d'Aumale.*

de linge; le temps de l'obliger¹ est venu; il faut, pour achever la charité, mettre ces enfants-là en état de se passer de nous; après cela, il faudra obliger Jaquette; je vous prie dans cette vue-là de la presser sur l'écriture; il me semble qu'elle doit communier à Pâques.

Je sais que madame de Toligny est veuve, je vous prie de lui en faire mes compliments; vous devriez lui demander une de ses filles, que nous mettrions à la place de Fanchon, et à qui vous donneriez une éducation qu'elle n'aura pas ailleurs². Vous savez que je compte d'en avoir toujours dix chez vous, et de remplir toujours celle que j'ôterai; mais si vous faites ce que je vous propose, je vous prie que ce soit sur votre compte, sans que j'y sois nommée. Elle auroit les soins que je donne à Fanchon et vous tireriez quelque chose de sa mère pour son entretien. Avez-vous établi ce commerce que je vous avois prié avec madame Chéron? et le porteur d'eau ira-t-il tous les mois à Sertory prendre le lin et porter le fil? Madame Chéron prétend que vous ne lui avez pas accusé la réception de l'argent et du lin qu'elle vous a envoyés.

Le secours que madame de Richelieu nous a donné est bien venu à propos; Dieu aura soin de nous; il n'y a qu'à bien faire; j'en ai plus envie que jamais. Madame de Saint-Pierre n'oubliera pas le mois de

---

1. C'est-à-dire de la placer.
2. Une des filles de cette dame fut, en effet, élevée successivement à Rueil, à Noisy, à Saint-Cyr, et fit profession dans un couvent de Normandie.

mars dans les derniers jours, pour que mes comptes soient bien nets. Je m'attends à un terrible extraordinaire.

Voilà un beau temps pour filer. Je suis inconsolable de ne pouvoir aller voir nos petites sœurs; il faudroit, à cette heure qu'il fait beau, faire ce dortoir sur cette autre étable dont vous m'aviez parlé, car je les trouve pressées la nuit, et j'aurois plus d'envie de les augmenter que de les diminuer; il n'y a qu'à Rueil qu'elles puissent bien faire.

On me demande des garçons pour notre manufacture, et il n'est pas possible d'en avoir de Maintenon; nous sommes obligés d'en prendre aux environs, et il y en a bien cent qui demandent l'aumône dans la cour du château. Cependant, il ne faut point nous rebuter : il faut sauver leurs corps et leurs âmes, malgré eux. Conservez-vous-y, je vous en conjure, et travaillons pour notre salut. Nos saintes[1] continuent-elles à bien faire? Si cela est, faites-leur mes compliments.

J'envoie une jupe à mademoiselle de la Harteloire; je serai toujours ravie de lui faire plaisir, et je l'exhorte de tout mon cœur de nous aider à donner une éducation à nos petites filles, qui leur est plus nécessaire que la vie. Adieu, madame, j'embrasse votre cousine et Armande[2] pour lui faire ma cour.

1. Les compagnes de madame de Brinon.
2. Une nièce de madame de Brinon, laquelle en avait quatre, qu'elle parvint à marier ou à placer, grâce au crédit de madame de Maintenon. Celle-ci devint religieuse dans un couvent de Melun.

LETTRE CCCXV

A MADAME DE BRINON [1].

Ce 7 avril 1683.

Je ne suis point surprise du mal d'Armande : on ne peut guère se jouer des enfants impunément, et il leur arrive toujours quelque contretemps.

Je suis ravie de savoir mes petites sœurs à la grange.

Madame de Montchevreuil vient de me prendre le seul temps que je pouvois vous donner. Adieu, je tremble qu'Armande ait la petite vérole.

Vous n'avez ni compris, ni par conséquent fait comprendre au porteur d'eau ce qu'il faut qu'il fasse. Voici le fait : Provost, maître du fourgon de Maintenon, vient toutes les semaines à Paris; il passe le jeudi à Sertory en venant, et le lendemain vendredi il y repasse en s'en retournant; je voudrois donc que vous convinssiez avec madame Chéron qu'elle vous envoyât tous les premiers jeudis du mois tant de livres de lin; Provost les laisseroit le jeudi à Sertory; le porteur d'eau les trouveroit chez le suisse, et laisseroit par le même voyage le fil que les filles auroient filé, que Provost y reprendroit le lendemain en repassant pour Maintenon.

Cela étant ainsi réglé, vous n'auriez commerce avec madame Chéron qu'une fois par mois, et le porteur d'eau n'y feroit qu'un voyage; elle recevroit

---

1. *Manuscrits de mademoiselle d'Aumale.*

le fil et vous le lin sans qu'il ait passé par ici, où il est souvent gâté. Vous auriez réponse positive sur tout, et votre argent tous les mois.

J'ai écrit à madame Chéron de nous mander si, quand elle envoie de mauvais lin, il faut le filer gros ou lui renvoyer.

Je vous prie de me mander quand la quarantaine de nos sœurs finira, j'ai impatience de les revoir.

Madame de Montchevreuil est engouée de Manette; je souhaite que cela continue. Je vous demande Gabrielle aussitôt qu'elle aura communié, si son doigt est guéri.

Ayez la bonté de faire habiller Meriodeau [1].

LETTRE CCCXVI

A MADAME DE BRINON [2].

Avril 1683.

Je vous renvoie la lettre et l'argent de madame Chéron. M. Delpech croit qu'il vous seroit plus commode que vous envoyassiez votre fil chez lui à Paris, et qu'il vous enverroit le lin à Nanterre. Il prétend qu'il y a un coche qui y passe tous les jours, et que c'est si près de Ruelles que cela vous incommoderoit moins que d'envoyer à Sertory : choisis-

---

1. C'est sans doute une parente de ce procureur dont M. de Caumont d'Adde avait épousé la fille en deuxièmes noces. Voir l'ouvrage : *la Famille d'Aubigné et l'enfance de madame de Maintenon.*
2. *Manuscrits de mademoiselle d'Aumale.*

sez, car tout m'est bon, pourvu que notre filage aille bien, et que vous n'ayez que les peines nécessaires.

Si Lafrance m'obéit, il vous envoie d'étranges choses; mais tout est bon aux enfants, et je suis bien contente des distributions. Je crains toujours l'économie de madame de Saint-Pierre et qu'elle garde tout; plus je vis, plus je me confirme dans l'opinion de ne rien amasser. J'aurai samedi vingt tirelires.

Il est vrai que je fis jeudi mes pâques après une nuit pleine de trouble et de beaucoup de larmes, mais je ne sais que trop qu'elles ne peuvent être précieuses. Je compte d'aller demain dîner avec vous, mais je n'en suis pas encore tout à fait assurée. Donnez-moi de bon potage, je porterai du rôti.

Si je vais demain à Ruelles, j'espère que je ramènerai Gabrielle et la petite Dardiville pour la faire habiller. Tout ce que vous m'avez mandé de la misère de nos petites sœurs me fâche tout à fait contre Andrée. J'ai toujours dans la tête que vous l'occupez, et si notre veuve vouloit être leur supérieure, je vous donnerois Andrée tout à fait. Ces enfants-là sont trop souvent malades pour qu'il n'y ait pas un manque de choses nécessaires.

J'espère en madame de Saint-Pierre quand la petite vérole lui permettra de les rapprocher. Je vous avoue que je me sens un grand attachement pour cette œuvre-là, et que, si nous étions aidées, nous pourrions la multiplier. Il ne faut guère plus de peine pour trente que pour vingt, si on y mettoit un bon ordre, et que quelqu'un s'en occupât uniquement. Je vous conjure de penser à leurs lits et à de petits draps, afin qu'elles soient propres et couchées séparément. Le petit logis demeurera pour le noviciat de celles qui arriveront de Maintenon, et elles n'iront au dortoir qu'après avoir été nettoyées et reblanchies. Si Andrée n'entre dans nos vues avec piété, il est impossible qu'elle y fasse bien; car il n'est pas délicieux de passer sa vie à tuer des poux, à graisser de la gale, à faire laver les pieds, à marquer le fil de chacune, à distribuer le lin et à ne leur pas laisser un moment. Si elle passoit le jour de cette sorte, vous ne leur seriez nécessaire que pour les coups d'autorité et pour examiner leur conscience. Il me semble que je ferois fort bien ce que je désire d'Andrée. En voilà beaucoup sur ce chapitre, vous savez que c'est mon sensible.

Vous connoissez la lenteur naturelle de madame de Montchevreuil; elle y joint une extase continuelle et peu de santé. Je crois que vous aurez bientôt sa fille. Si vous aviez un prétexte pour ne la point mettre dans la même chambre que madame Bacheville, je crois que ce seroit un bien; car c'est une fille qui l'obsède, et qui paroît étourdie.

LETTRE CCCXVII

A M. D'AUBIGNÉ, A VICHY [1].

Ce 29 avril 1683.

Il est vrai qu'il y a longtemps que je ne vous ai écrit; mais il y a longtemps aussi que je n'ai reçu de

[1]. *Autographe* du cabinet de M. Feuillet de Conches.

vos nouvelles; je crois que vous savez fort bien que je vis encore, et même avec plus de santé que jamais. Je ne sais qui va à Vichy; madame de Montespan devoit aller à Bourbon, mais son voyage est rompu.

Vous avez bon esprit pour vous conduire avec qui que ce soit : il faut écouter, ne guère parler, éviter les airs de grand seigneur, et se jeter plutôt dans l'autre extrémité. M. l'abbé d'Aubigné négocie l'affaire de Sainte-Jesme, sans que vous y paroissiez; si vous voulez acheter une terre, celle-là me paroît belle et bonne et d'un prix convenable : point de maison, qui est ce qui vous faut, une forêt, de beaux droits, et sortie de votre famille.

Notre été se passera en voyages; nous partons le 26 de mai pour aller en Bourgogne, et traverser toute l'Alsace; nous allons à Belfort et pour la troisième fois à Strasbourg; nous serons de retour ici le 24 juillet; nous y passerons le mois d'août, et nous irons dans celui de septembre à Chambord, en octobre à Fontainebleau et en novembre on reviendra ici pour y passer l'hiver[1]. Madame la Dauphine ne vient point : elle est grosse, dont tout le monde est ravi. Mademoiselle de Laval sera bientôt mariée; je ne sais encore à qui, mais le roi s'en mêle et vous savez qu'il est accoutumé à réussir[2]. M. du Maine est toujours fort honnête homme et sera du voyage. Madame de Montchevreuil est très-languissante et j'en suis en peine. Ma vie est fort douce et solitaire. Cette ma-

1. Tout cela s'effectua avec ponctualité, excepté la fin, qui fut dérangée par la maladie de la reine.
2. Voir la lettre suivante.

demoiselle d'Escoubleau n'est point notre parente, je m'en suis informée.

Adieu, prenez les eaux bien sagement et faites-nous savoir comment vous vous en trouverez, en m'envoyant une adresse pour vous répondre.

LETTRE CCCXVIII

A M. D'AUBIGNÉ, A BOURBON [1].

A Versailles, ce 23 mai 1683.

J'ai su de vos nouvelles par votre médecin; sa lettre a été rendue à M. Fagon et je lui en ai envoyé la réponse par madame la duchesse de Noailles, n'ayant point d'adresse pour Vichy, et craignant qu'elle ne fût perdue. M. Delpech étoit à Maintenon; il est revenu, et vous fera tenir mes lettres. J'espère que les eaux vous feront du bien et à madame d'Aubigné; vous ne doutez pas que je ne le souhaite.

Nous partons mercredi pour le voyage, et on reviendra le 24 juillet; je crois vous avoir déjà mandé la disposition de tout l'été, et que madame la Dauphine le passera ici par une raison qui plaît à tout le monde. Mademoiselle de Laval épousa hier M. de Roquelaure que le roi fait duc comme étoit son père[2]. Je ne sais si vous avez su que M. de Montchevreuil s'est cassé un bras, et qu'il ne pourra aller

1. *Autographe* du cabinet de M. Feuillet de Conches.
2. Voir les *Souvenirs* de madame de Caylus, p. 151, édition de 1806.

avec M. du Maine. On ne dit point encore qui aura la place de mademoiselle de Laval[1]; on parle de mademoiselle d'Hamilton, d'autres disent mademoiselle de Levestin, nièce de M. de Strasbourg[2]; voilà les nouvelles que je sais. Vous me feriez plaisir de m'instruire des vôtres, tant que vous serez dans l'usage d'un remède dont j'ai très-bonne opinion. M. Fagon estime fort le médecin qui vous conduit; ainsi tout est à souhait, si vous y joignez la tranquillité qui est encore plus nécessaire que les eaux.

Je voudrois faire un voyage avec vous pour vous faire avouer que toutes les femmes ne sont pas implacables sur les montagnes et sur les vallées, et qu'elles se tirent quelquefois d'affaire assez gaiement; la description que vous me faites de l'embarras de la vôtre m'a fait rire et je l'ai cru voir.

LETTRE CCCXIX

A M. DE VILLETTE [3].

A Versailles, ce 23 mai 1683.

J'ai reçu votre lettre qui ne m'apprend rien de nouveau, en me marquant l'envie que vous auriez de faire quelque chose qui pût plaire au roi; je connois votre zèle et votre mérite. Plût à Dieu qu'il n'y

---

1. Comme fille d'honneur de la Dauphine.
2. De Lœwestein, qui devint madame de Dangeau. Nous aurons longuement à en parler.
3. *Autographe* du cabinet de M. de Noailles.

eût pas un endroit qui empêchât que l'on ne fît valoir les autres. J'espère que Dieu qui vous a donné tant de bonnes qualités vous tirera d'un état qui les rend inutiles pour ce monde ici et pour l'autre.

Madame de Villette a fait un voyage ici auquel elle n'aura pas regret : elle se porte à merveille, et a vu ses enfants; pour moi elle n'en a guère joui, car j'ai peu de temps dont je puisse disposer, et elle a essuyé tous mes chagrins et toutes mes lassitudes. L'admiration qu'elle a pour ses enfants lui a attiré quelques petites aigreurs de ma part; car j'avoue qu'ils ne me paroissent pas tels, et que la passion que j'aurois pour qu'ils fussent admirés un jour fait que je ne les admire point présentement. Votre fils aîné est honnête homme, et je l'aime tendrement; il a le cœur bien fait et de bonnes intentions; sa personne est contrainte et de mauvaise grâce.

Marmande est bien fait et adroit; il a du cœur et de l'esprit; je ne le crois pas si bon que l'autre.

La petite devient plus raisonnable; elle croît et embellit; son naturel est lent, et elle a des ressemblances avec madame de Fonmort qui me désespèrent; il y a grande presse à l'épouser et on me la demande tous les jours; je ne la marierai pas peut-être à votre fantaisie, car je suis modérée pour elle comme pour moi et je compterai pour beaucoup le mérite acquis ou apparent; cependant, comme je la marierai mieux qu'elle ne le seroit en Poitou, laissez-moi faire, et à tout hasard, envoyez-moi une procuration; car c'est une affaire à expédier en vingt-quatre heures, quand j'en trouverai l'occasion. Je la laisse à Versailles; et au lieu de la donner à madame la maréchale de La Mothe qui me la demande, elle demeurera chez Bontemps, enfermée avec des maîtres; je fais pour elle ce que je ferois pour ma fille; elle m'en saura bon gré quelque jour[1].

LETTRE CCCXX

NOTE PRÉLIMINAIRE

Le roi, accompagné de la reine, du Dauphin, de Monsieur, de Madame et d'une grande partie de la cour, était parti le 26 mai de Versailles pour visiter la Franche-Comté et l'Alsace. Il faut remarquer que la Dauphine resta à Versailles à cause de sa grossesse, et que cependant madame de Maintenon fut du voyage. Après avoir traversé lentement la Bourgogne, on s'arrêta pendant huit jours au camp de Bellegarde, sur la Saône, où étaient réunis 18,000 hommes de cavalerie. On arriva à Besançon le 15 juin et on y resta jusqu'au 19, à Belfort le 22, à Colmar le 24, à Strasbourg le 26. Le roi n'y entra pas, visita seulement la citadelle et les fortifications, et arriva le 30 à Bouquenon, où était un camp d'infanterie composé de 28 bataillons et commandé par le duc de Villeroy. Il y resta jusqu'au 6 juillet à faire des manœuvres et des attaques de forts, où les dames assistaient à cheval; de là il visita le camp de Saarbruck, les fortifications de Saarlouis, et il prit sa route de retour par Metz, Verdun et Châlons. Il arriva à Versailles le 30 juillet.

1. La Beaumelle ajoute et invente : « Comptez que je ne suis point engagée. Elle est encore trop jeune et trop délicate. Je voudrois que la paix fût faite pour demander au roi quelque chose avec bienséance. Je pourrois me prévaloir de mon crédit, et la marier sans dot. Mais c'est une injustice que je ne ferai pas. »

A M. D'AUBIGNÉ, A BOURBON [1].

A Malatour [2], ce 11 juillet 1683.

Le père de La Chaise me donna une lettre de vous qu'il y avoit près d'un mois qui étoit écrite, ainsi je ne compte point les nouvelles qu'elle m'apprenoit, et j'ai grande envie d'en savoir depuis que vous avez pris les eaux; elles doivent vous soulager de vos vapeurs, et je le voudrois de tout mon cœur, car je connois ce qu'elles peuvent faire sur un homme aussi chagrin et aussi taciturne que vous. Je suis bien fâchée que madame d'Aubigné n'en sache pas là-dessus autant que moi; elle vous seroit bien utile, et dans ces occasions-là, on tire plus de secours des autres que de soi-même. Je ne sais que lui mander sur ce que vous me dites; une réprimande en l'air ne profite guère, et c'est à vous comme le plus sage à supporter ses défauts et à tâcher de l'en corriger; elle est assez jeune pour changer. Il n'y a personne qui soit parfait et pour excuser ce qu'elle a de mauvais, il faut songer à ce qu'elle a de bon. J'ai affecté de ne point paroître dans l'affaire de Sainte-Jesme, parce que tout se seroit passé en civilités sans conclusion, et je trouve qu'il les faut toujours traiter de Turc à Maure. M. l'abbé d'Aubigné négocie; nous verrons à mon retour en quel état seront les choses.

1. *Autographe* du cabinet de M. Feuillet de Conches.
2. La localité que madame de Maintenon, ainsi que les gazettes du temps, appellent *Malatour* est *Mars la Tour*, bourg qui avait alors un vieux château fort, et qui est situé sur la route de Metz à Verdun.

Nous venons de faire un grand voyage dont je me porte très-bien et où je n'ai pas essuyé le moindre accident, excepté la maladie de Champagne que vous m'avez donné : il reçut le viatique à Molzheim et je l'ai laissé à l'extrémité à Bouquenon. J'ai été à Belfort où j'ai vu des restes de l'amitié qu'on y a eu pour vous ; il y avoit des gens qui ne voulurent jamais prendre un sou des miens quand ils surent que j'étois votre sœur ; la mère de Garé me vint voir, à qui je donnai l'argent que vous aviez envoyé à cette pauvre créature [1].

Charlot est toujours à Maintenon en parfaite santé, plus petit et plus spirituel que vous ne l'avez jamais vu ; il faudra bientôt le mettre au collège, et ensuite dans les cadets qui sont merveilleux, surtout les Poitevins ; ils ont emporté le prix pour l'exercice [2].

Adieu, mon cher frère. Ce voyage ici m'a fait plus de peine que les autres à cause du chaud, vous savez que je le crains ; le bon homme Lafrance va aux lo-

---

1. Sans doute la mère de Charlot.
2. Madame de Maintenon veut parler des compagnies de cadets que « le roi entretient dans les places frontières et qu'il fait instruire dans les exercices militaires. » Pendant son voyage, le roi passa la revue de trois de ces compagnies : à Besançon, où la compagnie était forte de quatre cents gentilshommes ; à Colmar, où se trouva celle de Brisach, forte de six cents gentilshommes ; à Strasbourg, forte de six cents gentilshommes. « Ils s'en acquittèrent, dit la *Gazette*, avec beaucoup d'adresse et de grâce. S. M. en choisit trois des plus jeunes et leur ordonna de faire faire l'exercice aux autres en faisant les commandements. Ils s'en acquittèrent très-bien, et le roi pour les encourager leur fit donner à chacun une épée. » (*Gazette* du 26 juin 1683.)

gements et est d'une grande caducité. Je ne puis après tant de services lui refuser un habit gris.

Écrivez-moi de vos nouvelles et de celles de madame d'Aubigné ; n'aura-t-elle point d'enfants après Vichy ?

APPENDICE A LA LETTRE CCCXX.

La cour était à peine revenue du fatigant voyage dont nous venons de parler, que la reine tomba malade et, après quatre jours de souffrances, elle mourut presque subitement le 30 juillet 1683, âgée de quarante-cinq ans.

« Cette princesse, dit madame de Caylus, perdit la vie dans le temps que les années et la piété du roi la lui rendoient heureuse. Il avoit pour elle des attentions auxquelles elle n'étoit pas accoutumée ; il la voyoit plus souvent et cherchoit à l'amuser ; et comme elle attribuoit cet heureux changement à madame de Maintenon, elle l'aima et lui donna toutes les marques de considération qu'elle pouvoit imaginer. Je me souviens même qu'elle me faisoit l'honneur de me caresser toutes les fois que j'avois celui de paroître devant elle... Le roi fut plus attendri qu'affligé de la mort de la reine... ; la cour fut en peine de sa douleur. Celle de madame de Maintenon, que je voyois de près, me parut sincère et fondée sur l'estime et la reconnaissance. La reine expirée, madame de Maintenon voulut revenir chez elle ; mais M. de la Rochefoucauld la prit par le bras et la poussa chez le roi en lui disant : « Ce n'est pas le temps de quitter le roi, il a besoin de vous. » Ce mouvement ne pouvoit être dans M. de la Rochefoucauld qu'un effet de son zèle et de son attachement pour son maître, où l'intérêt de madame de Maintenon n'avoit assurément pas de part. Elle ne fut qu'un moment avec le roi et revint aussitôt dans son appartement, conduite par M. de Louvois... Le roi alla à Saint-Cloud, où il demeura depuis le vendredi que la reine mourut jusqu'au lundi qu'il en partit pour aller à Fontainebleau... Madame de Maintenon suivit la Dauphine et parut aux yeux du roi dans un si grand deuil, avec un air si affligé, que lui, dont la douleur étoit passée, ne put s'empêcher de lui en faire quelques plaisanteries. »

La Beaumelle a inventé des lettres à l'occasion de la mort de la reine (édit. de Nancy, t. I, pages 188 et 189), mais il n'a pas osé les reproduire dans les éditions postérieures à celles de Nancy. Il suppose que Louis XIV écrivit à madame de Maintenon.

« Dieu me punit, madame; je me soumets à ses volontés. Je lui ai donné bien des sujets de mécontentement, à cette belle âme. Ne vous éloignez pas, ma chère madame de Maintenon; j'ai besoin de consolation. Vous pourrez vous retirer, quand vous vous lasserez de me dire la vérité. »

Fausse! met en marge Louis Racine.

Puis La Beaumelle suppose que madame de Maintenon répondit au roi :

« Sire, la reine n'est pas à plaindre; elle a vécu, elle est morte comme une sainte. C'est une grande consolation que l'assurance de son salut. Vous avez, sire, dans le ciel une amie qui demandera à Dieu le pardon de vos péchés et la grâce des justes. Que Votre Majesté se nourrisse de ces sentiments. Madame la Dauphine se porte mieux. Soyez, sire, aussi bon chrétien que vous êtes grand roi. »

Louis Racine apostille ainsi cette lettre : *Fausse. Comment lui auroit-elle écrit? Elle ne le quitta pas à la mort de la reine.*

Revenons à Fontainebleau.

« Pendant ce voyage, dit mademoiselle d'Aumale, la faveur de madame de Maintenon devint encore plus grande. Le roi ne pouvant se passer d'elle, la fit loger dans l'appartement de la reine; les conseils se tenoient dans sa chambre, et le roi y faisoit une grande partie de ses affaires, sur lesquelles il la consultoit souvent. Elle se fit un plan de vie très-chrétienne, se levoit matin pour prier Dieu, alloit à la messe de bonne heure, y faisoit souvent ses dévotions, et revenoit s'habiller pour être prête quand le roi venoit chez elle ou pour d'autres occupations utiles à la gloire de Dieu ou au bien du prochain. C'est ainsi qu'elle tâchoit de se tenir plus près de Dieu pour être plus en état de servir au salut du roi, car elle étoit persuadée que c'étoit pour cela que Dieu avoit conduit les choses où elles en étoient. »

« Pendant ce voyage, dit madame de Caylus, je vis tant d'agitation dans son esprit, que j'ai jugé depuis qu'elle étoit causée par une incertitude violente de son état, de ses pensées, de ses craintes, de ses espérances; en un mot son cœur n'étoit pas libre et son esprit fort agité. Pour cacher ces divers mouvements et pour justifier les larmes que nous lui voyions répandre, elle se plaignoit de vapeurs et alloit, disoit-elle, chercher à respirer dans la forêt avec la seule madame de Montchevreuil; elle y alloit même quelquefois à des heures indues. Enfin les vapeurs se passèrent, le calme succéda à l'agitation, et ce fut à la fin du voyage. » — « Mes agitations sont finies, écrivoit-elle le 20 septembre à l'abbé Gobelin, du moins dans les apparences... Ne m'oubliez pas devant Dieu, car j'ai grand besoin de forces pour faire un bon usage de mon bonheur. » Madame de Caylus ajoute qu'avant la mort de la reine, on voit dans les lettres de madame de Maintenon à l'abbé Gobelin une femme dégoûtée de la cour et qui ne cherche qu'une occasion de la quitter; mais, après la mort de la reine, cette même femme ne délibère plus; le devoir est pour elle marqué et indispensable d'y demeurer; et dans ces temps différents, sa piété est toujours la même.

Il est très-probable, et nous en allons voir quelques preuves, que, dès Fontainebleau, le mariage était résolu.

LETTRE CCCXXI

NOTE PRÉLIMINAIRE

Il n'y a que huit jours que la cour est à Fontainebleau, et déjà madame de Maintenon s'exprime, dans ses lettres à son frère, en termes si mystérieux, que l'on pressent un grand changement dans sa vie. Ce frère si indiscret, si étourdi, si embarrassant par ses bavardages et ses prétentions, est à Vichy; mais il peut tout à coup venir à la cour et compromettre les projets de sa sœur. Celle-ci lui fait entendre qu'il ne peut la voir, qu'elle ne peut avoir de commerce avec lui, qu'il doit demeurer à Coignac, « le plus beau lieu du monde, » dit-elle : *la raison qui vous empêche de me voir est si utile et si glorieuse que vous n'en devez avoir que de la joie.*

Ces mots si remarquables témoignent que madame de Maintenon a dû écrire des lettres plus explicites à son frère et que ces lettres auront été détruites. D'ailleurs elle va changer de style et de manières avec son frère, tout en conservant pour lui une grande affection.

A M. D'AUBIGNÉ, A VICHY [1].

A Fontainebleau, ce 7 août 1683.

L'affliction où tout le monde est ici et la mienne particulière ne m'empêchent pas de répondre à votre lettre, puisque vous attendez ma réponse pour vous déterminer et que je ne manquerai jamais à ce que je croirai nécessaire.

M. Fagon n'est point ici pour le consulter sur Bagnères; mais je connois assez bien ces eaux-là pour vous dire qu'elles ne sont pas bonnes à boire et que

---

1. *Autographe* du cabinet de M. Feuillet de Conches.

leur grand mérite est pour les maux extérieurs. Barèges amollit et Bagnères fortifie; il me semble que cela n'a rien de commun avec vos vapeurs.

Ce sont les mêmes vapeurs qui vous font voir les choses aussi tristement. Le malheur de n'avoir point d'enfant est très-médiocre pour le monde; et je vous crois trop raisonnable pour vous soucier que votre nom périsse. Quant à l'estime et à l'amitié que vous avez pour moi, j'en suis très-persuadée et très-aise. La raison qui vous empêche de me voir est si utile et si glorieuse que vous n'en devez avoir que de la joie : il ne me convient point d'avoir aucun commerce, et je vous ai conseillé, par l'intérêt que je prends à vous, de demeurer dans le plus beau lieu du monde, où l'on vit avec le plus d'abondance, et où ce que vous avez est plus considérable que si vous en aviez une fois autant à Paris, où vous êtes libre sans affaires, au milieu de vos proches et en un mot dans un état que je choisirois de préférence à beaucoup d'autres. Si vous en jugez autrement, je ne prétends point vous contraindre en vous empêchant de venir à Paris; mais il me semble qu'il vous sera plus désagréable d'être près sans me voir, que d'être éloigné avec un commerce avec moi. Faites sur tout cela ce qui vous conviendra sans me compter; et n'allez pas réveiller vos anciens chagrins. Si le roi ne vous a pas fait justice, et que vos ennemis vous aient fait du mal, c'est un malheur bien ordinaire; vous êtes vieux[1], vous n'avez point d'enfants; vous êtes mal-

---

1. Il était né en 1634 et n'avait donc que 49 ans; mais comme

sain, que vous faut-il que du repos, de la liberté et de la piété? Tous ces biens-là sont entre vos mains, et j'y contribuerai avec plaisir dans tout ce qui me sera possible.

Si vous voulez acheter une terre, il me paroît que Sainte-Jesme est une bonne affaire; si vous aimez mieux manger votre revenu à Coignac, ne vous en contraignez pas; enfin vous avez plus de trente mille livres de rente pour six ans. Après cela, si j'y suis encore au monde, nous en aurons d'autres, et si je n'y suis plus, vous aurez Maintenon.

LETTRE CCCXXII

A MADAME DE BRINON [1].

A Fontainebleau, 12 août 1683.

Je n'ai guère vu une plus mauvaise bibliothèque que celle dont vous m'envoyez le mémoire, et dans quelque envie et besoin que je sois de me remplir de quelque chose de bon, je ne puis vous demander que: L'Introduction à la vie dévote; les Méditations de sainte Thérèse sur le *Pater;* cinq tomes du Nouveau Testament; les Psaumes de David.

De tout le reste, je ne vois que les livres de M. de Condom [2] qui méritent d'être gardés. Je lis et lirai

---

on le voit, il était malade, chagrin, et, pour tout dire, un peu fou.

1. *Manuscrits de mademoiselle d'Aumale.*
2. Bossuet était évêque de Meaux depuis 1681. Madame de

les livres que vous m'avez envoyés, et suis plus occupée que je ne l'ai jamais été de l'envie de faire mon salut. Je suis très-fâchée d'être éloignée de vous et de ne pouvoir vous soulager dans l'embarras que vous avez. Ils sont inévitables dans une aussi grande maison.

Je souffre de l'absence de Gabrielle, car madame de Montchevreuil ne me rend point Manette, et j'aime à voir travailler. Je ne vous la redemanderai pourtant pas qu'elle ne sache lire, écrire et l'orthographe comme nous.

Je suis touchée de saint Candide[1], et je vous prie de ne vous point lasser de faire prier pour le roi; il a plus besoin de grâce que jamais pour soutenir un état contraire à ses inclinations et à ses habitudes[2].

La pauvre madame de Brunswick[3] me fait grande pitié, et d'autant plus que je n'y vois point de remède. Sa fille vous auroit occupée et embarrassée, je crois que vous avez très-bien fait de la refuser, et sur le voyage du Rivey pareillement. Donnez-vous toute à Dieu : votre maison est assez grande pour vous occuper et bien utilement.

Maintenon lui donne son ancien titre par habitude ou parce que les livres le portaient.

1. C'étaient des reliques d'un saint martyr que le pape Innocent XII avait envoyées à madame de Maintenon le 30 avril 1680. Quand madame de Brinon eut obtenu qu'on dît la messe dans sa chapelle de Rueil, ces reliques furent exposées publiquement.

2. Il est évident que madame de Maintenon entend par là l'état où le roi se trouvait par suite de la mort de la reine, ayant, depuis près de trois ans, cessé tout commerce avec ses maîtresses.

3. Voir la note de la lettre du 19 novembre 1682.

Ne soyez point en peine de mon insomnie, je reviens dans mon naturel, et j'espère que je tirerai quelque fruit de ma douleur [1].

Envoyez-moi des reliques de saint Candide en plusieurs paquets, car je serai bien aise d'en donner. Ne dites jamais un mot de la permission qui vous est venue d'avoir le Saint-Sacrement; prenez patience, Dieu tournera les choses pour le mieux.

Je ferai pour madame de Saint-Pierre tout ce qu'elle désirera; faites-le-moi savoir. Vous ne m'avez pas dit un mot de mes petites sœurs.

LETTRE CCCXXIII

A M. DE VILLETTE [2].

Fontainebleau, jeudi 14 août 1683.

Je vous renvoie l'acte que vous me demandez, je le crois bien et je l'ai signé. Je suis bien aise de ce que M. de La Roche Allart est sauvé, et fort en peine des fatigues de madame de Villette. Les nouvelles que vous me mandez sont fausses : le roi n'a point de galanterie; vous pouviez le dire sans craindre de passer pour mal instruit [3].

---

1. « Elle fut très-sensiblement affligée, dit mademoiselle d'Aumale, et sa douleur parut des plus vives. Nous lui avons entendu dire qu'elle avoit pleuré cette mort très-amèrement parce qu'elle aimoit véritablement la reine. »

2. *Manuscrits des Dames de Saint-Cyr.*

3. Cette phrase est remarquable, surtout à cause du ton assuré dont elle est écrite. Elle confirme ce que nous venons de dire que, dès Fontainebleau, le mariage de madame de Maintenon avec Louis XIV était résolu.

L'action de votre ingénieur me paroît mauvaise, mais Ducouteau me fait grand pitié.

Je ne suis point d'avis que M. de Murçay vienne ici; je ne puis le loger, et il dépenseroit beaucoup s'il étoit ailleurs; qu'il employe bien son temps et se laisse conduire. Mademoiselle de Murçay a souvent la fièvre et est d'un libertinage étonnant[1]. J'ai peu de santé à Fontainebleau : l'air m'y donne des maux que je ne connoissois point et augmente mes migraines.

Adieu, mon cher cousin, croyez que je suis bien fâchée de ne pouvoir vous rendre heureux; le plus grand obstacle vient par vous, et vous faites un grand sacrifice qui, je crois, ne sera pas reçu[2].

LETTRE CCCXXIV

A MADAME DE BRINON[3].

A Fontainebleau, ce 17 août 1683.

La mort de la reine m'attire tant de lettres et de visites, que je n'ai pas le temps de respirer, et je vous fais écrire présentement dans la violence d'une des plus grandes migraines que j'aie jamais eues.

---

1. C'est-à-dire d'une *légèreté*...
2. La Beaumelle invente et ajoute ceci : « Il est bien étonnant que ni l'exemple de tant de vos amis qui abjurent, ni votre respect pour le roi, ni votre amitié pour moi, ni les raisonnements de tant d'habiles théologiens, ni les conseils de votre ambition ne vous ébranlent pas. Doutez du moins. Examinez. Instruisez-vous. Et croyez. »
3. *Manuscrits de mademoiselle d'Aumale.*

Je suis fâchée de la maladie de la maîtresse de l'ouvrage, et encore plus de celle de madame votre sœur.

Je suis ravie de la dévotion que l'on a à saint Candide, et du plaisir que vous en avez.

J'ai vu le fragment que vous m'avez envoyé : il n'y a sur cela qu'à prier Dieu, qui saura bien faire ce qui sera le meilleur. Je serai toujours bien aise de savoir ce que vous entendrez dire sur cette matière-là[1].

J'ai reçu les livres que vous m'avez envoyés, et je lis ceux que vous m'avez prêtés avec un grand plaisir. Dieu veuille que j'en profite !

J'ai de la peine à croire que l'on ait songé à aucune lésine sur la pompe funèbre de la reine ; j'en ai toujours vu donner les ordres conformes à ce que l'on fit pour la reine-mère ; mais il peut bien être que l'on aura voulu éviter les voleries qui s'y firent.

Je suis ravie que mes petites filles filent bien ; nous aurons toujours beaucoup fait quand elles seront instruites de leur religion, et accoutumées à travailler depuis le matin jusqu'au soir.

M. Bontemps est ici et s'en va aujourd'hui ; je le prierai de vous envoyer des suisses pour garder votre chasse.

Je ne donnerai des reliques que vous m'avez envoyées qu'à ceux qui en feront autant de cas que nous.

---

1. Dès la mort de la reine, le bruit s'était répandu du projet de mariage entre Louis XIV et madame de Maintenon. Il est probable que le *fragment* envoyé par madame de Brinon parlait de ces projets.

Vous aurez de mes lettres toutes les fois que je le pourrai. Villemoyen aura la tête bien dure si elle ne devient habile, puisque vous vous en mêlez.

Je n'ai point compté de mettre Colin ni Chasseaux dans le nombre de mes pensionnaires. J'ai payé pour douze dont Nanon vous a envoyé les noms, et je n'en prendrai point davantage qu'il n'y ait des places vacantes. J'ôterois Jaquette si elle savoit bien lire et bien écrire.

Je vous enverrai au premier jour de quoi payer le maître d'école et la pension du petit Roidot.

Ne dites pas un mot de la permission que vous avez d'avoir le Saint-Sacrement; il faut mettre la conclusion de cette affaire à notre retour.

M. l'abbé Gobelin est ici; je lui donnerai plein pouvoir pour madame de Saint-Pierre. Si après cela, elle aime mieux une lettre de moi, vous n'avez qu'à ordonner.

Quoique je ne vous écrive pas régulièrement, comptez que je suis toujours bien aise de recevoir de vos lettres.

Je ne sais où nous en sommes pour la pension d'Andrée, ni ce que madame Chéron veut faire de la nièce; pour moi qui n'aime point qu'on m'embarque, je ne paierai rien pour elle; vous pouvez lui mander cela franchement, et vous défaire entre Andrée et elle de la plus inutile; car il suffit d'une personne pour gouverner nos petites sœurs.

En passant à Châlons[1], je vous ai acheté de l'é—

---

1. Pendant le voyage d'Alsace.

toffe pour vous habiller toutes, je vous l'envoie pour la distribuer comme il vous plaira. J'en ai pris pour vous quatre. J'espère sur cela quelques prières de nos révérendes mères.

LETTRE CCCXXV

A MADAME DE BRINON [1].

A Fontainebleau, ce 22 août 1683.

Je ne manque pas de bonne volonté pour les bonnes œuvres en général et pour mademoiselle de Ris en particulier; mais je suis sans commerce, et passe fort bien trois mois sans voir les gens que l'on croit que je vois tous les jours. Je ferai pourtant ce que je pourrai pour elle. Vous aurez au premier jour la pension d'Andrée et celle des petits garçons, sur lesquels je vous prie d'avoir quelque inspection.

Je suis ravie d'avoir fait plaisir à nos révérendes mères; assurez-les que je n'en perdrai pas les occasions, et que je ne veux point être remerciée.

Je n'ai jamais rien donné à ma sœur Lefèvre : sachez bien finement ce qui lui feroit le plus de plaisir.

J'aurois voulu de tout mon cœur cacher le présent que j'ai reçu de Rome[2] : car je suis si glorifiée en ce

1. *Manuscrits de mademoiselle d'Aumale.*
2. Madame de Maintenon a reçu de plusieurs papes des brefs, des reliques, des chapelets, etc.; j'ignore quel présent elle reçut de Rome à cette époque; mais cette phrase témoigne que le chef de l'Église catholique prenait, comme la plupart des évêques de

monde de quelques bonnes intentions que je tiens de Dieu, que j'ai sujet de craindre d'être humiliée et confondue dans l'autre[1].

Il n'y a rien à répondre sur l'article de *Louis et Françoise*, ce sont des folies. Je voudrois seulement savoir pourquoi elle ne le voudroit pas; car je n'aurois jamais cru que l'exclusion sur cette affaire fût venue par elle[2].

Voyez mademoiselle de Scudéry, et mandez-moi tout ce qui vous reviendra de bon et de mauvais. Voici une nouvelle scène qui réveille tout le monde[3]. J'attends la dépense des trois mois, vous l'insérerez dans celui-ci.

Je n'ai pas douté que vous gardassiez Andrée et ne vous défissiez de la nièce. Mais, madame, on ne peut avoir trop de soin que nos petites sœurs filent fin, et le plus qu'elles pourront; car rien n'est pareil à ce qui se fait à Maintenon : nos toiles, nos

---

France, le plus vif intérêt à la mission que s'était donnée madame de Maintenon, la conversion du roi.

1. « Glorifiée en ce monde de quelques bonnes intentions que je tiens de Dieu... » C'est une allusion fort claire à toute sa conduite vis-à-vis du roi et au projet de mariage.

2. Ceci est encore une allusion fort claire au projet de mariage. Il faut croire que madame de Brinon, qui fut peut-être dans la confidence de toute cette affaire, avait témoigné le doute, connaissant le caractère de madame de Maintenon, que celle-ci voulût consentir à épouser Louis XIV. Malgré ce mot : *ce sont des folies*, il est très-probable que le mariage était décidé.

3. Mademoiselle de Scudéry étant répandue dans les principales sociétés de Paris, madame de Maintenon savait par son entremise ce que l'on disait d'elle. La *nouvelle scène qui réveille tout le monde* est l'affection respectueuse que le roi lui témoignait publiquement.

damassées et notre blanchissage réussissent à merveille[1].

Je suis ravie des miracles de saint Candide; vous savez ce que je sens pour lui. Je donnerai de ses reliques à Nanon et à la marquise.

Adieu, madame; mes compliments à madame de Bonnevault et à mademoiselle de la Harteloire. J'ai donné plein pouvoir à M. Gobelin pour tout ce que pourra désirer madame de Saint-Pierre.

LETTRE CCCXXVI

A M. D'AUBIGNÉ, A COIGNAC [2].

A Fontainebleau, ce 24 août 1683.

Vous avez raison de croire que je suis affligée de la mort de la reine; personne n'en a plus de raisons et je les sens toutes fort vivement. La douleur du roi est une terrible augmentation à la mienne; aussi en ai-je été longtemps très-incommodée; je commence à revenir dans mon naturel.

On dit que madame d'Aubigné est grosse, j'en aurois bien de la joie. J'ai fait ce que vous m'avez ordonné sur M. Berthelot. Réjouissez-vous, c'est le meilleur remède pour vos vapeurs et croyez que je vous aime de tout mon cœur. J'ai vu M. l'abbé Hervé;

---

1. Il est assez étrange de voir madame de Maintenon occupée dans la même lettre de ses petites filles de Rueil, de ses fabriques de Maintenon et de son mariage avec Louis XIV.
2. *Autographe* communiqué par M. Feuillet de Conches.

faites de bonnes œuvres, mon cher frère ; il faut se sauver et il n'y a que cela qui ne passera point.

LETTRE CCCXXVII

A M. D'AUBIGNÉ, A COIGNAC [1].

A Fontainebleau, ce 7 septembre 1683.

Vous aurez sans doute appris qu'avant d'être consolés de la perte de la reine, nous avons eu à trembler pour le roi, et que nous lui avons cru le bras cassé [2] ; il n'a été que démis et grâces à Dieu, il est si bien remis qu'il n'y a nulle suite à craindre. Cet accident l'a fait voir aussi ferme dans la douleur que dans toutes ses autres actions, et il y a eu peu de différence de son sang-froid à celui qui disoit : Je vous avois bien dit que vous me rompriez la jambe. Comme je tiens de vous ce trait d'histoire, je vous le rends, et vous jugerez par ma bonne humeur que la santé du roi n'est pas mauvaise.

M. Colbert est mort [3] et M. le président Lepelletier va remplir sa place [4]. Vous l'avez vu prévôt des marchands. Le roi ôte la charge des bâtiments à

1. *Autographe* communiqué par M. Feuillet de Conches.
2. « Le 2 de ce mois, le roi étant à la chasse au cerf, son cheval tomba et S. M. crut avoir le bras cassé. Mais il s'est trouvé que ce n'étoit qu'une dislocation au coude que les chirurgiens ont très-bien remis. » (*Gazette* du 4 septembre 1683.)
3. Le 6 septembre 1683.
4. Comme contrôleur général des finances et conseiller au conseil royal.

M. Dormois¹ à qui il donne cinq cent mille francs, et M. de Louvois aura la charge². On ne sait plus si on ira à Chambord; cela dépend de l'état où le roi trouvera son bras; mais madame la Dauphine n'ira pas, étant trop avancée de sa grossesse.

Je me suis informée de tout sur la mairie de Bordeaux³, cela ne se vend jamais et ainsi il n'y a rien à dire de plus; mais je vous conjure encore de tourner votre vie commodément, de manger tous les ans les dix-huit mille francs de l'affaire que nous avons faite; quand ce temps-là sera venu, nous en ferons quelque autre.

Allez à Bordeaux, si l'air en est meilleur pour vous que Coignac; il n'y a que pour son salut qu'il faille se contraindre. Je vous aime plus que je n'aimerai vos enfants; et de plus ils auront mon bien. Plus je vis, et plus je me désabuse des soins et des projets à venir; Dieu les renverse presque toujours, et comme ils ne se font presque jamais par rapport à lui, il ne les bénit pas. Je deviens une vieille⁴ bien

---

1. C'était le quatrième fils de Colbert.
2. « De surintendant des bâtiments de S. M., arts, manufactures et commerce de France. »
3. D'Aubigné, qui s'ennuyait de n'être pas à la cour avec quelque grande charge, et à qui sa sœur interdisait de venir à Paris, avait voulu acheter la charge de maire de Bordeaux, qui ne se vendait point.
4. Madame de Maintenon n'avait que 48 ans. Pour une femme qui avait en perspective un mariage avec Louis XIV, voilà de la philosophie bien vulgaire, des réflexions chrétiennes bien communes, des idées bien éloignées de l'esprit d'intrigue et d'ambition qu'on lui a prêté : la vraie madame de Maintenon, dégagée des inventions de La Beaumelle, est très-simple et un peu prosaïque.

relâchée et bien douce; ne vous contraignez donc point par rapport à moi; mangez votre revenu qui va à près de trente mille francs; faites-en part à votre femme; vivez heureux et en paix; Dieu pourvoira à tout pourvu que vous le serviez. Préparez-vous à la mort sans en être plus triste, et mandez-moi souvent de vos nouvelles. Vous savez que Lafrance a quitté la livrée : il devroit vous mander toutes les semaines ce qu'il sait de nouvelles; cela vous divertiroit.

Adieu, mon cher frère, je vous embrasse et votre femme aussi; il y a trop longtemps qu'elle ne m'a écrit.

LETTRE CCCXXVIII (La B.)

A MADAME DE SAINT-GÉRAN [1].

Fontainebleau, le 10 septembre 1683.

Le roi se porte bien et ne sent plus qu'une légère douleur. La mort de M. Colbert l'a affligé, et bien des gens se sont réjouis de son affliction. C'est un sot discours que les desseins pernicieux qu'il avoit, et le roi lui a pardonné de très-bon cœur d'avoir voulu mourir sans lire sa lettre pour mieux penser à Dieu. M. de Seignelay a voulu envahir tous ses emplois, et n'en a

---

1. Collection de La Beaumelle, t. I, p. 195 de l'édition de Nancy; et t. I, p. 116 de l'édit. d'Amsterdam. Cette lettre a été composée à plaisir avec les faits. Louis Racine l'annote : *m'est inconnue.* Il suffit de la lettre précédente pour démontrer la fausseté de celle-ci. On a vu que madame de Maintenon y expose très-simplement la manière dont fut distribué l'héritage de Colbert.

obtenu aucun¹ : il a de l'esprit, mais peu de conduite; ses plaisirs passent toujours devant ses devoirs². Il a si fort exagéré les qualités et les services de son père, qu'il a convaincu tout le monde qu'il n'étoit ni digne ni capable de le remplacer. On a parlé de notre ami pour la surintendance des bâtiments, mais seulement deux minutes; et M. de Louvois l'a eue sans la demander. Je fonde de grandes espérances sur M. Le Pelletier, et je vois avec un extrême plaisir que la cour est contente de ce choix; le roi l'estime. Madame de Rochefort sauve du moins les apparences; on m'attribue sa conversion, et moi, je ne puis souffrir qu'on m'attribue l'hypocrisie de personne; madame la Dauphine ne s'accoutume point à elle³. Nous sommes ici fort tranquilles; Madame de Montespan s'est jetée dans la plus grande dévotion; il est bien temps qu'elle nous édifie. Je ne songe plus à me retirer⁴.

LETTRE CCCXXIX [5]

A MADAME LA MARQUISE D'HUXELLES [6].

De Fontainebleau, ce 13 septembre 1683.

Il me semble, madame, que vous avez fort bien

---

1. Cela n'est pas vrai : il eut les fonctions dont il avait la survivance, c'est-à-dire la marine, le commerce, la maison du roi, etc.
2. Cela n'est pas vrai.
3. Cela n'est pas vrai; d'ailleurs nous allons voir qu'à cette époque, madame de Rochefort était dangereusement malade.
4. Dans l'édit. de Nancy, La Beaumelle ajoute : « Le roi m'a fait promettre de ne point le quitter. »
5. *Autographe* de la Bibliothèque impériale, supp. français, Ms. n° 376.
6. La marquise d'Uxelles, fille d'un président du Parlement de

fait de m'écrire, puisque le roi a vu avec beaucoup de plaisir ce que vous m'avez mandé pour lui, et qu'il m'a ordonné de vous en remercier. Si, après un tel compliment, j'osois vous parler de moi, je vous dirois que j'ai été ravie de cette marque de votre souvenir, que j'ai conservé pour vous toute l'estime que vous méritez et l'inclination que vous attirez de ceux qui ont le goût bon, et que je serois trop heureuse et très-glorieuse si, en vous déclarant pour le mérite, j'avois quelque part à l'honneur de vos bonnes grâces.

LETTRE CCCXXX

A MADAME DE BRINON[1].

Ce 16 septembre 1683.

Je ne suis plus si contente de mes voyages de Ruelles, car je suis toujours si pressée par le temps, que je ne puis vous entretenir.

Voilà ce que je vous ai promis. Je serois bien fâchée d'avoir été cause que Jaquette n'eût pas été si bien vêtue que les autres.

Je vous conjure que mes petites sœurs soient bien prêchées ces fêtes qu'elles ont du temps pour écouter et point de rouet pour rompre la tête. Vous voyez que la maladie du pays les tient, il faut les prendre par cet endroit-là, et se servir de tout pour leur faire

---

Paris, veuve en premières noces du marquis de Nangis, et en deuxièmes noces de Louis du Blé, marquis d'Uxelles, fut la mère de Nicolas du Blé, maréchal de France.

1. *Manuscrits de mademoiselle d'Aumale.*

du bien, même malgré elles. Songez à perfectionner nos rouets, et prenez notre filerie aussi à cœur que moi, je vous en prie. Il faut aussi ménager Andrée : nous aurons de la peine à trouver mieux dans une paysanne.

Il y a dans les poches de l'habit des heures et un chapelet vert pour Monfort ; je lui porterai un tablier la première fois que j'irai.

Il faudroit savoir de mademoiselle de la Harteloire si elle veut se mettre entre les mains de Félix ; car voici le temps, et je la mettrois à ma maison de la ville.

Adieu, madame, vous avez besoin d'autant de vertu que vous en avez pour conduire une aussi grande maison avec si peu de soulagement. La mère des anges est méchante cuisinière, aux œufs que je vis hier ; mais la propreté et la règle des petites me fit plaisir. Faites filer Villemoyen auprès de madame d'Ambleville, je vous prie, quand vous aurez du lin, et le plus fin qu'elle pourra. J'embrasse la pauvre *Bonne* de tout mon cœur.

LETTRE CCCXXXI

A M. D'AUBIGNÉ, A COIGNAC [1].

A Fontainebleau, ce 19 septembre 1683.

Je vous ai répondu sur la mairie de Bordeaux qui ne se vendra pas ; mais je voudrois bien un mémoire de vos plaintes contre le lieutenant général de Coi-

---

1. *Autographe* du cabinet de M. Feuillet de Conches.

gnac, et que vous y ajoutassiez ce que vous désireriez pour votre satisfaction, et si vous faites garder la chasse par droit, ou pour votre plaisir. Vous croyez bien que je suis fort aise de la grossesse de madame d'Aubigné; les femmes en savent plus là-dessus que les médecins, et le moins de façons qu'elle pourra y faire sera le meilleur. Il faut s'habiller bien large pour qu'un enfant se place à son aise; il faut manger de bonnes choses pour qu'il se porte bien, et, si on a des fantaisies, les contenter, mais avec le plus de modération que l'on peut.

J'ai ordonné à Lafrance de vous écrire souvent; il m'en a paru transporté de joie; c'est un garçon qui fera quelque chose.

Adieu, mon très-cher frère; je voudrois bien vous savoir heureux, car je vous aime plus que ma sécheresse ne me permet de vous le dire.

LETTRE CCCXXXII

NOTE PRÉLIMINAIRE

Voici la seule lettre à l'abbé Gobelin, que nous ayons trouvée pour le séjour de Fontainebleau après la mort de la reine. Il est probable qu'il y en eut d'autres qui auront été détruites. D'ailleurs l'abbé Gobelin fit plusieurs visites à madame de Maintenon, et il fut témoin et troublé lui-même des agitations de cette dame ainsi que de celles de madame de Montchevreuil. Cette lettre concorde parfaitement avec les récits de mademoiselle d'Aumale et de madame de Caylus : elle témoigne que le calme revint quand le mariage fut résolu. *Je suis dans une paix dont je prendrois plus de plaisir à vous entretenir que des troubles que nous vous communiquâmes.* Enfin cette lettre se termine par cet élan d'effusion qui est rare dans la correspondance de madame de Maintenon, et qui exprime si bien l'état de son âme : *J'ai grand besoin de forces pour faire un bon usage de mon bonheur.*

A M. L'ABBÉ GOBELIN [1].

A Fontainebleau, ce 20 septembre 1683.

Ne vous alarmez jamais de mes maux, je vous en prie; j'ai assez de confiance dans votre amitié pour vous faire savoir si j'en avois de considérables, et on fait souvent du bruit de peu de choses, parce que je suis sur le théâtre. J'ai eu des vapeurs, et tout ce que j'ai souffert depuis quelque temps a un peu troublé ma santé; outre que je ne me porte jamais si bien à Fontainebleau qu'ailleurs. Toutes ces raisons me font souffrir de petites incommodités qu'une personne plus courageuse que moi ne compteroit pas. Je vous suis très-obligée de votre inquiétude, mais je n'aime point à vous donner de la peine, et je m'accommoderois mieux de toute autre marque de votre amitié. J'ai grand regret à la dernière visite que vous m'avez faite. Ce temps-là fut mal employé, et vous fit sentir une partie de mes agitations; elles sont finies du moins dans les apparences, et je suis dans une paix dont je prendrois plus de plaisir à vous entretenir que des troubles que nous vous communiquâmes. On dit que nous ne serons plus ici que trois semaines; mais on ne sait encore si nous irons à

---

1. *Manuscrits des Dames de Saint-Cyr.*

Chambord ou à Versailles. Le roi est, grâce à Dieu, en parfaite santé.

Adieu, monsieur; ne m'oubliez pas devant Dieu, car j'ai grand besoin de forces pour faire un bon usage de mon bonheur.

LETTRE CCCXXXIII

A M. DE MONTCHEVREUIL [1].

Ce 25 septembre 1683.

Le roi a reçu votre lettre et m'a commandé de vous faire répondre de sa part pour vous dire qu'il est bien aise de ce que vous êtes content de M. de Vermandois [2] et qu'il vous exhorte à le faire profiter de tout ce qu'il voit; je lui ai rendu compte aussi de la lettre que vous écrivez à madame de Montchevreuil où vous marquez qu'il voit les officiers et s'en fait aimer. Cet endroit-là a plu, et on me charge de vous mander de faire là-dessus toute la dépense que vous jugerez à propos. Vous voilà donc autorisé à tout ce qui vous plaira et bien à votre goût de voir votre prince prendre celui de son métier et passer sa vie avec des hommes. Cela est meilleur pour lui que le jardin de Diane, et je vous conjure de lui dire de ma part que pour pouvoir badiner sans honte, il faut montrer que

---

1. *Autographe* communiqué par madame la marquise de Mornay.
2. Fils légitimé de Louis XIV et de madame de La Vallière, né en 1667. Le roi l'avait envoyé, sous la direction de M. de Montchevreuil, dans l'armée du maréchal d'Humières qui allait assiéger Courtray. C'était un jeune homme fort débauché.

l'on est capable d'autre chose; ajoutez à ce petit mot de gouvernante tous les compliments respectueux que je lui dois; faites-en d'un peu plus familiers au chevalier de Montchevreuil et rendez-lui vingt pistoles que je lui dois. Adieu, mon cher marquis, ma complaisance pour vous ne peut aller jusqu'à désirer la guerre; j'aime mieux avoir à reprocher à M. de Vermandois qu'il n'a pris que les vaches de madame de Lillebonne. Il ne peut mieux faire que de voir et se faire approuver par Chamlay[1]. Je fus hier bien malade de vapeurs, mais je me porte fort bien aujourd'hui, et je suis pour vous comme vous le savez.

LETTRE CCCXXXIV

A M. D'AUBIGNÉ, A COIGNAC [2].

A Fontainebleau, ce 28 septembre 1683.

J'ai montré au roi ce que vous m'avez écrit sur sa blessure ou, pour mieux dire, son accident; il l'a reçu comme vous pouvez le désirer; il quitte l'écharpe aujourd'hui et est, grâce à Dieu, en parfaite santé.

Voici la réponse de M. Lepelletier qui vous renvoie votre lettre à cause du *monseigneur* qu'il ne veut recevoir de personne; il montre une sagesse et

---

1. Le marquis de Chamlay était, comme nous dirions aujourd'hui, le chef d'état-major de Louis XIV. Ce fut lui qui traça les marches et les cartes de la plupart de ses campagnes. (Voir mon ouvrage : *les Frontières de la France*, page 61 et la note de la page 283 du tome IV du *Journal de Dangeau*.)

2. *Autographe* du cabinet de M. Feuillet de Conches.

une modération admirables, et tout le monde est ravi de le voir où il est; Dieu veuille qu'il en use bien !

M. Brunet me demanda hier s'il étoit possible que je consentisse que vous mangeassiez votre bien; je lui dis que je vous l'avois mandé et que je vous aimois mieux que vos enfants; il doit vous envoyer dix-huit mille francs dans le mois d'octobre. Réjouissez-vous, mon cher frère, mais innocemment; songez à l'autre vie et préparons-nous à y passer avec le plus de confiance que nous pourrons. Faites de bonnes œuvres; mais songez qu'il faut remplir ses devoirs, et que le vôtre est d'aimer et de supporter en tout la femme que Dieu vous a donnée. Lisez saint Paul, il vous dira que les forts doivent supporter les foibles; et que vous n'êtes qu'un, votre femme et vous; enfin vous lui devez de l'amitié, de la complaisance et beaucoup de patience. J'ai bien envie que vous soyez heureux en ce monde ici et en l'autre, et vous pouvez compter que je ferai tout mon possible pour y contribuer, vous aimant plus que je ne vous le montre.

Je crois que la reine a demandé à Dieu la conversion de toute la cour; celle du roi est admirable [1], et les dames qui en paroissoient les plus éloignées ne partent plus des églises. Madame de Montchevreuil, mesdames de Chevreuse et de Beauvilliers, la princesse d'Harcourt, et en un mot, toutes nos dévotes n'y sont pas plus souvent que mesdames de Montespan, de Thianges, la comtesse de Gramont, la du-

---

1. On voit que madame de Maintenon était arrivée à son but.

chesse du Lude et madame de Soubise ; les simples dimanches sont comme autrefois les jours de Pâques.

Mandez-moi si vous avez des livres et si vous n'en voudriez pas quelques-uns.

M. de Louvois expédie un peu plus que ne faisoit M. Dormois : Versailles, qui n'auroit pas été prêt à Noël, le sera à la fin de ce mois. Madame la Dauphine part d'ici le 6 octobre et va en trois jours ; et je demeure ici pour m'en aller le 7 avec le roi, Madame, Monseigneur et la princesse de Conti [1].

La maréchale de Rochefort est dangereusement malade.

Adieu, je vous embrasse de tout mon cœur ; écrivez souvent, j'y répondrai quand je pourrai.

LETTRE CCCXXXV

A MADAME DE BRINON [2].

Fontainebleau, ce 2 octobre 1683.

Ne soyez point en peine de moi, je vous en prie : je n'ai que les petits maux que vous me connoissez ; mais quand on est sur le théâtre, tout est su et exagéré. Croyez que si j'avois quelque chose de considérable, vous en seriez avertie.

Je suis bien aise que M. Bontemps n'abandonne pas notre pauvre suisse, qui m'a toujours paru un

---

[1]. Madame de Maintenon n'est pas encore mariée, et elle ne marche plus qu'avec le roi et sa famille. Quoique dame d'atour de la Dauphine, elle n'accompagne plus cette princesse.

[2]. *Manuscrits de mademoiselle d'Aumale.*

bon homme. Il ne tiendra qu'à vous de faire porter à votre portier la livrée du roi.

J'ai bien de la joie de ce que M. Gobelin est mieux.

Je suis très-contente de Pontbriant[1], mais comme les services de mademoiselle de Chanteloup[2] sont un peu plus importants et plus pénibles, j'ai été plus pressée de vous en rendre un meilleur témoignage. Mes femmes sont présentement ici. Je vais demain faire une novice à Moret qui est un très-pauvre couvent de Bénédictines.

Adieu, ma chère madame, ne m'oubliez pas dans vos prières, je vous conjure.

LETTRE CCCXXXVI

A MADAME DE BRINON [3].

Versailles, ce 11 octobre 1683.

J'ai reçu vos lettres, et je meurs d'envie de vous voir, mais je ne puis vous dire quand ce sera ; je n'ai pas encore eu le temps de me reconnoître, et ce moment ici est pris sur mon sommeil et sur ce que l'on n'a pas encore entré dans ma chambre.

Je vous envoyai hier une petite fille de Fontainebleau ; j'amenai encore une sœur de dix-huit ans,

1. Demoiselle élevée à Ruelles, qui avait accompagné madame de Maintenon à Fontainebleau.
2. L'une des nièces de madame de Brinon qui avait suivi madame de Maintenon à Fontainebleau.
3. *Manuscrits de mademoiselle d'Aumale.*

mais je la mets en métier, parce que cela lui sera meilleur et que vous n'aimez pas les grandes filles.

Je vous paierai pour la nièce de madame Chéron.

Je reviens plus assottée que jamais de nos petites sœurs.

Quand j'accompagne mes refus de raisons qui vous paroissent dures, c'est pour aller au-devant des choses qui nous peuvent altérer. Si je vous aimois moins, je ne répondrois rien à ces articles-là, et c'est ce que je sais faire par beaucoup de pratiques; mais je voudrois vous guérir de l'envie de faire plaisir aux autres dans ce qui ne dépend pas de vous. Nous ne sommes obligés qu'à ce que nous pouvons. Mais après cela, dites et grondez-moi tant que vous voudrez, je ne m'en fâcherai pas, et je n'en désirerai pas avec moins d'empressement de vous embrasser.

J'ai trouvé le muscat de M. Duché meilleur que celui de Languedoc.

LETTRE CCCXXXVII

A M. L'ABBÉ GOBELIN [1].

A Versailles, ce 16 octobre 1683.

Je vous ai écrit de Fontainebleau pour vous remercier de l'inquiétude que vous avez eue de mon mal : il ne m'a pas paru que vous eussiez reçu ma lettre. Je fis dire au laquais qui m'apporta la vôtre mardi que je vous attendrois jeudi à dîner et vous ne vîntes point. Mandez-moi ce qui vous a empêché, et

1. *Manuscrits des Dames de Saint-Cyr.*

venez quand vous voudrez, si vous êtes en bonne santé. Je vous prie de me faire acheter les *Essais de morale*, 8 l. 10 s.; l'*Imitation de Jésus-Christ*, 4 l.; le *Nouveau Testament*, 12 l.; l'*Introduction à la vie dévote*, 5 l.; le *Catéchisme de M. Fleury*, 5 l. : le tout en veau[1].

Adieu, monsieur, j'ai fort envie de vous voir.

LETTRE CCCXXXVIII

A M. D'AUBIGNÉ, A COIGNAC [2].

A Versailles, ce 16 octobre 1683.

Je crois qu'à la fin je vous fatiguerai de mes lettres; mais je veux répondre aux vôtres quand je le puis.

Jamais choix n'a été mieux reçu que celui de M. Lepelletier.

Faites-vous une pénitence et une pratique de vertu de souffrir de madame d'Aubigné; c'est Dieu qui vous a joints.

Vous pouvez faire sur M. Arnaud ce que vous voudrez, et il sait si peu à quoi s'en tenir avec moi qu'il m'a écrit pour le recommander à M. Lepelletier, ce que je ne ferai pas assurément que vous ne soyez content de lui. Si vous m'en croyez, faites agir M. de Lagny, car il n'y a pas d'apparence que la cour sorte d'ici de six mois.

1. Ces livres étaient destinés à d'Aubigné.
2. *Autographe* du cabinet de M. Feuillet de Conches.

J'aurois cru sur la lettre que vous m'avez envoyée de votre intendant que l'on ne pourroit mieux faire que lui renvoyer votre affaire du lieutenant général; mandez-moi ce que vous voudriez, et s'il est possible, je le ferai.

Vous me faites un grand plaisir de me mander que vous êtes content, et mon bonheur n'est pas parfait quand je vous crois du chagrin; encore une fois ne songez qu'à vous réjouir, et à vous sauver; cela n'est pas incompatible, et enferme tout ce qu'il y a de bon.

LETTRE CCCXXXIX

LE ROI AU MARQUIS DE MONTCHEVREUIL[1].

4 novembre 1683.

M. le marquis de Montchevreuil, j'ai reçu la lettre que vous m'avez écrite du camp de Courtray; je suis très-satisfait de ce que vous me mandez de mon fils le comte de Vermandois; mais je ne suis pas moins en peine de ce que le sieur d'Aquin m'a dit que la fièvre était tournée en continue. Vous avez pris le bon parti de le mener à Lille[2]; il y peut demeurer autant qu'il sera besoin pour sa santé, mais aussitôt

1. *Autographe* communiqué par madame la marquise de Mornay.
2. Le comte de Vermandois n'eut pas le temps d'être mené à Lille. Il mourut à Courtray le 18 novembre, « d'une fièvre continue, dit la *Gazette*, dont il avait senti les premières attaques pendant le siége : ce qui ne l'avait pas empêché d'aller à la tranchée. » Il avait la charge d'amiral de France, qui fut donnée au comte de Toulouse.

qu'elle lui permettra de se mettre en chemin, je serai bien aise qu'il revienne ici ; n'ayant autre chose à ajouter, sinon que je suis toujours fort content de votre conduite. Je prie Dieu qu'il vous ait, M. le marquis de Montchevreuil, en sa sainte garde.

LOUIS.

LETTRE CCCXL (La B.)[1]

A MADAME DE SAINT-GÉRAN.

13 novembre 1683.

Que dites-vous du maréchal de Humières ? Le roi en est enchanté ; la reddition de Dixmude met le comble à sa joie[2] ; on comptoit ici sur une plus longue défense. Madame de Montespan paroît insensible à toutes ces nouvelles, et uniquement occupée de son salut ; nous ne nous voyons point en particulier, et cela est mieux pour l'une et pour l'autre. Je sais qu'elle a dit au roi que je m'étois mis en tête de le gouverner, et je sais aussi qu'elle n'a pas eu lieu d'être contente de la réponse du roi ; c'est l'homme de sa cour qui a le plus de sens, et qui donne le moins dans ses pièges[3]. On n'auroit jamais osé espérer que toutes ces conversions fussent si aisées. M. Pellisson fait des prodiges ; M. Bossuet est plus sa-

---

1. Collection de La Beaumelle, t. I, p. 190, édit. de Nancy. — Racine l'annote ainsi : elle est inconnue. La fin seule démontre qu'elle est inventée : Madame de Maintenon prie madame de Saint-Géran de dire à sa belle-sœur que... que...; or madame de Saint-Géran était à Versailles, et madame d'Aubigné à Coignac !

2. Le maréchal d'Humières, après s'être emparé de Courtray, s'était porté devant Dixmude, qui se rendit le 10 novembre sans résistance.

3. Tout cela est du roman.

vant, mais lui, il est persuasif[1]. Dites, je vous prie, à ma belle-sœur, qu'elle me donnera dix années de sa vie, si elle veut se défaire de ses humeurs; dites-lui que si elle m'aime, elle supportera plus patiemment celles de son mari; dites-lui encore, que si elle aime l'enfant qu'elle porte en son sein, elle craindra de lui former un mauvais tempérament. Citez-lui madame la Dauphine : c'est quelque chose d'admirable que sa tranquillité et ses précautions dans sa grossesse.

LETTRE CCCXLI

A MADAME DE BRINON [2].

15 novembre 1683.

Vous avez très-bien fait, puisque Marguerite Desgranges a commencé à servir, de la donner à madame Duché. Il ne faut pas donner les autres, car comme vous dites, ce ne sera que par une longue habitude que l'on les accoutumera à servir Dieu et à travailler. Il faut les presser là-dessus le plus que l'on pourra; les faire vivre à leurs dépens pour les éprouver, et quand nous serons à Noisy[3], nous verrons si nous les remettrons en communauté.

Gardons Andrée jusqu'à Noisy, que nous verrons à donner une forme admirable à notre maison.

---

1. C'est une raillerie indigne de madame de Maintenon, et qu'elle n'a jamais faite. Cette phrase est pourtant citée partout !
2. *Manuscrits des Dames de Saint-Cyr.*
3. L'établissement de Rueil devait être transféré à Noisy dans une maison que le roi avait donnée à madame de Maintenon (Voir la *Maison royale de Saint-Cyr*, p. 45).

Mandez à votre religieuse que vous ne pouvez prendre personne au hasard, et que si elle veut venir dès demain vous trouver sur le pied d'une visite qui durera jusqu'au mercredi des cendres, que vous essayerez l'une de l'autre. Mettez-la en fonction dès le jour même. Je vous donne ce conseil pour qu'il ne paroisse nulle légèreté dans notre conduite de Noisy.

Je ne puis rien vous répondre sur madame de Bonnevaut; vous la verrez quelquefois, mais je ne serois pas maîtresse de la garder; je vous en parlerai la première fois que je vous verrai.

Je ne sais où prendre la sacristie, vous êtes loin de tout ce côté-là. Il ne faut rien gâter à la symétrie du dehors. Je pourrois donner une chambre de mon côté, mais tout cela est loin de vous. Je crois pourtant que nous ne trouverons pas mieux que de mettre les ornements et mademoiselle de la Harteloire dans mon appartement; elle aura soin de tout, et nous lui donnerons une petite fille pour la rassurer la nuit. On ne peut faire d'appentis en dehors qui ne fût très-vilain, et il ne faut rien gâter.

Bénédicte est d'un âge et d'une beauté très-embarrassante; je contribuerai à tout ce que l'on voudra faire pour elle, mais je ne puis m'en charger : la maison de sa princesse est un couvent, si on ne peut l'y garder, où sera-t-elle en sûreté?

Mes femmes me font enrager, ma très-chère, et ne peuvent sortir de leurs chambres, de sorte que je suis toujours seule dans mon grand logement. Mademoiselle de Mursay est avec ses maîtres, et m'est très-inutile. Prêtez-moi une de vos petites filles pour suivre mes pas et faire mes messages ; que le porteur d'eau me l'amène dès demain, que ce soit celle que vous voudrez, et qu'elle ait des chemises. M. de Vermandois est très-mal : faites prier notre grand saint pour lui.

LETTRE CCCXLII

A MADAME DE BRINON [1].

3 décembre 1683.

Je ne me suis point pressée de répondre à vos dernières lettres, parce que vous étiez à Paris.

Il ne faut rien faire avec M. Deville et attendre tout en ce pays de l'occasion, sans qu'il paroisse que l'on songe à s'aider.

Je ne vois jamais M. le contrôleur général, et je ne puis lui demander ce que vous me proposez. Si M. Barberet, en se présentant à lui, se renommait de moi, et qu'il m'en parlât ensuite, je lui en dirois ce que je connois : c'est tout ce qu'il m'est possible.

Madame la Duchesse passa hier l'après-dînée dans ma chambre, et nous causâmes pour longtemps.

Il n'y a rien de bon que Noisy et une entière solitude qui nous rende à nos devoirs et nous mette dans l'indépendance. Je suis si frileuse que je n'ose hasarder d'y aller, et je n'en sais point de nouvelles.

Madame Chéron prétend que nos fileuses filent à merveille, et qu'il leur faut cent livres de lin par mois;

---

1. *Manuscrits des Dames de Saint-Cyr.*

elle trouve qu'elles souffrent beaucoup du froid; donnez-y quelque remède, je vous prie.

Prétendez-vous garder la cousine de madame Cheron et Andrée? Pour moi, je n'en veux payer qu'une, et je crois que la dernière nous seroit plus utile que l'autre, surtout à Noisy, où nous verrons si souvent nos pauvres que vous pourrez tirer mille secours d'Andrée.

Qu'est-ce que les deux filles de condition dont vous m'avez écrit? quel âge ont-elles et où sont-elles? Je voudrois le savoir.

Je vous prie d'envoyer Jaquette chez Nanon vers le quinze de ce mois ou plus tôt s'il est possible; elle la mettra en métier. M. de Montchevreuil ne se porte pas bien; il arrive aujourd'hui à Paris[1]; sa femme y est allée le trouver.

4 décembre.

Jugez de mon loisir par ce qui est arrivé de cette lettre que je n'ai pas eu le temps de cacheter.

M. l'archevêque parla hier au roi de la religieuse; nous aurons l'obédience. Je vous conjure de ne parler qu'à moi de cet *homme-là*[2] sans nulle exception.

Je meurs d'envie de vous voir, ne vous rebutez point de m'écrire.

M. de Montchevreuil est arrivé, je veux lui donner à dîner avec madame de Saint-Pierre. On travaille très-fort à Noisy.

1. Il revenait de Flandre.
2. Ce mot est souligné dans le manuscrit des Dames de Saint-Cyr, avec la note : *le roi*.

LETTRE CCCXLIII (La B.)[1]

A MADAME DE SAINT-GÉRAN.

20 décembre 1683.

Un dauphin, un duc de Bourgogne, un duc d'Anjou[2], voilà qui est bien consolant. Le roi s'est abandonné à toutes les tendresses de père et de grand-père. La religion n'éteint pas ces sentiments. Madame la Dauphine a peu souffert : cela est regardé ici comme un heureux augure. Le roi m'a fait l'honneur de me voir ce matin, que j'étois encore à ma toilette[3]; vous voyez bien que je rajeunis, et mon petit prince me l'a dit fort agréablement. Votre abbé de Fénelon est fort bien venu ici; tout le monde ne lui rend pourtant pas justice on le craint[4], et il voudroit être aimé avec tout ce qu'il faut pour l'être. M. de Seignelay ne se console point; l'ambition le dévore : le roi est bien heureux d'avoir des ministres

---

1. Collection de La Beaumelle, t. I, p. 201 de l'édit. de Nancy. — Louis Racine l'annote : *m'est inconnue*. Elle est inventée. Les détails qu'elle renferme ne se trouvent nulle part; ils n'ont donc pour garant que La Beaumelle.

2. La Dauphine accoucha le 19 décembre 1683 d'un deuxième fils, le duc d'Anjou, qui devint Philippe V.

3. Ce tableau de boudoir est de l'invention de La Beaumelle. Le roi n'assistait pas à la toilette de madame de Maintenon, et madame de Maintenon ne l'eût pas raconté.

4. Ceci démontre la fausseté de la lettre. Fénelon avait alors 32 ans; il occupait un emploi obscur, celui de supérieur des Nouvelles Catholiques, et il ne commença à être connu que deux ans après, quand il fut désigné par Bossuet à Louis XIV pour les missions du Poitou. Il n'était pas encore connu de madame de Maintenon, n'était pas bien venu à la cour, et en tout cas n'était nullement en position d'y être craint.

prêts à se sacrifier par dépit au bien de son service[1]. Chacun songe à ses affaires, et moi à mon salut. On est fort content du père de la Chaise : il inspire au roi de grandes choses. Bientôt tous ses sujets serviront Dieu en esprit et en vérité[2]. Vous savez mon dessein d'élever avec la petite de Mursay quelques demoiselles de parents huguenots et pauvres ; ce sera une bonne œuvre[3]. Le roi a donné un bénéfice à l'abbé Gobelin.

LETTRE CCCXLIV

A MADAME DE BRINON[4].

Décembre 1683.

J'ai bien du regret de ne vous avoir pas vue dans les premiers mouvements de l'agréable vision que vous eûtes dans ma chambre. Je crois que votre vivacité et celle de madame de Saint-Pierre m'auroient donné du plaisir.

On me fit voir hier le plan de Noisy. Les réparations ne peuvent être faites que pour ce carême. Je n'y perdrai pas de temps, car la complaisance que vous avez pour moi en cette occasion et le détache-

---

1. L'édit. de Nancy ajoute : « Louvois commence à le fatiguer et ne le sent point. »
2. Encore une de ces phrases inventées par La Beaumelle et qui ont fait croire que madame de Maintenon avait inspiré la révocation de l'Édit de Nantes.
3. Nous avons vu que cela se faisait depuis près de deux ans, et voilà madame de Maintenon qui en parle comme d'un *dessein*. Les demoiselles de Rueil n'étaient point élevées avec mademoiselle de Mursay.
4. *Manuscrits des Dames de Saint-Cyr.*

ment que je vous trouve pour le monde, ont si fort augmenté mon amitié et mon estime, que je meurs d'impatience de vous avoir et de servir Dieu avec vous. On a trouvé la disposition que nous avons faite pleine d'esprit et de discrétion. Nous aurons le Saint-Sacrement et saint Candide. Conservez bien tout ce que vous avez pour l'autel, car j'ai dit que nous ne voulions point que l'on en fît, et que nous arrangerions les dedans à notre fantaisie. Je connois ces messieurs : ils nous accommoderoient de la façon du monde la plus régulière et la plus incommode.

Ne perdons pas le moindre banc et la plus petite chaise de paille : tout nous servira et nous en demanderons moins, qui est pour moi le souverain bonheur. Adieu, souvenez-vous des serviettes que vous vîtes hier pour redoubler le filage.

Je viens de recevoir votre lettre. Je ne souffre aucun mal pourvu que je sois au lit; j'y demeurerai pour tâcher de me guérir. Vous êtes trop bonne d'être en peine de moi, et je vous en suis très-obligée.

LETTRE CCCXLV

LE DUC DU MAINE A MADAME DE MAINTENON[1].

1683.

J'ai grande peur que, pour ne me point lasser, vous me laissiez rouiller. Il ne falloit pas commencer notre commerce pour le discontinuer si tôt. Je tâ-

---

1. *Autographe* tiré des archives du château de Mouchy. — Le duc du Maine avait alors treize ans.

cherai de me corriger des fautes que vous avez trouvées dans ma première lettre. Je vous prie de m'excuser si celle-ci n'est pas encore à votre gré. Je crois que j'aurai quelque peine à éviter les grandes phrases; j'y ferai pourtant ce que je pourrai. J'ai pris ce moment pour vous écrire, qui est entre les mathématiques et une lecture de la Bible et un voyage de Glatigny [1] où j'ai vu avec grand plaisir Roland, Commère, Rodrigue, Noiron, Médée, Jason, Hébée, Cyrus, Nigaud, Nanon, Finette, Morette, Charmant, et Belle-Face. Vous voilà à cette heure mieux informée de mon chenil que de mon esprit, dont je crois que vous ne serez pas contente aujourd'hui.

1. Hameau situé dans le parc de Clagny, près du château de madame de Montespan.

FIN DE LA DEUXIÈME PARTIE.

TROISIÈME PARTIE

(1684-1697)

DEPUIS LE MARIAGE DE MADAME DE MAINTENON AVEC LOUIS XIV
JUSQU'A LA PAIX DE RYSWICK.

ANNÉE 1684.

NOTE PRÉLIMINAIRE

C'est à l'année 1684, où nous sommes arrivés, qu'il faut placer le mariage de madame de Maintenon avec le roi. Louis XIV, à cette époque, était dans tout l'éclat de sa prospérité et à l'apogée de sa grandeur : c'était le temps où, en face de ses ennemis terrifiés et immobiles, il agrandissait et construisait les frontières de la France, conquérait Strasbourg, bombardait Gênes et Alger, venait habiter définitivement Versailles, enfin était la terreur de l'Europe et l'admiration de ses sujets. C'est pourtant cette heure culminante de sa vie et de son règne, celle où il était dans toute la plénitude de ses facultés et de sa gloire, que le grand roi choisit pour se limiter et se tempérer lui-même, faire un mariage de raison et chercher près d'une de ses sujettes le repos domestique et un intérieur tout bourgeois [1].

1. *Madame de Maintenon et la maison royale de Saint-Cyr*, p. 32. — « Il ne vouloit pas se remarier, dit l'abbé de Choisy, par tendresse pour son peuple. Il se voyoit trois petits-fils et jugeoit prudemment que des princes d'un second lit pourroient dans la suite des temps causer des guerres civiles. D'un autre côté, il ne pouvoit se passer de femme; Madame de Maintenon lui plaisoit fort: son esprit doux et insinuant lui promettoit une conversation agréa-

Ce mariage se fit certainement dans les six premiers mois de l'année 1684, mais il nous est impossible d'indiquer précisément le jour. Les Dames de Saint-Cyr disent que ce fut moins d'un an après la mort de la reine ; les lettres de madame de Maintenon à son frère y font une allusion très-obscure le 7 avril, une allusion très-claire le 18 juin, enfin elles arrivent presque à un aveu solennel le 27 septembre. D'après ce que madame de Maintenon dit à madame de Brinon (12 août 1683), de l'*état* du roi, de ses *inclinations* et de ses *habitudes*, la date la plus rapprochée de la mort de la reine serait la meilleure, et il faudrait prendre celle de Saint-Simon qui dit : « Ce qui est très-certain et bien vrai, c'est que quelque temps après le retour du roi de Fontainebleau, et au milieu de l'hiver qui suivit la mort de la reine, le père de La Chaise dit la messe, en pleine nuit dans un des cabinets du roi à Versailles, etc. » Saint-Simon, il est vrai, n'avait que neuf ans à cette époque, mais l'on sait qu'il a écrit ses mémoires principalement avec des ouï-dires de valets et de courtisans, et le secret du mariage de madame de Maintenon a dû être un des grands mystères qu'il aura voulu pénétrer, et sur lequel il aura cherché les renseignements les plus précis. D'après ce qu'il dit, le mariage aurait eu lieu *au plus tôt*, vers la fin de janvier 1684, c'est-à-dire six mois après la mort de la reine ; d'après les allusions renfermées dans les lettres de madame de Maintenon, ce mariage était fait au commencement de juin de la même année, c'est-à-dire au retour d'un voyage en Flandre dont nous allons parler, et il est probable qu'il avait eu lieu avant ce voyage, c'est-à-dire vers le mois d'avril : « Ce voyage m'afflige, écrit-elle à son frère, le 7 avril, parce que nous ne serons pas longtemps avec le roi... Je n'aime point à me déchaîner contre personne et *moins à cette heure que jamais*[1]... »

ble et capable de le délasser des soucis de la royauté. La personne étoit encore aimable, et son âge la mettoit hors d'état d'avoir des enfants. » (*Mémoires*, liv. V, p. 90.)

1. Il est assez remarquable que le *Journal* de Dangeau com-

Quoi qu'il en soit de ces indications très-vagues, il est certain que dans l'une des nuits des premiers mois de 1684, sept personnes se réunirent mystérieusement dans l'un des cabinets du roi, à Versailles : c'étaient, outre Louis le Grand et Françoise d'Aubigné, le père de La Chaise qui dit la messe, l'archevêque de Paris (Harlay) qui donna la bénédiction, les marquis de Louvois et de Montchevreuil qui furent les témoins, et le valet de chambre, Bontemps, qui prépara l'autel et servit la messe. Aucun acte ne fut dressé de ce mariage.

Madame de Maintenon, insoucieuse de sa renommée, voulut que la postérité restât dans l'incertitude sur son état : elle détruisit elle-même, nous l'avons dit, toutes les lettres qui auraient pu le témoigner ; elle garda sur ce sujet le secret le plus parfait, excepté avec ses confesseurs, le cardinal de Noailles et madame de Montchevreuil ; enfin, dans ses entretiens intimes avec les Dames de Saint-Cyr ; elle laissa à peine échapper quelques paroles à ce sujet. Cependant nous allons en trouver certaines preuves dans les lettres à d'Aubigné ; celles de l'évêque de Chartres nous fourniront des mots aussi convaincants ; enfin il y a dans les *Mémoires* des Dames de Saint-Cyr de nombreux passages qui prouvent le mariage aussi clairement que si nous en possédions l'acte. Ainsi le principal auteur de ces Mémoires, madame du Pérou, dit :

« Quoiqu'il n'y ait rien d'apparent qui puisse prouver juridiquement qu'elle ait été mariée au roi, l'intime confiance avec laquelle elle vivoit avec lui, et d'ailleurs sa conduite si pieuse ne permettent pas d'en douter ; elle a toujours gardé sur cela un secret inviolable. Cependant un jour que j'avois l'honneur d'être avec elle, elle me dit en

---

mence précisément à la même date, le 1ᵉʳ avril 1684. Ce n'est pas qu'il dise un mot ou fasse la moindre allusion au mariage, mais j'ai peine à croire que le hasard seul ait fait coïncider cette date importante avec le mémorial si complet, si curieux des faits et gestes du grand roi, surtout quand on songe à ce qu'était Dangeau, le serviteur le plus dévoué, le plus fidèle, le plus constant de Louis XIV et de madame de Maintenon.

parlant de madame de Montespan et des autres maîtresses du roi, qu'il y avoit bien de la différence de l'amitié du roi et de celle qu'il avoit pour ces dames, que *c'étoient des liens sacrés.* »

Les *Mémoires* manuscrits de mademoiselle d'Aumale et les *Notes* inédites des Dames de Saint-Cyr entrent dans de plus grands détails :

« Dans une visite que l'abbé de Brisacier, supérieur des missions étrangères, dans lequel madame de Maintenon avait une grande confiance, fit à Saint-Cyr, sur la fin d'août 1732, madame du Pérou, ancienne supérieure de cette maison, l'entretint quelque temps. Elle lui demanda si M. Tiberge et lui n'avaient rien écrit sur madame de Maintenon; il répondit que non.—Mais, lui dit-elle, ne sauriez-vous rien de positif sur le mariage que l'on croit vraisemblablement qu'il y avoit entre le roi et elle? Il répondit : Il est sûr qu'elle étoit mariée avec lui. N'avez-vous point entendu dire, dans un certain temps, que le bruit se répandoit dans Paris qu'on alloit déclarer son mariage? — Oui, répondit madame du Pérou, quoique je ne doutasse pas de son mariage par la manière dont madame de Maintenon vivoit, nous crûmes tous que cette prétendue déclaration étoit de ces faux bruits sur lesquels on ne doit pas faire de fonds. — Il répondit que celui-là n'étoit pas si faux, et que le roi et madame de Maintenon l'avoient fait courir exprès, parce qu'il leur étoit revenu par bien des gens qu'on ne la croyoit pas mariée, et que l'amitié qui existoit entre le roi et elle n'étoit pas hors de soupçon ; sa conscience en fut alarmée. Craignant de causer du scandale, elle en parla au roi qui, ne voulant pas scandaliser et ayant de fortes raisons pour ne pas faire de déclaration publique, assembla un conseil de gens doctes et capables de porter un jugement équitable sur cette affaire. On agita les raisons pour et contre, et après les avoir bien pesées, on crut qu'il n'y avoit pas de nécessité de déclarer le mariage, parce que, à la cour, on n'en doutoit pas, et que s'il y avoit quelques personnes qui en doutassent, elles étoient persuadées qu'il n'y avoit pas de mal entre eux, et qu'ainsi le roi désirant par de fortes raisons que la chose demeurât sous silence, il n'y avoit nulle obligation de faire une déclaration authentique; ce qui fut cause que cela n'alla pas plus loin que le bruit que l'on fit courir, ce qui ne laissoit pas que de faire entrevoir au public ce qu'on ne jugeoit pas à propos de déclarer hautement. Mademoiselle d'Aumale, qui était alors avec madame de Maintenon, se souvient bien que ce bruit se répandit dans les provinces et qu'on lui écrivit pour lui en faire compliment.

« Je n'ai jamais douté en mon particulier, ajouta M. Brisacier, que madame de Maintenon ne fût réellement et légitimement mariée, et je puis assurer qu'elle m'a dit de certaines choses qui m'ont fait conclure avec une espèce de certitude qu'elle étoit engagée dans cet état. Du reste, elle ne m'a jamais rien dit sur ce qu'elle auroit désiré qu'on fît sur son état; mais il a passé pour constant que la consultation a été faite. Je n'ai pas été du nombre de ceux qui ont été consultés, non plus que M. Tiberge. Je crois que feu M. Bossuet, évêque de Meaux, et feu M. le cardinal de Noailles ont été les principaux qui ont été choisis pour décider de cette affaire, mais je n'en ai nulle preuve. »

D'autres *Notes* des Dames de Saint-Cyr disent que le pape lui-même fut consulté, et que, si l'on faisait des recherches à la chancellerie du Saint-Siége, on trouverait une correspondance de Louvois et de Louis XIV à ce sujet. « Il n'a jamais paru, écrivait une Dame de Saint-Louis, il n'a jamais paru qu'elle ait eu le moindre désir d'être déclarée reine : l'attirail de la majesté lui auroit déplu; la jalousie et la haine des princes auroient été pour elle un plus grand tourment encore; enfin, c'étoit sa vie humble et cachée qui faisoit sa puissance [1]. » Mais ce mariage ne fut douteux pour personne, à voir la familiarité respectueuse de Louis XIV avec madame de Maintenon, les soins assidus

---

1. Notes d'une Dame de Saint-Louis adressées à La Beaumelle (Voir ma *Préface* page XXXIII).

et particuliers de cette dame pendant les maladies du roi, la vie pieuse des deux personnages. Le roi lui donna en particulier toutes les prérogatives qui ne pouvaient appartenir qu'à son épouse, ne l'appelant que *madame*, sans nom ni titre, la traitant avec des égards, une déférence qui ressemblaient à de la soumission. Le Dauphin, tous les princes de la famille royale ne lui parlaient, ne lui écrivaient qu'avec une affection respectueuse, la consultant sur tout, implorant sa bienveillance, s'adressant à elle et au roi comme *aux chefs de la famille*. Toute la cour était à ses pieds, sollicitant un mot, un regard d'elle : « des parlements, des provinces, des villes, des régiments s'adressoient à elle comme au roi ; tous les grands du royaume, les cardinaux, les évêques, ne connaissoient pas d'autre route[1]. « Les monarques étrangers lui écrivaient pour lui demander son amitié, les petits princes pour solliciter ses bonnes grâces, le pape pour mettre les nonces sous sa protection, l'autoriser à se mêler des affaires de l'Église, et la prier « d'accorder son assistance à tout ce qui concerne la religion. » Mais en public, dans les cérémonies, dans les réceptions officielles, elle n'avait aucun rang, et se perdait parmi les autres dames de la cour. « Je l'ai vue à Fontainebleau, dit Saint-Simon, en grand habit chez la reine d'Angleterre, cédant absolument sa place, et se reculant partout pour les femmes titrées, pour les femmes même d'une qualité distinguée, polie, affable, parlant comme une personne qui ne prétend rien, qui ne montre rien, mais qui en imposoit beaucoup. » Point de distinctions, point de dignités, point de maison, point de grands biens, dans cette cour pompeuse où l'on se disputait avec passion titres, honneurs et pensions. « Je ne suis pas grande, disait-elle aux Dames de Saint-Cyr, je suis seulement élevée. »

Les lettres les plus importantes de l'année 1684 sont adressées à d'Aubigné. Elles sont remarquables par leur simplicité, leur modération, leur humilité, et renferment

---

1. *Notes des Dames de Saint-Cyr.*

des allusions fort claires à sa nouvelle et extraordinaire position. Madame de Maintenon y est moins occupée d'affaires d'argent; elle a de la dignité, de la solennité, en même temps elle montre plus de grâce; on la voit sourire. A part ces allusions à d'Aubigné, les autres lettres ne révèlent d'aucune façon son changement d'état, et celles à madame de Brinon sont de plus en plus remplies de détails vulgaires et de ménage.

L'année 1684 renferme vingt-sept lettres vraies et deux apocryphes.

LETTRE PREMIÈRE

A M. L'ABBÉ GOBELIN [1].

Versailles, ce 6 janvier 1684.

Vous m'avez écrit une lettre merveilleuse; ce qui fait voir que vous avez plus d'un style; vous m'avez envoyé un Saint-François qui est au chevet de mon lit, où je n'ai de marques de dévotion que celles que vous m'avez données; j'ai de plus reçu une bourse magnifique et une corbeille qui la paroissoit : je vous rends mille grâces de tous ces présents dont il ne me falloit point faire d'excuses; car je reçois tout ce qui me vient de vous avec plaisir. Pour la lettre que vous m'avez écrite pour madame Menillet, je n'en fis point d'autre usage que de la lire au roi qui a une très-grande estime pour vous et qui ne croiroit pas aisément que vous demandassiez une injustice. Madame de Montchevreuil m'a dit que vous avez la goutte, j'en suis très-fâchée, mais vous en ferez un

---

1. *Manuscrits des Dames de Saint-Cyr.*

bon usage[1]. Priez Dieu pour moi, je vous en conjure; je meurs d'envie de faire mon salut; mais l'orgueil et la paresse me donnent bien de la peine; mandez-moi comment il se faut prendre à combattre de tels ennemis. Je voulois vous écrire plus longtemps, cependant il faut que je finisse; car on me parle comme si je n'écrivois pas, et ma tête commence à s'en sentir.

LETTRE II

A MADAME DE BRINON[2].

A Versailles, ce 23 janvier 1684.

Celui que j'avois envoyé à Noisy m'a rapporté que tout seroit prêt la semaine après celle où nous entrons. Je crois qu'il vaut mieux attendre que de vous mêler parmi des ouvriers. L'ouvrage à faire seroit de déménager le lendemain de Notre-Dame, et on auroit pour cela le jeudi, vendredi et samedi.

Êtes-vous bien résolue de faire coucher vos petites filles au troisième étage? Si vous les environnez des bonnes mères et de vos dévotes, tout cela sera bien loin de vous et bien semé dans cette grande maison; car pour l'indécence du Saint-Sacrement, il y en a

---

1. La Beaumelle invente et ajoute : « Et vous aurez le plaisir de souffrir. Je me porte bien, et voilà comme tout est partagé bizarrement : ma santé est bonne et je suis inutile au monde; vous lui êtes nécessaire, et vous êtes cloué sur un lit. Et cependant tout cela est bien dans l'ordre de la Providence. » — Pour mettre ces belles phrases, La Beaumelle retranche la fin de la lettre.
2. *Manuscrits de mademoiselle d'Aumale.*

moins à coucher au-dessus qu'à y courir et jouer aux heures de récréation. Prenez votre résolution là-dessus, et que ce que je vous dis ne vous fasse rien; car après vous avoir dit ce que je pense, faites tout ce que vous voudrez. Je ne voudrois mettre dans le troisième étage que les choses et les personnes inutiles. Si vous jugez à propos que nous y allions encore une fois pour faire les logements, je vous manderai quand je le pourrai. Il faut attendre que vous y soyez établie pour y mettre le Saint-Sacrement, et je m'imagine que dans cette vue-là vous dressez vos petites filles à chanter l'office comme des anges. Si Andrée et nos petites sœurs déménagent les premières, vous croyez bien que je ne me tiendrai pas de les aller voir. Je vous demande pour elles et pour les pensionnaires huit jours de *campos* en faveur du déménagement; elles emploieront ce temps-là à nettoyer et à s'établir. Je suis en peine de la manière dont vous voulez faire porter saint Candide.

LETTRE III

A MADAME DE BRINON [1].

Janvier. 1684.

Je suis ravie de la joie que vous avez de venir à Noisy, et celle de madame de Saint-Pierre m'a paru telle que vous me la représentez. Si elle y peut joindre la complaisance de n'avoir point de ménage et de se renfermer aux enfants et à moi, nous ferons

1. *Manuscrits de mademoiselle d'Aumale.*

des merveilles, et vos servantes, n'étant chargées que raisonnablement, vous en serviront mieux. On me presse de décider ce que je veux de jardin, je ne puis répondre sans vous, ainsi il faudra que vous veniez encore une fois à Noisy avec votre jardinier, pour qu'il voie ce qu'il peut entreprendre.

Je compterois que le jardinier qui y est demeurât aux gages du roi, chargé du reste des jardiniers; qu'il eût des vaches, des cochons, des poules, et que vous eussiez un marché fait pour tout, le lait, les œufs, les poulets, et en un mot tout ce que vous voudriez; car ce n'est pas l'épargne que je cherche, c'est la perte du temps que je veux éviter, et établir une règle qui ne fût jamais interrompue.

Je voudrois que vous eussiez quelques petites filles de condition, afin que vos merveilleux talents ne fussent pas tous renfermés à des gueuses. Voyez ce que vous pourrez là-dessus, car de l'autre côté il faut éviter les visites et les importunités qui nous viendroient de leurs parents.

Je compte sur vos grilles, bancs et cloisons, car je veux que nous accommodions le dedans à notre fantaisie.

Je serois très-fâchée d'avoir contristé nos saintes, mais il faut leur faire voir qu'il ne faut me compter pour rien quand j'arrive chez vous.

Vous faites très-bien de dire un adieu éternel à vos amis, cela n'empêchera pas que vous ne voyiez quelquefois ce que vous aurez envie de voir; mais ce sera vous qui les en prierez, vous ne serez jamais surprise; et ils vous seront aussi obligés de les envoyer chercher qu'ils sont scandalisés quand vous les refusez.

Je vous conjure que nos sœurs ne manquent jamais de potage. Andrée n'a pas trop d'affaires, et si elle veut demeurer avec nous, elle n'a qu'à bien faire, car nous y regarderons de près à Noisy. Adieu, madame, je me porte fort bien et je voudrois être au mercredi des cendres.

LETTRE IV
A MADAME DE BRINON[1].

Janvier 1684.

Tout ce que vous me proposez pour le déménagement me paroît raisonnable, et je vais parler à M. Bontemps pour qu'il envoie des charrettes et les carrosses coucher à Ruelles mercredi au soir.

Nous parlerons à loisir de votre princesse : la fille est encore moins propre qu'elle à ce pays-ci.

Je suis tout à fait fâchée de ce que madame Hatte ne veut pas suivre notre destinée : il me semble que sa vertu nous portoit bonheur.

Pour madame de Bonnevaut, si je me conduisois pour moi seule, je la désirerois avec nous sur ce que j'en ai vu et sur ce que vous m'en avez dit en mille occasions, mais le goût de ceux à qui nous avons affaire est fort différent du nôtre, et vous ne leur plairez jamais que renfermée uniquement avec Dieu et les enfants[1].

---

1. *Manuscrits de mademoiselle d'Aumale.*
2. C'est du roi qu'elle veut parler.

On a une idée très-austère de la dévotion quand on ne la pratique pas[1] ; on ne comprend point qu'il faille respirer, et qu'après avoir passé tout le jour à faire la maîtresse d'école, on soit bien aise de trouver à parler à une personne raisonnable. Outre cela il faut savoir l'histoire de madame de Bonnevaut, pourquoi elle n'est pas avec son mari, quelles sont ses connaissances, et en un mot tant de choses à essuyer que, moitié dévotion, moitié dépit, on aime mieux renoncer à tout. Mais après cela, ne croyez pas lui dire adieu pour jamais : il arrive bien des choses que nous ne pouvons prévoir, et non-seulement elles peuvent changer, mais il est presque assuré qu'elles changent.

Nous montrerons Noisy à votre chère amie, et c'est votre tendresse qui vous fait regarder un château dans le parc de Versailles comme les déserts de la Thébaïde. Venez gaîment, et comptez que vous ne perdez rien. Ne vous confondez point en regrets inutiles, et laissez-moi faire le reste. Faites-lui mille compliments et mille amitiés pour moi, et croyez que des gens plus éloignés se rencontrent. Remettons-nous à Dieu de tout, il nous conduira bien.

Je fus interrompue hier au soir par bonheur pour vous, car je vous aurois peut-être importunée par mes moralités.

J'ai parlé ce matin à M. Bontemps ; il ne veut pas faire marcher ses voitures le jour de la fête[2], et il me

---

1. C'est encore du roi qu'elle parle.
2. La fête de la Purification.

répond qu'elles seront à Ruelles à six heures du matin. Il faut se laisser conduire aux gens dont on a besoin, et c'est en effet assez tôt.

Je suis ravie de vous sentir rapprochée de moi, et j'en aurai beaucoup plus de regret de quitter Versailles pour aller à Compiègne. Cependant vous en profiterez, et vous passerez ce temps-là à mettre la maison de la communauté en bon ordre. Il n'y faut rien oublier, car nous serons épiées par gens bien et mal intentionnés.

Je voudrois qu'à mon retour nos petites sœurs fussent toutes habillées de même. Si le ménage nous empêche la dépense qu'il y auroit à donner tant d'habits neufs, on pourroit seulement leur trouver une coiffure pareille, des mouchoirs pointus ou colerettes de même façon, des tabliers noirs ou verts pour bien filer, et le dessous étant gris, cela suffiroit pour leur donner un air d'uniformité qui sied fort bien aux communautés. Assemblez encore votre conseil là-dessus et m'en faites part.

Je trouve les tabliers noirs bien lugubres, donnons-leur de serge bleue ou verte : le bleu seroit à l'intention du roi, le vert est ma couleur et bon pour la vue ; décidez.

Je serai inconsolable jeudi si je ne suis pas à Noisy à neuf heures et demie ; à tout hasard gardez-moi un cordelier jusqu'à onze heures pour me dire la messe, et si je ne vais point, payez-le un écu, c'est la taxe que je fais pour toutes celles qu'ils me viendront dire chez vous.

Adieu, ma très-chère, j'ai une grande envie de

vous embrasser, et j'espère que nous allons faire du bien ensemble.

Soit que j'aille jeudi à Noisy ou que je ne puisse y aller, j'y enverrai mes gens pour aider à tout ce que vous leur ordonnerez. N'y souffrez aucune liberté ni gaîté, et remettons-les quand nous serons bien enfermées. Adieu.

LETTRE V

A M. D'AUBIGNÉ, A COIGNAC [1].

A Versailles, ce 1er jour de mars 1684.

En donnant permission à mes gens de vous mander de mes nouvelles, je n'ai point résolu de ne vous plus écrire; mais il est vrai que je vous ai cru moins inquiet sur ma santé. L'hiver s'est passé avec tant de plaisirs, et mes migraines m'ont si fort tourmentée que j'ai toujours été ou souffrante dans mon lit ou dans les appartements du roi, quand je l'ai pu. Il n'y a pourtant pas longtemps que je vous ai écrit une très-longue lettre que je serois fâchée qui fut perdue [2].

La layette doit être arrivée qui n'est pas magnifique : vous savez que je me vante d'être dans l'autre extrémité. J'attends avec impatience la nouvelle de l'accouchement de madame d'Aubigné et je me trouve assez indifférente sur le sexe; j'ai mes raisons pour cela. Je suis très-contente de Manceau, et s'il conti-

---

1. *Autographe* du cabinet de M. Feuillet de Conches.
2. Nous n'avons point cette lettre.

nue, nous serons longtemps ensemble[1]; Lafrance me sert aussi fort bien et vous m'avez fait là deux très-bons présents.

La guerre m'afflige et nous ôtera d'ici tout l'été, du moins une partie. Le roi doit partir[2] pour l'armée le 10 d'avril[3]; madame la Dauphine a déclaré qu'elle veut aller sur la frontière pour être plus près des nouvelles; et je trouve qu'elle a raison; mais ces petites consolations-là ne m'empêchent pas de voir la guerre comme un grand malheur; il faut en tout vouloir ce que Dieu veut.

Le sac que j'ai envoyé à madame d'Aubigné est peu de chose et est seulement très-propre à une femme grosse; comme on m'a dit qu'elle est grande, je crois qu'elle avoit bonne mine avec cet habillement-là.

Adieu, écrivez-moi souvent et croyez que saine, malade, négligente ou soigneuse, je suis toujours la même pour vous, et que je ne changerai jamais. Charlot est un vrai original, je le mettrai bientôt au collége; il ne croît point et a beaucoup d'esprit. M. du Maine me fit hier une visite où il ne me parla que de vous.

1. Manceau devint l'intendant de madame de Maintenon, son homme de confiance pour toutes ses affaires temporelles, et il demeura avec elle pendant toute sa vie.

2. Le roi devait se mettre à la tête d'une armée qui couvrirait le siége de Luxembourg.

3. La Beaumelle ajoute : « Cela est encore bien éloigné, mis mon attachement pour lui me le rend présent. »

LETTRE VI

A M. L'ABBÉ GOBELIN[1].

A Versailles, ce 8 mars 1684.

Le roi a trouvé bon que les dames de la cour établissent une *charité* à Versailles pour y prendre le même soin des pauvres que l'on fait dans les paroisses de Paris; madame la duchesse de Richelieu en est la supérieure, et vous n'en aurez pas plus mauvaise opinion de notre dessein. Nous prétendons pourvoir à toutes sortes de nécessités; mais nous nous trouvons chargées d'un certain nombre de personnes dont nous ne savons que faire : ce sont quelques estropiés hors d'état de gagner leur vie et qui chargent leurs pauvres familles; il y a aussi de ces innocentes qui courent les rues, et font offenser Dieu à beaucoup de gens. Toutes nos dames m'ont chargée de supplier M. le procureur général du parlement[2] de vouloir bien les faire mettre à l'hôpital[3]. Si j'allois quelquefois à Paris, j'aurois été l'en prier, très-aise de trouver cette occasion d'avoir l'honneur de le voir. Il sait que je les ai toujours cherchées; et j'en connois si bien le prix que je ne saurois vous faire d'excuses de la prière que je vous fais d'aller chez lui le plus tôt qu'il vous sera possible.

1. *Manuscrits des Dames de Saint-Cyr.*
2. M. de Harlay.
3. A l'*hôpital général* ou à la *Salpétrière* qui avait été fondé par Louis XIV en 1656 et en 1662. Il renfermait cinq mille pauvres, aveugles, estropiés, etc. (Voir mon *Histoire de Paris*, t. II, p. 292.)

J'attends votre réponse pour en rendre compte à notre première assemblée, et sans vos sermons, je vous prierois de me venir la faire vous-même. Je suis tourmentée de grands maux de tête et si persuadée de votre amitié que je vous prie de ne vous point alarmer de ce que vous en entendrez dire[1].

LETTRE VII -

A M. L'ABBÉ GOBELIN[2].

A Versailles, ce 6 avril 1684.

Ma migraine m'empêche de vous écrire de ma main la prière que j'ai à vous faire. Le curé de Maintenon se meurt de la poitrine et ne peut plus aller que bien peu de temps; il est curé et chanoine; je dois présenter à l'évêque un de mes chanoines pour la cure; je n'en ai aucun que je juge capable pour remplir cette place-là. Ainsi je voudrois que vous me donnassiez quelque honnête ecclésiastique que je ferois chanoine et curé. Ces deux bénéfices iroient à sept ou huit cents francs. Je voudrois un homme de bien, qui ne fût pas fort jeune et aidât avec zèle et intelligence au peu de bien que je fais en ce lieu-là; c'est assez vous en dire pour vous obliger à me faire ce plaisir-là, s'il vous est possible.

J'espère que vous ne me laisserez pas partir[3] sans me venir dire adieu.

1. A la place de ces six lignes, La Beaumelle met : « Vous entendrez parler de moi; ne vous en alarmez point. »
2. *Manuscrits des Dames de Saint-Cyr.*
3. Madame de Maintenon se disposait à suivre le roi en Flandre.

LETTRE VIII

A M. D'AUBIGNÉ, A COIGNAC [1].

Versailles, ce 7 avril 1684.

Consolez-vous du retardement des couches de madame d'Aubigné ; les héros sont dix mois tout au moins dans le ventre de leur mère ; j'ai pourtant de l'impatience de la savoir quitte d'une affaire qui est toujours dangereuse. Vous m'avez fait de trop grands remercîments de la layette ; elle est composée de tout ce qui est nécessaire, et je n'ai pas cru en devoir faire davantage pour vous.

Il n'est point vrai que je dis que je suis contente de M. Arnaud. Madame de Lencosme a voulu me faire entrer en plusieurs choses pour lui que j'ai toutes refusées ; mais je n'aime point naturellement à me déchaîner contre personne et moins à cette heure que jamais [2]. Je vous promets pourtant de lui faire revenir que je ne puis être contente de lui que vous ne le soyez. Je verrai votre gentilhomme converti quand il plaira à Manceau qui est dans l'affliction de ce que sa femme se meurt.

Nous partons le 22 de ce mois pour aller en Flandre ; vous savez que les voyages ne m'embarrassent pas, mais celui-ci m'afflige, parce qu'il est pour la guerre et que nous ne serons pas longtemps avec le roi.

1. *Autographe* du cabinet de M. Feuillet de Conches.
2. C'est une allusion assez vague à la situation de madame de Maintenon ; mais le mariage était-il fait, ou allait-il se faire ?

Je crois que madame votre femme aura été affligée de la mort de madame de Jarnac; j'en ai été fort touchée par les bontés dont elle l'honoroit, par la douleur qu'en aura madame de Miossens; je vous prie de lui faire mon compliment là-dessus.

Adieu, mon cher frère, vous ne pouvez trop compter sur mon amitié. Je n'ai pas besoin de votre argent et je vous suis très-obligée des offres que vous me faites là-dessus. Vous allez toucher celui de M. Truc; il me paroît que l'avis de M. le contrôleur général seroit de le mettre en rentes sur la ville au denier 18; il croit ce parti meilleur que la caisse des emprunts.

Mes compliments à la femme grosse ou en couche.

LETTRE IX

A MADAME DE BRINON [1].

Avril 1684.

J'ai recommandé à M. de Louvois l'affaire du brodeur. On est à l'appartement du roi : tout le monde s'y divertit, et je suis enfermée pour vous écrire.

Réduisez vos filles tout doucement à une chemise et à un bonnet blanc pour tout linge. Les cornettes à dentelles coûtent à blanchir, et toutes les choses superflues sont à charge. N'oublions rien pour que notre communauté soit le modèle des autres, non pour en attirer des louanges, mais pour donner en-

---

1. *Manuscrits de mademoiselle d'Aumale.*

vie de les multiplier. Si mademoiselle Nangest, qui a fait l'école cinq ans durant aux externes, ne se tourne à être maîtresse, elle nous sera à charge avec les yeux qu'elle a.

Comptez que votre maison est réglée comme si elle étoit établie depuis un an, et qu'il n'y a pas de jour que je n'en voie le progrès. Je suis bien fâchée de ne pouvoir demeurer assez tard pour être au catéchisme.

N'avez-vous point de pâtissier à Noisy ou à Bailly pour leur faire gagner quelque chose, quand on veut donner la collation à vos enfants?

LETTRE X

NOTE PRÉLIMINAIRE

Pendant que madame de Maintenon ne paraît occupée que de son frère, de l'accouchement de madame d'Aubigné et de choses vulgaires, la grande affaire de sa vie était arrivée à son dénoûment. En même temps Louis XIV continuait *le réglement des places de la frontière* (voir l'ouvrage : *les Frontières de la France*, p. 70), au moyen de ses fameuses chambres de réunion, et au mois de mai 1684 il résolut de s'emparer de Luxembourg. Il ordonna au maréchal de Créquy d'assiéger la place, et pour empêcher que le prince d'Orange n'essayât de la secourir, il se porta lui-même sur l'Escaut avec 40,000 hommes. Il avait amené, suivant sa coutume, une partie de sa cour, madame la Dauphine, la princesse de Conti, madame de Maintenon, etc. Il laissa les dames d'abord à Condé, puis à Valenciennes, et alla, à diverses reprises, visiter ses troupes qui étaient établies entre Condé et Mariembourg.

A M. D'AUBIGNÉ, A COIGNAC [1].

A Condé, ce 5 mai 1684.

Je n'ai appris l'accouchement de ma belle-sœur [2] que par madame la comtesse de Miossens; et il y avoit quinze jours que je le savois quand j'ai reçu votre lettre. Je sens déjà quelque chose de fort tendre pour ma nièce et je vous prie qu'elle ne demeure pas unique, afin que je puisse l'avoir quand quelqu'autre pourra vous amuser. On dit que vous en êtes assez occupé et que vous allez plus d'une fois par jour dans sa chambre; c'est très-bien fait; ne la tuez pas par vous en trop jouer; laissez-la dormir et dans son berceau le plus qu'il se pourra; prenez garde à ses yeux et qu'il ne lui arrive point d'accident dans la figure. Pour moi, j'aimerois mieux qu'elle mourût que d'avoir quelque difformité. On me mande qu'elle est bien faite; il faut la tenir le moins que l'on pourra; les enfants ne sont jamais si droits ni si bien que dans leur berceau surtout dans les premiers trois mois qu'ils ne se jouent pas encore. Le seul soin d'elle présentement est celui de sa nourrice qu'il faut bien traiter et laisser un peu vivre à sa mode et avec liberté.

Je ne me tire pas si bien de ce voyage ici que des autres. J'ai eu l'honneur d'être dans le carrosse du roi [3], et cela est toujours accompagné de quelque con-

---

1. *Autographe* du cabinet de M. Feuillet de Conches.
2. Madame d'Aubigné était accouchée d'une fille le 15 avril.
3. Avec la Dauphine, la princesse de Conti et la maréchale de

trainte. L'esprit est inquiet, car je voudrois la paix et nous voilà à la guerre; toutes ces raisons m'ont donné mille maux dont il n'y en a pas un de considérable. J'ai eu un grand déplaisir de la mort de M. de Fourbin[1].

J'ai écrit et je vais écrire encore à madame de Lencosme, comme vous le pouvez désirer sur l'affaire de M. Arnaud. Vous ne pouvez mieux placer votre argent qu'en rentes sur la ville.

Mes amitiés à votre accouchée; elle ne sauroit avoir trop de soin d'elle; la santé des femmes dépend des maux que l'on évite dans les couches par ne se pas trop presser de se mettre sur pied; dites à la nourrice que c'est mon héritière qu'elle nourrit.

Je vous embrasse de tout mon cœur.

APPENDICE A LA LETTRE X.

La Beaumelle, dans l'édition de Nancy, t. I, p. 205, a placé, vers cette époque, une prétendue lettre de madame de Maintenon au roi. Il l'a empruntée à un absurde pamphlet du temps: *les Amours de madame de Maintenon*, qui a été imprimé vingt fois, de 1686 à 1706, et réimprimé même de nos jours. Il a retranché cette lettre dans les autres éditions. Mais les Dames de Saint-Cyr y ont été trompées, et je l'ai retrouvée dans leurs *notes* copiée de leurs mains, et en apparence étant authentique. A mon tour, je m'y suis laissé prendre, et

---

Rochefort. La duchesse de Richelieu, dame d'honneur, ne fut pas du voyage, étant mortellement malade.

1. Capitaine de la compagnie de mousquetaires où avaient servi les fils de M. de Villette. Il avait un grand soin de ces jeunes gentilshommes. Il mourut le 2 mai et venait d'être nommé lieutenant général.

je l'ai reproduite en partie dans la deuxième édition de la *Maison royale de Saint-Cyr*, p. 31. Voici cette lettre :

« Sire, un jour d'absence de Votre Majesté m'est un siècle. Je suis persuadée de vos sentiments, mais je ne puis vivre tranquille loin de vous. Je mets tout mon bonheur, tous les plaisirs de ma vie à voir Votre Majesté : qu'elle juge de mon inquiétude. Après tant de biens et tant d'honneurs que j'ai reçus de vous, je ne sais pas encore quelle sera ma destinée, mais je tremble et suis dans les plus vives agitations en écrivant ce billet à Votre Majesté, et Dieu veuille que ce ne soit pas des pressentiments de ce que j'appréhende le plus au monde! la mort me seroit mille fois plus douce. Vous m'avez promis, sire, un retour sincère et constant vers Dieu ; je compte entièrement sur votre parole. Je suis rassurée ; je me reproche mes soupçons, ma crédulité ; mais si... (le reste manque). »

Voici maintenant la lettre qu'on trouve dans *les Amours de madame de Mainténon* (t. II, p. 202 de l'édition Poitevin, Paris, 1857) :

« Sire, un jour d'absence de Votre Majesté m'est un siècle. Je suis persuadée que lorsqu'on aime on ne peut vivre tranquillement sans voir la personne aimée. Pour moi, sire, qui fais consister tout mon bonheur et les plaisirs de ma vie à voir Votre Majesté, qu'elle juge dans quelle inquiétude et dans quelle peine je suis, dès que je la perds de vue. Je puis vous assurer que votre absence me coûtera la vie, car après les honneurs que j'ai reçus de Votre Majesté, je ne sais pas encore quelle sera ma destinée ; mais je tremble et suis dans de continuelles émotions en écrivant ce billet à Votre Majesté, et Dieu veuille que ce ne soit pas des pressentiments de ce que j'appréhende le plus au monde! la mort me seroit mille fois plus douce et plus agréable que la nouvelle de... »

LETTRE XI (La B.)

NOTE PRÉLIMINAIRE

Voici encore une lettre à madame de Saint-Géran : elle serait fort importante, si elle était vraie ; mais la date seule démontre qu'elle est, comme le dit Louis Racine, *inventée*. C'est du château de Maintenon que madame de Maintenon l'écrit, c'est de Maintenon et de Noisy qu'elle parle avec détail ; or, à cette époque, elle était avec le roi, avec la cour, à l'armée de Flandre, à Condé ou à Valenciennes !

A MADAME DE SAINT-GÉRAN.

Maintenon, 4 juin 1684.

Nous attendons ici des nouvelles du roi ; et nous ne les attendons pas tranquillement. Il n'y a rien à craindre[1], je crains pourtant ; et la raison ne me guérit pas de cette folie[2] ; il a bien voulu partager avec M. de Créqui l'honneur de cette conquête. Je ne respire qu'après la paix ; je ne donnerai jamais au roi des conseils désavantageux à sa gloire ; mais si j'en étois crue, on auroit moins d'ambition, on seroit moins ébloui de l'éclat d'une victoire ; et l'on songeroit plus sérieusement à son salut. Mais ce n'est pas à moi à gouverner l'État ; je demande tous les jours à Dieu qu'il en inspire et qu'il en dirige le maître, qu'il lui fasse connoître la vérité, qu'il lui donne des sentiments de paix : il me semble que j'aime le roi de la même manière que j'aime mon frère ; je voudrois les voir parfaits afin qu'ils fussent sûrs des jugements de Dieu. Le roi m'a fait l'honneur

---

1. Il y a dans l'édit. de Nancy : « Pour sa vie, pour sa santé, ni pour sa gloire. »
2. Dans l'édit. de Nancy : « Il couvre le siége de Luxembourg. »

de m'écrire deux billets fort affectueux ; j'y ai répondu en chrétienne[1]. Noisy m'occupe beaucoup et fort agréablement ; je veux contribuer aussi de mon côté au grand ouvrage de la conversion de nos frères séparés[2]. Ces pauvres filles m'en auront une obligation infinie et en ce monde et en l'autre ; il y en a de fort aimables, et ce ne sont pas toujours les plus jolies. Le Nôtre fera de mon jardin un lieu charmant. Madame la Dauphine s'y promena hier[3], et fut toute ravie. J'avois espéré d'y mourir ; et je n'aurai pas seulement le plaisir d'y vivre.

LETTRE XII

NOTE PRÉLIMINAIRE

Voici la première lettre de madame de Maintenon où l'on trouve une allusion fort claire au mariage. Elle conseille à son frère de ne pas venir à la cour : « *Il seroit bizarre,* lui dit-elle, *que vous fussiez à portée d'un grand commerce avec moi et que vous n'en eussiez pas.* » Nous avons déjà dit que d'Aubigné était ébloui de la grandeur inespérée de sa sœur et aurait voulu en profiter. — « *Nos états sont différents,* ajoute-t-elle ; *le mien est éclatant, le vôtre tranquille... Dieu m'y a mise... il sait que je ne l'ai pas cherché ; je ne m'élèverai jamais davantage, et je ne le suis que trop.* » Tout cela est parfaitement clair ; même les derniers mots qui expriment nettement le refus de la déclaration du mariage.

Ces phrases solennelles et si justement vraies, on les a

---

1. Cette phrase a été répétée par tous les historiens ; elle n'a pour garant que La Beaumelle, et elle est certainement de son invention. D'ailleurs, à cette époque, cette phrase hypocrite n'était plus de saison : le mariage était fait.

2. Il suit de là que Noisy n'aurait été fondé que pour l'éducation des filles de nouveaux convertis : ce qui est faux.

3. Madame la Dauphine était aussi à Valenciennes !

appliquées absurdement au refus que madame de Maintenon fit à cette époque de la place de dame d'honneur de la Dauphine, place devenue vacante par la mort de la duchesse de Richelieu. Le roi, pour mieux cacher son mariage, avait offert cette place à madame de Maintenon, qui aurait pu l'accepter sans inconvénient, puisqu'elle garda celle de dame d'atours. Elle la refusa « noblement et généreusement, » dit Dangeau. Et madame de Caylus, qui n'avait alors que douze à treize ans, ajoute : « Ce refus fit beaucoup de bruit à la cour; on y trouva plus de gloire que de modestie, et j'avoue que mon enfance ne m'empêcha pas d'en porter le même jugement. Je me souviens que madame de Maintenon me fit venir à son ordinaire, pour voir ce que je pensois ; elle me demanda si j'aimerois mieux être la nièce de la dame d'honneur que la nièce d'une personne qui refuseroit de l'être. A quoi je répondis sans balancer que je trouvois celle qui refusoit infiniment au-dessus de l'autre; et madame de Maintenon, contente de ma réponse, m'embrassa. » (*Souvenirs*, p. 145 de l'édit. de 1806.)

A M. D'AUBIGNÉ, A COIGNAC [1].

A Versailles, ce 18 juin 1684.

J'étois si malade à Valenciennes quand je reçus la lettre où vous me proposiez de venir à Paris que je n'y pus répondre, mais je chargeai Manceau de vous mander que vous pouviez, et dans l'absence de la cour et dans tous les temps, faire ce que vous voudriez. Je vous ai conseillé de ne vous pas établir à Paris, parce qu'il me paroît qu'il seroit bizarre que vous fussiez à portée d'un grand commerce avec moi, et que vous n'en eussiez pas [2] ; mais un conseil n'est

---

1. *Autographe* du cabinet de M. Feuillet de Conches.
2. La Beaumelle a, comme de coutume, transformé ce pas-

pas une défense, et outre que ce n'est point à moi à vous en faire, je serois bien fâchée d'exiger de vous la moindre contrainte. Comptez là-dessus une fois pour toutes; et que je désire votre bonheur plus ardemment que le mien. Nos états sont différents; le mien est éclatant, le vôtre tranquille, et peut-être que des gens de bon sens le trouveroient aussi bon. Dieu m'y a mise; il faut s'en tirer le mieux que je pourrai; il sait que je ne l'ai pas cherché; je ne m'élèverai jamais davantage, et je ne le suis que trop. Si ma famille en pâtit d'une façon, Dieu la bénira d'une autre, si c'est sa volonté; enfin je fais ce que je crois devoir faire et mes intentions sont bonnes.

J'aime déjà votre fille et j'aimerois assez qu'elle demeurât héritière; mais puisque madame d'Aubigné a commencé à en avoir, elle n'en demeurera pas là. Je suis sensiblement touchée de madame de Richelieu[1]. Dieu l'a voulu, et nous la suivrons bientôt; il n'est pas permis aux chrétiens d'être fort affligés; et je ne trouve plus rien d'important que de se préparer à bien mourir.

J'ai écrit et dit à madame de Lençosme tout ce que vous pouvez désirer sur M. Arnaud, et je lui ai déclaré que je ne voudrois pas entendre parler de lui que vous ne fussiez content.

Adieu, je vous embrasse du meilleur de mon

---

sage : « ...... Le mien est éclatant et agité, le vôtre obscur et tranquille. Le sage préférera toujours votre médiocrité à mon élévation, etc. » D'ailleurs il abrége, ou tronque, ou supprime plus de la moitié de la lettre.

1. Elle était morte le 27 mai.

cœur, ma belle-sœur et vous; nous serons ici jusqu'au 13 de septembre; on ira à Chambord, et on reviendra ensuite à Fontainebleau jusqu'au 15 de novembre; voilà les projets de la cour et de passer l'hiver ici quoique Saint-Germain soit achevé.

Mandez-moi souvent de vos nouvelles et de celles de ma nièce; je vous répondrai quand je le pourrai, mais je suis toujours très-aise d'en avoir.

LETTRE XIII

A M. D'AUBIGNÉ, A COIGNAC [1].

A Versailles, ce 25 juin 1684.

Vous avez très-bien fait d'aller voir M. le maréchal d'Estrées, et vous faites très-bien de faire tout ce qui peut vous divertir; vous n'avez nulle occupation, et ce n'est pas un grand malheur; réjouissez-vous et faites votre salut, et vous serez plus habile que ceux qui se donnent beaucoup de peine. Ne vous servez jamais du terme d'*ordonner;* il faudroit que je fusse sotte pour en user ainsi avec vous [2]. Je vous ai conseillé de demeurer à Coignac, et je vous en ai dit les raisons, mais encore une fois venez à Paris quand vous voudrez, et croyez que je serois très-fâchée de vous contraindre. Je ne sais ce que vous voulez dire sur la *beauté de la cause* [3]. Si vous voulez,

---

1. *Autographe* du cabinet de M. Feuillet de Conches.
2. Ces mots témoignent que d'Aubigné traitait sa sœur en reine.
3. D'Aubigné avait sans doute rappelé à sa sœur ce qu'elle lui

je vous manderai encore tout ce que je vous ai dit et écrit là-dessus, et vous prendrez votre parti. Je voudrois bien vous persuader, et pour rien au monde je ne voudrois vous forcer.

Je serois bien fâchée que vous vissiez M. Arnaud; il seroit difficile qu'un procédé tel que le sien ne vous échauffât, et ce temps ici n'est pas propre aux violences; outre que les affaires qui roulent sur l'argent ont toujours quelque chose de sale[1]. Je lui ferai parler avant de vous conseiller de vous adresser au contrôleur général; car s'il n'entre pas dans vos intérêts, qui ne sont pas dans les formes ordinaires, votre affaire sera perdue sans ressource.

J'avois espéré qu'un enfant vous réuniroit, votre femme et vous; j'apprends avec douleur que son humeur vous choque : c'est au plus fort à supporter le plus foible; votre esprit et votre âge doivent vous rendre patient; Dieu vous l'a donnée, vivez bien avec elle; considérez sa jeunesse, donnez-lui des plaisirs honnêtes et ne la laissez pas dans la solitude où on dit qu'elle est; elle pourroit avoir toujours quelqu'une de nos parentes ou amies avec elle qui l'amuseroit; et vous devez avoir ces complaisances-là. Les hommes, avec votre permission, sont un peu tyranniques; ils aiment toutes sortes de libertés et n'en laissent aucune; ils enferment pendant qu'ils courent, et croient une femme trop heureuse de les

écrivait de Fontainebleau le 7 août précédent : *La raison en est si utile et si glorieuse.*

1. Madame de Maintenon se montre maintenant dans son vrai caractère de désintéressement.

recevoir quand il leur plaît de revenir [1]. Cela est hasardeux avec la plupart et imprudent avec toutes; vous les trouvez de très-mauvaise humeur quand elles se sont ennuyées tout le jour, et pour moi je ne songerois pas à divertir celui qui n'auroit nulle attention à mon divertissement. Votre femme est d'une vertu et d'une soumission, de l'aveu de tout le monde, qui devroit vous obliger à toutes sortes de complaisances [2]. Essayez de mes conseils, mon cher frère; comme j'ai été plus dans le monde que vous, j'ai plus d'expérience, et j'ai tant connu le fonds de plusieurs familles que je sais très-bien comment il faudroit vivre les uns avec les autres pour avoir la paix. Je vous la souhaite, parce qu'il n'y a rien de meilleur pour ce monde ici et pour l'autre.

Je me porte bien depuis que je suis à Versailles, et la sûreté où nous croyons être de la paix avec les Hollandais me donne une grande joie [3]; celle d'Espagne finira bientôt, et on n'aura plus les inquiétudes de la guerre et de ses malheureuses suites. La cour est fort gaie et fort belle; madame la Dauphine n'est plus enfermée; elle se donne au public autant qu'on le veut; elle a pour le roi toutes les complai-

---

1. La Beaumelle ajoute : « Ils exigent mille complaisances et n'en ont que pour leurs maîtresses. »
2. La Beaumelle ajoute : « Quand vous rentrez chez vous, faut-il être surpris des restes de l'ennui dont votre absence l'a accablée? »
3. Le 29 juin, Louis XIV signa avec les Provinces-Unies un traité par lequel il s'obligeait à cesser les hostilités dans les Pays-Bas. Le 30 août suivant fut signée avec l'Espagne et l'Empereur la trêve de Ratisbonne.

sances qu'elle doit; il en est content et il y a une grande union dans la famille royale.

Madame d'Arpajon[1] fait très-bien dans sa charge. La chambre des filles de madame la Dauphine va être complète; les étrangères auront l'avantage sur les Françaises, car la nièce de M. de Strasbourg[2] que l'on vient de prendre et la nièce de la comtesse de Gramont[3] que l'on va nommer, sont plus jolies que les autres.

Mademoiselle de Mursay devient assez bien faite et dansera des mieux; ses frères sont fort honnêtes gens; mais en faisant tout ce que je fais pour eux, je sens qu'une petite fille de deux mois me touche de plus près et que je pense très-souvent au plaisir que j'aurai de la marier, si ma vie et ma faveur durent encore douze ans. Ne pouvant lui rendre d'autres services, j'ai fait remercier M. de Lagny de ce qu'il a fait pour le mari de la nourrice, et vous pouvez l'assurer que je la regarde comme nourrissant ma fille; qu'elle se réjouisse bien pour que son lait soit bon. Adieu, je vous embrasse de tout mon cœur et je vous aime plus tendrement que vous ne le pouvez croire.

1. Henriette d'Harcourt, sœur du marquis de Beuvron, mariée au duc d'Arpajon en 1659. Madame de Maintenon l'avait fait nommer dame d'honneur de la Dauphine.
2. Mademoiselle de Lvœstein, qui devint madame de Dangeau. Madame de Caylus dit que sa beauté, sa taille de nymphe, sa sagesse et sa vertu causèrent à la cour une juste admiration. Elle devint l'une des principales amies de madame de Maintenon.
3. La comtesse de Gramont était Elisabeth Hamilton.

LETTRE XIV.

A M. D'AUBIGNÉ, A COIGNAC [1].

A Versailles, ce 11 juillet 1684.

Je ne sais où vous prenez que je vous ai écrit une lettre mélancolique; je n'ai aucun sujet de l'être, et personne aussi ne l'est moins. Je vous ai parlé sur la mort, parce que j'y pense souvent et que je ne crois rien de bon à faire que de s'y préparer; mais je le fais avec gaieté, et comme la tendresse que j'ai pour vous va plus loin que votre vie, je voudrois que vous songeassiez à votre salut et que vous fussiez aussi chrétien que philosophe.

Je vous ai mandé que le roi ira à Chambord le 15 de septembre, et de là à Fontainebleau jusqu'au 15 de novembre; vous pouvez prendre ce temps-là, si vous le voulez, pour venir à Paris faire quelque séjour; mais je compte bien avec beaucoup de plaisir vous voir en allant ou en vous en retournant. J'aimerois mieux que ce fût à Fontainebleau qu'à Chambord, où vous seriez très-incommodé et où j'aurois moins de temps à vous donner. Réjouissez-vous, mon cher frère, et ne vous laissez aller ni à votre mélancolie naturelle, ni aux sots discours de nos envieux; je fais de mon mieux en tout et je ne me reproche rien sur vous; songez à votre état passé pour vous trouver heureux d'avoir trente mille livres de rente, et que mon état présent n'empoisonne point le

---

1. *Autographe* du cabinet de M. Feuillet de Conches.

vôtre, puisque *c'est une aventure personnelle qui, comme vous dites fort bien, ne se communique point* [1]. Vous avez du bien et du repos, c'est ce qu'il y a de meilleur pour ce monde, et nous envions souvent des places dont nous ne nous accommoderions pas [2]. Vos enfants auront mon bien, si je meurs bientôt, c'est leur pis-aller ; et si je vis assez pour marier ma nièce, j'espère qu'elle le sera bien. Écrivez-moi toujours de ses nouvelles et de toute votre famille. Je suis fort contente de Manceau, et je vous embrasse tous deux de tout mon cœur. Si vous ou madame d'Aubigné aviez besoin ou envie de quelque chose, mandez-le-moi librement et avertissez-moi de la première dent pour que je fasse un présent à la nourrice. Vous ne me parlez point du baptême de votre fille ; est-elle nommée ? qui l'a tenue ? comment s'appelle-t-elle ? Je voudrois qu'elle eût un joli nom [3].

---

1. D'Aubigné regrettait de ne point profiter de la faveur suprême de madame de Maintenon, et dans l'amertume de son ambition déçue, il lui avait écrit ce mot très-juste : « C'est donc une aventure personnelle qui ne se communique point ! » Ce mot indique clairement le mariage.

2. La Beaumelle ajoute : « Tout le reste n'est qu'un jouet d'enfant. Après ceux qui ont les premières places, je ne connois rien de plus malheureux que ceux qui les envient : si vous saviez ce que c'est ! »

3. On la nomma Françoise-Amable.

LETTRE XV

A M. DE VILLETTE[1].

A Versailles, ce 16 juillet 1684.

Je viens de recevoir votre lettre du 9 de ce mois, et j'ai ouvert celle que vous écrivez à votre fille, qui lui a attiré une grande réprimande sur ce que j'ai vu qu'elle vous écrit peu. C'est une paresse insupportable et que rien ne peut animer : elle vous aime et ne peut vous écrire; elle a le toucher admirable pour le clavecin et ne peut jouer; elle a très-bonne grâce pour la danse et ne peut se remuer; elle a la prononciation très-bonne pour l'espagnol, et ne parle point; enfin c'est un prodige que son insensibilité et son manque de courage; vos enfants ne vous ressemblent point, ils n'ont rien pris de votre esprit ni de votre gloire; du reste, ils sont sans vices. J'ai la fille toujours auprès de moi; je l'accable de présents, de plaisirs et de caresses, afin d'essayer de tout; elle devient bien faite, sa taille se forme un peu; elle danseroit à merveille si elle vouloit, mais jusqu'à cette heure elle ne montre de goût que pour l'ajustement. Elle n'écrit pas plus à sa mère qu'à vous, et cet endroit-là me fait peur pour son cœur. Qu'en peut-on attendre si elle vous manque d'amitié? Son frère aîné a le cœur fait comme vous; il iroit loin si l'esprit et le courage étoient de même; il a pourtant plus de désir de plaire que les autres, et

---

1. *Manuscrits de mademoiselle d'Aumale.*

seroit plus capable de vaincre sa paresse naturelle. Il écrit fort mal. Nous les verrons cette semaine bien affligés de la paix; le cadet est très-délicat et trop occupé de sa personne; du reste ils sont de très-bonnes mœurs et aimés de tous ceux qui les connoissent. J'aime l'aîné tendrement. Écrivez-moi souvent, et croyez que je suis incapable de vous oublier, car je suis toujours pour vous comme à Mursay. M. de Seignelay meurt d'envie de vous servir, et tout seroit bien disposé pour votre élévation, si vous leviez une occasion insurmontable; nous serions trop heureux si Dieu vous touchoit.

Je crois que vous savez que mon frère a une fille; j'en ai été ravie, et je voudrois qu'il n'en eût point d'autre pour la marier en héritière, si les bontés dont le roi m'honore durent encore douze ans. On me demande tous les jours votre fille; je ne m'éblouirai pas pour elle et je la marierai suivant mon goût, puisque vous me l'avez donnée. Je suis inconsolable de n'en pouvoir faire une personne que très-ordinaire; mais il faut s'accommoder de ce qu'il plaît à Dieu. J'ai donné votre lettre au roi; il vous estime autant que vous pouvez désirer [1], et vous pourriez bien le servir si vous vouliez; vous manquez à Dieu, au roi, à moi et à vos enfants par votre malheureuse fermeté : je le prie de vous éclairer.

J'ai été très-aise de la promotion de M. l'abbé de Lusignan. On croit madame la Dauphine grosse. La cour n'a jamais été plus grosse ni si occupée de

---

1. La Beaumelle met : « Il vous estime autant qu'il peut estimer un hérétique. »

se divertir; la paix nous en va laisser le loisir. Je serois à souhait si je pouvois jouir de mon bonheur avec vous; on ne peut dîner ni y avoir le moindre commerce sans déplaire; on pousse trop loin l'aversion de votre religion, et vous poussez trop loin aussi les préventions de votre enfance.

LETTRE XVI

A M. D'AUBIGNÉ, A COIGNAC [1].

A Versailles, ce 16 juillet 1684.

Je n'ai plus rien à vous dire sur votre voyage de Paris; il me semble que je vous ai tout dit sur ce chapitre, c'est sur celui de M. Arnaud que je veux vous parler. Il a pris l'alarme sur ce que je dis à madame de Lencosme que je ne voulois plus entendre parler de lui : il m'a fait offrir par elle deux mille écus pour vous, en protestant qu'il ne vous doit rien et qu'il a satisfait à toutes les choses dont vous étiez convenus. J'ai répondu à madame de Lencosme que je ne voulois point entrer dans une affaire où il s'agit d'argent, et que si elle vouloit vous servir, elle sût de vous ce que vous prétendez de cet homme, et sur quel fondement. C'est une femme très-bien intentionnée et qui ne songe qu'à me faire plaisir; ainsi je vous conseillerois de terminer cette affaire par elle, afin d'éviter le bruit qui est toujours fâcheux.

Je ne vous dirai rien de plus pour aujourd'hui; il y

---

1. *Autographe* du cabinet de M. Feuillet de Conches.

a longtemps que j'écris, et je crains pour ma tête, qui est un peu délicate. Je me porte pourtant fort bien et je deviens un peu grasse, mais cela sied mieux à la vieillesse que l'étisie. M. de Montausier m'a donné une lettre que lui écrit le père Chavrand, qui fait votre panégyrique; je l'ai lue avec grand plaisir et d'autant plus qu'il roule sur les vertus chrétiennes; car pour les autres je vous les connois il y a longtemps. Je ne suis point dévote, mon cher frère, mais je veux l'être, et je suis persuadée que c'est la source de tout bien pour le présent et pour l'avenir.

LETTRE XVII

A M. D'AUBIGNÉ, A COIGNAC [1].

A Versailles, ce 28 juillet 1684.

Il faut faire tenir votre fille avec quelqu'un de nos proches, et non pas attendre M. de Barillon; cela seroit trouvé ridicule, et avec raison. Je la tiendrai avec grand'joie et je lui souhaite toute sorte de bénédictions.

Mandez-moi ce que vaut votre chauffage et ce que l'on veut vous en donner, après cela j'agirai plus hardiment. Je ne suis pas surprise que M. le contrôleur général n'ait rien répondu sur M. Arnaud; il est impossible que l'on entre dans une affaire de cette nature, et vous n'en tirerez que ce que la crainte qu'il aura de moi lui fera donner.

---

1. *Autographe* du cabinet de M. Feuillet de Conches.

Je n'oublie rien pour qu'il se croie très-mal avec moi; c'est tout ce que je puis faire. Je mets une grande différence entre Manceau et Lafrance : l'intérêt ronge le dernier, et en passe de faire sa fortune, il s'arrache les yeux avec une servante pour avoir les cendres de ma chambre.

On ne parle que trop de moi, soit en bien ou en mal : j'ai toujours ouï dire que les femmes doivent désirer d'être oubliées ; Dieu en a disposé autrement : il faut faire le moins mal que l'on peut.

Il est vrai que je me porte fort bien depuis que je suis à Versailles ; l'air y est admirable ; on a de bonne eau, et c'est ce qui faisoit tant de maladies. Je crois que vous entendrez parler des mariages de mademoiselle de Mursay ; vous en serez pourtant le premier averti ; elle n'a encore que treize ans et trois mois[1].

LETTRE XVIII (La B.)

NOTE PRÉLIMINAIRE

Cette lettre ne se trouve que dans la collection de La Beaumelle (édit. de Nancy, t. I, p. 208; édit. d'Amsterdam, t. II, p. 120). Louis Racine l'annote : *Je la crois inventée.*

Nous approchons de la révocation de l'édit de Nantes, et l'on ne trouve presque rien sur ce sujet dans les lettres authentiques et les conversations de madame de Maintenon. On ne saurait douter qu'elle ne fût de l'opinion de Louis XIV et de ses ministres sur la nécessité de détruire l'hérésie qui divisait la France depuis un siècle et demi : c'était l'opinion

---

1. Elle était née le 19 avril 1671.

de tout le monde, clergé, parlements, universités, corps de métiers; c'était l'opinion des esprits les plus doux et les plus éclairés, de Bossuet, de Fénelon, de madame de Sévigné, de la Fontaine, de la Bruyère, etc.; pour que madame de Maintenon ne la partageât pas, il aurait fallu qu'elle ne fût ni catholique ni de son temps. « Elle ne pressa pas la révocation de l'Édit de Nantes et ses suites, dit Voltaire, mais elle ne s'y opposa point[1]. » Elle n'a rien écrit sur ce sujet, du moins avant la révocation[2], et La Beaumelle avait besoin d'une lettre sur cette question brûlante; il l'a inventée. Tous les détails qu'il donne dans cette prétendue lettre à madame de Saint-Géran viennent entièrement de son imagination et témoignent une grande ignorance. Comme ils ont pour base la part que madame de Maintenon aurait eue à la révocation de l'Édit de Nantes, comme ils sont cités partout, nous allons mettre en avant de cette lettre un *mémoire* écrit en 1700 par le duc de Bourgogne sur les conférences et les conseils qui précédèrent la révocation : le nom de madame de Maintenon n'y est pas même prononcé, et l'on y voit que son influence sur cet acte funeste a été nulle, ou du moins n'a pu être déterminante.

« Quoique le roi, dit le prince, sût assez que les huguenots n'avoient pour titres primordiaux de leurs priviléges que l'injustice et la violence; quoique leurs nouvelles contraventions aux ordonnances lui parussent une raison suffisante pour les priver de l'existence légale qu'ils avoient envahie en France les armes à la main, Sa Majesté voulut néanmoins encore consulter avant de prendre un dernier parti : elle eut des conférences sur cette affaire avec les personnes les plus instruites et les mieux intentionnées du royaume; et dans un conseil de conscience particulier dans lequel furent admis deux

1. « Pourquoi, écrit-il à M. Formey, pourquoi dites-vous que madame de Maintenon eut beaucoup de part à la révocation de l'Édit de Nantes? Elle toléra cette persécution, mais certainement elle n'y eut aucune part, c'est un fait certain. »

2. Il y a un Mémoire de sa main en 1696, et je l'ai publié dans les *Mémoires de Languet de Gergy*, p. 260. Nous en reparlerons.

théologiens et deux jurisconsultes, il fut décidé deux choses : la première que le roi, pour toutes sortes de raisons, pouvoit révoquer l'Édit de Henri IV ; la seconde, que si Sa Majesté le pouvoit licitement, elle le devoit à la religion et au bien de ses peuples. Le roi, de plus en plus confirmé par cette réponse, laissa mûrir encore son projet pendant près d'un an, employant le temps à en concerter l'exécution par les moyens les plus doux. Lorsque Sa Majesté proposa dans le conseil de prendre une dernière résolution sur cette affaire, Monseigneur, d'après un mémoire anonyme qui lui avoit été adressé la veille, représenta qu'il y avoit apparence que les huguenots s'attendoient à ce qu'on leur préparoit, qu'il y avoit peut-être à craindre qu'ils prissent les armes, comptant sur la protection des princes de leur religion ; et que supposé qu'ils n'osassent le faire, un grand nombre sortiroient du royaume, ce qui nuiroit au commerce et à l'agriculture, et par là même affaibliroit l'État.

« Le roi répondit qu'il avoit tout prévu depuis longtemps et pourvu à tout, que rien au monde ne lui seroit plus douloureux que de répandre une seule goutte du sang de ses sujets ; mais qu'il avoit des armées et de bons généraux qu'il emploieroit dans la nécessité contre les rebelles qui voudroient eux-mêmes leur perte. Quant à la raison d'intérêt, il la jugea peu digne de considération, comparée aux avantages d'une opération qui rendroit à la religion sa splendeur, à l'État sa tranquillité et à l'autorité tous ses droits. Il fut conclu d'un sentiment unanime pour la révocation de l'Édit de Nantes. »

Après ce document si concluant, nous allons voir les absurdités que La Beaumelle met dans la bouche de madame de Maintenon.

A MADAME DE SAINT-GÉRAN.

13 août 1684.

Le roi a enfin pris des mesures pour avoir la paix ; ses ministres à Ratisbonne ont ordre de signer une trêve de vingt ans ; et il gardera tout ce qu'il a pris depuis la paix de Nimègue; ce traité paroît fort avantageux; au moins le roi en est fort content[1]. Il a dessein de travailler à la conversion entière des hérétiques[2]; il a souvent des conférences là-dessus avec M. Le Tellier et M. de Châteauneuf[3], où l'on voudroit me persuader que je ne serois pas de trop[4]. M. de Chateauneuf a proposé des moyens qui ne conviennent pas; il ne faut point précipiter les choses; il faut convertir et non pas persécuter. M. de Louvois voudroit de la douceur; ce qui ne s'accorde point avec son naturel et son empressement de voir finir les choses[5]; le roi est prêt à faire tout ce qui sera jugé le plus utile au bien de la religion. Cette

1. Le roi ne signa qu'à regret la trêve de Ratisbonne : il en sentait tout le danger et aurait voulu un traité définitif.
2. La révocation de l'Édit de Nantes n'est pas un acte isolé du règne de Louis XIV, c'est l'œuvre de tout le règne. Pendant trente ans on n'avait cessé de travailler à la destruction de l'hérésie par des restrictions, des empêchements et des persécutions sourdes : dès 1680, l'émigration des protestants, nous l'avons vu, avait commencé; en 1683, il y avait eu des soulèvements à main armée dans le Languedoc. Il est donc absurde à La Beaumelle de faire dire à madame de Maintenon, en 1684 : « Le roi a dessein de travailler, etc. »
3. M. de Châteauneuf était le secrétaire d'État pour les affaires de la religion réformée.
4. Dans l'édit. de Nancy, La Beaumelle met crûment : « Où je ne suis pas de trop. » — Cela ferait supposer que madame de Maintenon assistait au conseil des ministres. Il n'en est rien. Louis XIV, surtout vers la fin de son règne, a consulté souvent madame de Maintenon sur les affaires de l'État, et l'on ne peut douter qu'il ne lui ait parlé de la conversion des calvinistes; mais ce ne fut jamais officiellement. Nous venons d'en donner la preuve.
5. Il y a dans l'édit. de Nancy : « Avec son caratère bouillant et impétueux. » Pourquoi ces variantes, si La Beaumelle copiait des lettres originales? — Quant à Louvois, qui « voudroit de la douceur, » à cette époque il inventait la *mission bottée*, les *dragonnades*.

entreprise le couvrira de gloire devant Dieu et devant les hommes; il aura fait rentrer tous ses sujets dans le sein de l'Église; et il aura détruit l'hérésie, que tous ses prédécesseurs n'ont pu vaincre[1]. Je n'ai pu conserver l'amitié de madame de la Fayette; elle en mettoit la continuation à trop haut prix; je lui ai montré du moins que j'étois aussi vraie et aussi ferme qu'elle. C'est le duc[2] qui nous a brouillées. Nous l'avons été autrefois pour des bagatelles.

LETTRE XIX

A M. D'AUBIGNÉ, A COIGNAC[3].

A Versailles, ce 18 août 1684.

Un capucin m'a écrit en faveur d'une demoiselle convertie, qui auroit envie d'être religieuse. J'ai brûlé sa lettre, ne croyant pas pouvoir rien faire sur ce qu'il me demandoit. Cependant j'ai pensé depuis que si c'est une fille de mérite, et qu'elle voulût être à Noisy, nous pourrions l'y mettre. Il est assez bizarre, sans vous en dire davantage, de vous prier de me faire trouver ce capucin ou de lui dire ma réponse, mais peut-être le connoîtrez-vous par le com-

---

1. Tout cela est emprunté aux milliers d'éloges adressés à Louis XIV sur la destruction de l'hérésie. (Voir Bossuet, *Oraison funèbre de Le Tellier*, les lettres de madame de Sévigné et de Bussy-Rabutin, etc., etc.)

2. Il ne peut être question que du duc de la Rochefoucauld; or celui-ci était mort en 1680! D'ailleurs il n'y a trace nulle part de cette rupture, qui paraît inventée pour donner de la vraisemblance à la lettre.

3. *Autographe* appartenant à M. Feuillet de Conches.

merce qu'il a avec moi; il me semble que c'est le même qui m'a adressé les Meliodots[1], qui, sans reproche, sont de mauvais sujets.

Je vous dis en confidence que je prends des demoiselles à Noisy dont le roi paye les pensions; je ne veux pas le dire plus hautement, parce que nous en serions accablés[2]. Je voudrois bien pourtant que mon pays eût part à ce bienfait; et ainsi si naturellement on vous parloit de quelque misérable créature, convertie ou non, mandez-le-moi en m'instruisant de son nom, de sa race, de son âge et de l'état de sa famille.

Je viens d'envoyer M. Chandellier à Noisy voir si madame de Brinon voudroit le prendre; on n'en veut point et je vous le renvoie. Il est incompatible d'être curé et aumônier; mais en vérité votre revenu est assez gros pour en nourrir un et lui donner deux cents francs de gages, si vous en avez besoin.

1. Probablement les Mériodeau. (Voir *la Famille d'Aubigné et l'enfance de madame de Maintenon*, p. 31.)

2. L'établissement de Noisy avait pris de l'extension, et le roi en ayant entendu faire l'éloge par les dames de la cour, il voulut le voir par lui-même et vint un jour presque seul et sans qu'on l'attendît. Il le visita et fut si content de ce qu'il vit, qu'il se sentit pressé de faire quelque chose de plus grand et de plus solide. Il en parla à madame de Maintenon, qui lui représenta le pitoyable état de sa noblesse; « que ce seroit une œuvre digne de sa piété et de sa grandeur de faire un établissement qui fût l'asile des pauvres demoiselles de son royaume. » Le roi fut touché de ces raisons, et le jour de l'Assomption 1684 il décida que la fondation seroit faite, et qu'en attendant on élèverait à Noisy cent demoiselles dont il payerait les pensions. (Voir *Madame de Maintenon et la Maison royale de Saint-Cyr*, p. 50.)

Adieu, je ne puis vous en dire davantage à cette heure.

LETTRE XX

A MADEMOISELLE DE SCUDÉRY, A PARIS [1].

A Versailles, ce 19 août 1684.

Quoique je ne vous remercie point des lettres que je reçois de vous et de ce que vous y joignez quelquefois, croyez, mademoiselle, que j'en fais tout le cas que je dois, que j'en fais l'usage que vous désirez; qu'elles font l'effet que vous en devez attendre, et que vous êtes fort estimée de celui dont vous faites le panégyrique. Il a entendu lire de tous les côtés vos dernières *Conversations* [2], qu'il trouve aussi utiles qu'agréables. Je n'ose après cela rien dire de moi, si ce n'est que je suis absolument à vous.

LETTRE XXI

A M. D'AUBIGNÉ, A COIGNAC [3].

A Versailles, ce 5 septembre 1684.

Vous faites fort bien de vous promener et de faire tout ce qui peut vous divertir; vous seriez trop heu-

---

1. *Autographe* appartenant à M. Feuillet de Conches.
2. *Conversations sur divers sujets; Conversations morales*, etc. Ces ouvrages, qui comprenaient dix volumes, furent composés de 1680 à 1690. Les deux derniers étaient destinés aux demoiselles de Saint-Cyr.
3. *Autographe* du cabinet de M. Feuillet de Conches.

reux si vous étiez occupé de votre salut, et pour moi qui vois les choses de près, je ne puis regretter que vous soyez sans emploi. Je suis bien fâchée des mauvais offices qui vous ont donné l'exclusion, et j'ai de la peine à les pardonner; mais cela étant fait, je ne puis vous trouver mal de jouir de trente mille livres de rente et de n'avoir rien à faire, étant avancé en âge et assez malsain; car, encore une fois, vous êtes le maître d'aller où vous voudrez, je ne vous interdis rien; et je me trouverois bien injuste de me servir de ma faveur pour tyranniser mon frère aîné, à qui naturellement et vraisemblablement je dois toute sorte de respects. Il ne me convient pas de vous voir souvent, et par cette seule raison, je vous ai cru mieux en province, avec un grand commerce avec moi, qu'à Paris, me voyant rarement [1]. Voilà ce que je vous ai dit cent fois et que je redirai toutes les fois que je verrai dans vos lettres des traits de chagrin et d'aigreur là-dessus. Faites donc ce que vous voudrez et croyez que je vous aime, que mes intentions sont bonnes sur tout et que je ne puis que ce que je fais.

Mandez-moi ce que l'on a réglé, il ne faut jamais se vouloir tirer des règles générales.

J'entends dire à tout le monde que votre fille est belle : je voudrois savoir si elle a la bouche aussi grande qu'elle doit l'avoir, de quelque côté qu'elle puisse tenir. Je serois bien fâchée que madame d'Aubigné eût une mauvaise santé; mais j'aimerois assez que ma nièce fût une héritière.

---

[1]. Ceci confirme ce que nous avons dit précédemment.

Mademoiselle de Mursay ne sera pas mariée que l'on ne vous en donne part; elle profitera moins de ma faveur qu'elle n'auroit fait si j'étois d'une autre humeur; mais elle sera toujours mieux mariée qu'elle ne devroit l'être naturellement; ses frères sont fort bien nés, et je suis heureuse qu'ils soient tous de bons sujets.

Adieu, mon très-cher frère, je vous ai écrit sur les pauvres demoiselles dont je prends soin; nous vieillissons, songeons à mourir, mais sans chagrin; car ce n'est pas un malheur quand on est chrétien.

LETTRE XXII

A M. D'AUBIGNÉ, A COIGNAC [1].

A Versailles, ce 7 septembre 1684.

Il n'y a que deux jours que je vous ai écrit, mais comme on m'interrompt souvent, j'oubliai un des principaux sujets de ma lettre. C'est pour M. Arnaud qui, pour finir toutes choses, vous donnera mille pistoles; cela est meilleur qu'un procédé qui ne peut jamais être agréable, quand il s'agit d'argent. Madame de Lencosme m'a fait cette proposition; faites-lui réponse ou à moi; et si vous venez à Paris, n'ayez nulle affaire avec cet homme : elle seroit mauvaise pour lui et pour vous.

Adieu, mon très-cher frère, je suis toute à vous.

1. *Autographe* du cabinet de M. Feuillet de Conches.

LETTRE XXIII

A MADAME DE BRINON [1].

Ce 9 septembre 1684.

J'ai bien de la joie du bon état de Marie Chéron, mais il ne faut pas la renvoyer de sitôt par plusieurs bonnes raisons. Si Marie Fauveau n'est pas prête demain, ce sera pour la semaine qui vient; il faudra l'envoyer ici le mardi, afin que je la voie habillée le lendemain et le jeudi. C'est le vendredi que le fourgon passe.

Madame la Dauphine est si incommodée de son lait, qu'elle ne pourra aller à Chambord, dont toute la cour est affligée. Le roi partira toujours le 21 de ce mois.

Puisque rien ne peut retenir votre libéralité pour moi, je vous prie, si vous avez des herbes fines, de me faire quelques sachets composés de marjolaine, de thym, de lavande et d'œillets. Il faut que la marjolaine y domine et que le tout soit bien sec.

Mes petites sœurs songent-elles que quatre prix les attendent vers le 20 novembre?

J'espère vous envoyer mon carrosse dimanche au soir, car j'ai plus de loisir au commencement de la semaine qu'à la fin. Assurez cependant madame de Bonnevault que j'ai autant d'estime pour elle que je souhaite qu'elle en ait pour moi. J'embrasse madame de Saint-Pierre avec vous pour ne vous jamais séparer.

1. *Manuscrits des Dames de Saint-Cyr.*

LETTRE XXIV [1]

A M. DE HARLAY [2].

A Versailles, ce 10 septembre 1684.

Je vous supplie, monsieur, de vouloir écouter madame Le Fèvre et de recevoir, s'il est possible, les sujets qu'elle vous proposera pour l'hôpital général. Je ne suis pas fâchée de me fournir des occasions de vous assurer de temps en temps que personne ne vous honore tant que moi.

LETTRE XXV

NOTE PRÉLIMINAIRE

Malgré les recommandations de sa sœur, d'Aubigné vint à Paris, sous prétexte de quelques affaires, résolu peut-être à faire quelque éclat. Madame de Maintenon lui écrivit alors une lettre pleine de dignité, qui démontre le mariage sans réplique, et qu'on ne peut lire sans admiration. Les héros de Corneille ne s'expriment pas avec plus de grandeur et de vérité. Il est remarquable que, le même jour, madame de Sévigné écrivait à sa fille : « La place de madame de Maintenon est unique : il n'y en a jamais eu, et il n'y en aura jamais. » (T. VII, p. 289.)

Cette déclaration si importante n'a pas été comprise même des contemporains. Madame de Caylus elle-même la rapporte au refus que fit madame de Maintenon de la place de dame d'honneur. (*Souvenirs*, p. 144, édit. de 1806.) Ce refus, déjà passé depuis quatre mois, ne méritait pas tant

---

1. *Autographe* de la Bibliothèque impériale.
2. Procureur général au Parlement de Paris. Il fut plus tard nommé premier président. C'est celui que Saint-Simon a tant décrié dans ses *Mémoires*.

de solennité, et il est impossible d'imaginer que madame de Maintenon ait pu y faire allusion en comparant la place de dame d'honneur à celle de connétable.

A M. D'AUBIGNÉ, A PARIS [1].

A Chambord [2], ce 27 septembre 1684.

Je souhaite de tout mon cœur que vous soyez satisfait de votre voyage, et surtout que vous n'ayez aucun procédé avec M. Arnaud, car, encore une fois, ils sont toujours désagréables de part et d'autre, quand il s'agit d'argent. Je ne doute point de tous les sots discours que l'on vous fait : on voudroit vous exciter contre moi, et peut-être aussi vous faire faire quelque extravagance. Je ne pourrois vous faire connétable quand je le voudrois ; et quand je le pourrois, je ne le voudrois pas, étant incapable de vouloir rien demander de déraisonnable à celui à qui je dois tout, et que je n'ai pas voulu qu'il fît pour moi-même une chose au-dessus de moi. Ce sont des sentiments dont vous pâtissez peut-être ; mais peut-être aussi que si je n'avois pas l'honneur qui les inspire, je ne serois pas où je suis.

Quoi qu'il en soit, vous êtes heureux si vous êtes sage, et nous devons songer que tout ne se termine pas à cette vie-ci, et qu'il faut songer à une autre. Je suis très-aise de tout ce que l'on me dit de votre

---

1. *Autographe* du cabinet de M. Feuillet de Conches.
2. A ce voyage de Chambord, voici comment on était placé dans le carrosse du roi : « Le roi et madame la Dauphine au derrière, Monseigneur à une portière, madame de Maintenon à l'autre, et dans le devant, madame la princesse de Conti, Mademoiselle et madame d'Arpajon. » (*Journ. de Dangeau*, t. I, p. 55.)

fille, et je sens déjà une amitié pour elle qui est une marque de celle que j'ai pour vous. Je serai très-aise de vous voir à Fontainebleau, et encore une fois comptez que vous êtes libre de faire tout ce qui vous plaira, et que je ne vous interdis Paris que par conseil, croyant que le séjour ne vous en seroit avantageux d'aucune manière. L'homme de Coignac m'a mandé que son voyage ici ne seroit pas inutile.

Adieu, mon cher frère, écrivez-moi souvent; je me porte fort bien, grâces à Dieu, à quelques migraines près que je ne compte pas. J'ai bien envie de savoir comment vous aurez été content de Charlot.

LETTRE XXVI

A MADAME DE VILLETTE, A NIORT[1].

A Chambord, ce 5 octobre 1684.

Votre fille est aux Ursulines de Pontoise par punition; comme M. de Villette doit venir en ce pays-ci, et que je crois qu'il a son congé, il vous dira ce qu'elle a fait; en attendant, ne vous inquiétez point. Je vous prie de faire tenir ma lettre à M. de Souché.

Vous aurez peut-être entendu dire que je prends cent demoiselles à Noisy, dont le roi payera les pensions; madame de Saint-Palais m'a demandé des places pour ses nièces, filles de M. de Montbrun; mandez-moi, en vérité, si elles sont bien pauvres et bien nobles : car nous n'en voulons point d'autres.

1. *Manuscrits de mademoiselle d'Aumale.*

C'est pour cela que j'écris à M. de Souché qui me veut donner deux filles de sa femme ; instruisez-moi de ce que c'est, et comme vous feriez si Dieu vous le demandoit; car c'est ôter la place à celles qui ont besoin, de la faire donner à celles qui peuvent s'en passer [1]; et il ne faut avoir égard là-dessus ni à ses haines, ni à ses amitiés.

Vos enfants sont à Orléans, avec les mousquetaires; je compte qu'ils en sortiront quand nous serons à Fontainebleau [2].

Adieu. Vous m'écrivez trop rarement, et quoique je ne puisse pas toujours vous répondre, je suis très-aise de recevoir de vos nouvelles.

LETTRE XXVII

A M. D'AUBIGNÉ, A PARIS [3].

A Chambord, ce 8 octobre 1684.

Je suis ravie que vous soyez content de mes établissements : la manufacture [4] et Noisy sont les endroits favoris, et vous ne pouvez mieux faire votre cour qu'en louant bien l'un et l'autre. Quant à

1. La Beaumelle transforme tout cela et ajoute : « Mettre des bourgeoises où le roi ne veut que des demoiselles, c'est tromper les intentions du roi. »
2. On lit dans la *Gazette* du 3 décembre 1684 : « Le roi a donné au marquis de Mursay une des deux cornettes que S. M. a créées depuis quelque temps dans la compagnie des chevau-légers de sa garde. »
3. *Autographe* du cabinet de M. Feuillet de Conches.
4. De Maintenon.

Maintenon [1], il est un peu abandonné, et il est difficile de s'occuper avec plaisir d'une maison où l'on ne va jamais. Elle ne sera point mauvaise pour votre héritière, et si, en effet, madame d'Aubigné en demeure là, ce ne sera pas un mauvais parti. Il en arrivera ce qu'il plaira à Dieu.

Combien serez-vous à Paris? mandez-moi de vos nouvelles et tous vos projets. Nous serons ici jusqu'au 12 de ce mois et à Fontainebleau jusqu'au 15 de l'autre. On se divertit fort bien à Chambord. Le temps est très-beau et la cour fort gaie. Le roi est à la chasse tous les jours; et le soir on a d'autres plaisirs; madame la Dauphine fait merveille, et tout le monde est content. On mange toujours avec le roi, et cela fait une familiarité très-agréable. Il y a un jour bal, et un autre comédie. Tout cela ne me console point d'être loin de Noisy, car c'est le lieu de délice pour moi, et il le deviendra bien encore plus par le gouvernement des cent demoiselles qui y seront bientôt. Je vous avois écrit pour que vous fissiez ce plaisir-là à quelques-unes, et vous ne m'avez fait aucune réponse; les places sont remplies présentement.

Adieu, mon cher frère, je serai ravie de vous voir et de vous embrasser. Soyez vêtu modestement et de bon air, quand on vous verra; car je crains pour vous le trop grand ajustement. Voyez comment sont les autres et n'en croyez ni les tailleurs ni les marchands. Adieu.

---

1. C'est-à-dire, quant au château.

LETTRE XXVIII

A M. D'AUBIGNÉ, A COIGNAC[1].

Ce dimanche, novembre 1684.

Je ne puis avoir une plus grande joie que de savoir que vous en ayez et que vous rendez justice à mon amitié; elle a toujours été égale pour vous, et je ferai toute ma vie ce qui me sera possible pour rendre la vôtre heureuse. Ne pensez qu'à votre salut et à vous divertir; soyez bon mari, bon père et bon gouverneur, comme vous le dites, car c'est là le portrait d'un honnête homme; soyez avant tout bon chrétien, et vous serez tout le reste, par conséquent. Je vous promets de vous écrire tous les mois. Ne vous mettez point en peine sur Maintenon, le dédommagement passera le dommage, et royalement [2].

Faites mille amitiés à madame d'Aubigné, je vous prie, et assurez mademoiselle de mes très-humbles services; mandez-moi bien de ses nouvelles; je ne puis en trop savoir, et je sens déjà une grande tendresse pour elle. Vous aurez votre ordonnance et de l'argent. Je vous embrasse du meilleur de mon cœur, mon très-cher frère, en vous remerciant de ne m'avoir point dit adieu [3].

1. *Autographe* du cabinet de M. Feuillet de Conches.
2. On avait conçu le projet merveilleux d'amener les eaux de l'Eure à Versailles par une suite de canaux et d'aqueducs ayant vingt-cinq lieues de développement. Le principal de ces aqueducs devait traverser le vallon de Maintenon, presque devant le château. Nous en reparlerons plus loin.
3. D'Aubigné était reparti de Paris sans voir sa sœur. Pourquoi

LETTRE XXIX

A MADAME DE BRINON [1].

Décembre 1684.

Je vous vois souvent, mais je ne vous parle guère; c'est pourquoi je me sers de ce moyen ici pour vous dire qu'il est fort question présentement de l'établissement de Saint-Cyr [2]. Je vous prie donc de vouloir, le plus tôt que vous pourrez, en faire un projet, sans rapport, par complaisance, à ce que vous m'avez vu penser là-dessus, mais tel que vous le feriez si c'étoit vous seule qui en fussiez chargée. Ne le faites point en idée, et entrez dans tous les détails.

Savoir : si ce sera des religieuses ou des séculières qui les gouverneront; combien vous jugez qu'il faut de personnes pour le gouvernement; quelles charges vous voulez remplir; si en subalternes dans les charges, vous vous aiderez des demoiselles, ou si vous voulez des religieuses partout?

---

ces précautions, si l'on n'eût craint ses indiscrétions et ses extravagances? Il revint à Paris au printemps suivant. Nous verrons pourquoi.

1. *Manuscrits de mademoiselle d'Aumale.*
2. La fondation d'un établissement où l'on élèverait les pauvres demoiselles du royaume ayant été décidée, il s'agissait de savoir où il serait placé, car Noisy ne pouvait convenir. Louvois choisit, vers le mois de décembre, le village de Saint-Cyr pour y faire l'établissement projeté. Les travaux commencèrent le 1er mai 1685. (Voir pour les détails *la Maison royale de Saint-Cyr*, ch. III.)

Si la règle des religieuses peut compâtir à vivre par rapport aux demoiselles sans avoir ni retraite, ni office particulier, ni réfectoire, en un mot, comme il faut dans notre maison; si on y mettra la clôture entière comme dans un couvent; si on aura des servantes ou des sœurs; de quelle manière les prêtres seront, et si un suffit?

A quel âge vous voudriez vous défaire des demoiselles? en cas que vous ne vouliez point de couvent, de quelle manière on pourroit arrêter des demoiselles; si des vœux simples peuvent les arrêter suffisamment pour que l'on puisse établir le gouvernement temporel et spirituel sur elles.

Si vous voulez un couvent, de quelle manière le faire? combien de religieuses faudroit-il pour Saint-Cyr? combien en faudroit-il pour Versailles? quelle différence ou quelle communauté faudroit-il pour le temporel? comment s'accommoderoit-on d'avoir le couvent de Versailles sous l'archevêque de Paris, et Saint-Cyr sous Chartres? Voyez même si vous ne feriez point deux projets, un pour des religieuses, et un pour former une communauté de nos demoiselles.

Il est très-inutile de vous dire de faire cet ouvrage devant Dieu, sans penser à votre intérêt, sans songer à placer nos demoiselles, et aussi sans oublier vos talents. Adieu, ma très-chère, voilà ce qui m'occupe et qui en vaut la peine : car, si nous nous abandonnons entièrement aux autres, je ne crois pas que les choses en aillent mieux.

LETTRE XXX

A M. L'ABBÉ GOBELIN [1].

Décembre 1684.

M. de Louvois a été à Saint-Cyr ; il a ordonné à Mansard d'examiner la situation, l'air, la facilité d'y avoir de l'eau, et toutes les autres choses nécessaires pour prendre avec sûreté la résolution d'un aussi grand dessein. Je crains que M. de Louvois ne veuille économiser, et que le roi ne veuille dépenser trop. La situation des Bénédictines est agréable du côté du couchant [2]; cette acquisition nous épargneroit bien des travaux et des longueurs; mais est-il permis d'envier le bien de son prochain? On leur fera des propositions raisonnables; mais pour être sensées, en seront-elles mieux reçues? Je pense tout l'attachement que des propriétaires doivent avoir pour leur maison, et cet attachement augmente bien quand ils voyent que des étrangers en connoissent le prix.

1. *Manuscrits des Dames de Saint-Cyr.*
2. On eut d'abord l'intention de prendre pour l'établissement de Saint-Cyr une abbaye de Bénédictines dite de Notre-Dame des Anges, et qui se trouvait dans ce village de temps immémorial. On fit aux religieuses des propositions de cession qu'elles n'acceptèrent pas. (Voir *la Maison de Saint-Cyr*, ch. III.)

ANNÉE 1685.

On ne trouve que deux lettres de madame de Maintenon pendant les premiers mois de 1685. Elle fut malade pendant presque tout ce temps, et on lit dans les mémoires du marquis de Sourches :

22 janvier 1685. — « Madame de Maintenon fut saignée pour un rhumatisme qui la tourmentoit depuis quelques jours, le roi témoignant en être fort en peine et alloit chez elle deux ou trois fois par jour. »

Mars 1685. — « Au commencement de ce mois, madame de Maintenon eut quelques accès de fièvre, lesquels n'eurent pas de suite fâcheuse et servirent seulement à faire connoître l'affection du roi, qui alloit trois ou quatre fois par jour chez madame de Maintenon. »

Dangeau ne parle pas de ces maladies, et la seule mention qu'il fait de madame de Maintenon est celle-ci :

3 janvier 1685. — « Le régiment des dragons de la reine fut donné au cadet des Mursay, neveu de madame de Maintenon. Elle n'avoit pas tant demandé au roi pour lui; il servoit dans les mousquetaires depuis un an. »

Comme pour l'année précédente, les lettres de 1685 sont rares : il n'y en a que douze, et la première est du mois d'avril. Madame de Maintenon aura détruit cette partie de sa correspondance qui était voisine de son mariage. Cette année est pourtant fort importante : c'est celle de la révocation de l'Édit de Nantes. On sait que les ennemis de madame de Maintenon, surtout les protestants, ont voulu faire coïncider ces deux événements, et on lit partout que cette dame avait persuadé à Louis XIV d'expier les péchés de sa jeunesse par la destruction de l'hérésie : il n'y a pas à réfuter cette calomnie; les dates et les faits parlent d'eux-mêmes.

La deuxième lettre de 1685 est du mois d'avril et s'adresse à d'Aubigné. Celui-ci était revenu à Paris, vers cette époque, pour remercier le roi d'une pension de deux mille écus qu'il venaît de lui donner. On lit dans le *Journal de Dangeau*, à la date du 6 avril 1685 (t. I, p. 149) :

« J'appris que le roi avoit donné ces jours passés deux mille écus de pension à M. d'Aubigné, frère de madame de Maintenon. Son gouvernement de Coignac lui vaut douze mille francs, et il en a dix-huit, cinq ans durant, des fermiers généraux. Il est reparti pour Coignac. »

Les autres lettres à d'Aubigné sont curieuses et intéressantes ; madame de Maintenon y change de ton avec son frère ; elle est ouverte, enjouée ; elle donne des nouvelles de la cour ; enfin elle se sent sûre d'elle-même.

LETTRE XXXI

À M. L'ABBÉ GOBELIN [1].

Mars 1685.

Je serois très-fâchée que cet établissement[2] commençât par une usurpation. Les actes de piété sont aujourd'hui assez exposés à la malignité publique sans donner aux mondains de nouveaux sujets de raillerie. Le roi ne forcera point les Bénédictines. M. de Louvois lui a dit qu'on leur donneroit de leur maison tout ce qu'elles en demanderoient. Si elles continuent à demander 500,000 francs, comme elles ont déjà fait, on fera faire une estimation. M. de Louvois a alarmé les pauvres religieuses : elles ont eu recours à moi, et se sont plaintes d'être obligées de déloger dans quinze jours. On voiture actuellement les matériaux. Au fond, cette maison, si commode pour ces dames,

---

1. *Manuscrits des Dames de Saint-Cyr.*
2. L'établissement de Saint-Cyr.

sera peu utile à celles qui doivent l'habiter. Les réparations des vieux bâtiments consommeront de grandes sommes, et l'édifice n'aura pas de proportion. Quelque chose qu'on y fasse, ce sera toujours une maison très-mal tournée. On m'a dit que les bonnes dames ne s'occupent que de jeûnes, de neuvaines, de prières pour détourner le coup qui les menace. Dites à M. l'abbé de Saint-Jacques [1] qu'elles peuvent être tranquilles [2].

LETTRE XXXII

A M. D'AUBIGNÉ, A COIGNAC [3].

A Versailles, ce 7 avril 1685.

Vous voulez une lettre tous les mois, voici celle d'avril, et je compte de ne pas manquer à ce soin-là, car ce que vous exigez est raisonnable et proportionné au peu de temps que j'ai.

Les voyages de Noisy sont plus fréquents que jamais; les révérences y sont plus réglées, les fontanges tout à fait établies, et les promenades du soir commencées : jugez de mon plaisir, quand je reviens le long de l'avenue, suivie de cent-vingt-quatre demoiselles qui y sont présentement.

---

1. Parent de la supérieure de Notre-Dame des Anges, du nom d'Aligre.
2. On acheta, au lieu du couvent des Bénédictines, un petit fief qui appartenait à M. de Saint-Brisson-Séguier, et c'est là qu'on fit l'établissement. (Voir *la Maison royale de Saint-Cyr*, ch. III.)
3. *Autographe* du cabinet de M. Feuillet de Conches.

On distribua le premier d'avril cent habits, cent buscs, cent lacets, cent peignes, cent brosses, cent paires de gants, cent milliers d'épingles, cent bonnets, cent fontanges, etc.

On distribuera samedi cent vingt-quatre jupes de toile, autant de manches de toile, autant de manches de taffetas, et autant de bas pour l'été.

J'y porte aujourd'hui cent vingt-quatre papiers pleins d'exemples, les uns attachés d'incarnat, les autres de vert, les autres de jaune et les derniers de bleu, avec des bourses de jetons de quatre couleurs.

Je compte, la veille de Pâques, leur porter des œufs des quatre couleurs; vous jugerez, par ce détail, de mon divertissement; et je suis sûre que tout cela ne vous déplaît pas [1].

M. de Louvois arriva hier au soir de Maintenon dont il prend un soin très-utile, et, en attendant un dédommagement royal, il fait rebâtir le château du Parc [2] et mille choses qui seroient trop longues à dire, qui embelliront votre terre. M. de Montchevreuil et vous n'aurez plus de peur sur le pont, car on le fait grand et solide.

Noëlle a quelquefois quarante personnes chez elle; on loge jusque dans les greniers; six mille paysans travaillent [3]; l'argent y roule, et on commence à en convenir.

---

1. La Beaumelle remplace ces quatre alinéas par ces mots : « Je m'amuse à pourvoir à tous leurs besoins. »

2. C'était un petit château dépendant de Maintenon.

3. Les travaux de l'aqueduc de Maintenon pour conduire les eaux de l'Eure à Versailles étaient commencés.

La blanchisserie est pleine sans qu'il y ait un pouce de la prairie qui soit découvert.

Vous pourriez bien m'avoir écrit et je vous avoue que j'ai grande envie de savoir des nouvelles de votre famille et d'entendre dire que vous êtes bon mari et bon père.

J'ai donné votre brevet et ordonnance à Manceau, c'est de l'argent comptant.

Adieu, mon très-cher frère, ne doutez jamais de mon amitié, car vous feriez une injustice; je me porte assez bien présentement.

LETTRE XXXIII

A M. D'AUBIGNÉ, A COIGNAC [1].

A Versailles, ce 9 juin 1685.

Ce n'est point mes dévotions qui m'ont attiré un rhume, mais le vent du nord que je hais presqu'autant que fait M. Fagon; cependant je me porte assez bien présentement.

Je crains qu'un temps aussi fâcheux ne redouble vos incommodités; je vois peu de santés à l'épreuve du froid hors de saison que nous essuyons.

J'ai bien de la joie de ce que ma nièce se tire heureusement de ses grosses dents; vous ne pouvez la sevrer qu'au mois de septembre au plus tôt, et en cas qu'elle soit avancée pour les dents, mais si vous ne la sevrez pas au commencement de l'automne, il

---

1. *Autographe* du cabinet de M. Feuillet de Conches.

faudra attendre au printemps, ne devant pas l'être dans l'hiver.

Je vous assure que j'ai autant d'envie de la voir que vous en pouvez avoir de me la donner; mais je sens une grande peine de celle qu'aura madame d'Aubigné en perdant tout son plaisir et son amusement; je voudrois bien qu'elle fût en état d'en espérer une autre.

Je prendrai certainement mesdemoiselles de Montalembert et de Lestang [1], et quand il vous plaira; je connois leur nom, et leur âge me convient fort.

Mademoiselle de Saint-Osmane est sortie de Noisy et va être religieuse.

Le père Chavrand est à Maintenon pour y établir un hôpital général; je me suis lassée d'y donner beaucoup et d'entendre toujours crier que l'on y mouroit de faim; je verrai au moins clair à leur dépense. Vous ne doutez pas, par les gens du lieu, qu'il ne trouve des difficultés dans son chemin; il m'en a déjà coûté une maison de mille francs qu'il a fallu que j'aie achetée pour les pauvres, M. le prieur d'Ouarville ayant tout saintement tenu le pied sur la gorge pour profiter de l'occasion.

M. de Bonrepaux et vous, vous encensez à qui mieux mieux; il écrit de vous à peu près ce que vous me mandez de lui, et je le montre à celui à qui il est bon de plaire. Réjouissez-vous, mon très-cher frère,

---

[1]. Pour les élever à Noisy. Mademoiselle de Montalembert, qui était cousine de madame de Maintenon, devint religieuse de Saint-Louis, et ensuite quitta Saint-Cyr pour se faire capucine. Quant à mademoiselle de Lestang, elle fut mariée à M. de Colombe.

en faisant votre salut, et comptez sur mon amitié aussi tendre que vous pouvez la désirer par toute celle que vous avez pour moi.

Je fais toujours la même vie que vous avez vue ; je vais à nos chambres un jour, à Noisy un autre qui va à merveille. Je vais à Saint-Cyr qui avance d'une manière incroyable : on a commencé vers le 15 de mars [1] et on couvrira mon appartement à la fin de ce mois ; tous les autres corps de logis sont élevés ; le réfectoire est presque fait ; je vous parle sur cela, parce que vous possédez notre plan ; et si vous voulez, je vous l'enverrai pour vous divertir, étant persuadée que vous prenez intérêt à tout ce qui m'occupe.

M. le marquis de Marsilly[2] me désole, et cela sans vouloir parler à la mode. Il est ici assiégeant ma porte ; on ne veut rien faire pour lui ; il veut que je lui donne de l'argent ; je n'ose lui en donner peu et je n'en ai point beaucoup.

Le roi est en parfaite santé et fort gai ; il chasse le plus souvent qu'il peut, mais vous savez que ses plaisirs ne vont qu'après ses affaires.

Madame la Dauphine se promène tous les jours, et va faire collation à la Ménagerie [3].

Monseigneur chasse tous les jours et fort souvent

1. Cela n'est pas tout à fait exact : la première pierre fut posée le 25 avril et les travaux commencèrent le 1er mai 1685. (Voir *la Maison royale de Saint-Cyr*, p. 53.)
2. C'est le père de mademoiselle Deschamps de Marsilly qui fut élevée à Saint-Cyr, et dont il sera question plus tard.
3. Maison située dans le parc de Versailles, à mi-chemin de Saint-Cyr.

à Saint-Léger; le cerf le mènera un de ces jours à Maintenon.

M. de Louvois en revint hier charmé des facilités qu'il trouve pour son aqueduc[1]. Vauban m'a dit qu'il iroit plus vite et coûteroit moins que l'on n'avoit cru, mais qu'il avoit été deux mois sans comprendre que l'on pût jamais en venir à bout.

Le Parc est un fort beau château, les vitres y brillent comme à Versailles; on y en a mis pour cent écus; j'espère que les choses se tourneront d'une manière utile pour nos héritiers; vous devriez en avoir encore un sur ma parole.

Maintenon m'a fait faire une digression aux nouvelles : revenons à la maison royale.

Monsieur est ici en meilleure santé qu'il croit devoir à l'usage des remèdes d'une madame Malet.

Madame[2] est très-affligée de la mort de son frère[3]

---

1. On lit dans le *Journal de Dangeau*, le 8 juin : « M. de Louvois revint de la rivière d'Eure où il était allé voir les travaux; il y aura près de 1,600 arcades aux aqueducs que l'on fait, desquelles il y en aura quelques-unes plus hautes deux fois que les tours Notre-Dame. » Dangeau exagère : le triple rang d'arcades superposées qui devait traverser le vallon de Maintenon, dans une largeur de 4,600 mètres, en comprenait 632, dont 47 pour le premier rang, 195 pour le deuxième, 390 pour le troisième : leur hauteur totale devait être de 72 mètres. (Voir l'*Histoire de madame de Maintenon*, par M. le duc de Noailles, t. II, ch. II, où se trouve exposé dans ses détails ce gigantesque travail, digne de Vauban et de Louis XIV.)

2. *Madame*, c'est-à-dire la duchesse palatine d'Orléans.

3. Charles, électeur palatin, fils de Charles-Louis, et qui lui avait succédé en 1680. Il mourut le 18 mai 1685, sans postérité, et l'électorat passa, en vertu des traités de Westphalie, à la branche très-éloignée de Neubourg.

et de ce que l'électorat est hors de sa maison; on croit que madame sa mère viendra ici. Monsieur lui a offert, après en avoir demandé la permission au roi.

Mademoiselle[1] me voit toujours fort souvent quand elle est ici; mais elle y séjourne moins qu'à l'ordinaire.

Madame de Guise est à Alençon pour six mois.

M. le Prince, M. le Duc, madame la Duchesse[2] et toute leur maison sont dans la joie du mariage du duc de Bourbon avec mademoiselle de Nantes[3], que le roi accompagne de tout ce qu'ils peuvent désirer d'utile et d'agréable.

Madame de Langeron est dame d'honneur de madame la duchesse de Bourbon et madame de Moreil le sera de madame la duchesse; on ne le sait pas encore.

Madame de Montespan me voit souvent et m'a menée à Clagny. Jeanne ne m'y croyoit pas en sûreté.

1. Mademoiselle de Montpensier.
2. *M. le Prince*, c'est le grand Condé. On appelait son fils *M. le Duc*.
3. Le duc de Bourbon était le fils de M. le Duc et le petit-fils de M. le Prince. Nous savons que mademoiselle de Nantes, née le 1er juin 1673, était fille de madame de Montespan. Le mariage eut lieu le 23 juillet 1685. « Le roi, dit madame de Caylus, n'auroit jamais pensé à élever si haut ses bâtards, sans l'empressement que les deux princes de Condé avoient témoigné pour s'unir à lui par ces sortes de mariages... Condé crut effacer par là l'impression que le souvenir du passé auroit laissée de désavantageux dans l'esprit du roi... Son fils, dans cette occasion comme dans toutes les occasions de sa vie, marqua le zèle et la bassesse d'un courtisan qui vouloit faire sa fortune. » (*Souvenirs*, p. 168, édit. de 1806.)

Le roi fait quelques fois des promenades particulières avec la princesse de Conti, moi et quelques dames. Cette princesse-là se tourne tout à fait au bien[1].

Le doge[2] s'en est retourné charmé du roi et de la France; je ne le vis que par ma fenêtre, mais il y passa si souvent que nous en étions à nous rire d'intelligence.

Je vous conjure de dire à madame de Miossens que j'ai parlé au roi de ce qu'elle m'a fait l'honneur de me charger; mais qu'il m'a répondu qu'il n'avoit rien fait que de concert avec M. de Marsan.

Madame de Roquelaure vient rarement ici : son mari ne brilla pas le jour du Carrousel; je compte que les créatures que vous avez ici vous en envoyent le livre et vous mandent les nouvelles[3]. Manceau est à Maintenon, car c'est mon homme de confiance.

Adieu, mon très-cher frère, jusqu'à la lettre de juillet, car je ne manquerai pas à ce que vous m'avez prescrit.

Savez-vous que M. de Mursay fut bien près de gagner le prix et que le roi me dit qu'il est un des plus adroits, ce que je ne croyois point?

J'ai la main très-lasse; mille amitiés à madame d'Aubigné.

1. Fille du roi et de madame de la Vallière. Madame de Maintenon va en parler autrement.
2. On sait que le doge de Gênes, après le bombardement de cette ville, avait été forcé de venir à Versailles.
3. Le carrousel donné par le Dauphin les 5 et 6 juin. Voir les détails dans le *Journal de Dangeau*, t. 1, p. 184, et dans les *Mémoires du marquis de Sourches*, t. 1, p. 129.

LETTRE XXXIV

A M. L'ABBÉ GOBELIN [1].

Versailles, juin 1685.

Vous serez le bienvenu ici quand vous voudrez et nous prendrons jour pour le voyage qu'il est nécessaire que vous fassiez à Noisy. Je vous écrirois souvent si mes lettres étoient capables de faire des bons effets sur votre joie et votre santé, car personne ne vous en désire tant que moi ni n'est plus véritablement à vous. Venez donc jeudi ou vendredi si vous vous portez bien.

LETTRE XXXV

A M. D'AUBIGNÉ, A COIGNAC [2].

A Versailles, ce 5 août 1685.

Il est difficile de vous bien conseiller de si loin sur votre fille. Il y a toujours quelque danger à sevrer les enfants quand ils n'ont pas toutes leurs dents; mais aussi il seroit bien long de faire téter ma nièce jusqu'au mois de mars; sa nourrice auroit de la peine à la pousser jusque-là, et il seroit fâcheux que quelque accident nécessitât de la sevrer en hiver; ainsi je crois que vous prendrez le parti de le faire en automne. Je la prendrai quand vous voudrez, et vous êtes le maître de tout ce qui dépend de moi.

---

1. *Manuscrits des Dames de Saint-Cyr.*
2. *Autographe du cabinet de* M. Feuillet de Conches.

J'ai bien du déplaisir de vous voir si peu satisfait d'une personne avec qui il faut que vous passiez votre vie, et que Dieu vous a donnée; c'est une occasion continuelle de mériter envers lui et qui est plus essentielle que de donner tout son bien aux pauvres; [je conviens avec vous qu'il y a une grande bassesse dans le cœur des bourgeoises; cependant][1] il faut s'en consoler par ses bons endroits et lui prescrire une vie qui ne la fasse guère connoître; nous en parlerons quand il sera temps.

Je ne trouve d'inconvénient à passer par Maintenon[2] que d'essuyer de mauvais chemins si la pluie continue, et s'il faisoit beau, vous ne pourriez mieux faire que de vous y reposer un peu. Vous pourriez même si vous le jugiez à propos y laisser madame et mademoiselle d'Aubigné jusqu'à ce que vous eussiez préparé la maison; enfin faites de Maintenon en ce temps-là comme en tout autre ce que vous voudrez; il pourra vous servir de maison de campagne à cette heure que vous serez tout à fait établi à Paris.

Il est vrai que le roi donne souvent des fêtes et que je m'y trouve le moins que je puis. Je ne saurois veiller sans être fort incommodée, et je ne veux pas que mademoiselle de Poitiers me puisse dire ce qu'elle a dit à madame d'Heudicourt à Sceaux, qu'elle appela *beau visage de fête*[3].

---

1. Ces deux lignes sont rayées dans l'autographe.
2. D'Aubigné venait à Paris.
3. Dans une fête que M. de Seignelay donna au roi dans le château de Sceaux, le 16 juillet de cette année. « Ce fut, dit Dangeau, la plus belle fête qu'on ait jamais donnée au roi. » Mademoi-

Vous aurez appris aussi que les plaisirs ont été
mêlés depuis quelques jours de plusieurs disgrâces.
Le roi ayant voulu savoir ce qui obligeoit MM. les
princes de Conti[1] d'envoyer incessamment des courriers, en a fait arrêter un ; on a pris toutes ses lettres
et on en a trouvé plusieurs pleines de ce vice abomi-
nable qui règne présentement, de très-grandes im-
piétés et de sentiments pour le roi bien contraires à
ce que tout le monde lui doit et bien éloignés de ceux
que devroient avoir les enfants de gens comblés de
bienfaits et d'honneurs; ceux de M. de la Rochefoucault sont les plus criminels; M. d'Alincourt y
est pour sa part. Le cardinal de Bouillon est chassé
pour plusieurs raisons trop longues à déduire; il voulait être égal en tout aux princes du sang; il est peu
plaint de sa disgrâce, parce qu'il est peu estimé[2].

Marly est fort à la mode; on y passa hier tout le
jour et j'en revins quand le spectacle alloit commencer, aimant mieux mon repos que le plaisir.

J'oubliois de vous dire qu'on a trouvé des lettres
de la princesse de Conti qui ont fait voir au roi quel-

---

selle de Poitiers était fille d'honneur de la Dauphine. Dans une
querelle avec madame d'Heudicourt, qui était devenue fort laide,
elle lui dit : *Vous êtes un plaisant visage de fête.* Madame de Sévigné raconte aussi ce mot. (Voir la lettre du 22 juillet 1685,
t. VII, p. 429.)

1. Les princes de Conti, dont l'aîné avait épousé une fille de
madame de la Vallière, étaient allés à la guerre de Hongrie malgré
les ordres du roi, et avaient été suivis d'une partie de la haute
noblesse, le duc de la Roche-Guyon, le duc de Liancourt, tous
deux fils de M. de la Rochefoucauld, le marquis d'Alincourt, petit-
fils du maréchal de Villeroy, etc.

2. Voir sur ce personnage Saint-Simon, t. II, p. 180.

que petite ingratitude pour lui et beaucoup de crainte de moi; cela ne m'empêchera pas d'aller toujours mon train ordinaire [1].

1. Les Mémoires du temps sont pleins de détails sur cette aventure. Voici d'abord ce que racontent les Dames de Saint-Cyr :

« Après que le roi eut quitté madame de Montespan, madame de Maintenon fit ce qu'elle put pour que le roi trouvât du plaisir dans sa famille et pour qu'il fût amusé innocemment; pour cela, dès qu'il y avoit quelque promenade à faire, quelque jeu ou quelque autre amusement, elle disoit au roi : « Envoyons cher- « cher la princesse de Conti. » Et l'on vit dans ce temps-là même des lettres de cette princesse qui furent interceptées avec beaucoup d'autres, où elle mandoit : « Le roi se promène souvent, et je me trouve entre madame de Maintenon et madame la princesse d'Harcourt; jugez combien je me divertis. » Cette jeune princesse fut extrêmement honteuse et affligée de cette découverte, et en fit ses excuses à madame de Maintenon en pleurant beaucoup, sur quoi madame de Maintenon lui dit : « Pleurez, madame; madame, pleu- « rez; car il n'y a pas de plus grand malheur que de n'avoir pas « un bon cœur. »

Maintenant voici le récit de madame de Caylus :

« Madame la princesse de Conti en fut quitte pour la peur et la honte de paroître tous les jours devant son père et son roi justement irrité, et d'avoir recours à une femme qu'elle avoit outragée pour obtenir son pardon. Madame de Maintenon lui parla avec beaucoup de force, non pas sur ce qui la regardoit, car elle ne croyoit pas, avec raison, que ce fût à elle à qui l'on eût manqué; mais en disant des vérités dures à madame la princesse de Conti, elle n'oublioit rien pour adoucir le roi, et comme il étoit naturellement bon et qu'il aimoit tendrement sa fille, il lui pardonna. » (Édit. de 1806, p. 219.)

Le marquis de Sourches entre dans plus de détails. Il dit qu'on avait trouvé dans les lettres que la princesse écrivait à son mari « qu'elle avoit pris une nouvelle fille d'honneur sans consulter le roi, parce qu'elle appréhendoit qu'on ne lui en donnât une d'entre les filles de Noisy, qui étoient les cent demoi- selles que le roi faisoit élever à ses dépens, et dont madame de Maintenon prenoit le soin. Ce discours avoit déplu au roi, qui ne

Madame de Miossens m'écrit des merveilles de votre fille ; je meurs d'impatience de la voir. J'ai mis à Noisy les deux vilaines parentes que vous m'avez envoyées, surtout... seroit-il possible que vous l'eussiez trouvée jolie ? Cela me fait trembler pour ma nièce ; je ne me soucie pas qu'elle soit fort belle, mais j'avoue que je voudrois qu'elle ne fût pas laide.

Il faudroit faire toutes sortes d'efforts pour convertir madame de Miossens[1] ; il me semble que ce seroit une femme propre à réussir ici.

LETTRE XXXVI

A M. D'AUBIGNÉ, A COIGNAC[2].

A Versailles, ce 17 août 1685.

Je crois que vous prenez le parti le plus sûr en ne faisant venir la petite qu'au printemps et après avoir été sevrée ; recommandez-la à quelque femme plus habile que madame d'Aubigné tant pour la sevrer que pour ce qui peut lui arriver en six mois que vous serez sans la voir. Je suis assurée que ma-

---

vouloit pas qu'on mît madame de Maintenon en jeu en quelque occasion que ce pût être. »
Voir aussi le *Journal de Dangeau*, t. I, p. 203.

1. On lit dans le *Journal de Dangeau*, le 30 janvier 1686 : « Madame la comtesse de Miossens, sœur aînée de madame d'Heudicourt, fit son abjuration dans la chapelle de Versailles, entre les mains de M. de Meaux. »

2. *Autographe* du cabinet de M. Feuillet de Conches.

dame de Miossens auroit bien la bonté de la voir souvent.

Il est difficile de donner ses avis de si loin sur la manière de la sevrer; il faut un peu croire là-dessus l'usage du pays. Ordonnez seulement qu'elle ne mange qu'à ses repas, et qu'ils se fassent toujours à la même heure.

Je suis tout à fait fâchée du peu de satisfaction que vous donne madame d'Aubigné; il faut, comme vous dites, prendre patience, car il n'y a point de remède.

Nous partons le 30; je vais coucher à Maintenon avec le duc du Maine, et M. et madame de Montchevreuil; le roi couche à Gallardon, et viendra le lendemain voir Maintenon; il ira coucher à Chartres et moi aussi; on y séjournera le lendemain pour les dévotions, et pour que le roi voie encore quelques travaux[1]; on ira ensuite coucher à Châteaudun et le lendemain à Chambord.

On met l'ardoise à Saint-Cyr et le parquet à mon appartement. Ce sera un beau déménagement dont j'espère que vous serez témoin et qui se fera, s'il plaît à Dieu, au mois de mai[2].

M. de Richelieu part à peu près comme la cour; vous ne sauriez mieux faire que de l'aller voir et d'y demeurer plus ou moins selon que vous vous y trouverez. M. Fagon vous sera utile et j'espère que vous aurez plus de santé ici.

1. Les travaux de l'aqueduc de Pontgouin.
2. Il ne se fit qu'au mois de juillet.

Adieu, mon cher frère, croyez que je vous aime bien tendrement.

LETTRE XXXVII

A M. L'ABBÉ GOBELIN [1].

A Chambord, ce 27 septembre 1685.

Vous m'abandonnez trop de ne m'avoir pas écrit une seule fois pendant que j'ai été ici. Je vous avois fort prié d'aller à Noisy ; et j'avois chargé Nanon de vous y conduire plus d'une fois. Votre visite y seroit nécessaire, et quelque bon esprit que puisse avoir madame de Brinon, elle et les autres ont besoin de conseils. Je vous prie de me mander s'il est d'un nécessaire absolu de faire un noviciat avant de pouvoir être reçu dans notre communauté, je dis présentement, qu'il en faut former une toute nouvelle, car je sais bien que dans la suite les filles feront un an de probation, et deux si on le juge plus à propos ; mais à l'heure qu'il est qu'il n'y a point de corps, doivent-elles faire leur noviciat ? sous qui le feront-elles ? peut-on le commencer avant que la maison soit établie ? Instruisez-moi là-dessus, je vous en prie, et si vous ne possédez pas ces matières-là comme vous faites beaucoup d'autres, voyez des gens de communauté et me mandez leur avis.

Je crois que vous voulez que je vous dise des nouvelles du roi ; il se porte très-bien, grâces à Dieu, et se réjouit. Les courriers, qui arrivent, nous ap-

---

1. *Manuscrits des Dames de Saint-Cyr.*

prennent des millions de conversions [1]. Madame de Montchevreuil a une joie plus mélancolique que la tristesse des autres, quelques sujets qu'elle ait eus depuis peu de se réjouir. Je me porte fort bien et j'ai pour vous beaucoup d'estime et d'amitié; je crois que voilà à peu près les personnes et les choses où vous prenez le plus d'intérêt à Chambord.

LETTRE XXXVIII

A M. JASSAULT, MISSIONNAIRE [2], A VERSAILLES [3].

A Chambord, ce 17 septembre 1685.

Vous m'avez fait grand plaisir d'aller à Noisy et je suis ravie que vous en soyez content. Je crains bien, à vous parler confidemment, que l'on ne s'y relâche un peu pendant mon absence et comme il est plus aisé de bien dire que de bien faire, il est certain que

1. On lit dans le *Journal de Dangeau*, 2 septembre : « On apprit que tous les huguenots de la ville de Montauban s'étoient convertis par une délibération prise en la maison de ville. » — 6 septembre : « Le roi apprit qu'il y avoit plus de 50,000 huguenots convertis dans la généralité de Bordeaux. » — Le 5 octobre : « On apprit que Montpellier et tout son diocèse s'étoient convertis. » — De même pour Nîmes, Uzès, Lyon, etc., etc. Ce sont ces conversions en masses qui décidèrent le roi à signer la révocation de l'Édit de Nantes. On croyait que le calvinisme n'existait plus.
2. *Autographe* communiqué par M. Fouque (de Châlon-sur-Saône) au Comité de la langue, de l'histoire et des arts de la France, et publié dans le *Bulletin* de ce comité.
3. Nous n'avons point de renseignements sur ce missionnaire, qui fut consulté souvent par madame de Maintenon, à défaut de l'abbé Gobelin. D'ailleurs elle demanda, avant de fonder Saint-Cyr, des instructions de tous les côtés.

l'on m'y craint beaucoup et que j'y veux un grand ordre, quoique je ne fasse pas de même pour moi.

J'ai lu avec beaucoup d'attention le projet que vous m'envoyez; je n'y vois rien que je n'approuve, sans avoir même besoin de la déférence que j'aurois pour vos conseils.

Je suis tout à fait de votre avis sur la douceur de leur état; mais je ne sais comment disposer leur journée, car toute la dévotion se révoltera contre moi si je ne leur donne un office à dire, une oraison à faire, des jeûnes, des coulpes, un chapitre, des retraites et en un mot tout ce qui se pratique à peu près dans les communautés[1].

Envoyez-moi, je vous prie, un projet de la manière dont vous voudriez que leur journée se passât. Vous entendez bien que tout ce que je vous dis est pour celles qui feront des vœux, car pour les enfants je les réglerai bien et je n'ai de talent que pour eux.

Madame de Brinon a fait des *constitutions;* je vous les montrerai pour avoir votre avis.

En continuant de lire votre dessein, j'ai trouvé que vous leur marquez tout ce qui ce qui se peut faire dans un couvent; ainsi je ne vous demande plus que la règle de leur journée.

Le roi fondera la maison solidement et magnifiquement.

Je suis de votre avis encore sur les habillements: je voudrois que les dames fussent en noir, comme les

---

[1]. Madame de Maintenon n'avait pas d'abord l'intention de faire de la *maison de Saint-Louis* une communauté régulière.

demoiselles sont en gris, et que les unes et les autres s'accommodassent à l'usage du temps, en y gardant la simplicité et la modestie.

Je suis bien fâchée de ce que vous ne m'écrivez pas là-dessus tout ce que vous pensez; mon temps ne peut être mieux employé qu'à chercher tout ce qui pourra rendre cet établissement agréable à Dieu, et puisqu'il paroît que sa volonté est que je m'en mêle, je regarde cette affaire-là comme celle qui doit le plus m'occuper.

Madame de Brinon m'a sacrifié madame de Saint-Pierre, j'espère qu'elle en sera plus occupée de ses obligations; elle a tous les défauts que vous avez remarqués, mais elle veut faire son salut. Elle nous est absolument nécessaire dans les commencements, et si elle ne fait dans la suite ce que Dieu demande d'elle, il faudra chercher autre chose, car je suis persuadée que je dois uniquement chercher le bien de la maison[1].

Examinez bien les personnes dont vous me parlez, pour me les faire voir dès que je serai à Versailles. Mais quoi qu'il arrive d'elles, il ne faut pas que madame de Brinon sache jamais qu'elles viennent de vous. Elle appréhende tout autre esprit que le sien et ne veut aucun commerce de directeur. Elle est sujette à se prévenir et me donnera de la peine à la réception des filles, mais j'espère que Dieu m'assistera dans les bonnes intentions que j'ai et dans la soumission

---

1. Madame de Maintenon prévoyait les embarras que lui causerait le caractère de madame de Brinon.

que j'aurai toujours pour les avis des gens qui ont plus de vertu et d'expérience que moi.

Songez donc, je vous conjure, à m'aider de vos lumières. Dieu a permis que je vous aie consulté ; vous entendez les communautés ; la nôtre est toute nouvelle ; nous ne sommes obligés à aucune imitation : il la faut par rapport à l'instruction des jeunes filles, les autres ne sont que pour elles ; il ne faut jamais ni charger cet institut, ni rien ajouter ; c'est l'intention du roi et mon avis est de se renfermer à une seule obligation pour s'en mieux acquitter.

Je vous conjure de prier Dieu pour moi et de lui demander que je sois plus occupée de mon salut, car je me partage en tant de différentes choses que j'en ai du scrupule, quoiqu'il n'y en ait pas une de mauvaise.

Je ne vous dis rien, monsieur, sur l'estime que j'ai pour vous, croyant vous l'avoir prouvée par ma confiance.

LETTRE XXXIX

A M. L'ABBÉ GOBELIN [1].

Chambord, ce 7 octobre.

J'ai promis à M. de la Maisonfort [2] de prendre sa troisième fille en lui disant que je me trouvois si bien

---

1. *Manuscrits des Dames de Saint-Cyr.*
2. Gentilhomme du Berry qui avait, grâce à l'abbé Gobelin, placé deux de ses filles à Noisy : l'aînée, chanoinesse de Poussay, et dont il va être question dans la note suivante ; la cadette, qui figura dans les représentations d'*Esther*, et qui se fit ursuline.

des deux premières, j'en prendrois encore s'il en avoit; mais je n'ai pas entendu par là être engagée à recevoir la fille de sa femme, et il me semble que c'est quelque soulagement de le décharger de toutes les siennes.

Votre demoiselle, fille d'un avocat, m'a ravie : c'est une manière de persuader la noblesse de sa naissance assez nouvelle; mais il n'est plus question de rien examiner, les cent places sont remplies, et je souffre autant à refuser toutes celles qui se présentent que j'ai eu de plaisir à prendre celles que nous avons.

Vous m'avez fait un bon présent en me donnant la Maisonfort[1]; jusques à cette heure elle fait des merveilles. Écrivez-moi quand vous le pourrez, je suis très-aise d'avoir à montrer des choses qui excitent à bien faire; mes intentions sont bonnes; mais je me trouve plus occupée du salut des autres que du mien. Priez Dieu pour moi, je vous prie, et comptez sur mon amitié pour toujours. Nous partons d'ici le 12, nous serons à Fontainebleau le 14 et à Versailles le 15 de novembre; je serai fort aise de vous y voir.

Je me porte très-bien, grâces à Dieu.

1. Marie-Françoise-Sylvine de la Maisonfort, Dame de Saint-Louis en 1694. (Voir sur cette dame, qui a joué un grand personnage dans la maison de Saint-Cyr, mon histoire de cette maison, p. 183 et suiv.; deuxième édition.)

LETTRE XL (La B.)

NOTE PRÉLIMINAIRE

Cette lettre, datée du 9 octobre et adressée de Versailles, à madame de Saint-Géran, ne se trouve que dans la collection de La Beaumelle (édit. de Nancy, t. I, p. 220); elle est fausse, et les preuves abondent. Madame de Maintenon dit : « L'abbé Gobelin est ici : il se chargera de cette lettre. » Or, le 9 octobre, la cour n'était pas à Versailles, mais à Chambord; et l'on a vu que l'abbé Gobelin lui-même n'y était pas, puisque madame de Maintenon lui écrivait le 7 octobre de Chambord. La lettre d'ailleurs est composée de faits vrais, connus, pour ainsi dire vulgaires : ils prennent quelque chose de piquant, parce qu'ils ont l'air d'être dits par madame de Maintenon. Racine annote cette lettre : *m'est inconnue.*

A MADAME DE SAINT-GÉRAN.

9 octobre 1685.

Ce m'est un bien agréable spectacle de voir deux cents[1] jeunes filles élevées par mes soins. La manse abbatiale de Saint-Denis sera réunie à Saint-Cyr, et le roi donnera trente mille livres jusqu'à ce qu'il ait assigné un fonds sur les fermes[2]. Je sais bien ce qu'on dit du voisinage de la cour, mais puis-je empêcher mes ennemis de causer?

Le voyage de Chambord n'a pas été inutile[3]. On en verra dans peu le fruit et ceux qui disent que le roi ne s'occupe que de fêtes et de plaisirs seront confondus[4].

1. Ce n'était pas deux cents, mais cent vingt-quatre.
2. Tout cela est inexact ou faux. Voir la note 3 de la page 427.
3. Il semble donc que le voyage de Chambord soit passé, or on resta dans ce château jusqu'au 12 octobre.
4. La Beaumelle sous-entend par là la révocation de l'Édit de Nantes.

Je ne me mêle d'ancune affaire, si vous en exceptez celle de Noisy; mais cela m'est permis; c'est mon ouvrage.

M. de Villette a pris enfin le bon parti [1] et a assuré le roi que c'étoit la seule chose qu'il ait faite sans avoir le dessein de lui plaire [2].

L'abbé Gobelin est ici; il se chargera de cette lettre.

LETTRE XLI

A M. D'AUBIGNÉ, A PARIS [3].

A Chambord, le 10 octobre 1685.

Il ne tiendra qu'à vous de voir mon appartement meublé, et je vous conseille de demeurer à Paris jusqu'à ce que vous soyez las d'y être, puisque vous y êtes tout porté. Mais où êtes vous-logé? Vous deviez prendre une chambre chez mademoiselle Roydot, mère de mes femmes, qui aurait eu de grands soins de vous, et il vous en auroit moins coûté qu'ailleurs. Vous y auriez uné des mes amies qui assurément vous divertiroit beaucoup. Si tout cela vous tente, vous n'avez qu'à aller trouver Nanon, elle vous l'expliquera. Vous avez trop de goût pour ne pas admirer Versailles; il est dans un grand désordre présentement. Nous partons d'ici après-demain, au grand regret des courtisans, et au

---

1. Ceci est encore une preuve de la fausseté de la lettre. On ne connut l'abjuration de M. de Villette que le 9 décembre.

2. « Mon père répondit avec trop de sècheresse que c'étoit la seule occasion de sa vie où il n'avoit point eu pour objet de plaire à S. M. » (*Souvenirs de madame de Caylus*, p. 276.)

3. *Autographe* appartenant à M. Feuillet de Conches.

mien; je m'y porte à merveille et je me trouve toujours mal à Fontainebleau. J'ai été bien aise de voir la lettre de madame d'Aubigné; elle marque une grande union entre vous. Madame de Miossens m'a mandé des merveilles de votre fille; je la prendrai quand elle sera sevrée, quand vous voudrez; vous en êtes le maître comme de tout ce qui est en mon pouvoir, car je vous assure, avec vérité, que je vous aime tendrement et peut-être n'en êtes-vous pas plus heureux[1]; je m'expliquerai plus clairement quand nous serons ensemble. Cependant, mon très-cher frère, comptez que la Providence, qui règle jusqu'aux moindres de nos actions, ne vous a point amené à Paris pour voir l'opéra : cherchez-y quelque homme de bien qui vous conduise à Dieu; voyez M. l'abbé Gobelin : s'il vous plaît, demeurez-en là; sinon, voyez le père Bourdaloue; nous avons tous besoin de secours; il y a peu de gens éclairés dans les provinces; vous voilà à la source, profitez-en, et vous trouverez le bonheur de cette vie ici et de l'autre.

Adieu; écrivez-moi le plus souvent que vous pourrez.

1. Cela est vrai, parce que d'Aubigné aurait voulu profiter de la grandeur de sa sœur, et celle-ci était sagement résolue à ne rien faire pour cet homme désordonné.

LETTRE XLII

A M. L'ABBÉ GOBELIN [1].

Chambord, ce 10 octobre 1685.

Je suis bien aise que vous soyez content de ce que vous avez vu à Noisy, et vous me ferez très-grand plaisir d'y retourner avant que le froid vienne, mais je voudrois que vous confessassiez, ou du moins que vous entretinssiez en particulier toutes celles qui veulent entrer dans notre communauté. J'ai mandé à madame de Brinon de les examiner toutes, et de ne rien commencer pour le noviciat qu'à mon retour; j'ai plusieurs raisons pour cela : elle ne leur donne pas assez de liberté pour la conscience, et la crainte bien fondée qu'elle a de l'abus des confesseurs fait qu'elle les réduit à un seul cordelier qui ne leur dit jamais un mot. Elle croit que les filles n'en souffrent pas parce qu'elles n'osent s'en plaindre ; mais, comme elles sont fort libres avec moi, elles me montrent leurs peines.

Je compte bien à l'avenir de ne recevoir que des filles élevées à Noisy; mais il faut quelques autres présentement; toutes celles que nous avons sont des enfants qui de longtemps ne pourront gouverner. Il est grand dommage que la chanoinesse [2] n'ait pas de vocation, car ce seroit un excellent sujet. Nous

---

1. *Manuscrits des Dames de Saint-Cyr.*
2. Madame de la Maisonfort, qui était chanoinesse de Poussay. (Voir *Madame de Maintenon et la maison royale de Saint-Cyr*, ch. x.)

ne recevrons à l'avenir que des demoiselles; il est vraisemblable que l'on en trouvera suffisamment dans la maison.

Quand vous irez, je vous prie de faire quelques exhortations familières à toute la communauté.

J'approuve comme vous que les filles fassent un an d'épreuve; mais il me semble qu'elle seroit bien plus utile, si, au lieu de les enfermer dans le noviciat à s'instruire de leur règle et à ne savoir leurs obligations qu'en spéculation, elles passoient cette année en fonction des charges qu'elles auront, et surtout dans le gouvernement et l'instruction des enfants, qui est le fondement de leur institut.

Je sais bien qu'il ne faudroit pas aussi les y assujettir si entièrement qu'elles n'eussent le temps des prières, oraisons, silence, actes et conférences; mais on pourroit faire un mélange qui feroit connoître et aux autres et à elles-mêmes de quoi elles sont capables. Occupez-vous de cette affaire-là, je vous prie, puisque vous espérez qu'elle pourra être utile, et que Dieu et le roi m'en ayant chargée, vous devez m'aider à m'en bien acquitter.

Vous ne pouvez trop en public et en particulier prêcher à nos postulantes l'humilité, car je crains que madame de Brinon ne leur inspire une certaine grandeur qu'elle a; et que le voisinage de la cour, cette fondation royale, les visites du roi, et même les miennes, ne leur donnent une idée de chanoinesses, ou de dames importantes qui ne laisse pas d'enfler le cœur et qui s'opposeroit fort au bien que nous voulons faire. Le reste va, ce me semble, fort bien, et il y a une très-solide piété dans cette maison-là ; mais nous avons à prendre un milieu, entre la superbe de notre dévotion et les misères et petitesses des couvents que nous avons voulu éviter. Je ne sais encore de quel nom on les appellera. Si vous avez lu les constitutions, vous aurez vu que madame de Brinon les appelle les *Dames de Saint-Louis*, ce qui ne peut être, car le roi ne se canonisera pas lui-même, et c'est lui qui les nomme en les fondant [1]. Il me paroît aussi qu'elle les veut appeler les Dames pour les distinguer des demoiselles; mandez-moi vos avis là-dessus.

Quant à leurs habits, ils seront noirs, de la forme approchant de l'usage, et sans cheveux, ni aucun ajustement, et tels, je crois, que saint Paul les demande aux veuves chrétiennes.

Adieu, écrivez-moi, je vous prie, quand vous le pourrez sans vous incommoder.

LETTRE XLIII (La B.)

NOTE PRÉLIMINAIRE

Cette lettre ne se trouve que dans la collection de La Beaumelle (édit. de Nancy, t. I, p. 223; édit. d'Amsterdam, t. II, p. 121). Louis Racine l'annote ainsi au commencement : *m'est inconnue et me paroit fausse;* et à la fin : *cette lettre paroit composée par l'éditeur, qui est calviniste.*

L'ordonnance de révocation de l'Édit de Nantes est du

---

1. Ce nom resta, et avec raison, quoi qu'en dise madame de Maintenon, puisque saint Louis fut donné pour patron à la maison.

18 octobre 1658. On ne trouve rien dans les lettres de madame de Maintenon qui se rapporte à cette révocation ; mais La Beaumelle ne pouvait laisser passer en silence un événement aussi important, et il a inventé cette lettre où les faits sont vrais ou vraisemblables, mais où ils prennent dans la bouche de madame de Maintenon une solennité et un intérêt contraires à la vérité. Comment imaginer qu'elle puisse écrire sur des matières si délicates de pareils détails, de telles réflexions, et qu'elle les adresse à madame de Saint-Géran, qui est auprès d'elle à Fontainebleau ? Nous lisons en effet dans le *Journal de Dangeau,* à la date du 15 octobre : « Le roi monta dans sa calèche avec madame et mademoiselle de Bourbon, *mesdames de Maintenon et Saint-Géran.* » Et pourtant tout ce roman est devenu de l'histoire ! Dans quel ouvrage ne voit-on pas ces lignes qui restent stigmatisées sur la figure de madame de Maintenon :

« Je crois bien, avec vous, que toutes ces conversions ne sont pas également sincères : mais Dieu se sert de toutes voies pour ramener à lui les hérétiques. Leurs enfants seront du moins catholiques si les pères sont hypocrites, leur réunion extérieure les approche du moins de la vérité : ils en ont les signes de commun avec les fidèles. »

Nous verrons tout à l'heure à qui La Beaumelle a emprunté cette phrase ou ce raisonnement ; mais il n'est jamais sorti de la bouche de madame de Maintenon. On lit, en effet, tout le contraire dans une de ses lettres authentiques (4 septembre 1687) : « Je suis indignée contre de pareilles conversions : l'état de ceux qui abjurent sans être véritablement catholiques est infâme. »

Comme nous n'avons pas de lettre de madame de Maintenon sur la révocation de l'Édit de Nantes, nous allons emprunter une page des *Notes des Dames de Saint-Cyr,* où son opinion sur cet acte si funeste à la France et sa conduite dans les tristes événements qui le suivirent sont nettement exprimées.

« En ce temps le roi crut qu'il ne manquoit à sa gloire que l'extirpation d'une hérésie qui avoit fait tant de ravages dans son royaume. Les moyens que l'on prit furent un peu rigoureux, auxquels madame de Maintenon n'eut nulle part, quoique les huguenots se soient imaginé le contraire ; car en désirant de tout son cœur leur réunion à l'Église, elle auroit voulu que ce fût plutôt par la voie de la persuasion et de la douceur que par la rigueur ; et elle nous a dit que le roi, qui avoit beaucoup de zèle, auroit voulu la voir plus animée qu'elle ne lui paraissoit, et lui disoit à cause de cela : « Je crains, madame, que le ménagement que vous voudriez que l'on eût pour les huguenots ne vienne de quelque reste de prévention pour votre ancienne religion. » Elle en étoit bien éloignée, car on peut dire que personne ne pouvoit être plus ferme qu'elle dans les sentiments de la foi catholique, et qu'elle avoit une extrême aversion de tout ce qui lui étoit contraire. Mais à l'égard de la persécution que l'on faisoit aux huguenots, elle eût souhaité plus de modération, pensant que ç'auroit été plus conforme à l'esprit de Dieu pour les ramener. Le roi, par ses dispositions naturelles, étoit assez porté à la douceur, mais on lui avoit fait entendre que pour extirper cette hérésie, il falloit de la violence ; et qu'après tout si cette violence ne faisoit pas de bons catholiques, elle feroit au moins que les enfants des pères que l'on auroit ainsi forcés le deviendroient de bonne foi [1]. Il consentit donc que l'on fît passer dans les villes les plus huguenotes un régiment de dragons ; l'ayant assuré que la vue seule de ces troupes porteroit les esprits à écouter plus volontiers la voix des pasteurs qu'on leur enverroit. On passa ses ordres ; on fit à son insu des cruautés qu'il auroit punies si elles étoient venues à sa connaissance, etc. »

On voit par cet extrait quelle confiance on doit avoir dans la lettre du 25 octobre 1685, donnée par La Beaumelle. Nous allons avoir d'autres preuves de sa fausseté.

---

1. On reconnaît ici le raisonnement que La Beaumelle a mis dans la bouche de madame de Maintenon, et qu'on lui a tant reproché.

A MADAME DE SAINT-GÉRAN.

Ce 25 octobre 1685.

Il est vrai que madame la Dauphine prétend d'être grosse; mais c'est sans preuves[1]. M. Fagon l'a dit au roi. La manse de Saint-Denis produisoit au cardinal de Retz cent mille livres[2]. On nous a donné quelque chose sur le domaine de la généralité de Paris; cela est réglé[3], l'expédition portera exemption de tous droits. Je suis accablée de sollicitations. Il nous vient de tous côtés des sujets, mais peu de bons[4]. Le roi veut que je sois fort difficile dans les commencements, parce que la communauté une fois bien établie, les choses iront d'elles-mêmes. M. Le Tellier est à l'extrémité; depuis qu'il avoit scellé l'édit, il se portoit mieux. La fièvre l'a repris avec violence; on en désespère[5]. Le roi est fort content d'avoir mis la dernière main au grand ouvrage de la réunion des hérétiques à l'Église. Le père de la Chaise

1. Ceci est une invention de La Beaumelle. Madame la Dauphine ne pouvait prétendre, le 25 octobre, qu'elle était grosse, car le 4 du même mois elle avait fait une fausse couche. (Voir le *Journal de Dangeau*, t. 1, p. 227.)

2. La manse de Saint-Denis ne fut donnée à la maison de Saint-Cyr que le 2 mai 1686.

3. Non, et madame de Maintenon ne peut pas le dire, car cela ne fut fait que six mois après. Voici la vérité que La Beaumelle dénature et transforme. On donna à la maison de Saint-Cyr en dotation : 1° la terre de Saint-Cyr, rapportant seulement 1,600 liv. de revenu; 2° une somme de 50,000 liv. assignée sur les domaines de la généralité de Paris, et qui dut être employée en fonds de terres; 3° la manse abbatiale de Saint-Denis, rapportant 124,000 liv.

4. Cela n'est pas vrai. Voir : *la maison royale de Saint-Cyr*, chap. III.

5. Il mourut le 30 octobre.

a promis qu'il n'en coûteroit pas une goutte de sang; et M. de Louvois dit la même chose[1]. Je suis bien aise que ceux de Paris aient entendu raison; Claude[2] étoit un séditieux qui les confirmoit dans leurs erreurs; depuis qu'ils ne l'ont plus, ils sont plus dociles. Je crois bien, avec vous, que toutes ces conversions ne sont pas également sincères; mais Dieu se sert de toutes voies pour ramener à lui les hérétiques. Leurs enfants seront du moins catholiques. Si les pères sont hypocrites, leur réunion extérieure les approche du moins de la vérité; il en ont les signes de commun avec les fidèles. Priez Dieu qu'il les éclaire tous; le roi n'a rien plus à cœur. M. du Quesne n'ira ni en Hollande ni en Angleterre. M. de Schomberg est moins utile et plus opiniâtre.

LETTRE XLIV

A M. D'AUBIGNÉ, A PARIS[3].

A Fontainebleau, ce mercredi 25 octobre 1685.

Si vous aviez pu voir la surprise et le chagrin que j'ai eus en recevant votre lettre, vous ne croiriez pas que j'eusse voulu me défaire de vous; et il me semble que je vous dis assez et assez sincérement que je ne vous conseille point de demeurer en ces

1. Louvois n'a pu dire cela (voir le *Mémoire* cité page 379). On s'attendait à de la résistance, et on y avait pourvu.
2. Ministre de Charenton, qui disputa contre Bossuet.
3. *Autographe* du cabinet de M. Feuillet de Conches. Cette lettre est relative à une des incartades les plus étranges de d'Aubigné: étant venu à Fontainebleau pour voir sa sœur et faire sa cour au roi, il en était reparti une heure après, en lui écrivant une lettre.

pays ici pour que vous eussiez pu concerter avec moi quand vous en auriez voulu partir; ce sont ces disparates-là qui me font vous craindre; et, en vérité, vous n'êtes pas excusable, ayant autant d'estime que vous en montrez pour moi, de ne vous pas conduire par mes conseils dans un lieu que je parois connoître mieux que vous. Cependant c'est une chose faite; et il ne faut songer qu'à la réparer. Je dirai que vous vous êtes trouvé mal cette nuit, et que n'étant pas logé commodément, vous avez voulu regagner Paris; il faut que vous reveniez dans cinq ou six jours, que vous en soyez autant ici à faire votre cour et à me voir; qu'ensuite vous retourniez nous attendre, et que vous veniez encore faire un voyage à Versailles; vous verrez la cour et ses appartements dont on parle tant. Cette conduite paroîtra naturelle, au lieu que celle que vous projetez paroît chagrine ou folle; car, qui peut s'imaginer que, m'aimant, ayant été cinq ans sans me voir, vous veniez m'envisager un quart d'heure, et puis, sans en avertir, vous enfuir, ne m'ayant pas seulement parlé? Conduisez-vous donc à ma fantaisie durant ce peu de temps; je vous le demande au nom de votre amitié. Soyez sur vos gardes à Paris comme à la cour, ne voyez guère M. de Montespan, ni M. de Lauzun; on dira que vous cherchez les mécontents. Allez à l'opéra, allez voir Saint-Basile, voyez M. de Lusignan, divertissez-vous; ne jouez guère; voyez le père Bourdaloue et M. Gobelin, confessez-vous et venez passer la Toussaint ici, vous entendrez le père Bourdaloue, vous verrez le roi faire ses dévotions, ce qui en donne [1] aux plus libertins.

Adieu, je me faisois un plaisir de vous faire voir aujourd'hui une cavalcade de toutes les dames après-dîner et le bal ce soir; si vous vouliez me croire, votre vie seroit assez agréable et j'ose vous dire encore que vous n'avez pas assez de confiance en moi.

Voyez M. de Villette, je vous prie, et dites-lui de venir ici. J'ai plus de temps pour l'entretenir que je n'en aurai à Versailles et il est bon que je lui parle promptement.

LETTRE XLV

A M. JASSAULT, MISSIONNAIRE, A VERSAILLES [2].

Fontainebleau, ce 29 octobre 1685.

Ne doutez pas que vous ne me faites un fort grand plaisir en m'envoyant tout ce que vous écrivez qui pourra être utile à l'établissement de Saint-Cyr.

L'impatience que madame de Brinon a de voir quelque chose de commencé l'a obligée de faire faire une retraite; je ne m'y suis pas opposée, parce que cela ne peut faire que du bien et que j'ai été bien aise qu'elle fît connoissance avec M. l'abbé Gobelin que je voudrois que nous eussions pour supé-

---

1. *De la dévotion.* On a pu voir que madame de Maintenon emploie souvent cette forme de langage.
2. *Autographe* publié par M. Fouque dans le *Bulletin* du comité de la langue, de l'histoire et des arts de la France.

rieur : c'est un bon homme, savant, pieux et sans cabale.

Je n'ose établir une grande communauté sur mes seules lumières; je consulte de tous les côtés et je trouve une différence d'avis qui jusqu'à cette heure ne sert qu'à m'embarrasser. Les uns ne veulent point de vœux; les autres prétendent qu'il en faut de simples; les uns disent qu'ils engagent comme les autres; les autres soutiennent que l'évêque en peut dispenser; les uns veulent que la clôture soit établie, les autres n'en veulent point. Il y en a qui veulent que les dames ne renoncent point à leurs biens, et je voudrois qu'elles n'eussent point cette raison de tourner encore les yeux vers le monde. Les uns veulent douze années d'épreuve, les autres six, les autres deux; les uns veulent qu'elles ne puissent faire des vœux qu'à vingt ans, les autres à dix-huit, M. Gobelin à seize. Enfin je ne sais plus où j'en suis, sans compter les contradictions du dedans, car madame de Brinon a aussi ses volontés et veut que l'on y défère. Elle a dans la tête de former une communauté de filles de quinze ans, pour n'en avoir pas une seule qui n'ait été formée par elle; je lui ai mandé que je voulois absolument en mettre deux de dehors et cela dans la vue d'essayer de celles que vous m'avez proposées; mais il ne faut pas qu'elle sache qu'elles viennent de vous; mandez-moi ce que c'est et si je les aurai quand je voudrai.

J'ai fait dire à mademoiselle de Brinon, qui est gouvernante de la petite princesse d'Harcourt[1], que

1. Fille de Henri-Charles de Lorraine, prince d'Harcourt, et de

je lui conseillois de se confesser à vous; je vous la recommande; c'est, je crois, une bonne fille, mais toutes ces parentes de madame de Brinon m'ont donné de la peine en voulant des distinctions que je n'admets point dans cette maison et que je refuse à celles qui me sont proches.

Voilà les *constitutions* que je vous envoie; lisez-les, je vous prie, avec attention, pour m'en dire votre avis; j'y vais joindre les règles des journées et la manière dont je voudrois les charges et tout l'ordre de la maison.

Dites-moi votre avis librement sur tout; j'ai gardé ce que vous m'avez écrit à Chambord, pour m'en servir en temps et lieu.

Je crois que nous serons à Versailles le 14 de novembre; en attendant, priez Dieu pour moi, je vous prie, je n'en eus jamais autant de besoin.

LETTRE XLVI

A M. JASSAULT, MISSIONNAIRE, A VERSAILLES[1].

Le jour de la Toussaint 1685.

Vous m'avez fait grand plaisir de m'écrire et je recevrai toujours tout ce qui viendra de vous avec beaucoup de soumission et de reconnoissance. Je conviens avec vous que Dieu a fait beaucoup pour

---

Françoise de Brancas; sa mère était l'une des amies de madame de Maintenon.

1. *Autographe* publié dans le *Bulletin* du comité de la langue, etc.

moi et que je n'ai encore rien fait pour lui ; mais j'ai bien envie de lui donner tout le temps qui me reste, et tout ce que vous croyez que je dois faire pour cela sera fait moyennant sa grâce, pourvu que ce soient des choses possibles. Il y en a bien qui ne me le sont pas et je ne puis donner que des maximes générales. Quand vous voudrez vous expliquer plus clairement, je vous dirai mes raisons, et quoi qu'il arrive, je vous serai toute ma vie obligée de l'attention que vous avez pour mon salut. Comme c'est la plus importante de mes affaires, ou plutôt la seule importante, ma reconnoissance est proportionnée à la grandeur de l'obligation.

Je suis, monsieur, votre très-humble et très-obéissante servante.

LETTRE XLVII

LE DUC DU MAINE A MADAME DE MAINTENON [1].

1685.

Je suis bien aise, madame, de voir que ma réputation ne vous est pas indifférente; ayant une personne d'un aussi extraordinaire mérite que vous dans ma confidence, j'espère que je ne pourrai jamais faire de fautes, pourvu que vous ayez les mêmes sentiments que vous avez toujours eus pour moi, et que votre lettre me témoigne. Je ne pourrai jamais manquer tant que vous me conduirez, car j'ai déjà

---

1. *Autographe* tiré des archives du château de Mouchy. — Le duc du Maine avait alors quinze ans.

éprouvé la manière dont vous cachez le mal et publiez le bien. Je suis persuadé que si vous n'aviez point quelquefois trompé le public, en cachant les opiniâtretés et les petites colères auxquelles j'étois sujet dans mon enfance, je n'aurois pas une aussi grande réputation que les flatteurs et autres me disent que j'ai; encore un autre avantage, c'est que l'on est prévenu en ma faveur, dès que l'on sait que c'est vous qui m'avez élevé. Je ne veux point faire votre éloge, car je suis trop jeune pour entreprendre un si grand ouvrage, mais je dirai seulement pour donner quelque teinture de vous, que vous avez su accorder la faveur du plus grand roi du monde avec l'amitié de tous ses sujets, ce que d'ordinaire l'envie ne permet pas.

LOUIS-AUGUSTE DE BOURBON.

FIN DU DEUXIÈME VOLUME.

TABLE

DU TOME DEUXIÈME

DEUXIÈME PARTIE
(1669-1684)

(suite.)

ANNÉE 1678. Note préliminaire.	1
LETTRE CXLVIII (*Autographe*). A M. DE VILLETTE.	1
LETTRE CXLIX (*Autographe*). A M. DE LA GUTTÈRE, MÉDECIN A BAGNÈRES.	3
LETTRE CL (*OEuvres d'un auteur de sept ans*). LE DUC DU MAINE A Mme DE MONTESPAN.	4
LETTRE CLI (*OEuvres d'un auteur de sept ans*). LE DUC DU MAINE AU ROI.	5
LETTRE CLII (*OEuvres d'un auteur de sept ans*). LE DUC DU MAINE A Mme DE MONTESPAN.	5
LETTRE CLIII (*OEuvres d'un auteur de sept ans*). LE DUC DU MAINE A Mme DE MONTESPAN.	6
LETTRE CLIV (*OEuvres d'un auteur de sept ans*). LE DUC DU MAINE A Mme DE MONTESPAN.	6
LETTRE CLV (*OEuvres d'un auteur de sept ans*). LE DUC DU MAINE A Mme DE MONTESPAN.	7
LETTRE CLVI (*OEuvres d'un auteur de sept ans*). LE DUC DU MAINE AU ROI.	7
LETTRE CLVII (*OEuvres d'un auteur de sept ans*). LE DUC DU MAINE A Mme DE MONTESPAN.	8
LETTRE CLVIII (*Autographe*). Note préliminaire.	8
A M. D'AUBIGNÉ, A PARIS.	9
LETTRE CLIX (*Autographe*). A M. D'AUBIGNÉ, A PARIS.	11
LETTRE CLX (*OEuvres d'un auteur de sept ans*). LE DUC DU MAINE A Mme DE MONTESPAN.	12
LETTRE CLXI (*Autographe*). A M. D'AUBIGNÉ, A PARIS.	12
LETTRE CLXII (*Autographe*). A M. D'AUBIGNÉ, A PARIS.	15
LETTRE CLXIII (*Autographe*). A M. D'AUBIGNÉ, A PARIS.	23
LETTRE CLXIV (*OEuvres d'un auteur de sept ans*). LE DUC DU MAINE AU ROI.	25
Appendice à la lettre CLXIV.	25

LETTRE CLXV (*OEuvres d'un auteur de sept ans*). Le duc du Maine au roi............................ 26
LETTRE CLXVI (*OEuvres d'un auteur de sept ans*). Note préliminaire................................ 26
  Le duc du Maine a Mme de Montespan......... 27
LETTRE CLXVII (*Autographe*). A M. d'Aubigné, a Paris. 29
LETTRE CLXVIII (*Autog.*). A M. d'Aubigné, a Coignac. 30
LETTRE CLXIX (*Man. de Mlle d'Aumale*). A M. de Villette, a Niort...................................... 35
LETTRE CLXX (*Autog.*). A M. d'Aubigné, a Coignac. 36
LETTRE CLXXI. Note préliminaire............... 38
  A M. l'abbé Gobelin (*Man. des Dames de Saint-Cyr*)... 39
LETTRE CLXXII (*Autog.*). A M. d'Aubigné, a Coignac. 40
LETTRE CXXIII (*Autographe*). A M. d'Aubigné, a Paris. 41
  Appendice à l'année 1678....................... 42
ANNÉE 1679. Note préliminaire.................. 44
LETTRE CLXXIV (*Autog.*). A M. d'Aubigné, a Paris. 44
LETTRE CLXXV (*Man. des Dames de Saint-Cyr*). A M. l'abbé Gobelin.. 47
  Appendice.. 48
LETTRE CLXXVI (*Autog.*). A M. d'Aubigné, a Paris. 48
LETTRE CLXXVII (*Autographe*). Note préliminaire.... 51
  Mme de Montespan au duc de Noailles.......... 52
LETTRE CLXXVIII (*Autog.*). A M. d'Aubigné, a Paris. 53
LETTRE CLXXIX (*Autog.*). A M. d'Aubigné, a Paris. 54
LETTRE CLXXX (*Autographe*). A M. d'Aubigné, a Paris. 58
LETTRE CLXXXI (*Autog.*). A M. d'Aubigné, a Paris. 60
LETTRE CLXXXII (*Autog.*). A M. d'Aubigné, a Paris. 61
LETTRE CLXXXIII (*Autog.*). A M. d'Aubigné, a Paris. 63
LETTRE CLXXXIV (*Autog.*). A M. d'Aubigné, a Paris. 63
LETTRE CLXXXV (*Autog.*). A M. d'Aubigné, a Paris. 64
LETTRE CLXXXVI (*Man. des Dames de Saint-Cyr*). A M. l'abbé Gobelin................................. 71
LETTRE CLXXXVII (*Apocr. de La B.*). Note préliminaire. 71
  A Mlle de Lenclos............................ 72
LETTRE CLXXXVIII (*Autog.*). A M. d'Aubigné, a Paris. 73
LETTRE CLXXXIX (*Autog.*). A M. d'Aubigné, a Paris. 74
  Appendice.. 75
LETTRE CXC (*Autographe*). A M. d'Aubigné, a Paris. 76
LETTRE CXCI (*Autographe*). A M. d'Aubigné, a Paris. 76
LETTRE CXCII (*Autographe*). A Mme de Quierjan..... 77
LETTRE CXCIII (*Man. de Mlle d'Aumale*). A M. de Villette 78
LETTRE CXCIV (*Autographe*). A Mme de Scudéry...... 80

Appendice à l'année 1679.	81
LETTRE CXCV (*Apocr. de La B.*). A Mme DE SAINT-GÉRAN.	82
LETTRE CXCVI (*Apocr. de La B.*). A LA MÊME.	84
LETTRE CXCVII (*Apocr. de La B.*). A LA MÊME.	85
LETTRE CXCVIII (*Apocr. de La B.*). A LA MÊME.	87
LETTRE CXCIX (*Apocr. de La B.*). A LA MÊME.	88
LETTRE CC (*Apocr. de La B.*). A LA MÊME.	89
LETTRE CCI (*Apocr. de La B.*). A LA MÊME.	90
LETTRE CCII (*Apocr. de La B.*). A LA MÊME.	91
LETTRE CCIII (*Apocr. de La B.*). A LA MÊME.	92
ANNÉE 1680. Note préliminaire.	93
LETTRE CCIV (*Autographe*). A M. D'AUBIGNÉ, A PARIS.	94
LETTRE CCV (*Man. des Dames de Saint-Cyr*). A M. L'ABBÉ GOBELIN.	95
Appendice.	97
LETTRE CCVI (*Autographe*). Note préliminaire.	98
A M. DE MONTCHEVREUIL.	98
LETTRE CCVII (*Autographe*). A M. D'AUBIGNÉ, A PARIS.	103
Appendice.	105
LETTRE CCVIII (*Autographe*). Note préliminaire.	106
A M. D'AUBIGNÉ, A PARIS.	108
LETTRE CCIX (*Man. des Dames de Saint-Cyr*). Note préliminaire.	109
A Mme DE BRINON, A MONTMORENCY.	110
LETTRE CCX (*Autographe*). A M. D'AUBIGNÉ, A PARIS.	111
LETTRE CCXI (*Autographe*). Note préliminaire.	112
A M. D'AUBIGNÉ, A PARIS.	113
LETTRE CCXII (*Autographe*). Note préliminaire.	115
A M. D'AUBIGNÉ, A PARIS.	116
LETTRE CCXIII (*Autographe*). A M. D'AUBIGNÉ, A PARIS.	117
LETTRE CCXIV (*Autographe*). A M. D'AUBIGNÉ, A PARIS.	118
LETTRE CCXV (*Apocr. de La B.*). Note préliminaire.	119
A Mme DE FRONTENAC.	122
LETTRE CCXVI (*Apocr. de La B.*). A LA MÊME.	123
LETTRE CCXVII (*Apocr. de La B.*). A LA MÊME.	125
LETTRE CCXVIII (*Apocr. de La B.*). A LA MÊME.	126
LETTRE CCXIX (*Apocr. de La B.*). A LA MÊME.	126
LETTRE CCXX (*Apocr. de La B.*). A LA MÊME.	127
LETTRE CCXXI (*Apocr. de La B.*). A LA MÊME.	128
LETTRE CCXXII (*Apocr. de La B.*). A LA MÊME.	129
LETTRE CCXXIII (*Apocr. de La B.*). A LA MÊME.	129
LETTRE CCXXIV (*Apocr. de La B.*). A LA MÊME.	131

Appendice.	132
LETTRE CCXXV (*Man. des Dames de Saint-Cyr*). Note préliminaire.	133
A M. L'ABBÉ GOBELIN.	135
LETTRE CCXXVI (*Man. des Dames de Saint-Cyr*). A M. L'ABBÉ GOBELIN.	136
LETTRE CCXXVII (*Man. des Dames de Saint-Cyr*). A M. L'ABBÉ GOBELIN.	136
LETTRE CCXXVIII (*Autographe*). A M. D'AUBIGNÉ, A COIGNAC.	137
LETTRE CCXXIX (*Autog.*). A M. D'AUBIGNÉ, A COIGNAC.	139
LETTRE CCXXX (*Man. des Dames de Saint-Cyr*). A Mme DE VILLETTE.	141
LETTRE CCXXXI (*Man. des Dames de Saint-Cyr*). A Mme DE VILLETTE, A NIORT.	143
LETTRE CCXXXII (*OEuvres de M. de Méré*): M. DE MÉRÉ A Mme DE MAINTENON.	145
ANNÉE 1684. Note préliminaire.	147
LETTRE CCXXXIII (*Apocr. de La B.*).	149
LETTRE CCXXXIV (*Man. des Dames de Saint-Cyr*). A M. L'ABBÉ GOBELIN, A NIORT.	150
LETTRE CCXXXV (*Man. des Dames de Saint-Cyr*). A Mme DE VILLETTE, A NIORT.	151
LETTRE CCXXXVI (*Man. des Dames de Saint Cyr*). A M. L'ABBÉ GOBELIN.	152
LETTRE CCXXXVII (*Autographe*). A M. D'AUBIGNÉ, A COIGNAC.	153
LETTRE CCXXXVIII (*Autographe*). A M. D'AUBIGNÉ, A COIGNAC.	155
LETTRE CCXXXIX (*Man. des Dames de Saint-Cyr*). A M. DE VILLETTE.	157
LETTRE CCXL (*Autographe*). A M. DE MONTCHEVREUIL.	163
LETTRE CCXLI (*Autographe*). A M. DE MONTCHEVREUIL, A BARÉGES.	166
LETTRE CCXLII (*Autographe*). A M. DE VILLETTE, A PARIS.	167
LETTRE CCXLIII (*Autog.*). A M. D'AUBIGNÉ, A COIGNAC.	167
LETTRE CCXLIV (*Autographe*). A M. DE MONTCHEVREUIL, A BARÉGES.	169
LETTRE CCXLV (*Autog.*). A M. D'AUBIGNÉ, A COIGNAC.	171
LETTRE CCXLVI (*Autog.*). A M. D'AUBIGNÉ, A COIGNAC.	173
LETTRE CCXLVII (*Autographe*). A M. D'AUBIGNÉ, A COIGNAC.	175

LETTRE CCXLVIII (*Autographe*). A M. DE MONTCHE-
VREUIL, A BARÉGES................................ 177
LETTRE CCXLIX (*Man. des Dames de Saint-Cyr*). A M. L'ABBÉ
GOBELIN... 180
LETTRE CCL (*Autographe*). A M. DE MONTCHEVREUIL, A
BARÉGES... 181
LETTRE CCLI (*Autographe*). A M. DE MONTCHEVREUIL, A
BARÉGES... 185
LETTRE CCLII (*Autographe*). A M. DE MONTCHEVREUIL,
A BARÉGES....................................... 186
LETTRE CCLIII (*Autographe*). Mme DE MONTESPAN AU
MARQUIS DE MONTCHEVREUIL......................... 189
LETTRE CCLIV (*Autog.*). A M. D'AUBIGNÉ, A COIGNAC. 189
LETTRE CCLV (*Autographe*). A M. DE MONTCHÉVREUIL,
A BARÉGES....................................... 192
LETTRE CCLVI (*Autog.*). A M. D'AUBIGNÉ, A COIGNAC. 194
LETTRE CCLVII (*Autographe*). A M. DE MONTCHEVREUIL,
A BARÉGES....................................... 196
LETTRE CCLVIII (*Man. de Mlle d'Aumale*). A Mme DE
BRINON.. 198
LETTRE CCLIX (*Apocr. de La B.*). Note préliminaire... 199
A Mme DE SAINT-GÉRAN.............................. 200
LETTRE CCLX (*Autog.*). A M. D'AUBIGNÉ, A COIGNAC. 201
LETTRE CCLXI (*Autographe*). A M. DE MONTCHEVREUIL,
A BARÉGES....................................... 203
LETTRE CCLXII (*Autographe*). A M. DE MONTCHEVREUIL,
A BARÉGES....................................... 205
LETTRE CCLXIII (*Autographe*). M. D'AUBIGNÉ, A M. DE
VILLETTE.. 207
LETTRE CCLXIV (*Autog.*). A M. D'AUBIGNÉ, A COIGNAC. 208
LETTRE CCLXV (*Autographe*). Note préliminaire...... 209
Mme DE MONTESPAN A M. LE DUC DU MAINE............ 210
LETTRE CCLXVI (*Autographe*). A M. D'AUBIGNÉ, A PARIS. 212
LETTRE CCLXVII (*Man. des Dames de Saint-Cyr*) A M. D'AU-
BIGNÉ, A PARIS.................................. 215
LETTRE CCLXVIII (*Autographe*). A M. D'AUBIGNÉ, A
COIGNAC... 216
LETTRE CCLXIX (*Autog.*). A M. D'AUBIGNÉ, A PARIS. 218
ANNÉE 1682. Note préliminaire....................... 219
LETTRE CCLXX (*Manuscrits de Mlle d'Aumale*). A Mme DE
BRINON.. 221
LETTRE CCLXXI (*Man. de Mlle d'Aumale*). A M. DE VIL-
LETTE... 223

LETTRE CCLXXII (*Autographe*). A Mme DE VILLETTE, A NIORT.. 224
LETTRE CCLXXIII (*Man. des Dames de Saint-Cyr*). A Mme DE BRINON.. 225
LETTRE CCLXXIV (*Man. des Dames de Saint-Cyr*). A M. L'ABBÉ GOBELIN..................................... 228
LETTRE CCLXXV (*Man. de Mlle d'Aumale*). A Mme DE BRINON.. 228
LETTRE CCLXXVI (*Autographe*). A M. D'AUBIGNÉ, A COIGNAC... 230
LETTRE CCLXXVII (*Autographe*). A Mme DE SCUDÉRY.. 231
LETTRE CCXXVIII (*Man. de Mlle d'Aumale*). A Mme DE BRINON.. 232
LETTRE CCLXXIX (*Man. de Mlle d'Aumale*). A Mme DE BRINON.. 233
LETTRE CCLXXX (*Autog.*). A M. D'AUBIGNÉ, A COIGNAC. 234
LETTRE CCLXXXI (*Autographe*). A M. D'AUBIGNÉ, A COIGNAC... 235
LETTRE CCLXXXII (*Autographe*). A M. D'AUBIGNÉ, A COIGNAC... 237
LETTRE CCLXXXIII (*Man. de Mlle d'Aumale*). A Mme DE BRINON.. 238
LETTRE CCLXXXIV (*Man. des Dames de Saint-Cyr*). A M. L'ABBÉ GOBELIN..................................... 240
LETTRE CCLXXXV (*Autographe*). A M. D'AUBIGNÉ, A COIGNAC... 241
LETTRE CCLXXXVI (*Autographe*). A M. D'AUBIGNÉ, A COIGNAC... 243
LETTRE CCLXXXVII (*Apocr. de La B.*). Note préliminaire. 244
A Mme DE SAINT-GÉRAN.................................. 244
LETTRE CCLXXXVIII (*Autographe*). A M. D'AUBIGNÉ, A COIGNAC... 246
LETTRE CCLXXXIX (*Autographe*). A M. D'AUBIONÉ, A COIGNAC... 248
LETTRE CCXC (*Autographe*). A M. D'AUBIGNÉ, A COIGNAC. 249
LETTRE CCXCI (*Man. de Mlle d'Aumale*). A Mme DE BRINON.. 250
LETTRE CCXCII (*Man. de Mlle d'Aumale*). Mme LA DAUPHINE A Mme DE MAINTENON...................... 252
LETTRE CCXCIII (*Man. de Mlle d'Aumale*). A Mme DE BRINON.. 253
LETTRE CCXCIV (*Autographe*). A M. D'AUBIGNÉ, A COIGNAC... 254

LETTRE CCXCV (*Man. de Mlle d'Aumale*). A Mme DE BRINON. 257
LETTRE CCXCVI (*Apocr. de La B.*). Note préliminaire. . . 259
   A Mme DE SAINT-GÉRAN. 260
LETTRE CCXCVII (*Man. des Dames de Saint-Cyr*). Mme LA DAUPHINE A Mme DE MAINTENON 261
LETTRE CCXCVIII (*Man. de Mlle d'Aumale*). A Mme DE BRINON. 263
LETTRE CCXCIX (*Man. de Mlle d'Aumale*). A Mme DE BRINON. 264
LETTRE CCC (*Man. de Mlle d'Aumale*). A Mme DE BRINON. 265
LETTRE CCCI (*Autographe*). A M. D'AUBIGNÉ, A COIGNAC. 267
LETTRE CCCII (*Man. de Mlle d'Aumale*). A Mme DE BRINON. 270
ANNÉE 1683. Note préliminaire. 271
LETTRE CCCIII (*Man. des Dames de Saint-Cyr*). 271
LETTRE CCCIV (*Autog.*). A M. D'AUBIGNÉ, A COIGNAC. 272
LETTRE CCCV (*Autographe*). A M. DE VILLETTE, A NIORT. 273
LETTRE CCCVI (*Man. de Mlle d'Aumale*). A M. DE VILLETTE, A NIORT. 274
LETTRE CCCVII (*Man. de Mlle d'Aumale*). A M. DE VILLETTE, A NIORT. 275
LETTRE CCCVIII (*Man. de Mlle d'Aumale*). A Mme DE BRINON. 276
LETTRE CCCIX (*Autog.*). A M. D'AUBIGNÉ, A COIGNAC. 278
LETTRE CCCX (*Man. de Mlle d'Aumale*). A Mme DE BRINON. 279
LETTRE CCCXI (*Man. de Mlle d'Aumale*). A Mme DE BRINON. 281
LETTRE CCCXII (*Man. de Mlle d'Aumale*). A Mme DE BRINON. 282
LETTRE CCCXIII (*Man. de Mlle d'Aumale*). A Mme DE BRINON. 284
LETTRE CCCXIV (*Man. de Mlle d'Aumale*). A Mme DE BRINON. 287
LETTRE CCCXV (*Man. de Mlle d'Aumale*). A Mme DE BRINON. 290
LETTRE CCCXVI (*Man. de Mlle d'Aumale*). A Mme DE BRINON. 291
LETTRE CCCXVII (*Autographe*). A M. D'AUBIGNÉ, A VICHY. 293
LETTRE CCCXVIII (*Autographe*). A M. D'AUBIGNÉ, A BOURBON. 295
LETTRE CCCXIX (*Autographe*). A M. DE VILLETTE. . . 296
LETTRE CCCXX (*Autographe*). Note préliminaire. . . . 298
   A M. D'AUBIGNÉ, A BOURBON. 299

Appendice.	301
LETTRE CCCXXI (*Autographe*). Note préliminaire.	304
A M. D'AUBIGNÉ, A VICHY.	304
LETTRE CCCXXII (*Man. de Mlle d'Aumale*). A Mme DE BRINON.	306
LETTRE CCCXXIII (*Man. des Dames de Saint-Cyr*). A M. DE VILLETTE.	308
LETTRE CCCXXIV (*Man. de Mlle d'Aumale*). A Mme DE BRINON.	309
LETTRE CCCXXV (*Man. de Mlle d'Aumale*). A Mme DE BRINON.	312
LETTRE CCCXXVI (*Autographe*). A M. D'AUBIGNÉ, A COIGNAC.	314
LETTRE CCCXXVII (*Autographe*). A M. D'AUBIGNÉ, A COIGNAC.	315
LETTRE CCCXXVIII (*Apocr. de La B.*) A Mme DE SAINT-GÉRAN.	317
LETTRE CCCXXIX (*Autographe*). A Mme LA MARQUISE D'HUXELLES.	318
LETTRE CCCXXX (*Man. de Mlle d'Aumale*). A Mme DE BRINON.	319
LETTRE CCCXXXI (*Autographe*). A M. D'AUBIGNÉ, A COIGNAC.	320
LETTRE CCCXXXII (*Man. des Dames de Saint-Cyr*). Note préliminaire.	321
A M. L'ABBÉ GOBELIN.	322
LETTRE CCCXXXIII (*Autog.*). A M. DE MONTCHEVREUIL.	323
LETTRE CCCXXXIV (*Autographe*). A M. D'AUBIGNÉ, A COIGNAC.	324
LETTRE CCCXXXV (*Man. de Mlle d'Aumale*). A Mme DE BRINON.	326
LETTRE CCCXXXVI (*Man. de Mlle d'Aumale*). A Mme DE BRINON.	327
LETTRE CCCXXXVII (*Man. des Dames de Saint-Cyr*). A M. L'ABBÉ GOBELIN.	328
LETTRE CCCXXXVIII (*Autographe*). A M. D'AUBIGNÉ, A COIGNAC.	329
LETTRE CCCXXXIX (*Autographe*). LE ROI AU MARQUIS DE MONTCHEVREUIL.	330
LETTRE CCCXL (*Apocr. de La B.*). A Mme DE SAINT-GÉRAN.	331
LETTRE CCCXLI (*Man. des Dames de Saint-Cyr*). A Mme DE BRINON.	332

LETTRE CCCXLII (*Man. des Dames de Saint-Cyr*). A Mme DE
BRINON. 334
LETTRE CCCXLIII (*Apocr. de La B.*). A Mme DE SAINT-
GÉRAN. 336
LETTRE CCCXLIV (*Man. des Dames de Saint-Cyr*). A Mme DE
BRINON. 337
LETTRE CCCXLV (*Autographe*). LE DUC DU MAINE A
Mme DE MAINTENON. 338

TROISIÈME PARTIE

(1684-1697)

Depuis le mariage de Mme de Maintenon avec Louis XIV
jusqu'à la paix de Ryswick.

ANNÉE 1684. Note préliminaire. 341
LETTRE PREMIÈRE (*Man. des Dames de Saint-Cyr*). A
M. L'ABBÉ GOBELIN. 347
LETTRE II (*Man. de Mlle d'Aumale*). A Mme DE BRINON. 348
LETTRE III (*Man. de Mlle d'Aumale*). A Mme DE BRINON. 349
LETTRE IV (*Man. de Mlle d'Aumale*). A Mme DE BRINON. 351
LETTRE V (*Autographe*). A M. D'AUBIGNÉ, A COIGNAC. 354
LETTRE VI (*Man. des Dames de Saint-Cyr*). A M. L'ABBÉ
GOBELIN. 356
LETTRE VII (*Man. des Dames de Saint Cyr*). A M. L'ABBÉ
GOBELIN. 357
LETTRE VIII (*Autographe*). A M. D'AUBIGNÉ, A COIGNAC. 358
LETTRE IX (*Man. de Mlle d'Aumale*). A Mme DE BRINON. 359
LETTRE X (*Autographe*). Note préliminaire. 360
  A M. D'AUBIGNÉ, A COIGNAC. 361
  Appendice. 362
LETTRE XI (*Apocr. de La B.*) Note préliminaire. 364
  A Mme DE SAINT-GÉRAN. 364
LETTRE XII (*Autographe*). Note préliminaire. 365
  A M. D'AUBIGNÉ, A COIGNAC. 366
LETTRE XIII (*Autographe*). A M. D'AUBIGNÉ, A COIGNAC. 368
LETTRE XIV (*Autographe*). A M. D'AUBIGNÉ, A COIGNAC. 372
LETTRE XV (*Man. de Mlle d'Aumale*). A M. DE VILLETTE. 374
LETTRE XVI (*Autographe*). A M. D'AUBIGNÉ, A COIGNAC. 376
LETTRE XVII (*Autographe*). A M. D'AUBIGNÉ, A COIGNAC. 377
LETTRE XVIII (*Apocr. de La B.*). Note préliminaire. . . 378
  A Mme DE SAINT-GÉRAN. 380
LETTRE XIX (*Autog.*). A M. D'AUBIGNÉ, A COIGNAC. 382
LETTRE XX (*Autographe*). A Mlle DE SCUDÉRY, A PARIS. 384
LETTRE XXI (*Autog.*). A M. D'AUBIGNÉ, A COIGNAC. 384

LETTRE XXII (*Autog.*). A M. D'AUBIGNÉ, A COIGNAC. 386
LETTRE XXIII. (*Man. des Dames de Saint-Cyr*). A Mme DE BRINON. 387
LETTRE XXIV. (*Autographe*). A M. DE HARLAY. 388
LETTRE XXV (*Autographe*). Note préliminaire. 388
  A M. D'AUBIGNÉ, A PARIS. 389
LETTRE XXVI (*Man. de Mlle d'Aumale*). A Mme DE VILLETTE, A. NIORT. 390
LETTRE XXVII (*Autographe*). A M. D'AUBIGNÉ, A PARIS. 394
LETTRE XXVIII (*Autog.*). A M. D'AUBIGNÉ, A COIGNAC. 393
LETTRE XXIX (*Man. de Mlle d'Aumale*). A Mme DE BRINON. 394
LETTRE XXX (*Man. des Dames de Saint-Cyr*). A M. L'ABBÉ GOBELIN. 396
ANNÉE 1685. Note préliminaire. 397
LETTRE XXXI (*Man. des Dames de Saint-Cyr*). A M. L'ABBÉ GOBELIN. 398
LETTRE XXXII (*Autog.*). A M. D'AUBIGNÉ, A COIGNAC. 399
LETTRE XXXIII (*Autog.*). A M. D'AUBIGNÉ, A COIGNAC. 401
LETTRE XXXIV (*Man. des Dames de Saint-Cyr*). A M. L'ABBÉ GOBELIN. 407
LETTRE XXXV (*Autog.*). A M. D'AUBIGNÉ, A COIGNAC. 407
LETTRE XXXVI. (*Autog.*). A M. D'AUBIGNÉ, A COIGNAC. 411
LETTRE XXXVII (*Man. des Dames de Saint-Cyr*). A M. L'ABBÉ GOBELIN. 413
LETTRE XXXVIII (*Autographe*). A M. JASSAULT, MISSIONNAIRE, A VERSAILLES. 414
LETTRE XXXIX (*Man. des Dames de Saint-Cyr*). A M. L'ABBÉ GOBELIN. 417
LETTRE XL (*Apocr. de La B.*). Note préliminaire. . . . 419
  A Mme DE SAINT-GÉRAN. 419
LETTRE XLI (*Autographe*). A M. D'AUBIGNÉ, A PARIS. 420
LETTRE XLII *Man. des Dames de Saint-Cyr*). A M. L'ABBÉ GOBELIN. 422
LETTRE XLIII (*Apocr. de La B.*). Note préliminaire. . . . 424
  A Mme DE SAINT-GÉRAN. 427
LETTRE XLIV (*Autographe*). A M. D'AUBIGNÉ, A PARIS. 428
LETTRE XLV (*Autog.*). A M. JASSAULT, MISSIONNAIRE. 430
LETTRE XLVI (*Autog.*). A M. JASSAULT, MISSIONNAIRE. 432
LETTRE XLVII (*Autographe*). LE DUC DU MAINE A Mme DE MAINTENON. 433

FIN DE LA TABLE DU TOME DEUXIÈME.

Paris.—Imprimerie P.-A. BOURDIER et Cie, rue des Poitevins, 6.

www.ingramcontent.com/pod-product-compliance
Lightning Source LLC
Chambersburg PA
CBHW071100230426

43666CB00009B/1771